INTRODUCTION TO
SPORTS MEDICINE
スポーツ医学入門

MESAKI NOBORU
目崎 登
筑波大学名誉教授

文光堂

はじめに

　本書は，スポーツ医学に興味をもつ，あるいは初めて学ぼうとする人々を対象として，医学生ばかりでなく，体育系学生やアスレティックトレーナーを目指す方々，さらにスポーツを愛好する一般の方々を対象として執筆した．本書では，スポーツ医学の領域のなかで，「スポーツによる医学」および「スポーツのための医学」の領域について，整形外科的な外傷・障害は取りあげず，内科的なスポーツ医学に関わる諸問題を中心として記載した．なお，著者の専門領域である「女性スポーツ医学」については，他の類似のスポーツ医学書では取りあげられることが少ないことから，多くのページを割いて，これまでの研究成果をも含めて記載した．

　単に，スポーツ医学についてのみの記載では，医学的な知識が少ない方々には理解できないことが多いと考えられる．そこで，本書の構成は，「第Ⅰ章 スポーツ医学各論」と「第Ⅱ章 からだの構造と機能」の2章構成とした．基礎的な医学の知識があり，直ちにスポーツ医学についての知識を得たい，あるいは応用したい場合には，第Ⅰ章から読んでいただければよいと思う．しかし，身体のしくみ(構造)やはたらき(機能)についての知識が少ない，あるいは不明な点がある場合には，最初にあるいは随時，第Ⅱ章をお読みいただければと考えている．

　また，難しい医学用語やスポーツ用語については，適宜解説する「word」として記載してあるので，参照していただきたい．さらに，学習した成果を確認していただくために，各章・項目ごとに「Self-Check」を設けてあるので，是非，活用していただきたい．

　本書の執筆に際しては，多くの方々から御助言，御援助をいただいた．「スポーツと薬物」では，早稲田大学スポーツ科学学術院赤間高雄教授ならびに(財)日本アンチ・ドーピング機構浅川 伸事務局長に多大なるお世話になりました．深甚なる謝意を表させていただきます．また，「運動処方」では，愛知学院大学佐藤祐造教授の御著書を参考とさせていただきました．心より御礼申し上げます．さらに，林 貢一郎博士，相澤勝治博士，鈴木なつ未博士，中村真理子博士および今井智子博士には，御多忙の中を学位論文との関係から，大いなる御援助をいただき，誠に有難う御座居ました．また，本書に引用した女性スポーツ医学に関わる研究成果を得るために労苦を共にした，筑波大学女性スポーツ医学研究グループの諸君に深甚なる謝意を表します．

　本書の出版に際しては，大いなる御理解をいただき，遅れがちな原稿執筆を励ましていただいた，(株)文光堂編集企画第1部中村晴彦氏に心から御礼申し上げます．

　本書を，最愛なる妻へ，また日々の生活においても種々のサポートをし続けてくれている愛する2人の息子と嫁に，またスポーツを愛好する愛おしい孫たちに捧げる．

2009年8月　残暑の研究室にて
目崎　登

目次

序 スポーツ医学とは ― 1
- A スポーツ医学の基礎領域　1
- B スポーツによる医学　2
- C スポーツのための医学　2

第Ⅰ章　スポーツ医学各論 ― 5

1 発育期のスポーツ ― 6
- A 子どもの特徴　6
- B 発育期の運動不足の問題点　10
- C 発育期の運動・スポーツ　11
- D 子どものスポーツ障害　14
- Self-Check　14

2 スポーツと循環器系 ― 15
- A 心拍数と心拍出量　15
- B 運動による心電図の変化　17
- C 運動と心肥大　18
- D 血圧　19
- E 血流の再配分　20
- F 静脈還流と筋ポンプ　21
- G 運動と心臓自律神経系　22
- H 循環器系への運動の慢性効果　23
- I スポーツと突然死　23
- J 心疾患とスポーツ　27
- Self-Check　28

3 スポーツと呼吸器系 ― 29
- A 肺気量と運動　29
- B 血液によるガス運搬と運動　30
- C 酸素消費量と運動　31
- D トレーニング効果　33
- E 呼吸器疾患とスポーツ　34
- F 運動により生じる呼吸器系の異常　35
- Self-Check　38

4 スポーツと血液系 ― 39
- A 運動時の血漿の変化　39
- B 貧血　41
- C スポーツ貧血（運動性貧血）　43
- Self-Check　48

5 スポーツと泌尿器系 ― 49
- A 腎血行動態の変化・腎機能の変化　49
- B 蛋白尿および尿沈渣　50
- C 運動による他臓器障害の腎臓に与える影響　52
- D 腎疾患と運動　54
- Self-Check　55

6 スポーツと特殊環境 ― 56
- A 暑熱環境　56
- B 寒冷環境　65
- C 低圧（低酸素）環境　69
- D 高圧環境　72
- Self-Check　75

7 オーバートレーニング ― 76
- A 健康の維持・増進　76
- B 疲労と休養　78
- C トレーニング効果　85
- D オーバートレーニング症候群　87
- Self-Check　90

8 スポーツと薬物 ― 91
- A 薬物の使用目的　91
- B ドーピングとは　92
- C ドーピングの歴史　92

D　オリンピック競技大会におけるドーピング検査　94
　　E　国際的ドーピング防止活動　95
　　F　日本のドーピング防止活動　98
　　G　世界ドーピング防止規定（WADA code）　99
　　H　日本ドーピング防止規定（JADA code）　100
　　I　ドーピング・コントロール　105
　　Self-Check　111

9　海外遠征のスポーツ医学 —— 112
　　A　医学的サポート　112
　　B　時差　116
　　Self-Check　123

10　月経周期とスポーツ —— 124
　　A　月経周期とコンディション　124
　　B　月経期間中のスポーツ活動　128
　　C　月経周期調節の実際　130
　　D　月経周期と骨代謝　130
　　Self-Check　133

11　スポーツと月経現象 —— 134
　　A　一流スポーツ選手の月経現象　134
　　B　運動性無月経の発現機転　138
　　C　運動性無月経の問題点　145
　　D　月経異常への対応　149
　　E　女性アスリートの三主徴　151
　　Self-Check　155

12　中・高年女性とスポーツ —— 156
　　A　健康上の問題点　156
　　B　主婦の日常生活　157
　　C　健康上の問題点とスポーツ　159
　　D　スポーツ活動の実際　165
　　E　中・高年女性の健康スポーツ　168
　　Self-Check　174

13　妊婦とスポーツ —— 175
　　A　妊婦スポーツ　175
　　B　妊婦スポーツを行うための条件　176
　　C　妊婦スポーツの効果　177
　　D　妊婦スポーツの問題点　178
　　E　妊婦スポーツの安全管理　182
　　F　メディカルチェック　186
　　G　運動療法としての妊婦スポーツ　187
　　H　妊婦スポーツの安全管理基準　189
　　Self-Check　190

14　運動処方 —— 191
　　A　運動不足の問題点　191
　　B　運動の急性効果　193
　　C　運動トレーニングの効果　194
　　D　運動処方の考え方　198
　　Self-Check　203

15　運動療法 —— 204
　　A　目的と病態　204
　　B　実施に際しての留意事項　204
　　C　運動療法の適応　206
　　D　運動療法が禁忌となる病態　208
　　E　疾病別の運動療法　209
　　Self-Check　220

16　女性証明検査 —— 221
　　A　女性証明検査の目的　221
　　B　女性証明検査の実際　221
　　C　現状における問題点　223
　　D　今後の動向　228
　　Self-Check　229

第Ⅱ章　からだの構造と機能　　231

1　循環器系 ── 232
- A　心臓とは　232
- B　心臓の構造　232
- C　血液循環の経路　234
- D　心(臓)周期　235
- E　心拍出量　237
- F　心臓拍動の調節　237
- G　血圧　238
- H　心臓自律神経　239
- Self-Check　240

2　呼吸器系 ── 241
- A　呼吸とは　241
- B　呼吸器系　242
- C　肺機能の測定　246
- D　ガス交換とガスの運搬　247
- E　酸素摂取量($\dot{V}_{O_2}$)　250
- Self-Check　251

3　血液系 ── 252
- A　血液の成分と機能　252
- B　血球の産生と動態　253
- C　血球の機能　259
- D　血漿　261
- Self-Check　263

4　泌尿器系 ── 264
- A　腎臓と尿の生成　264
- B　腎臓の構造と機能　265
- C　腎機能の測定　269
- D　尿生成の調節　271
- E　蓄尿と排尿　273
- Self-Check　276

5　体液・体温の調節機構 ── 277
- A　体液の調節機構　277
- B　体温の調節機構　280
- Self-Check　285

6　女性のからだ ── 286
- A　からだの性差　286
- B　女性性器の構造　292
- C　月経現象　296
- D　女性の一生と性機能　305
- E　妊娠・分娩の生理　318
- Self-Check　341

参考図書 ── 343
Self-Check解答一覧 ── 347
索引 ── 351

序 — スポーツ医学とは

　人々が行うスポーツは競技スポーツばかりでなく，国民的な健康意識の向上に伴い多くの老若男女が健康管理・維持・増進，楽しみのためのスポーツ（健康スポーツ）を実施している．さらに，障害や疾病の治療・予防のためのスポーツ（運動療法）などもある．すなわち，スポーツ活動（運動）の目的，対象，方法，内容，関わる人々は多様である．このような人々のスポーツ参加の多様性，さらに健康スポーツの普及に伴い，スポーツ医学の概念も大きく変化している．以前は基礎医学的アプローチが主体であったが，現在では臨床医学的なアプローチの重要性が認識され，また多くの診療科が関わるようになってきている．

　スポーツ医学の領域は，「スポーツ医学の基礎領域」，「スポーツによる医学」および「スポーツのための医学」の3領域に分類することができる．

A　スポーツ医学の基礎領域

　スポーツ活動は生体にさまざまな負荷を与える．生体は負荷の増大に従い適応するが，あるラインを越えると適応できずに破綻する．本領域では，主にこのプロセスを研究対象としている．

① 運動生理学

　運動負荷に対する心肺機能応答についての研究成果は，競技力向上ばかりでなく，健康の維持・増進のための運動を考えるうえでの科学的根拠を与えている．

② スポーツ栄養学

　スポーツ活動に際して必要となるエネルギー消費についての知見を基に，有効な栄養摂取方法について研究する学問領域である．競技スポーツでは疲労対策，さらに身体作りを効率よく行うための栄養補給方法などが，主な研究対象となる．最近では，サプリメントの功罪が論議されている．

③ スポーツ心理学

　スポーツ活動に伴う心理的変化を扱うとともに，よいパフォーマンス成果をもたらすための心理学的アプローチ方法が研究対象となる．最近では，メンタルトレーニングなどのプログラムが開発され，競技力向上の視点から，その重要性が高まっている．

④ スポーツバイオメカニクス

コンピュータサイエンスの進歩により飛躍的に進歩している．スポーツ活動時の身体の動きを，主に力学的な手法を用いて解析することにより，効率的な運動方法や，身体への力学的な負荷を明らかにする学問領域である．トップアスリートのパフォーマンス解析などにより，効率のよいフォームなどに関する知見が得られている．

B スポーツによる医学

種々の疾病に対する予防あるいは治療として，運動プログラムを用いるものである．

① 運動療法

内科領域では，糖尿病，高血圧症，脂質異常症（高脂血症），肥満などの，いわゆる生活習慣病やメタボリックシンドロームの治療法として，食事療法・薬物療法とともに，運動療法が重視されている．

整形外科領域では，骨粗鬆症に対しての運動療法の必要性が指摘されている．

② リハビリテーション

内科領域では，心筋梗塞後のリハビリテーションの効果についての研究が進んでいる．なお，脳血管疾患に対してのリハビリテーション法は，すでに確立している．

整形外科領域では，種々のスポーツ外傷，特に膝前十字靱帯損傷の手術法が進歩し，これに対するリハビリテーションに関する多くの研究がなされ，スポーツ医療の進歩に貢献している．アスレティックリハビリテーションは，スポーツ医学の領域において重要な位置を占めている．

C スポーツのための医学

健康スポーツを楽しむ一般スポーツ愛好家，競技スポーツを行うアスリート，ともに対象となる．

① メディカルチェック

スポーツにはリスクが付きものであることからも，スポーツを始める前のメディカルチェックは，突然死やスポーツ外傷などを防止するうえで重要である．

② 運動プログラム

スポーツ活動に際して，どのような運動を行ったらよいか，具体的なプロ

グラム（運動処方）を提示することは重要である．アスリートのトレーニングプログラムも含まれる．また，健康スポーツのプログラムの作成にあたっては，年齢による諸機能の変化を念頭に置く必要がある．

中高年期の特徴は老化現象であり，プログラム作成に際しては，予備力の低下，反応性の鈍化，回復の遅延，再生力の減退などに留意する必要がある．中高年に適した運動としては，有酸素運動が重視されるが，転倒防止などの視点から筋力面のトレーニングも重要である．

③ メディカルコンディショニング

スポーツによる疲労は，生理的疲労と病的疲労に分けられる．トップアスリートでは，トレーニング負荷を限界まで高めるため，病的疲労に陥ることがある．

スポーツによる疲労の原因は，エネルギーの枯渇，疲労物質の蓄積，内部環境の失調などの要因がある．病的疲労に陥らないよう，エネルギー源の適切な補給，乳酸などの疲労物質への対応，適切な水分補給による脱水への対応，などが重視される．

④ スポーツ傷害・障害の予防・治療

内科的な疾患は，一般生活でもみられる疾患，負荷量が増すと起こる疾患，スポーツ活動中に起こる疾患，に分けられる．アスリートが最も多く遭遇するのが風邪症候群である．競技環境が苛酷となり競技負荷が増すほど防衛体力が低下し，風邪に罹りやすくなる．負荷量が増すと発症率が高まる疾患の代表が貧血であり，女性アスリートに多くみられる．また，運動性無月経も健康管理上重要である．スポーツ現場で特に問題となるのは，オーバートレーニング症候群といわれる病態であるが，その発症メカニズムは解明されていない．スポーツ活動中に発症する病態としては，突然死，熱中症，運動誘発性喘息，過換気症候群などがある．

整形外科的な傷害は，膝関節，足関節などに多くみられる．膝関節の傷害としては，前十字靱帯損傷や半月板損傷があげられる．関節鏡視下手術など，身体への侵襲を軽減した新たな治療法が展開されている．

⑤ 薬物使用（アンチ・ドーピング）

ドーピングは競技スポーツ界において厳しく禁じられている．国際的なアンチ・ドーピング活動は，1960年代から国際オリンピック委員会（IOC）がリードしてきた．現在は，1999年に設立された世界アンチ・ドーピング機構（WADA）が国際的な合意の基に，世界統一の「世界アンチ・ドーピング規定」を策定し，種々の活動を展開している．

アスリートが禁止物質を誤って使用しないよう，正しい情報の提供と教育が重要である．近年，遺伝子医療の進歩により，遺伝子ドーピングが懸念されている．

第Ⅰ章

スポーツ医学各論

1 発育期のスポーツ

「運動やスポーツを行っていれば健康」,「練習に練習を重ねれば強くなる」と妄信して,運動やスポーツを行っている子ども,保護者,学校関係者さらに指導者がいる.確かに,強くなる,上達するためには,ある程度の量や強度の練習(トレーニング)が必要である.しかし,同時に発育期(成長期)の運動やスポーツは,行い方によっては健康を害することもある.特に,練習や試合のしすぎはスポーツ障害を招くこととなる.発育期のスポーツ活動は,スポーツ医学的知識やスポーツ科学的知識に基づいた,安全で楽しい運動やスポーツ活動が求められている.また,子どもたちの間では,逆の現象としての,運動不足も問題となっている.

A 子どもの特徴

日々,身体が大きくなり,精神運動発達がみられる.
子どもの発育・発達には,多くの因子が影響している.先天的因子としては,性,遺伝,民族などがある.また,後天的因子としては,地域,気候,季節,社会経済,運動,職業,精神的ストレス,栄養,疾病などがある.

① 発育の一般原則

子どもの身体の発育の特徴(原則)としては,以下の事項がある.
①発育は連続的であるが,速度は一定でない.
②発育期に正常な発達が妨げられると,永続的な機能障害を残すことがある.
③発育は,頭部から足部へ,中心部から末梢部へといった順序で発育することが多い.
④発育が進むほど,個体の特性は発揮される.

② Scammonの発育曲線

身体のすべての臓器・器官が同じペースで発育するのではなく,臓器・器官により経過が異なる.
身長・体重,骨格系・筋系や呼吸・循環器系などの一般型,脳や脊髄などの神経型,精巣・卵巣や生殖器などの生殖型,そして胸腺やリンパ系のリンパ系型に分類したScammon発育過程分類(発育曲線)(図1)はよく知られている.神経型の発達は早く,10〜12歳頃には成人に近くなる.運動と関連の深い,骨・筋肉など(一般型)は神経型より遅れ16〜17歳で成人の8割くらいに発達する.

word
発育曲線:0〜20歳の各年齢における1年ごとの身長の発育,増加量を示したもの.

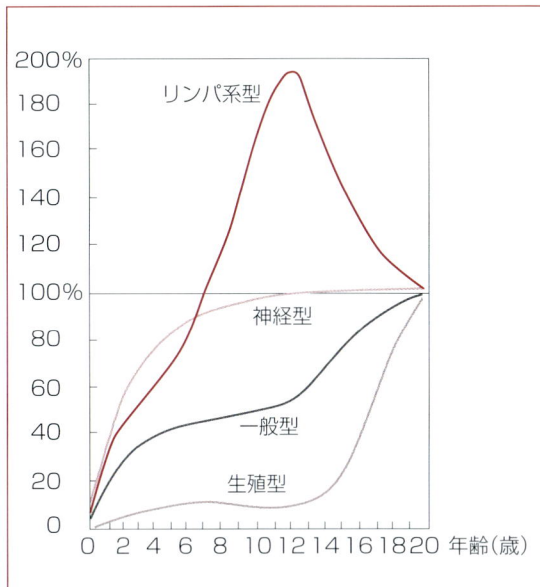

図1　Scammonの発育曲線

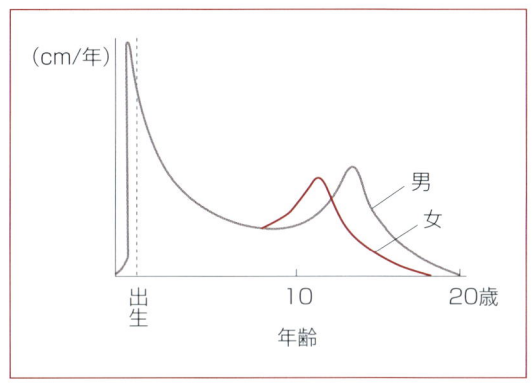

図2　身長の発育速度曲線
(高石昌弘：小児思春期婦人学，加藤宏一編，診断と治療社，p8，1989より引用)

③ 身体発育

出生時の子どもの平均体重は3kg，平均身長は50cmである．体重は生後3～4ヵ月で約2倍の6kgに，1歳で約3倍の10kgに，6歳で約7倍の21kgに，15歳で約20倍の60kgになる．身長は4歳で約2倍の100cmに，13歳で約3倍の150cmになる．

胎児期から20歳までの身長の発育速度をみると（図2），各時期により大きく異なっている．出生後は身長の伸びは少なくなるが，男女とも思春期の頃から発育速度が大きくなっている．また，体型にも大きな変化があり，出生時には4頭身である．その後は軀幹や四肢が順次発育することにより，2歳で5頭身に，6歳で6頭身に，15歳で7頭身に，成人では8頭身となる．

身長が伸びるということは，身体を構成する脊椎骨や下肢の骨が成長することである．多くの骨で骨の両端（骨端）にある軟らかい骨・軟骨の部分が新しい硬い骨をつくり，身長を伸ばす．すべての軟骨が硬い骨になり，成長が止まる時期は骨により異なっている（図3）．

また，男女ともに思春期（青年期前期）になると，成人の男性らしさ，女性らしさへの発育としての第二次性徴の発達が顕著となる．

④ 体力・運動能力の発達

a 乳児期・幼児期

乳児期は，生存に必要な泣く，吸う，握るなどといった反射から，立つ，歩くなどという基本的な動作を習得する時期であり，大脳皮質，特に前頭葉が発達する．幼児期は，遊びを通して，走る，跳ぶ，投げる，捕るなどといった動きを学習し，運動の仕方を身につけていく．

---

word

骨端線：骨幹と骨端は軟骨性の骨原基中でそれぞれ別個の骨化中心から形成されるが，この間に骨端軟骨が存在する．この部分で骨の長軸方向の成長が行われ，その増殖が停止すると骨化して骨が完成する．このとき，骨化した骨端軟骨の一部が残ることがあり，これを骨端線という．

word

思春期：第二次性徴の発現から性的身体発達の完成まで．すなわち，小児期から性成熟期への移行期をいう．

word

第二次性徴：思春期になり，性ホルモンの作用の差によって生じる性器以外の男女それぞれの特徴をいう．

word

第一次性徴：染色体に由来する内・外生殖器の男女差をいう．

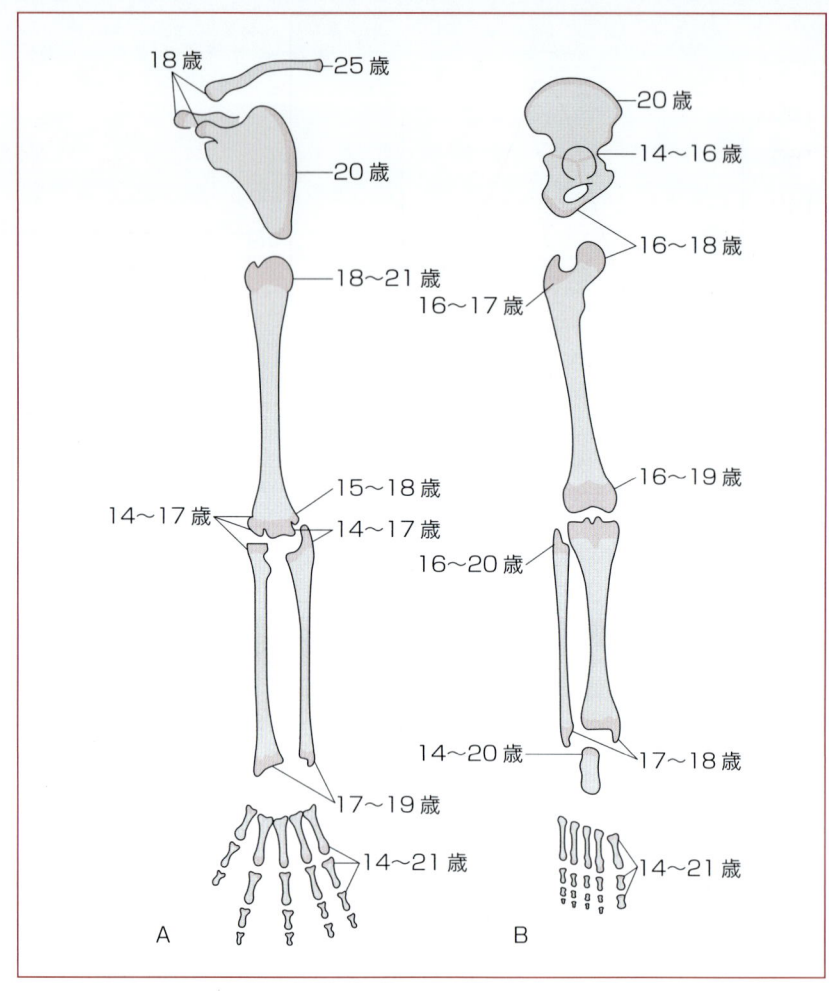

図3 骨の成長が止まる年齢（A 上肢，B 下肢）
(Orden JA : Skeletal Injury in the Child. Lea & Febiger, 1982 より引用)

b 児童期

　体力面での発達が顕著となってくる．小学校低学年では，走る，跳ぶ，そして投げるなどの基本的な運動に習熟することが可能となる．小学校高学年になると，さらに発育・発達が進む．

　この時期には，諸生理機能も発達する．持久力の指標となる最大酸素摂取量も男子では13〜15歳頃に急激に増加する．女子ではそれほど急激な増加のピークはみられない．なお，子どもの場合，一定の作業負荷に対する酸素摂取量が高い．したがって，最大下の運動でも成人に比べ余備力が少ない（図4）．

c 青年期前期（思春期）

　持久力が増し，力強さも増してくる．筋パワーの発揮能力が伸びてくる．この時期になると，多くの種目で，成人と同じレベルのスポーツ活動が徐々にできるようになってくる．しかし，身体の形態や機能の発育・発達には個人差と性差がみられるので，注意を要する．身体的発達だけでなく，精神的

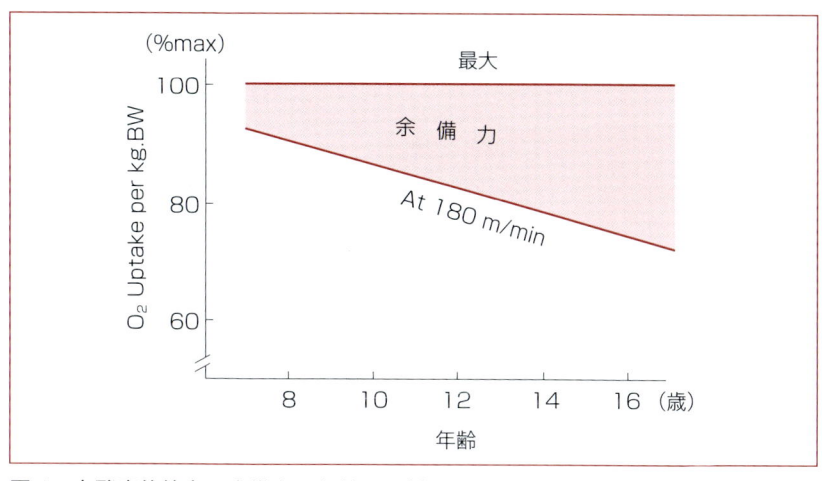

図4 有酸素的能力の余備力と年齢の関係
(Bar-Or O : Pediatric Sports Medicine. Springer Verlag, p1-65, 1983 より引用)

表1 運動に対する循環器系の反応（子どもと成人の比較）

心拍数（最大作業時）	高い（特に10歳代）
心拍数（最大下作業時）	高い
1回拍出量（最大および最大下作業時）	低い
心拍出量（最大下作業時）	いくぶん低い
動静脈酸素較差（最大下作業時）	いくぶん低い
活動筋への血流量	高い
収縮期および拡張期血圧（最大および最大下作業時）	高い

(Bar-Or O : Pediatric Sports Medicine. Springer Verlag, p1-65, 1983 より引用)

表2 運動に対する呼吸器系の反応（子どもと成人の比較）

体重当たりの換気量（最大作業時）	同じ
体重当たりの換気量（最大下作業時）	高い
換気量のブレークポイント	早いか同じ
呼吸変換率体重当たりの換気量（最大および最大下作業時）	高い
1回換気量／肺活量（最大作業時）	低い
1回換気量／肺活量（最大下作業時）	同じか低い
呼吸当量（最大および最大下作業時）	高い
死腔量／1回換気量	同じ
動脈CO_2分圧	いくぶん低い

(Bar-Or O : Pediatric Sports Medicine. Springer Verlag, p1-65, 1983 より引用)

にも，また性機能の点でも成熟してくる一方，精神的に不安定になり，不安と葛藤が生じる時期である．

⑤ 生理機能

　子どもの最大および最大下運動負荷作業時の，循環器系（表1）および呼吸器系（表2）の反応の一般的傾向を示す．ただし，個人差はかなり大きい．また，発育の急増する時期には発育パターン，すなわち発育の時間的経過に個人差がみられると同時に，身長や筋線維組成のように，個人がもっているおそらく遺伝的に決められている形態およびその質にも個人差があると思われる．

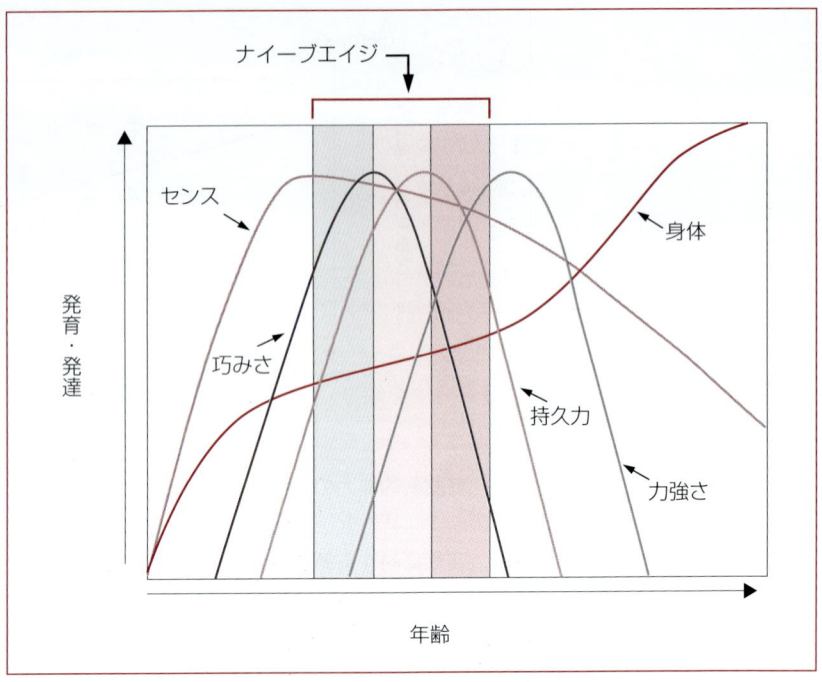

図5　成長期における体力要素の発育

体温調節機能が成人と異なることから，熱中症予防の視点から重要である．子どもは，体重当たりの代謝産熱は大きく，末梢への熱移動が成人と比べると悪く，汗腺の未発達のために発汗率が劣っている．

⑥ 体力要素の発育

発育・発達のペースは，一般には巧みさ，持久力，力強さの順にピークを迎える．巧みさに必要な調整力が顕著に発達し，心肺機能が急速に伸びて持久力がつき始める時期は，筋パワー発揮機能は大きくないが，種々のスポーツのエッセンスを習得するのに適した時期とされる．この時期を，サッカーではゴールドエイジ，ラグビーではナイーブエイジなどとよび，この時期におけるスポーツとの触れ合い，そしてスポーツとの触れ合い方を重視している（図5）．

この時期には，限られた種目に打ち込ませるよりは，なるべく多くの種目のエッセンスに触れさせることが，その後のスポーツライフを豊かにしていくためにきわめて重要である．わが国では，1つのことをやりぬくということに重きをおく価値観がある．しかし，特定種目への早期専門化の問題や練習のしすぎが指摘されている．

B　発育期の運動不足の問題点

最近の子どもは運動不足の状態にあり，体力の低下や肥満の増加が指摘されている．

① 運動不足の要因

子どもたちの運動不足の理由として，以下のようなものが多い．
①テレビを見る時間が多い．
②勉強や塾に忙しい．
③遊ぶ場所がない．
④歩く機会が少ない．
⑤親が過保護である．
⑥仲間が少ない．
⑦遊ぶ方法を知らない．
⑧車が多く，危険である．

テレビを見たり，テレビゲーム，受験勉強のほかに，家庭生活の電化と車社会も子どもたちの運動不足を助長している．家庭生活の電化により，子どもたちが家事を手伝う必要性が少なくなっている．車社会は交通事故の危険性を増し，遊び場を奪ったばかりでなく，子どもたちが歩くことをも奪っている．

② 肥満児の増加

肥満児増加の背景として，以下のことが指摘されている．
①運動不足．
②食事の洋食化．
③外食の増加．
④インスタント食品の増加．
⑤ファーストフードの普及．
⑥多いストレス．
⑦その他．

すなわち，運動不足により消費カロリーが減少しているにもかかわらず，摂取カロリーが増加していることが重要な要因である．

> **word**
> 肥満児：同性・同年齢・同身長の小児の標準体重よりも 20％以上多い体重のある小児で，カウプ指数による判定も行われる．

C 発育期の運動・スポーツ

心身の発育過程にある子どもが，運動・スポーツを嫌いにならずに，積極的に行うようになるためには，子どものスポーツ参加への配慮が必要である．

① なぜ運動やスポーツが必要か

子どもの運動やスポーツには，以下のような効用や効果が認められている．
①成長，発達の促進に役立つ．
②体力が向上する．
③精神的発達が促進する．
④疲労からの回復力が向上する．
⑤生活習慣病のリスクを減少させる．

表3 発育期における運動の留意点

区分	おおむねの年齢層	体力面	ねらい
乳幼児期	〜6歳ごろ	主として基本的な動作の習得	運動が好きになる
児童期	小学校	主として巧みに動ける体作り	運動の楽しさや喜びが味わえる
青年期前期	中学校	主として動きを持続することができる体作り	
	高等学校	主として力強さとスピードのある動きのできる体作り	運動が得意になる

⑥危険からの回避能力を向上させる．
⑦生涯スポーツの基礎となる．
⑧ストレス解消になる．
　すなわち，学校体育の児童・生徒の健康維持・増進としての意義は大きい．

② 運動の留意点

　子どもたちがスポーツ嫌いにならず，楽しめるように導くために，成長期には，その時期の体力などを考慮しての運動に留意しなければならない（表3）．

③ 運動やスポーツ指導上の注意点

　スポーツ指導をするものは，目先の成績や結果にとらわれず，子どもの長い人生のなかで，「今，子どもの将来のために何をしておかなくてはならないか」という観点に立って，スポーツ指導するのが理想的な指導法である．

ⓐ 子どものスポーツ指導の原則

①年齢によって目的が異なり，最適運動やスポーツ種目が異なることを考慮し，最も有効な時期に最も有効な運動やスポーツを指導する．
②1種目でなく，数種目の運動やスポーツを行うように指導する．
③年齢に応じて楽しく，十分な休養をとりながら，持続性をもたせるように指導する．
④スポーツ障害を発生させるような無理な指導や強要をしない．不幸にもスポーツ障害が発生したら，早期に治療し，完治してからスポーツに復帰させる．
⑤食事指導や精神指導も行う．
⑥小学生以上の子どもでは，学校で行われる検査や定期健診の結果を収集し，総合的な健康管理（含むメディカルチェック）を行う．
⑦目先の試合の成績や成果でなく，指導時には子どもの性格を熟知し，十分に時間をかけて優しく指導する．
　具体的には，小学生の時期は技術的なことは二の次で，「基本動作作り」が中心である．中学生になると「基礎体力作り」で，高校生で始めて「筋肉トレーニングや技術的な練習」をするくらいのペースがよい（図6）．
　子どもの運動やスポーツでは，ルールの工夫や防具の装着や工夫も大切で

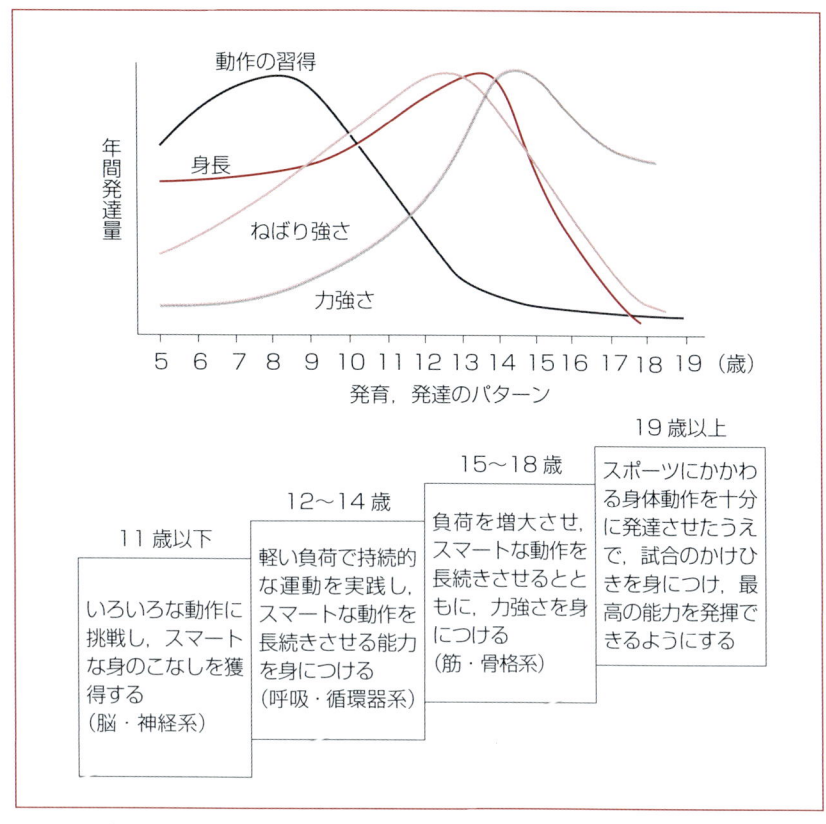

図6　発育・発達パターンと年齢別運動強化方針
(浅井利夫：スポーツ指導者のためのスポーツ医学．小出清一ほか編，南江堂，p206，2000 より引用)

ある．さらに，運動やスポーツに合った服装，子どもの足に合った靴の着用も大切である．

b 発育・発達特性からみた留意点

発育期は，まさに心身の発育・発達過程にあることからも，その特性をよく理解することが重要である．

①身体が不均衡．
②化骨が次第に進む．
③筋肉は柔軟であるが，筋力は弱い．
④神経系の発達は早い．
⑤呼吸量が急速に増大する．
⑥心臓の発達は未熟であるが，活発に動き回れる．
⑦基礎代謝が高い．
⑧体温が高く，汗をよくかく．

④ 運動の効果

適切な指導による子どもの運動・スポーツによる効果としては，身体に及ぼす効果と精神に及ぼす効果が認められる．

身体に及ぼす効果としては，筋力・持久力の向上，肺機能の向上，神経と

word

基礎代謝 (basal metabolism：BM)：生命維持に必要な最小限の動作，すなわち心臓の拍動，呼吸運動，体温の維持，腎臓の基礎的な働きなどに必要な代謝．

表4　子どもの内科的スポーツ障害

A. 急性障害	B. 慢性障害
1. 心停止（突然死） 2. 動脈瘤破裂（突然死） 3. 熱中症 4. rhabdomyolysis 5. side stich 6. 低血糖症候群 7. 高山病 8. 潜水病 9. 過呼吸症候群 10. 運動誘発性気管支喘息 11. 運動誘発性アナフィラキシー	1. 貧血 2. 不整脈，スポーツ心臓 3. 蛋白尿，血尿 4. 慢性疲労（オーバートレーニング） 5. 不眠症 6. 消化性潰瘍 7. 慢性疾患（循環器系，肝，腎など）の増悪 8. 月経異常

（浅井利夫：スポーツ指導者のためのスポーツ医学．小出清一ほか編，南江堂，p205，2000より引用）

筋の協調性の向上，平衡性・敏捷性・巧緻性の発達がある．さらに，精神に及ぼす効果としては，自主性の向上，社会性の基盤が形成される，達成意欲を育てるがある．

D　子どものスポーツ障害

　子どもにおいて多いスポーツ障害は，整形外科的スポーツ障害や外科的スポーツ障害である．そのほかに，内科的，精神科的，眼科的，耳鼻科的など，さまざまなスポーツ障害が起きている．

　整形外科的スポーツ障害は，スポーツ種目により障害される部位と頻度は異なる．足関節や膝関節の障害は，中学生や高校生の4人に1人の割合で起こっている．

　内科的スポーツ障害には，急性内科的スポーツ障害と慢性内科的スポーツ障害がある．急性内科的スポーツ障害は主にスポーツ現場で起こるスポーツ障害であり，慢性内科的スポーツ障害は気がつかないうちに体が蝕まれるというものである（**表4**）．

Self-Check

1 発育の一般原則を記せ．
2 子どもに，なぜ運動やスポーツが必要か．
3 子どものスポーツ指導の原則を記せ．

（解答はp.347～350）

2 スポーツと循環器系

スポーツ活動が心臓血管系機能に及ぼす影響を示す．

A 心拍数と心拍出量

> **word**
> 1回拍出量（1回心拍出量）：左右心室が1回の収縮によって大動脈あるいは肺動脈に拍（駆動）出する血液量．

> **word**
> 心拍出量（分時心拍出量）：心臓がポンプとして1分間に拍出する血液量．

> **word**
> 交感神経系：副交感神経系とともに，人体の不随意器官（平滑筋，心筋，外分泌腺など）の運動と分泌を支配する自律神経系を構成する．一般に，頭脳および骨格筋を使用して忙しく仕事をしているときに強く作用する．

> **word**
> 副交感神経系：交感神経系と拮抗関係にある．ヒトが不安なく休んでいるときや寝ているときに強く作用している．

安静時には，心拍数が120〜140 bpmくらいから1回拍出量は減少する．その結果，心拍出量は心拍数が120〜140 bpmくらいで最大となり，その前後では減少する（図1）．

激しい運動時には，心拍数の増加に伴い1回拍出量は増加する．その結果，心拍出量も増加する．しかし，心拍数が200 bpm以上では，1回拍出量および心拍出量ともに減少する（図1）．これは，心拍数の増加によって拡張期が短縮し，心室内への流入血液量が減少することによる．

① 運動時の心拍数と心拍出量

運動時には運動強度に見合った酸素を供給するために，血液を全身の組織に送らなくてはならない．このために交感神経系の活動が優位になり，心拍数が増加し心拍出量が増加する．心拍出量を増すためには心拍数の増加が重要な因子となる．安静時の心拍出量は約5 l/minであるが，運動時には25〜30 l/minにも達する（図2）．

運動時には交感神経活動の亢進により，交感神経終末と副腎髄質からノルアドレナリンとアドレナリンが分泌される．これらのカテコールアミンは心

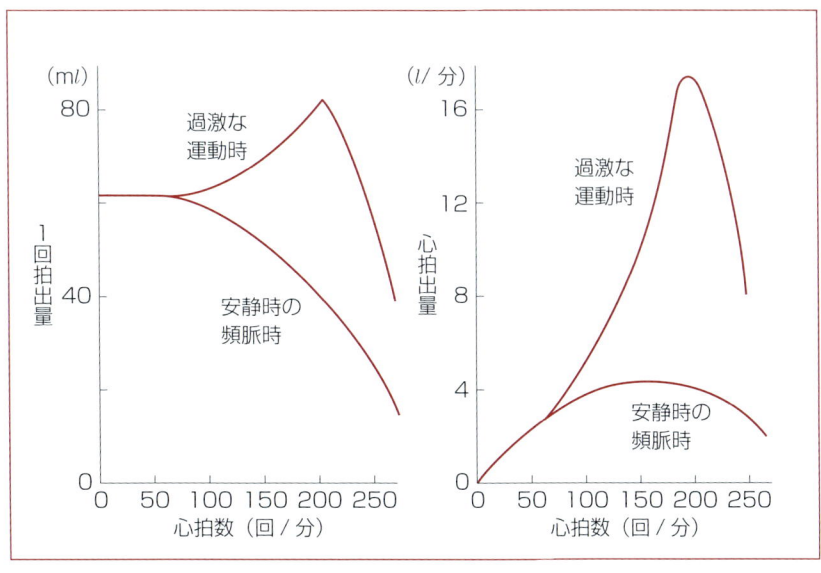

図1 安静時と運動時の心拍数と心拍出量
(Selkurt EE：Physiology. Little Brown, 4th ed, p338, 1976より改変)

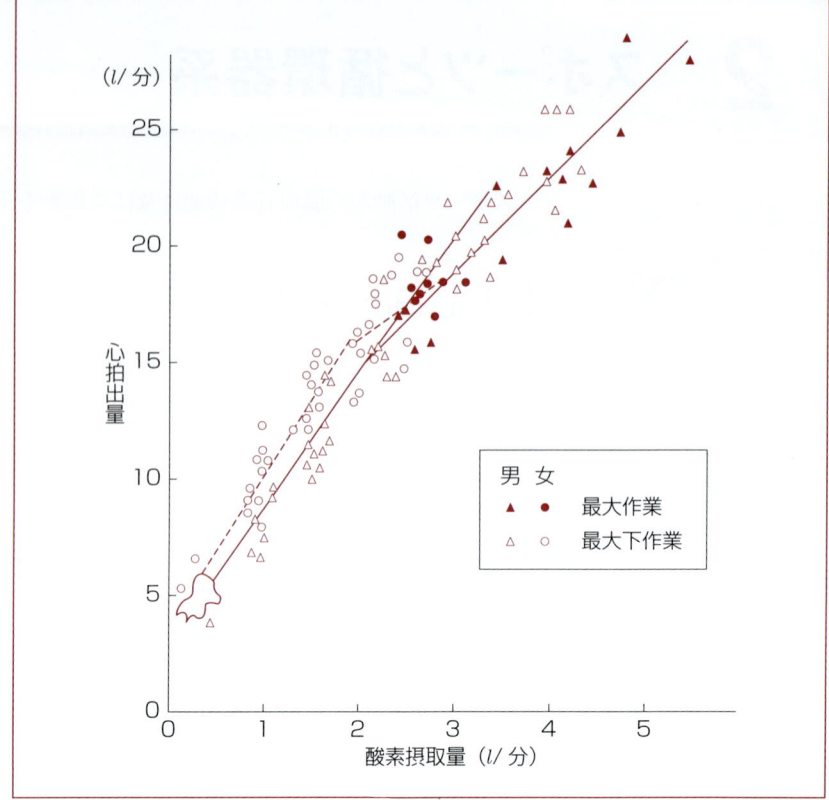

図2　運動強度（酸素摂取量）と心拍出量の関係
(Astrand P et al：Textbook of Work Physiology. McGraw-Hill Book Comp, p180, 1977より改変）

> **word**
> **静脈還流量**：全身の静脈循環から上・下大静脈を経由し，また冠状静脈を経由して右心房に戻る血液の量．

> **word**
> **ベインブリッジ反射**：静脈還流の増加によって引き起こされる心拍数の反射性増加で，心房の伸展により心肺部圧受容器が刺激されて起こる．求心路は迷走神経，遠心路は交感神経と迷走神経である．

> **word**
> **ノルアドレナリン（nor-adrenalin）**（ノルエピネフリン，norepinephrine）：交感神経刺激に反応して副腎髄質から分泌されるホルモンの一種．

> **word**
> **アドレナリン（adrenalin）**（エピネフリン，epinephrine）：副腎髄質から分泌されるホルモンで，交感神経興奮と同じ状態を引き起こす作用がある．

> **word**
> **カテコールアミン（catecholamine）**：化学構造式のなかにカテコール核とアミンを有する側鎖を持つ化合物をさし，通常エピネフリン・ノルエピネフリン・イソプロテレノール・ドパミンなどの総称．

臓の洞房結節に作用してペースメーカー電位の傾斜を急峻にして心拍数を増加させる．また，静脈還流量が増して洞房結節付近が伸展されると，ベインブリッジ反射により心拍数が増加する．さらに，運動時には全身の代謝が亢進して体温が上昇するので，それによっても心拍数が増加する．

運動時に交感神経系の働きが優位になると1回拍出量も増加する．これは，神経伝達物質であるノルアドレナリンやアドレナリンの作用により，心筋の収縮力が増すことによる．しかし，1回拍出量の増加には限界があるので，心拍出量を増やすためには心拍数の増加が必要である．心拍数が増加すると，収縮期よりも拡張期の時間が著しく短縮する．これは，カテコールアミンの作用により，心筋の弛緩が促進されることによる．それにより，血液を駆出した後，速やかに拡張して心室内へ血液を十分に充満させて，次の血液の拍出に備えることとなる．

② 運動習慣と心拍数・心拍出量

有酸素運動を習慣的に行っている人では，安静時心拍数が減少する．このような安静時心拍数の減少は，習慣的な運動を始めてから1ヵ月以内でみられるようになる．その詳しいメカニズムは明らかでないが，運動時に交感神経の緊張が高まるので，安静時には交感神経の緊張がより低下し，また副交

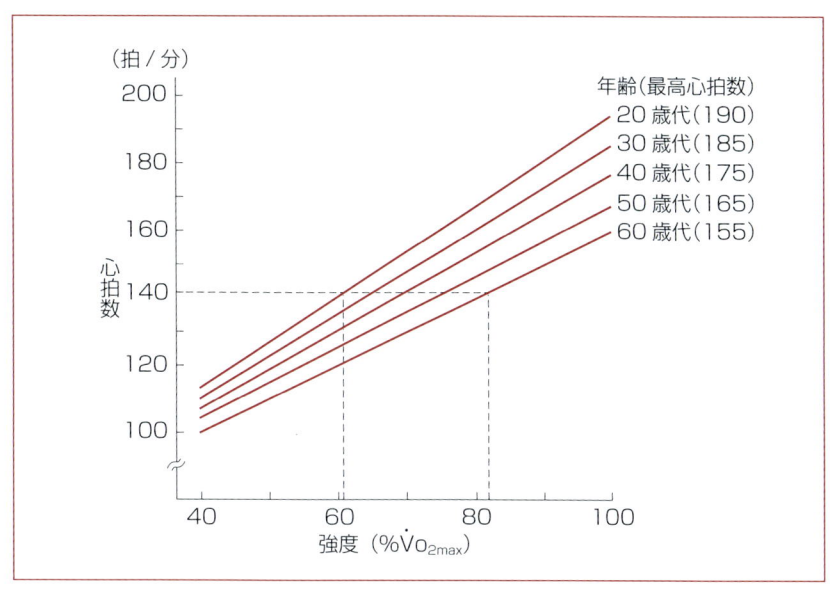

図3　各年齢における運動強度と心拍数の関係
（加賀谷熙彦：スポーツ医学の基礎．栗原　敏ほか編，朝倉書店，p176, 1993 より引用）

感神経の機能が優位になるためと考えられている．また，長期的に運動を継続すると，心臓の1回拍出量が増加するので，心拍数がそれほど増加しなくても十分な心拍出量を得ることができるようになり，代償的に心拍数が低下するとも考えられている．

③ 運動強度と心拍数

　酸素摂取量と酸素需要量が一致しているような運動中では，各個人それぞれについてみると，心拍数と酸素摂取量との間に直線関係が成立している．すなわち，心拍数は生理的運動強度の良い指標となる（図3）．

　最大酸素摂取量は個人差があるので，相対的な最大酸素摂取量（％$\dot{V}O_{2max}$）と心拍数との関係を用いて，ある運動強度に対する心拍数を求めることが行われる．最高心拍数は（220－年齢）で求めることができる．最高心拍数と安静時心拍数の差を予備心拍数という．この値に求めたい相対的運動強度比（最大心拍数の60％なら0.6）を乗じて，安静時心拍数を加えたものが，最大酸素摂取量の60％に相当する運動を行ったときの心拍数となる．このように最大酸素摂取量を個人個人について測定することは難しいので，心拍数を測定することにより，生理的運動強度を知ることが運動指導の現場では行われている．

B　運動による心電図の変化

　運動中には，RR 間隔の短縮，PQ 時間や QT 時間の短縮，ST の低下などが観察される．RR 間隔の短縮，PQ 時間や QT 時間の短縮は，運動中に交感神経活動が亢進したことによる．また，心拍数が増加しているときには ST

word

心電図：心臓の刺激伝導系を伝わり心筋を興奮させているときに起こる活動電流を体外に誘導し，心電計により記録したもの．心房収縮時のP波，心室収縮時のQRS群およびT波がある．

下降を判断する基線の引き方が困難になることがある．これらの変化に加えて，上室性期外収縮や心室性期外収縮などの不整脈の発生がみられることもある．

　持久性運動の慢性効果としては，心拍数の低下に伴うRR間隔，PQ時間，QT時間の延長がみられる．また，左室肥大の所見，上室性あるいは心室性不整脈が出現することもある．

C　運動と心肥大

　ウェイトリフティングなどの静的な運動では筋収縮に伴って末梢血管抵抗が著しく上昇して，その結果，心臓に圧負荷がかかる．静的運動を長期間にわたって習慣的に行うと心臓の壁が肥厚してくる．このように，主に圧負荷が心臓にかかり起こった心肥大は「求心性肥大」といわれる．一方，マラソンのような動的な持久性運動では心臓に容量負荷がかかり，その結果，左心室の拡張期末容量が大きくなる．主に容量負荷が心臓にかかって心室の拡張が主体となった心肥大は「遠心性肥大」といわれる（図4）．このように，心臓に圧負荷や容量負荷がかかると心臓の肥大が起こる．心肥大が起こる詳し

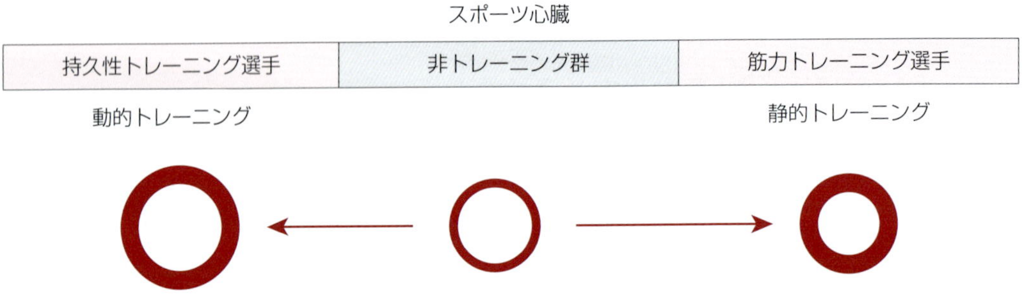

		スポーツ心臓		
	持久性トレーニング選手	非トレーニング群	筋力トレーニング選手	
	動的トレーニング		静的トレーニング	

	遠心性適応		求心性適応	
機能的変化	↓	交感神経刺激	φ ↑	機能的変化
	↓	心拍数	φ	
	↑	拡張期弛緩速度	φ	
	↓	収縮力	↑	
	↓	心筋酸素消費	φ ?	
形態的変化	↑↑	1回拍出量	↓	形態的変化
	↑↑	心容量	φ ↓	
	↑↑	拡張終期容量	↓	
	↑	壁厚	↑↑	
	↑	心筋量	↑	
	↓ φ	心筋量/拡張終期容量	↑	
	↑	1回拍出量/心容量	↓	

図4　トレーニングによる心臓の形態と機能の変化　（Keul J et al：Int J Sports Med, 3（Suppl.1）：33, 1982より引用）

いメカニズムはわかっていないが，心筋に加わった機械的刺激が何らかの機構を介して，心筋の蛋白合成に関係している遺伝子に影響して心肥大が起こると考えられている．

このようなスポーツにより起こる心肥大と，病的な心肥大との差異や扱いが問題になっている．また，心肥大が起こると心臓の毛細血管がより発達する．

D 血圧

① 静的運動と動的運動

運動様式（基本的運動）は，動作の面からは静的運動（static exercise）と動的運動（dynamic exercise）に，また酸素摂取の面からは無酸素的運動（anaerobic exercise）と有酸素的運動（aerobic exercise）に分類される．

一般に運動時には血圧が上昇するが，血圧の反応は運動の様式により異なる．ウェイトリフティングのような静的運動では，バーベルを挙げたときの筋収縮のために末梢血管抵抗が増加するので，拡張期圧の上昇が著しい．また，収縮期圧も顕著に上昇する．他方，マラソンのような動的運動では，筋の収縮・弛緩が繰り返されるので，静的運動に比べて末梢血管抵抗の増加は少なく，拡張期圧の上昇は静的運動に比べて軽度である．筋収縮に伴う代謝産物により局所の血管が拡張し，拡張期圧はむしろ低下する場合もある．しかし，収縮期圧は上昇する．このように静的運動と動的運動では血圧の反応が異なる（表1）．また，動的運動では1回拍出量や心拍数の増加が顕著であるが，静的運動では末梢血管抵抗，拡張期圧の増加が著しい．したがって，動的運動は心臓に対して主に容量負荷が，静的運動は主に圧負荷がかかるといえる．

高血圧や循環器系疾患を有する人が運動を行うときには，このような運動の種類による循環器系機能の応答（特に血圧）の違いに注意する必要がある．

② 運動中の循環調節機構

運動を開始すると，大脳皮質などからの情報により心拍数が増加したり，

word

平均動脈圧（平均血圧）：動脈圧の1周期全体を通じての平均値．通常は拡張期血圧に脈圧の1/3を加えたものとして求める．

word

大脳皮質：大脳の表面で灰白色に見える神経細胞が集まっている部分．その総数は140億といわれる．

表1 運動様式による循環機能の応答の差異

	動的負荷	静的負荷
心拍出量	＋＋＋＋	＋
心拍数	＋＋	＋
1回拍出量	＋＋	0
末梢抵抗	ーーー	＋＋＋
収縮期血圧	＋＋＋	＋＋＋＋
拡張期血圧	0 or ＋	＋＋＋＋
平均動脈圧	0 or ＋	＋＋＋＋
左室仕事	容量負荷	圧負荷

（田中悦子ほか：スポーツ医科学．中野昭一編，杏林書院，p59, 1999より引用）

> **word**
> 閾値：刺激に対して反応が起こるために必要な最小の刺激の強さ．

非活動部位における血管抵抗が増加して血圧上昇が起こる．このような運動開始と同時に血圧が上昇する背景には，血圧を高いレベルに維持しようとする圧受容器反射の閾値をリセットするようなメカニズムが働いていることが示唆されている．筋運動が始まると，筋内の機械受容器を介して血圧が上昇する．さらに筋運動が持続すると，筋細胞内からHイオン（H^+），乳酸などが流出して筋内の化学受容器と交感神経を介して血圧が上昇する．しかし，筋から流出する代謝産物は血管平滑筋を弛緩させて血流を増す効果も知られており，運動の強度，運動開始からの時間などにより，血圧上昇作用と下降作用のバランスの上に立って，血圧が調節されると考えられている．骨格筋の血管には，コリン作動性の交感神経が分布しており，運動開始時にはこの神経の緊張が高まって，筋後線維終末からアセチルコリンが分泌され血管を拡張させることが示唆されているが，この神経が人でどれほどの働きをしているのかは疑問視されている．

E 血流の再配分

安静時には骨格筋の血流量より内臓の血流量が多い．しかし，運動中は骨

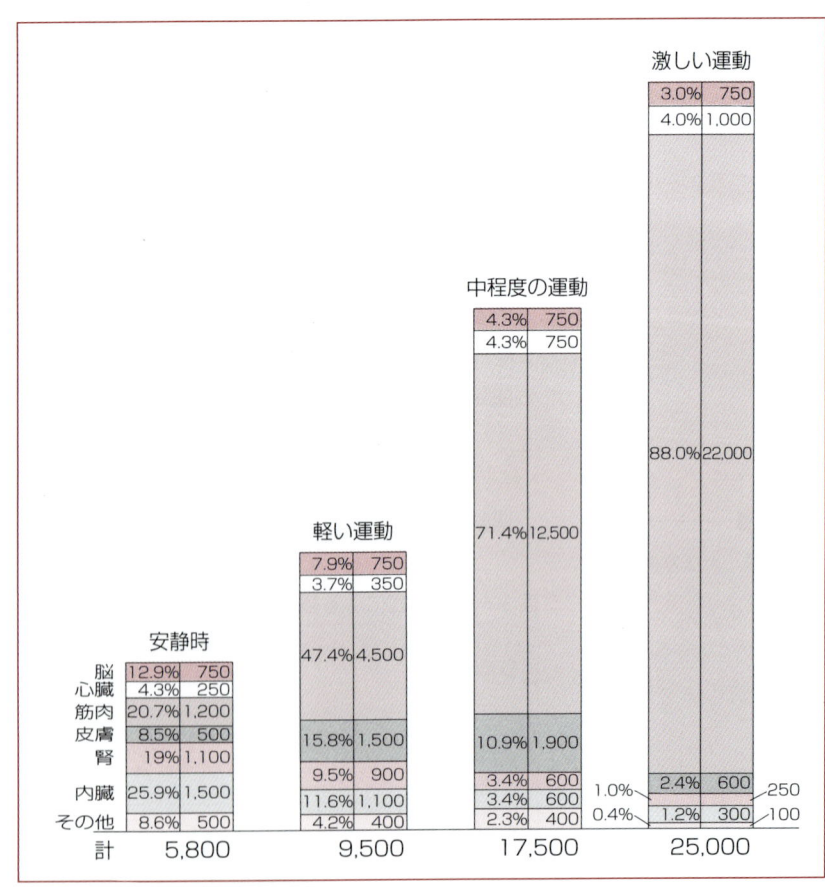

図5 運動による血流の再配分
（中野昭一ほか：図説 運動の仕組みと応用．中野昭一編，医歯薬出版，p54，1992より改変）

格筋の血流量が著しく増加して，内臓血流量を大きく上回るようになる．なお，脳血流量には変化は認められず，脳機能の維持のために一定の血流量が保たれている（図5）．

　これらの変化には，血圧調節に関する種々の因子（圧受容器，筋，心房などからの求心性神経を介した情報）が働いて，その情報が心臓血管中枢に伝えられ，最終的に交感神経系を介して各臓器の血流調節が行われることになる．交感神経系による血流調節は，臓器ごとに異なり均一ではない．また，運動時の体温上昇は皮膚血流を増加させる．これは皮膚血管を支配している収縮性神経の抑制と拡張神経の亢進により起こる．

F 静脈還流と筋ポンプ

　静脈は容量が大きく，血液を貯蔵して心臓に戻る血液量を調節する重要な役割を果たすため，容量血管ともよばれる．右心房に戻る静脈血の量を静脈還流量という．静脈還流量を促す因子としては，
①中等大の静脈には所々に弁（静脈弁）があり，血流の逆流を防いでいる．
②心房内圧低下時に血液が心房内に吸引される．
③骨格筋の収縮・弛緩が静脈内の血液をポンプのように押し出す（骨格筋ポンプ）（図6）．
④吸息時に胸腔内圧が低下することによって血液が胸腔内に吸引される．

　運動時には心拍出量が増加するが，それに見合った血液が末梢から心臓に戻る必要がある．筋の収縮と弛緩は静脈の圧迫・開放を繰り返して，静脈還流を助けるように働く．走行時には血液循環の仕事の30％以上はこの筋肉の働きによるといわれている．筋肉の収縮・弛緩により，筋肉はリズミカル

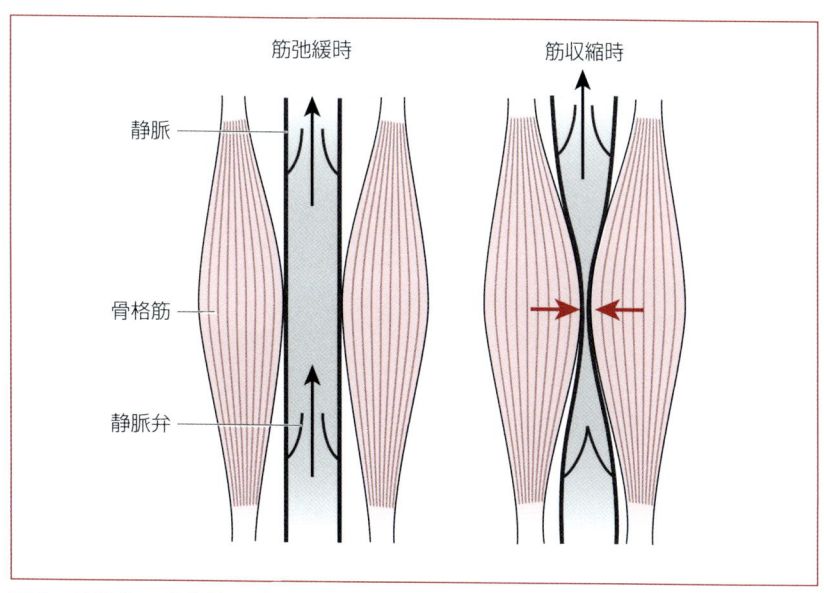

図6　静脈弁と骨格筋のポンプ

に静脈を圧迫して，あたかもポンプのように働き静脈還流を促進しているので，筋は第2の心臓ともいわれる．

G 運動と心臓自律神経系

① 持久性運動トレーニングが心臓副交感神経系に及ぼす影響

持久性トレーニングによって安静時の心拍数の低下（徐脈）が引き起こされることがよく知られている．この徐脈は心臓副交感神経系調節の亢進によって引き起こされることが多くの研究により報告されており，心拍変動の時間領域解析やパワースペクトル解析を用いて行った縦断研究[1~3]や横断研究[4,5]において，持久性運動トレーニングが安静時心臓副交感神経系活動水準を亢進させることが示されている．さらに，山元ら[6]は，メタ解析に加え横断的実験および介入実験を用いて統合的に検討し，その結果，持久性トレーニングが安静時における心臓交感-副交感神経バランスを副交感神経系優位に導き，その自律神経系調節の変化が持久性トレーニングに伴う安静時心拍数の減少の約半分に寄与していることを示している．

また，血圧調節を担う自律神経系機能の1つである心臓副交感神経系動脈圧受容器反射の感受性（cardiovagal baroreflex sensitivity：cardiovagal BRS）もまた，多くの縦断研究[7,8]や横断研究[9~12]において持久性運動トレーニングによって増加すると報告されている（図7）．一方，持久性運動トレーニングによって cardiovagal BRS は変化しないとの報告[13]もあり，議論の余地があるが，これらの結果の違いは運動強度，トレーニング期間や cardiovagal BRS の評価方法の違いが影響している可能性がある．

word
縦断的研究（longitudinal method）：単一の調査対象者を縦の時間軸に沿って継続的に調査していく研究方法．

word
横断的研究（cross-sectional method）：複数の調査対象者を横に広がって同時に調査していく研究方法．

word
自律神経系：すべての内臓・腺・血管など，個体の意思に無関係に反応する器官を支配する不随意神経系で，交感神経系と副交感神経系に大別される．

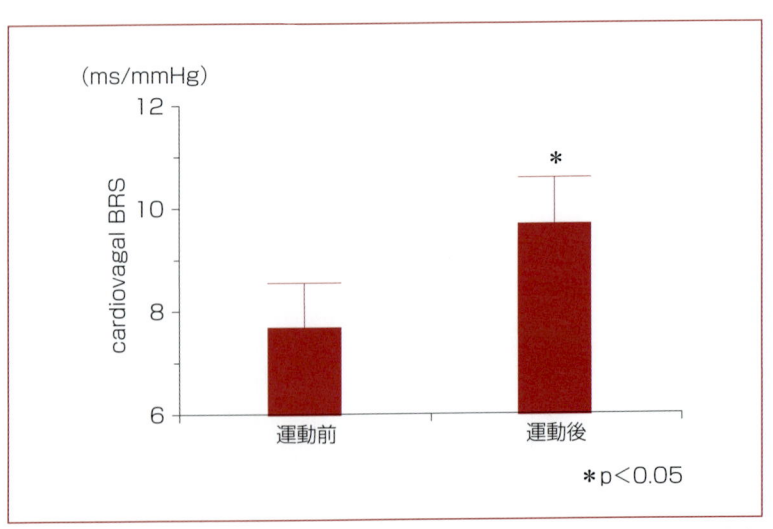

図7　持久性運動トレーニングが心臓副交感神経系の cardiovagal BRS に及ぼす影響

（McDonald MP et al：J Appl Physiol，74：2469-2477，1993より引用）

② 持久性運動トレーニングが運動負荷に対する心臓副交感神経系反応性に及ぼす影響

運動中に増加した心拍数は運動終了後急速に減少し，特に運動終了後早期の心拍数減少には心臓副交感神経系の調節が主に関与していることが示唆されている[14]．Imaiら[15]は，VT以下の運動終了後早期心拍数回復過程を指数関数で近似させたときの時定数（T_{30}）を用いて運動終了後における心臓副交感神経系の反応性を評価した結果，持久性体力水準が優れているクロスカントリースキー選手ではT_{30}が一般健常者に比べて速いことを示した．すなわち，持久性運動トレーニングを行っているアスリートでは，トレーニングによる適応現象として運動終了後の心臓副交感神経系反応性が促進しているものと考えられる．また，中高年女性を対象とした縦断的研究においても持久性運動トレーニングの影響により運動終了後の心臓副交感神経系反応性が速やかに行われることが報告されている[16]．これら運動終了後の心臓副交感神経系反応性の適応は安静時の自律神経系適応と比較して早く引き起こされる[3]．

> **word**
> VT：換気閾値（ventilatory threshold），運動負荷の増大に伴い換気量が非直線的に増加するポイントをいう．血中乳酸濃度の変化に着目した場合は，乳酸閾値（lactate threshold：LT）という．

H 循環器系への運動の慢性効果

身体活動は生体に対する大きな刺激であり，ストレッサーの役目を演じている．適応現象に応じられる範囲内で身体活動が課せられると，生体の機能的・形態的向上が期待でき，その結果として健康の維持能力や体力の向上が可能となる．一方，適応能力を上回るストレスが加わった場合には，機能的・形態的な破綻を生じ，事故，健康障害あるいは外傷を惹起することになる．

心血管系へのトレーニング効果としては，①安静時の徐脈および運動時の相対的徐脈，②酸素脈の増加，③1回拍出量の増加，④心筋肥大，⑤調節性拡大，⑥運動時の血圧低下，⑦冠状動脈予備能力の増加，⑧心筋収縮速度の増加，⑨血液再配分の迅速化，などがあげられる．

> **word**
> ストレッサー：生体に非特異的なストレス反応を引き起こす外界からの刺激をいう．物理的・化学的・生物学的・心理的ストレッサーが知られている．

I スポーツと突然死

スポーツ活動中に起こる突然の死亡であり，現場に医師がいることは少なく，死亡時の実態は不明な点が多い．しかし，ほとんどが瞬間死であり，このことから心臓，特に不整脈が原因であろうと推察される．トップアスリートばかりでなく，一般スポーツ愛好家においても起こる．

① 突然死の原因および誘因

生前に器質的心疾患が証明されている場合は不整脈が起こりやすく，このことが原因であることに問題ないと理解できるが，ほとんどの場合，生前の詳細な医学的データが不明なことが多く，解剖（剖検）された範囲内でしか原因を究明することはできない．

表2 突然死の心臓剖検所見

1. 中高年者(市民スポーツ)
   a) 冠硬化
   b) 心筋変性(心筋症)
   c) 冠動脈口狭窄
   d) 心室瘤破裂
   e) 弁膜症(大動脈弁狭窄,閉鎖不全症)
2. 若年者(トップアスリートを含む)
   a) 肥大型心筋症
   b) 冠硬化
   c) 冠動脈奇形(開口部奇形,低形成)
   d) 弁膜症(大動脈弁閉鎖不全)
   e) myocardial bridge
3. 小児
   a) 心筋炎(リウマチ性,ウイルス性,川崎病)後遺症
   b) 肥大型心筋症
   c) 先天性心臓奇形
   d) 弁膜症
   e) 冠動脈瘤(川崎病)

(村山正博:循環科学,2:1008-1013,1982より引用)

表3 突然死のスポーツ種目

順位	0〜39歳		40〜59歳		60歳〜		全体	
1	ランニング	114	ゴルフ	41	ゲートボール	44	ランニング	165
2	水泳	58	ランニング	33	ゴルフ	40	ゴルフ	87
3	サッカー	24	水泳	14	ランニング	18	水泳	80
4	野球	21	スキー	12	登山	11	ゲートボール	45
5	体操	16	登山	11	水泳	8	登山	37
					ダンス	8		
6	バスケット	15	野球	10	テニス	7	野球	32
	登山	15						
7	スキー	10	テニス	8	体操	3	スキー	23
8	テニス	7	卓球	6	剣道	2	テニス	22
			剣道	6	競歩	2		
9	ラグビー	6	ダンス	3	弓道	1	体操	19
	バレーボール	6	バレーボール	3	ハングライダー	1		
					スキー	1		
					野球	1		
10	柔道	5	バドミントン	2			バスケットボール	15
その他		29		17				

(小堀悦孝:スポーツにおける循環障害.スポーツ医学の基礎,朝倉書店,p267,1993より引用)

突然死の剖検所見をみると,基礎疾患の明らかな場合と,そうでない場合があり,前者には心臓あるいは血管系の異常が多い(**表2**).基礎疾患には年齢により特徴がある.中高年者では冠状動脈硬化症,若年者(トップアスリート)では肥大型心筋症,小児では心筋炎後遺症が多く認められる.

② 突然死のスポーツ種目

死亡数をみると,全体的にはランニングが最も多く約25％を占め,次いでゴルフ,水泳が多い(**表3**).しかし,40〜59歳ではゴルフが最も多く,60歳以上ではゲートボール,ゴルフが多い.

表4 スポーツ種目別の危険率(40〜59歳)

スポーツ種目	死亡数	スポーツ活動時間	1/億人・時間	相対危険率
ゴルフ	41	26,849.885	6.5	0.6
ランニング	33	29,164.154	11.3	1.0
水泳	14	20,511.727	6.8	0.6
スキー	12	5,705.6616	21.0	1.9
登山	11	5,358.1641	20.5	1.8
野球(合計)	10	7,125.0299	13.0	1.2
テニス(合計)	8	5,950.5314	3.4	0.3
卓球	6	7,462.4716	8.0	0.7
剣道	6	2,093.4854	28.7	2.5

相対危険率はランニングの危険率を1.0として求めた.

(小堀悦孝:スポーツにおける循環障害.スポーツ医学の基礎,朝倉書店,p267,1993より引用)

表5 スポーツ種目別の危険率(60歳〜)

スポーツ種目	死亡数	スポーツ活動時間	1/億人・時間	相対危険率(A)	相対危険率(B)
ゲートボール	44	28,995.036	15.2	1.6	1.3
ゴルフ	40	1,690.7374	73.2	7.9	6.5
ランニング	18	19,426.417	9.3	1.0	0.8
登山	11	1,593.7281	69.0	7.4	6.1
水泳	8	6,599.4611	12.1	1.3	1.1
ダンス	8	5,254.7725	15.2	1.6	1.3
テニス(合計)	7	72.3982	7.5	0.8	0.7

相対危険率(A)は60歳以上のランニングの危険率を1.0として求めた.
相対危険率(B)は40〜59歳のランニングの危険率を1.0として求めた.

(小堀悦孝:スポーツにおける循環障害.スポーツ医学の基礎,朝倉書店,p267,1993より引用)

スポーツ種目別の相対危険率は,40〜59歳でのランニングを1とした場合,40〜59歳では剣道,スキー,登山の相対危険率が高く(表4),60歳以上のゴルフと登山は危険率がきわめて高い(表5).一方,危険率の低かったのは40〜59歳のテニスであった.

③ 突然死の機序

スポーツ活動中の突然死の機序を図8に示す.

冠動脈硬化症,肥大型心筋症,大動脈弁膜症,心筋炎後遺症,WPW症候群などの基礎疾患があれば,運動時に心筋虚血,心筋興奮性増大,急性左心不全,伝導障害,心房細動を起こす可能性があり,心室細動や心室停止をもたらし,突然死につながると推測される.また,動脈瘤を有していれば,運動時の血圧上昇によって動脈瘤破裂を起こし,突然死につながる.

基礎疾患を保有していない場合にも,運動中に血液凝固亢進,冠動脈スパスム,電解質・代謝異常,カテコールアミン分泌異常を起こし,心室細動,心室停止,ショックがもたらされることが推測される.また,熱中症の場合には,異常な高体温や高度の脱水のために,中枢神経障害や全身性血管内凝固症候群(DIC)が起こり,ショック,呼吸麻痺をもたらし,突然死につながることが推測される.

> **word**
> ショック:急性かつ全身性の循環不全により臓器・組織への血液供給が不十分なため,組織の低酸素により生じる徴候・症状をいう.

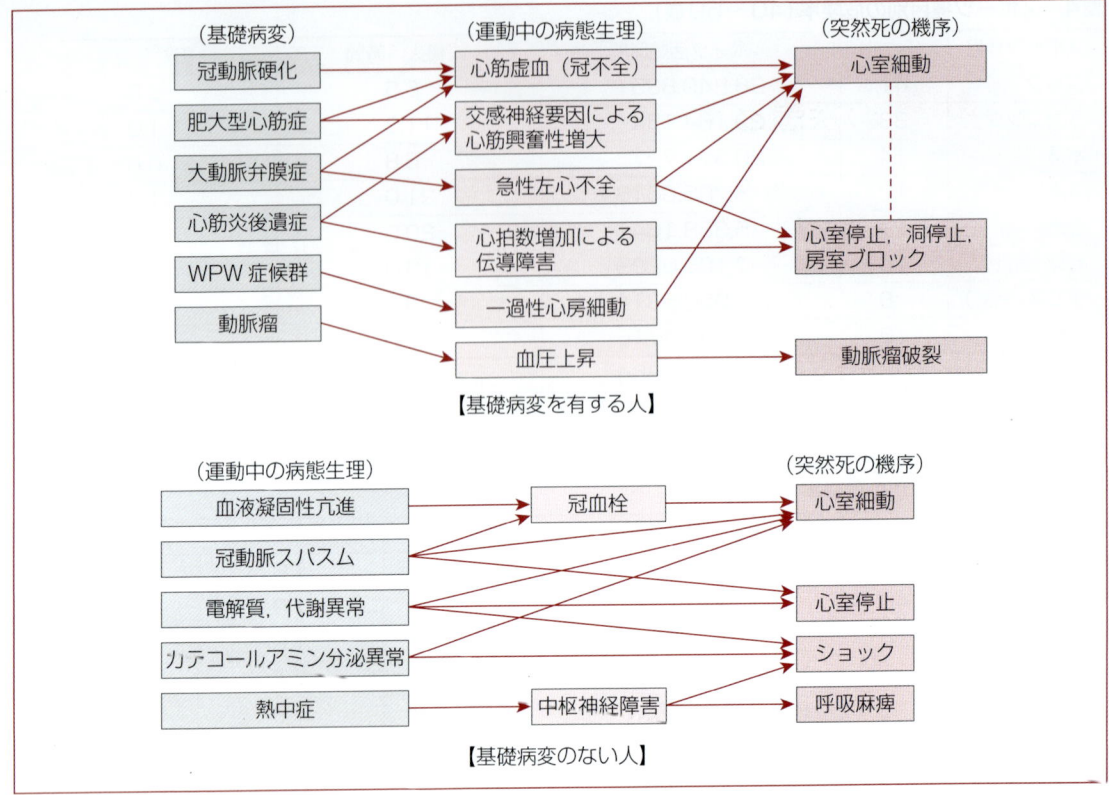

図8 スポーツ中の突然死の機序
(坂本静男：スポーツ医学研修ハンドブック 基本科目．日本体育協会監修，文光堂，p97, 2004より引用)

表6 循環器系を中心としたメディカルチェックの手順

1. 問診：特に急死の家系，感染症，失神発作の既往症，最近の症状
2. 理学的所見：特に心臓の聴診，不整脈の有無
3. 胸部X線写真：心拡大，肺野
4. 一般的血液検査および尿検査：HGB，赤血球，白血球，総蛋白，A/G比，Na，K，Cl，Fe，GOT，GPT，ビリルビン，総コレステロール，尿酸，尿（蛋白，糖，沈渣），いずれも異常があれば精査する
5. 心電図（安静）：肥大所見があれば心エコー図により確認する
6. 運動負荷心電図（dynamicおよびisometric）：dynamic exercise testは必須の検査とする．虚血反応および不整脈の誘発をみる
7. 自律神経反射試験：Valsalva試験，diving reflex試験
8. 心エコー図：肥大が疑われたら必須の検査とする
9. 冠動脈造影法：重症冠動脈疾患には本法施行が望ましい

(信岡祐彦ほか：スポーツ医学 Q&A 2．黒田善雄ほか編，金原出版，p225, 1989より引用)

④ 突然死の予防

　運動前の心循環器系の十分なメディカルチェックが重要である．いかにして，無症候性の潜在的な疾患を見つけ出すかが重要なポイントとなる．メディカルチェックの手順を表6に示す．
　安全管理の面からは，すべての人々に対して検査を徹底するに越したことはないが，必要のない人々に大きな負担をかけることとなり無意味である．そこで，問診や理学的所見において問題点が明らかになった場合に，順次に

各種検査を行うこととなる．

J 心疾患とスポーツ

　先天性心疾患や弁膜症を有する患者に対して運動，特に競技スポーツをいかに許容するかは，重要な問題である．疾患の重症度や日常の活動度などを参考に個別に検討することとなるが，最終的には本人との話し合いによってなされるべきで，その際に，家族に対しても十分に説明しておくことが必要である．

　循環器疾患に対する運動療法の実施に際しては，適応と禁忌に配慮する必要がある．現在，実施されているのは，心筋梗塞後のリハビリテーション，狭心症の運動療法，高血圧の運動療法，冠動脈バイパス術後の運動療法，弁膜症術後の運動療法などである．

文献

1) Seals DR, Chase PB : Influence of physical training on heart rate variability and baroreflex circulatory control. J Appl Physio, 66 : 1886-1895, 1989
2) De Meersman RE : Respiratory sinus arrhythmia alteration following training in endurance athletes. Eur J Appl Physiol Occup Physiol, 64 : 434-436, 1992
3) Yamamoto K, Miyachi M, Saitoh T et al : Effects of endurance training on resting and post-exercise cardiac autonomic control. Med Sci Sports Exerc, 33 : 1496-1502, 2001
4) Goldsmith RL, Bigger JT Jr, Steinman RC et al : Comparison of 24-hour parasympathetic activity in endurance-trained and untrained young men. J Am Coll Cardiol, 20 : 552-558, 1992
5) Davy KP, Miniclier NL, Taylor JA et al : Elevated heart rate variability in physically active postmenopausal women: a cardioprotective effect? Am J Physiol, 271: H455-460, 1996
6) 山元健太, 高橋康輝, 吉岡　哲ほか：持久的トレーニングに伴う安静時徐脈と自律神経系調節との関係. 体力科学, 50 : 613-623, 2001
7) McDonald MP, Sanfilippo AJ, Savard GK : Baroreflex function and cardiac structure with moderate endurance training in normotensive men. J Appl Physiol, 74 : 2469-2477, 1993
8) Monahan KD, Dinenno FA, Seals DR et al : Age-associated changes in cardiovagal baroreflex sensitivity are related to central arterial compliance. Am J Physiol Heart Circ Physiol, 281 : H284-289, 2001
9) Cooke WH, Reynolds BV, Yandl MG et al : Effects of exercise training on cardiovagal and sympathetic responses to Valsalva's maneuver. Med Sci Sports Exerc, 34 : 928-935, 2002
10) Komine H, Sugawara J, Hayashi K et al : Regular endurance exercise in young men increases arterial baroreflex sensitivity through neural alteration of baroreflex arc. J Appl Physiol, 106 : 1499-1505, 2009
11) Monahan KD, Dinenno FA, Tanaka H et al : Regular aerobic exercise modulates age-associated declines in cardiovagal baroreflex sensitivity in healthy men. J Physiol, 529 : 263-271, 2000
12) Monahan KD, Tanaka H, Dinenno FA et al : Central arterial compliance is associated with age- and habitual exercise-related differences in cardiovagal baroreflex sensitivity. Circulation, 104 : 1627-1632, 2001
13) Christou DD, Jones PP, Seals DR : Baroreflex buffering in sedentary and endurance exercise-trained healthy men. Hypertension, 41 : 1219-1222, 2003
14) Perini R, Orizio C, Comandè A et al : Plasma norepinephrine and heart rate dynamics during recovery from submaximal exercise in man. Eur J Appl Physiol

Occ w up Physiol, 58 : 879–883, 1989
15) Imai K, Sato H, Hori M et al : Vagally mediated heart rate recovery after exercise is accelerated in athletes but blunted in patients with chronic heart failure. J Am Coll Cardiol, 24 : 1529–1535, 1994
16) 菅原　順，相馬りか，坂戸英樹ほか：中高齢女性における運動終了後の心臓副交感神経活動回復応答に及ぼすトレーニングの効果．日本臨床スポーツ医学会誌，8：71-75, 2000

Self-Check

1. 循環器系への運動の慢性効果を記せ．
2. 運動による心電図の変化を記せ．

（解答はp.347〜350）

3 スポーツと呼吸器系

スポーツ活動が呼吸器系機能に及ぼす影響を示す．

A 肺気量と運動

運動に伴う肺気量の変化を図1に示す．

① 1回換気量

運動によって大きく増大する．それは生体の代謝量増大に見合った多くの酸素を取り入れるためであり，最大2lを超える．

② 予備吸気量

運動に伴う1回換気量の増大により，減少する．

③ 予備呼気量

運動に伴う1回換気量の増大により，減少する．

④ 肺活量

一般人に比べアスリートでは多い．

⑤ 残気量

変化はない．

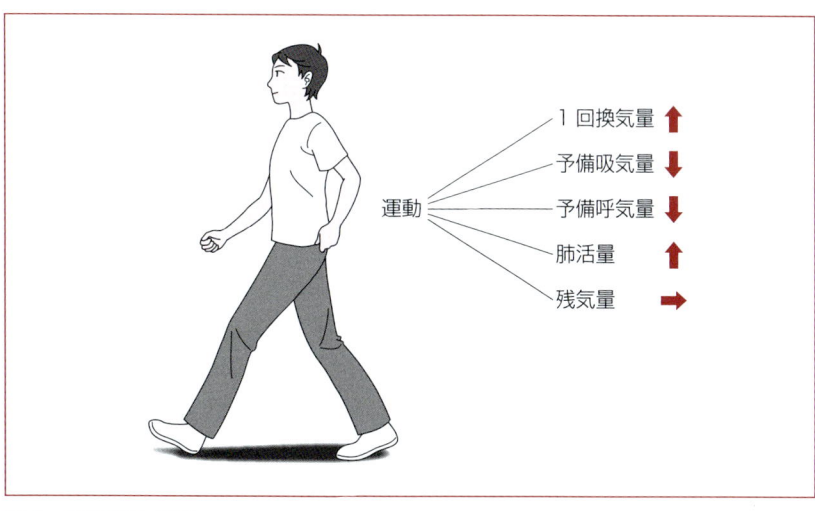

図1 肺気量と運動

(本間生夫：スポーツ医科学．中野昭一編，杏林書院，p62, 1999より引用)

B 血液によるガス運搬と運動

運動などで末梢での酸素消費量が高まると，酸素分圧が下がり，酸素飽和度が落ち，より多くのO_2がヘモグロビンから離れる．酸素分圧が50 mmHgから下がると，酸素解離曲線のS字状曲線は最も急な部分に入り，わずかな分圧の変化に対応して多くの酸素を遊離する．この酸素解離曲線は状況によ

> **word**
>
> **酸素分圧**：動脈血ガス分析で測定する血液の酸素化能の指標．正常値は90～100Torr（mmHg）．吸入気の酸素分圧や肺胞の換気量により影響され，また呼吸器疾患によるガス交換障害で低下する．Pao_2が60Torr以下の状態が呼吸不全である．Pao_2低下の原因には低酸素の環境，呼吸中枢抑制薬の影響，呼吸運動抑制，喘息・COPD・肺炎などの呼吸器疾患，肺うっ血などがある．

> **word**
>
> **アシドーシス**：細胞外液の水素イオン濃度（基準値はpH 7.35～7.45）を維持する酸塩基平衡の調節が障害され酸性側に傾いた状態で，呼吸性アシドーシスと代謝性アシドーシスがある．

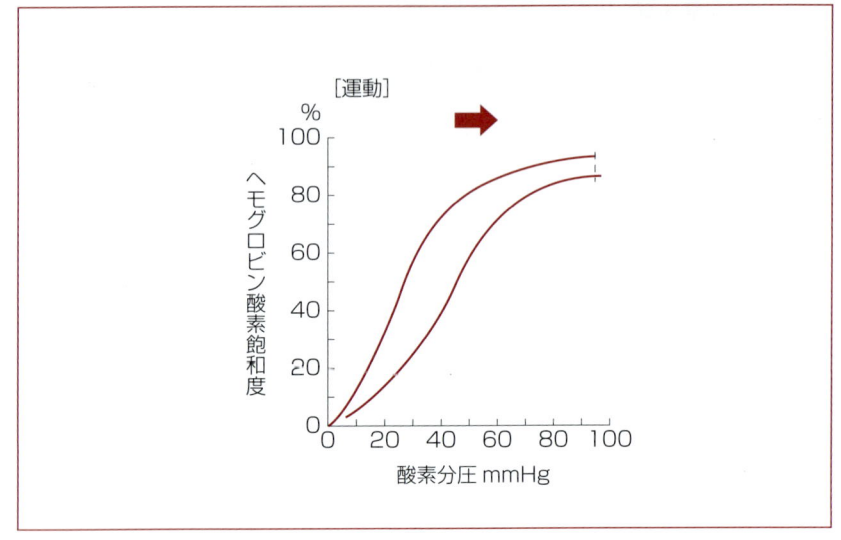

図2 酸素解離曲線の右シフト
（本間生夫：スポーツ医科学．中野昭一編，杏林書院，p66, 1999より引用）

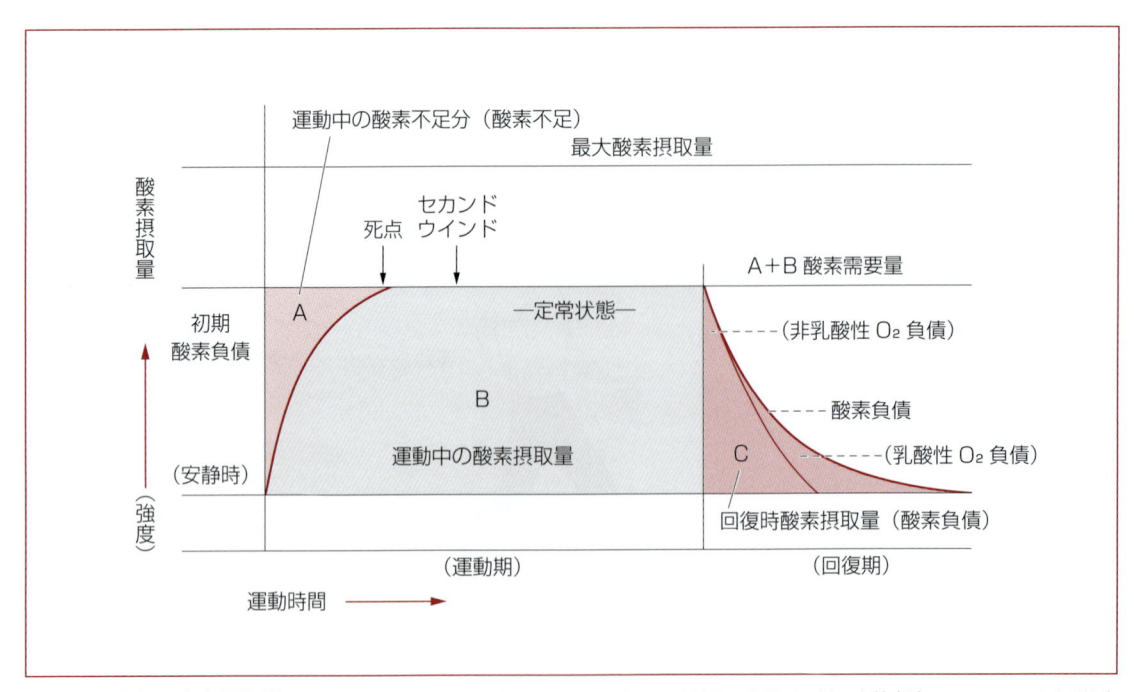

図3 運動中の酸素摂取量
（本間生夫：スポーツ医科学．中野昭一編，杏林書院，p68, 1999より引用）

> **word**
>
> 2,3-DPG (2,3-diphos-phoglycerate：グリセリン2,3-リン酸)：通常の解糖系では1,3-DPG (グリセリン1,3-リン酸) から3PG (グリセリン3リン酸) に直接向い1個のATPが産生されるが，バイパスとして2,3-DPGが産生されるとATPは産生されずエネルギー的には無駄となる．

り右にシフトしたり，左にシフトしたりする．

運動中には酸素需要が高まることから，酸素解離曲線が右にシフトし，同じ酸素分圧でもO_2がより多くヘモグロビンから離れる（図2）．これは，運動中にアシドーシスになり，血中CO_2が上昇し，組織熱産生も上昇していることによる．すなわち，pHが下がり，CO_2が上昇し，体温が上がると曲線は右にシフトする．また，赤血球中の嫌気性解糖で産生される2,3-DPGが増えると曲線はやはり右にシフトする．低酸素状態に陥ると2,3-DPGは増え，曲線は右に移動し，ヘモグロビンから遊離する酸素量が増大する．

C 酸素消費量と運動

① 運動と酸素摂取量（$\dot{V}O_2$）

ある一定の運動を開始すると，時間当たり一定の酸素需要量が決定される．しかし，酸素摂取量は最初から一定状態に達するわけではなく，安静時の酸素摂取量から徐々に増えてくる．したがって，定常状態に達するまでは酸素需要に対して酸素摂取量が少なすぎることになる．運動開始時には呼吸，循環機能が，運動に即座に対応できないために起こり，この運動初期の酸素不足を初期酸素負債といい，対応できるまで体内の酸素を借り入れている．この酸素負債は運動終了後に返却する．運動終了後にも呼吸，循環の活動は高まった状態が続き，徐々に安静時の状態に戻ってくる．この期間は回復期とよばれている．運動中の酸素需要量に見合った酸素を摂取している時期，つまり定常状態では，呼吸，循環機能は運動に適切に対応していることとなる（図3）．

② 運動と最大酸素摂取量（$\dot{V}O_{2max}$）

持久的運動のアスリートでは，最大酸素摂取量は60 ml/kg/min以上になる．

最大酸素摂取量がトレーニングにより増大する要因の1つは，活動している筋肉への血流量，そして酸素供給量の増大である．そのためには心臓の1回拍出量を増大することである．トレーニングにより心臓の肥大が起こるが，その結果，最大心拍出量（1回拍出量×心拍数）が増大し，最大酸素摂取量も増大する．第2の要因は，組織に運ばれてきた酸素の拡散能力の増大である．なお，ヘモグロビンからの酸素の解離度の低下や，毛細血管壁，筋肉細胞壁の拡散能力の低下，さらに筋細胞中のミトコンドリアまでの拡散能力の低下は，逆に最大酸素摂取量の低下の要因となる．

最大酸素摂取量の増大に関わる2つの要因を高めるためには，最大酸素摂取量の60％以上の運動強度でトレーニングすることが必要である．ただし，トレーニング前の体力の程度に依存しており，最大酸素摂取量の低い人ではより低い強度のトレーニングでも十分に増大させることができる．一般に薦められる運動強度とトレーニング時間の関係は，60％強度で30分の運動が中等度となる．この運動強度程度のトレーニングでは2時間以上続けること

> **word**
>
> 最大酸素摂取量：運動強度の増大とともに酸素摂取量も増大するが，運動強度が高まると酸素摂取量がそれ以上増大しなくなる．この酸素摂取量をいう．

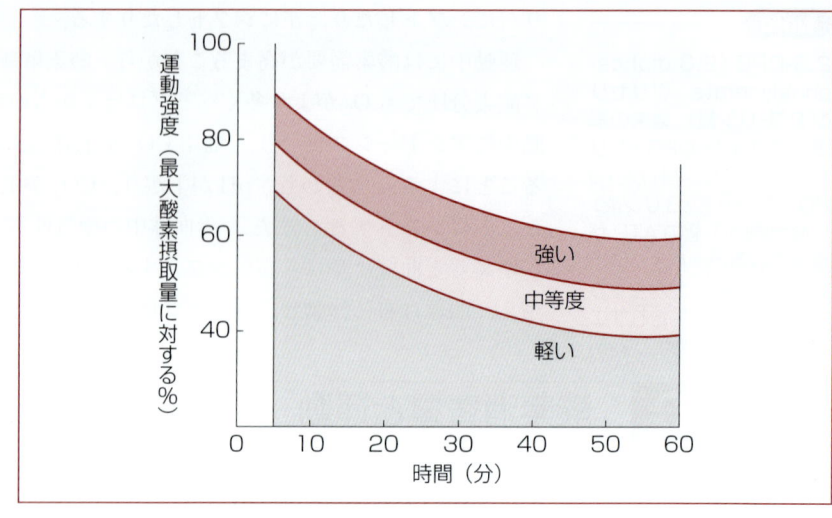

図4　トレーニングの強度と時間の関係
（本間生夫：スポーツ医科学．中野昭一編，杏林書院，p70, 1999 より引用）

が可能である．70〜80％強度になると，1回の運動時間は数分，長くて10分程度となる（図4）．血中乳酸濃度は，一般人では50〜60％強度，持久的運動のアスリートでは70〜80％強度になると上昇し始める．

③ 換気反応

運動の強度を増していくと，筋肉内で産生された CO_2 は負荷量に比例して増加する．しかし，CO_2 は体内に蓄積できないため，産生された CO_2 は肺で行われる換気によって大気中に放出される．したがって，分時換気量（$\dot{V}_E$）は負荷量の増加に伴って漸増的に増加する．健常人では負荷が最大運動能力の約50％になると，筋肉内での代謝が好気的解糖に嫌気的解糖が加わるため，血中に乳酸が産生されてくる．このポイントを乳酸閾値（lactate threshold：LT）という．血中に放出された乳酸は HCO_3^- によって中和され，H_2CO_3 から CO_2 と H_2O になる．CO_2 は換気によって肺から排出される．したがって，LTを超えると酸素摂取量の増加に比べて，二酸化炭素排泄量がさらに増し，それに伴って換気量の増加が著しくなる．そのため，換気反応からみると，換気量や二酸化炭素排泄量の増加が上方に折れ曲がる反応を示し，このポイントを嫌気的解糖閾値（anaerobic threshold：AT）という．ATとLTはほぼ一致する．

ATを超えた運動では，乳酸が産生されるが，HCO_3^- で中和されるため，動脈血中のpHは低下しない．しかし，負荷量がさらに増し，HCO_3^- が消費されつくすと，乳酸により血中のpHが低下し始めるポイントに至る．このポイントを呼吸代償閾値（respiratory compensation：RC）といい，ATからRCまでを乳酸緩衝能（isocapnic buffering：IBN）という．

RCを超えた強度の運動では乳酸により動脈血pHが低下するため，呼吸中枢の換気が刺激され，さらに換気量が急峻に増加し，最大に至り運動は中断する（図5）．

---

word

分時換気量（minute ventilation：$\dot{V}_E$）（毎分呼吸量，respiratory minute volume）：1分間に呼吸する空気の量．1回換気量×1分間の呼吸数となる．

word

好気的解糖：ミトコンドリアをもち酸素が十分に供給される細胞においてはピルビン酸が解糖系の最終産物である．グルコースからピルビン酸に至る10個の連続する反応を好気的解糖とよぶ．

word

嫌気的解糖：グルコースから生じたピルビン酸はNADHにより還元され最終産物として乳酸になる．このグルコースから乳酸への変換経路は，酸素の関与なしに起こりうるので，嫌気的解糖とよばれる．

word

乳酸：糖質代謝でできる代表的なオキシ酸で，L・D・DL型の3型が存在する．L-乳酸は筋肉や動物組織中に存在する．生体内で乳酸が増加する乳酸性アシドーシスは，敗血症などの重症感染症などの場合に起こる重篤な病態である．

word

二酸化炭素排泄量（minute dioxide output：$\dot{V}_{CO_2}$）（炭酸ガス排泄量）：体外に排泄される二酸化炭素の量を時間単位で表したもの．

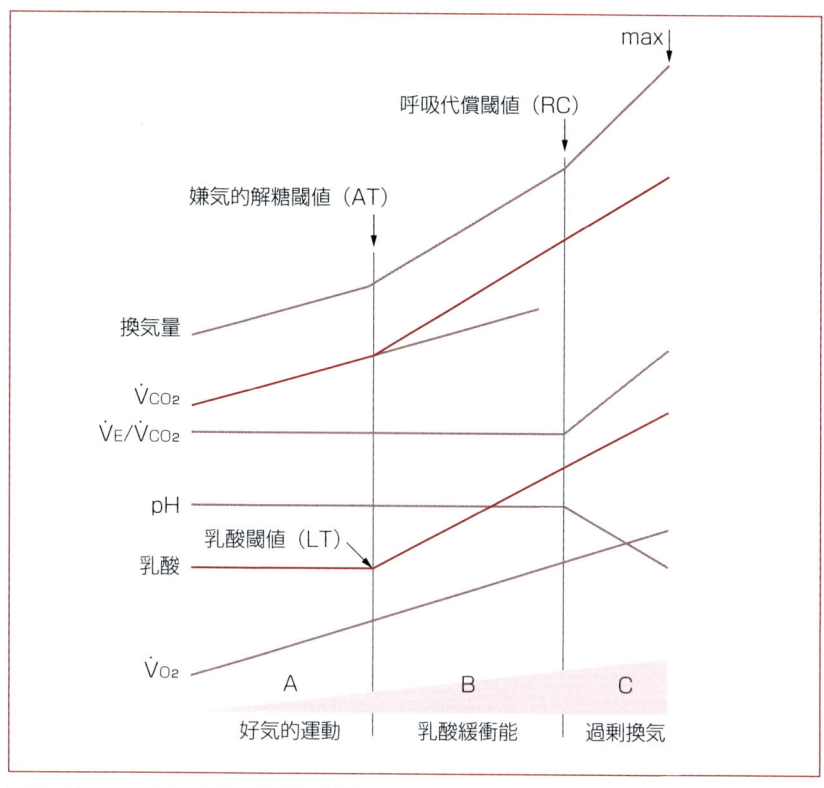

図5 漸増運動に伴う換気系の応答
(藤本繁夫：スポーツ医学研修ハンドブック 基本科目．日本体育協会監修，文光堂，p20, 2004 より引用)

D トレーニング効果

① 肺気量，肺容量

　一般的には，運動能力に影響を及ぼしうるのは換気，酸素摂取能力であり，肺気量・肺容量の変化が直接運動能力の変化につながるわけではない．健康成人では，全身性トレーニングにより肺活量は変化せず，最大分時換気量や最大酸素摂取量は増加するとされている．しかし，高齢者ではトレーニングにより肺活量も明らかに増加するとされており，トレーニングにより呼吸筋の収縮力が増大したためと思われる．

> **word**
> 肺容量：全肺気量（予備吸気量＋1回換気量＋予備呼気量＋残気量），肺活量（予備吸気量＋1回換気量），機能的残気量（予備呼気量＋残気量），最大吸気量（予備吸気量＋1回換気量）がある．

② 最大分時換気量

　運動時の最大換気量は，一般成人男性では約 120 ml/min といわれている．全身性トレーニングにより運動時の最大分時換気量は増加し，トップアスリートでは 200 ml/min 以上にもなる．トレーニングにより予備換気能力を運動時に使うことができるようになると考えられている．

③ 最大酸素摂取量

　持久性トレーニングにより最大酸素摂取量は増加する．トレーニングの期

間や量にもよるが，10〜20％増加する．トップアスリートの最大酸素摂取量は5 l/min以上と，一般成人の約2倍にもなる．長距離陸上選手や自転車，距離スキーなど，持久力を要する選手ほど最大酸素摂取量は高値を示す．逆に，長期間の安静では，最大酸素摂取量は20％以上も低下する．

④ 拡散能力

肺拡散容量は，よくトレーニングされたアスリートでは高いといわれている．また，トレーニングによって最大運動時の肺拡散容量は増加したとの報告もある．

⑤ 酸素の運搬

運動時の酸素解離曲線は，安静時と比べて右方へ移動するが，トレーニングにより右方移動はさらに増強される．これは，トレーニング後ではpHがより低下し，温度が上昇し，2,3-DPGが増大するためと考えられる．酸素解離曲線の右方移動は骨格筋の代謝能力，微小循環機能の亢進とあいまって，動静脈間酸素較差の増加をもたらす．

⑥ 無酸素性閾値

持久性トレーニングにより無酸素性閾値は増加する．最大酸素摂取量が10〜20％程度増加するトレーニングでは，無酸素性閾値は40％前後増加する．持久競技選手では，最大酸素摂取量よりも無酸素性閾値が競技成績とよく相関することが知られており，運動能力の向上には無酸素性閾値を増加させることが重要である．

word
無酸素性閾値：嫌気的解糖閾値と同じ．

E 呼吸器疾患とスポーツ

肺気腫や慢性気管支炎などの慢性閉塞性肺疾患（chronic obstructive pulmonary disease：COPD）患者や気管支喘息患者では，呼気流量の制限が存在するため，運動時に換気量が増加すると，さらに換気障害が増強し，呼吸困難や咳・痰を訴えて運動を中断する．運動時にこれらの症状が出現するため，スポーツや日常活動まで制限されてくる不活動性の状態が続くと，四肢筋肉の機能低下や循環器系，代謝系，内分泌系にも影響を及ぼし，さらに精神・心理的障害も加わる悪循環につながる．この悪循環を断ち切るために，呼吸器疾患をもった患者では効果的な運動療法を行い，また積極的にスポーツに参加しQOL（quality of life）の向上を目指すことが要求される．

word
慢性閉塞性肺疾患（chronic obstructive pulmonary disease：COPD）：肺や気道での広範囲な病変により非可逆性の気道閉塞病態を示す一群の患者を，包括的にとらえた臨床上の疾患概念．

word
QOL（生活の質）：個人にとっての生命・生活・人生を含めた総合的な「ライフ」の質の向上と充実を図ることの重要性を強調するために用いられる言葉．

① 運動中断の自・他覚症状

a 自覚症状

呼吸困難が最も多い．また，咳，喀痰が加わると呼吸のパターンが乱れ，早期に換気制限に至る．その他の症状としては，下肢の疲労感・疼痛，胸痛，動悸，ふらつき感などがある．

b 他覚症状

運動中断の他覚症状としては，①浅くて早い呼吸や補助呼吸筋を使った努力呼吸の出現，②チアノーゼの出現，③最大心拍数に至ったり，不整脈の出現，④運動中の血圧低下，などの所見がある．

② 運動療法（トレーニング）の対象となる呼吸器疾患

症状の安定期にある慢性呼吸器疾患患者のほとんどが運動療法の対象となる．
①肺気腫，慢性気管支炎およびびまん性汎細気管支炎．
②アトピー性気管支炎だけでなく，中高年から発症する慢性喘息患者．
③非活動性肺結核，肺結核後遺症．
④肺線維症，塵肺，サルコイドーシスや膠原病などによる慢性の間質性肺炎．
⑤肺癌の一部．

③ 運動療法（トレーニング）の禁忌となる呼吸器疾患

①感冒や気管支炎，肺炎などの呼吸器感染症の合併時．
②心不全の合併時．
③肋膜炎，気胸の合併時．
④自覚的に発熱，血痰，胸痛などの出現時．
⑤いつもより倦怠感や呼吸困難が強いとき．
⑥安静時の心拍数が100 bpmを超えているとき．
⑦喘息発作の出現時．

F 運動により生じる呼吸器系の異常

① 過換気症候群（hyperventilation syndrome）

a 概念

過換気と，それに伴う呼吸性アルカローシスを主体とする症候群である．
精神的緊張やヒステリーが原因のことが多く，これまで特に異常がなかった学童やアスリートに本症が認められた場合，基礎に何らかの器質的疾患がある場合はきわめてまれである．ただし，大都会で炎天下の真夏にアスリートに本症が集団発生した場合，誘因としての光化学スモッグの関与についても考慮する必要がある．

b 頻度

器質的疾患ではないので，正確な頻度は不明である．しかし，本症候群は若い女性に多く，時に集団発生することがある．心理的要因が大きく関与するので，暗示や不安が高じると，本症の発生頻度が爆発的に増える危険がある．

c 症状

症状のほとんどは，過換気による急性呼吸性アルカローシスに起因する．

> **word**
> アルカローシス：細胞外液の水素イオン濃度（基準値はpH 7.35〜7.45）を維持する酸塩基平衡の調節が障害されアルカリ性側に傾いた状態で，呼吸性アルカローシスと代謝性アルカローシスがある．

表1 過換気症候群の臨床症状

1. 神経症状
    1) 中枢性：めまい，耳鳴，不安感，混乱，精神錯乱など
    2) 末梢性：しびれ，異常知覚，痙攣，テタニー様症状，振戦，腱反射亢進など
2. 循環器症状：動悸，不整脈，心電図異常（T波平坦化，ST延長など），血圧低下など
3. 代謝性：低カリウム血症，カルシウム（Ca^{2+}）およびマグネシウム（Mg^{2+}）イオン濃度の低下など

(毛利昌史：スポーツ医学Q&A 2．黒田善雄ほか編，金原出版，p230，1989より引用)

しかし，その症状は多彩であり（表1），本症候群についての知識とその可能性を疑うだけの臨床経験がないと診断が困難なことがある．

d 鑑別診断

基礎疾患がないのが通常であるが，まれに器質的疾患に合併する場合がある．

①代謝性アシドーシスに伴う過換気（糖尿病ケトアシドーシス，尿毒症，薬物中毒など）．
②急性低酸素血症（急性肺塞栓，急性肺炎，急性肺水腫など）．
③急性出血．
④熱射病（熱中症）．

e 治療

対症療法が主体となるが，患者の不安感を除き，心配ないことを納得させることが第一である．

1) 安静

仰臥位とし，衣服をゆるめて呼吸が楽にできるようにする．ヒステリー状態のこともあるので，場合によっては頬をたたいたり大声で励ましたり，自己催眠の状態から覚醒させる必要がある．

2) 鎮静剤の投与

経口投与を行うが，重症の場合には注射が必要となる．

3) 手のしびれ，テタニー様症状

紙袋などを口に当て再呼吸させる．再呼吸により$PaCO_2$は上昇し，呼吸性アルカローシスは改善する．

4) 高度の呼吸性アルカローシスの場合

脳血管が収縮し，脳血流が減少，痙攣やてんかんが誘発されることがある．このような場合には，速やかに病院に連れていくほうが安全である．しかし，その前に血圧低下がないことを確認し，鎮静剤の投与を試みてもよい．

② 運動誘発性喘息（exercise-induced asthma：EIA）

a 概念

気管支喘息患者が運動をしたときに喘息発作が誘発されること．

発症頻度は，成人に比べ小児の喘息患者で高く，また軽症患者より重症患者のほうが出やすい．

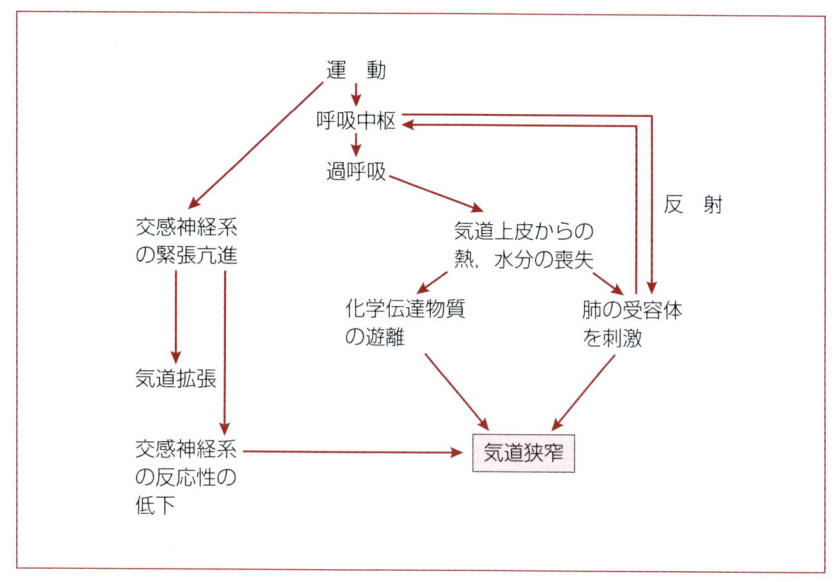

図6 運動誘発性喘息の発生機序
(小幡俊彦ほか：スポーツ医学 Q&A 2．黒田善雄ほか編，金原出版，p232, 1989より引用)

EIAは日常生活の制限，特に小児では運動制限につながることがあるので，喘息患者を取り巻く人たちはEIAの特徴，およびその対策を十分に知っておく必要がある．

ⓑ 発生機序

EIAの発生機序としては，いくつもの説が報告されている．発生機序を知ることは，予防法にもつながるので重要である(図6)．下記以外にも，中枢神経系の関与，代謝性アシドーシス，乳酸の蓄積，運動後の低二酸化炭素血症などの説がある．

1) 気道からの熱の喪失

高温多湿の環境下のほうが低温乾燥の環境下よりも発症しにくいことから，気道からの熱の喪失が原因となるとする説で，冬季のほうが起こりやすいことからも理解できる．

2) 気道上皮の浸透圧の変化

熱の喪失がほとんどないような条件下での運動でも発症することや，低張性，高張性のどちらの液を吸入しても気道狭窄が誘発されることから，気道上皮の浸透圧の変化により発症するという説である．

3) 化学伝達物質

種々の化学物質，ヒスタミン，ロイコトリエン，プロスタグランジン，血小板活性化因子(platelet activating factor：PAF)は気道狭窄を引き起こす．

4) 交感神経系の反応性の低下

運動により交感神経系が緊張し，その結果，カテコールアミンが分泌され気管支拡張が起こる．しかし，EIA陽性者では，カテコールアミン分泌が少ないことが知られており，このことが原因であるとする説である．

ⓒ 予防法

1) 薬を使わない予防法

a) 運動の種類，運動時間，負荷量

同じ運動量でも運動の種類によってEIAの出現頻度，重症度には違いがある．自由走が最も起こりやすく，水泳では起こりにくい．運動時間を短くしてインターバルをとってやれば，EIAを予防もしくは軽くできる．

b) ウォーミングアップ

激しい運動前のウォーミングアップは，心肺機能をスムースに働かせ，筋肉や関節の障害を少なくするだけでなく，EIAの程度を軽くすることができる．

c) マスクの着用

冷たい吸入気を避けるために，冬季の戸外での運動時にはマスクを着用する．

d) 鍛練

運動を続けることにより，トレーニング効果として，運動に対する耐性と持久力の向上が得られるため，同一の運動量でもEIAは起きにくくなる．

e) 催眠療法

喘息の治療にも使われるが，EIAの予防効果もある．

2) 薬による予防法

中等症以上の喘息児が運動を行うときには，予防薬を必要とすることも少なくない．一般的な，喘息の治療薬が用いられる．

a) DSCG（インタール®）

b) 交感神経刺激剤

c) テオフィリン製剤

d) その他の薬剤（抗コリン剤，ステロイド剤，カルシウム拮抗剤，抗ヒスタミン剤，抗アレルギー剤など）

┤ Self-Check ├

[1] 運動による肺気量の変化について，増加（↑），減少（↓），不変（→）を記せ．
　①1回換気量　②予備吸気量　③予備呼気量　④肺活量　⑤残気量

(解答はp.347～350)

4 スポーツと血液系

スポーツ活動が血液系，血漿組成に及ぼす影響，およびスポーツ活動に伴う血球，特に赤血球の変化（貧血）について示す．

A 運動時の血漿の変化

① 血漿量と浸透圧の変化

運動時には循環血液量が減少する．自転車エルゴメータで漸増負荷運動を行うと，血漿量は相対的運動強度（%$\dot{V}{O_{2max}}$）の上昇に比例して減少し，最大運動負荷時には全血漿量の約8〜15%の減少が認められる（図1）．

50%$\dot{V}{O_{2max}}$以下の低強度の運動時には血漿量は減少するが，血漿浸透圧の上昇はみられない．すなわち，この範囲の運動強度では血管外への等張性の水分移動が生じる．運動時には心拍出量の増加により血圧が上昇するが，同時に活動筋において血流維持のため血管が拡張し，血管抵抗が低下する．その結果，活動筋における毛細血管内圧が上昇し，毛細血管濾過圧の上昇が血管内から間質への水分の移動を起こすためと考えられる．一方，50%$\dot{V}{O_{2max}}$以上の運動では，血漿量の減少とともに血漿浸透圧が上昇する．す

> **word**
>
> **血漿浸透圧**：水のみ透過する半透膜の両側に水と血漿を置いたとき，その間に生ずる圧力差（浸透圧）．その浸透圧を生ずる溶質から決定される浸透圧濃度は，約300mOsm/kgH$_2$O（約5,100mmHg）で，生理食塩水の浸透圧に等しい．

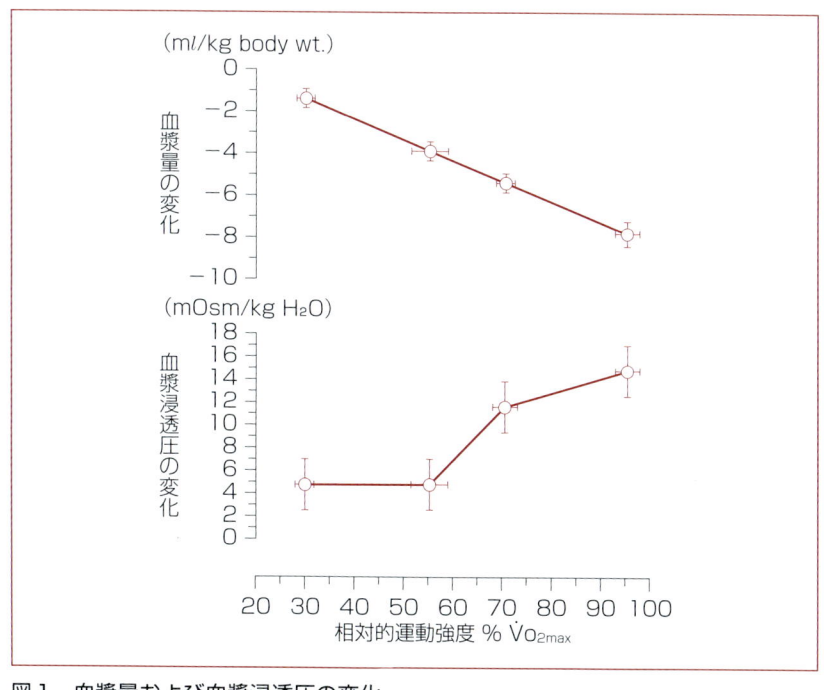

図1 血漿量および血漿浸透圧の変化

(Nose H et al：J Appl Physiol, 70：2757-2762, 1991より引用)

なわち，高強度の運動時には，運動筋における代謝産物の上昇により，細胞内および間質液の浸透圧が上昇し，この浸透圧差によって血漿から間質，さらに細胞内へと水分が移動し，血漿量が減少する．

運動時には活動筋の水分含有量が増加し，最大下運動では主に細胞外液量が，最大運動時には主に細胞内液量が増加する．最大運動時の細胞内液の増加は，細胞内の乳酸が最大下運動時に比べて2倍以上に上昇することから，乳酸などの代謝産物の蓄積による細胞内浸透圧上昇によるものと考えられる．細胞内の浸透圧の上昇は，間質からの水分の移動を引き起こし，溶質を含まない自由水が細胞外から細胞内へ流入する．その結果，血漿浸透圧が上昇し，活動筋以外の組織において浸透圧勾配により細胞内から水分を移動させ，血漿量の減少を緩衝する．自転車エルゴメータによる運動時には，血漿の減少量の約2倍の水分量が下半身の活動筋に移動する．

② 血漿電解質濃度の変化

血漿 Na^+，Cl^- イオン濃度は，50％ $\dot{V}O_{2max}$ 以上の運動で血中乳酸の増加とともに増える．乳酸閾値(LT)以上の運動負荷時には，細胞内に代謝産物が蓄積し，血漿から間質および細胞内へ自由水が移動して，血漿の電解質濃度

word
細胞外液：体液量は体重の60〜70％である．体液のうち細胞外空間に分布している液体で，体重の約20％を占める．

word
細胞内液：細胞内に存在し，体重の約45％を占める．細胞内外両液は，細胞膜を介して電解質や代謝に関与する物質を特殊な透過機構で取り込みあるいは汲みだして，細胞内液の組成・細胞内小器官の機能・各種の酵素などの働きを至適な状態にしている．

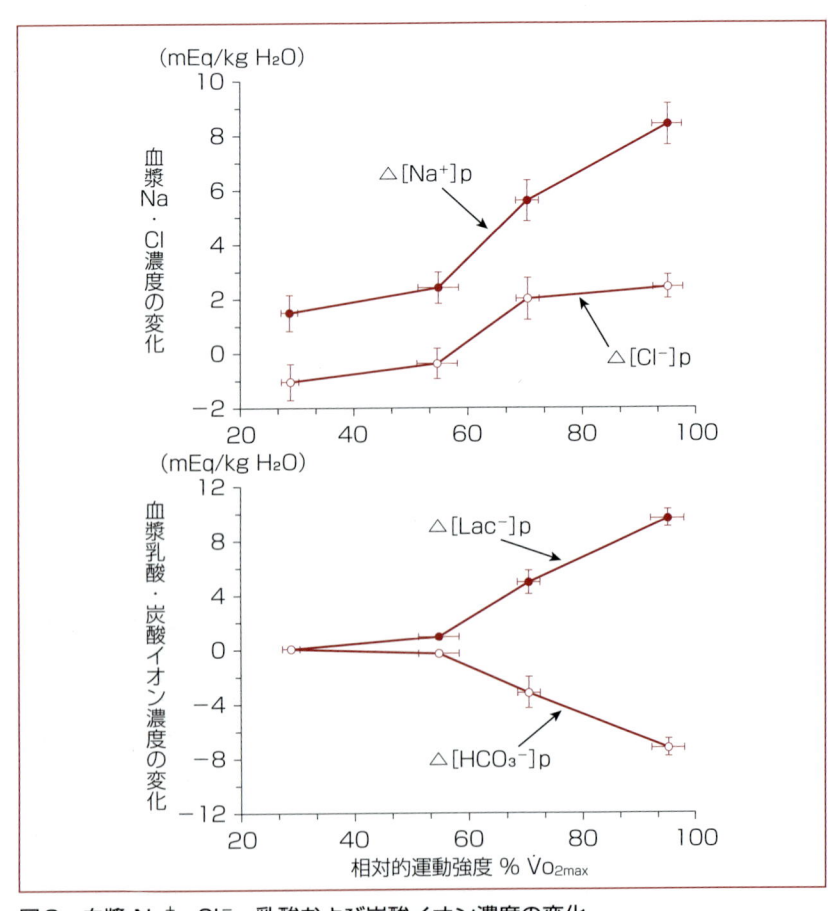

図2　血漿 Na^+，Cl^-，乳酸および炭酸イオン濃度の変化
（森本武利ほか：スポーツ医科学．中野昭一編，杏林書院，p30, 1999 より引用）

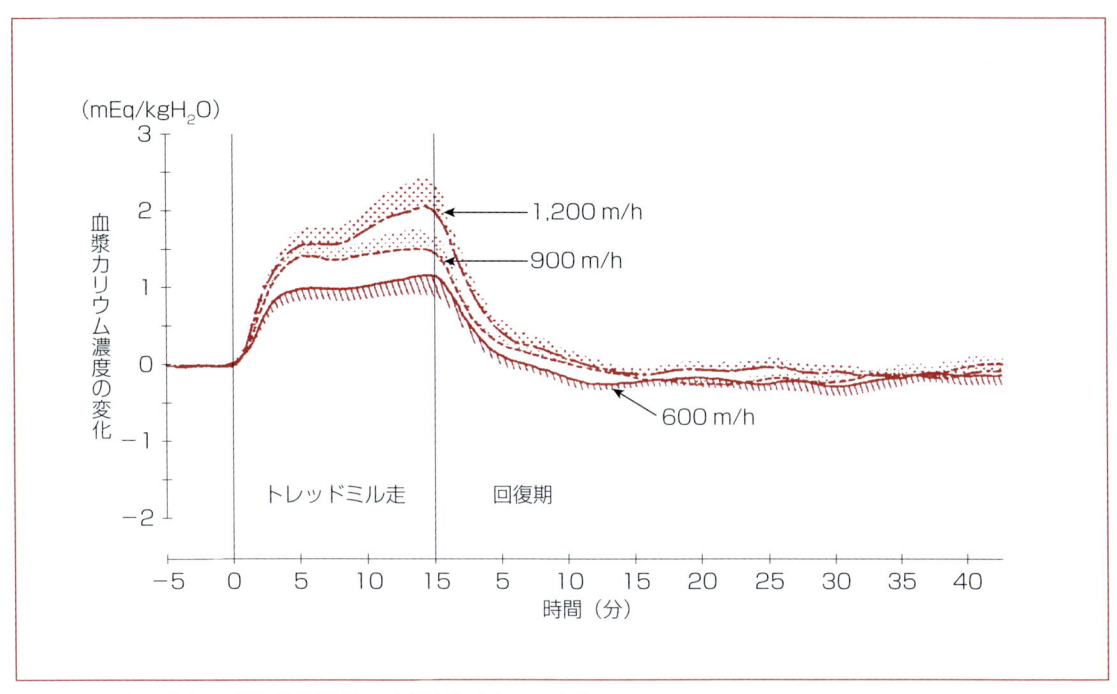

図3 ラットのトレッドミル運動時の血漿K⁺イオンの変化　　(Okuno T：Jpn J Physiol, 42：779-792, 1992より引用)

が上昇する．また，乳酸によって増加した血漿中のH⁺はHCO₃⁻によって緩衝され，乳酸濃度の上昇に比例してHCO₃⁻が低下する（図2）．この際，過呼吸により呼気中に排泄される二酸化炭素は，換気閾値（VT point）として非観血的な乳酸閾値の指標となる．

ラットのトレッドミル運動時の血漿K⁺イオン濃度は，運動強度に比例して上昇し，最大運動強度では安静時の約50％に相当する2mEq/kgH₂Oにまで上昇する（図3）．運動時の血漿K⁺イオン濃度の上昇は，筋細胞の脱分極時に細胞内から間質に移動したK⁺イオンが再分極時に十分回収されず，間質から血漿中に漏出するためと考えられる．このK⁺イオンの細胞外への漏出に加え，細胞内への自由水の移動により細胞内K⁺イオン濃度は低下する．その結果，筋細胞の静止膜電位は浅くなり，筋疲労の原因となる．運動時の血漿K⁺イオン濃度の過度の上昇は，静止筋（活動していない筋）におけるK⁺の能動的な取り込みによって抑制されるが，そのメカニズムとしてβ_2-adrenergic感受性Na⁺-K⁺ポンプの働きが関与している．また，運動時の血漿K⁺イオン濃度の上昇が，運動時の過呼吸に関与すると考えられている．

B 貧血

① 貧血とは

末梢血液の単位容積中の赤血球数・血色素（ヘモグロビン：Hb）量，ヘマ

トクリット(Ht)値が基準値以下に減少している状態をいう．

ⓐ 貧血の病態

①全血量が減少した場合，②赤血球のみが減少した場合，③赤血球数は正常でも1個の赤血球中に含まれるHbが減少した状態，などがある．すなわち，赤血球，Hbが酸素の運搬を行うことから，貧血は体内の酸素運搬能力が低下した状態である．

ⓑ 貧血の成因

①赤血球の生成障害，②赤血球の成熟障害，③Hbの生成障害，④赤血球の破壊亢進，などの機転がある．すなわち，(1)骨髄の機能障害，(2)赤血球生成材料の不足，(3)赤血球成熟過程の異常，(4)細網内皮系の機能亢進，(5)赤血球膜の脆弱性による破壊亢進，などの病的状態が考えられる．また，正常な場合でも血流が異常に増加した状態，物理的な外力により赤血球が破壊されることなどが考えられる．

② 貧血の症状と問題点

ⓐ 一般症状

貧血による諸症状(表1)は，貧血に特徴的なものではない．また，軽度の貧血や，慢性に経過した場合には症状に乏しいことが多い．なお，軽度の貧血では症状が認められず，ヘモグロビン濃度が8 g/dl 程度まで低下するとようやく出現する．

ⓑ 循環器系の変化

スポーツ活動において重要な循環器系は，貧血により**表2**に示すような変化が認められる．すなわち，心拍数の増加と1回心拍出量の増大による心拍出量の増加，末梢血管抵抗の減弱，血液粘度減少により組織の環流量を増加

表1 貧血の一般症状

全身症状	微熱
皮膚・粘膜	蒼白
呼吸・循環器	心悸亢進，息切れ，頻脈，静脈雑音（こま音），収縮期心雑音
精神・神経系	頭痛，易疲労性，倦怠感，耳鳴り，めまい，嗜眠，失神，筋力低下
消化器	食欲不振，悪心，嘔吐，便秘，下痢，腹部不快感，放屁
泌尿・生殖器	無月経，インポテンツ

表2 貧血による循環器系の変化

増加するもの	減少するもの
1. 心拍数 2. 血流速度 3. 肺胞換気 4. 心拍出量 5. 心臓の形態 6. 酸素利用 7. 1回拍出量 8. 心筋収縮力	1. 循環時間 2. 血液粘度 3. 末梢血管抵抗 4. 全血量 5. 動静脈酸素較差

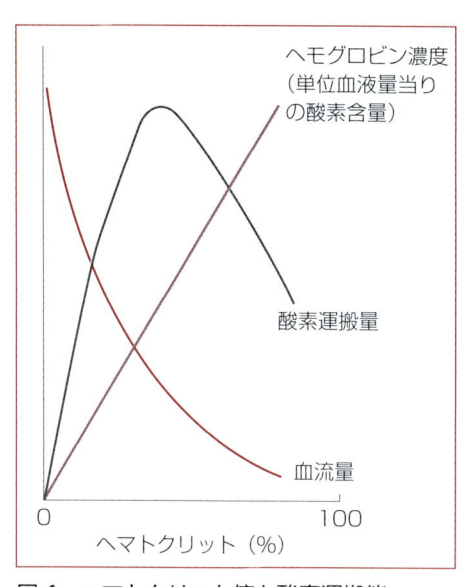

図4 ヘマトクリット値と酸素運搬能
(川原 貴：臨床スポーツ医学，6：495-498，1989より引用)

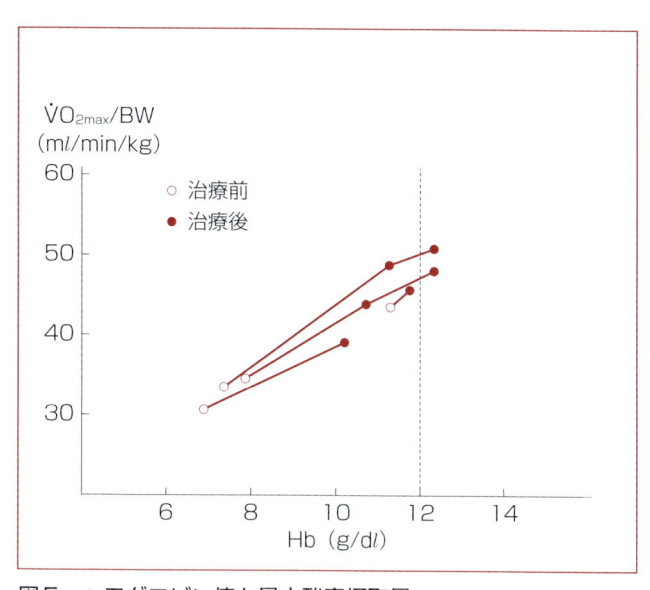

図5 ヘモグロビン値と最大酸素摂取量
(川原 貴：臨床スポーツ医学，6：495-498，1989より引用)

しヘモグロビン濃度低下による酸素運搬能の低下を代償する．

c 貧血の問題点

貧血は運動能力，パフォーマンスを低下させ，種々の自覚症状をもたらすため，アスリートの競技力向上の面，さらに健康管理の面からも重要な問題である．

1）酸素運搬効率

ヘマトクリット値が高くなるほど血液の酸素含量は高くなるが，血液の粘性抵抗は増加するために血流量は低下する．血液の酸素含量と血流量の兼ね合いから，酸素運搬に最も効率のよい至適ヘマトクリット値が存在することになる（図4）．動物実験や理論からは，この至適ヘマトクリット値は30～45％程度とされている[1]．

すなわち，貧血の状態にあると，ヘマトクリット値が低く，酸素運搬効率が低い状態でスポーツを行うこととなり問題である．

2）最大酸素摂取量

貧血は酸素運搬能を障害するので，有酸素的作業能を低下させる．

女性アスリートにおいて，鉄欠乏性貧血の治療前後の最大酸素摂取量の変化をみると（図5），鉄剤投与によるヘモグロビン濃度の上昇に伴って直線的に最大酸素摂取量の改善が認められる[1]．なお，ヘモグロビン濃度1 g/dlの上昇に対し最大酸素摂取量は約3 ml/min/kgの改善が認められている．

すなわち，貧血はスポーツ選手の運動能力を低下させることになる．

C スポーツ貧血（運動性貧血）

他に貧血の原因がなく，激しいスポーツ活動が原因と考えられる貧血をスポーツ貧血と総称する．

① スポーツ貧血の頻度

わが国の一般成人の鉄欠乏性貧血の頻度は，男性で約3％，女性で5～10％である．

わが国を代表する一流アスリート，オリンピック強化指定選手に対するメディカルチェックの検査結果をみると，昭和62年度では貧血の頻度は男性選手では7.5％であるのに対し，女性選手では21.5％であり，男性選手の3倍の高頻度である[2]．すなわち，スポーツ選手では貧血が多いことが明らかである．しかし，平成11年度の検診では男性選手で4.7％，女性選手で5.4％と減少している．すなわち，わが国を代表するトップアスリートの貧血は，近年改善している．

体育系大学生の入学時のメディカルチェックの成績をみると（図6），女性選手のほうが明らかに貧血の頻度が高率である．そこで，貧血の認められる女性選手について血清鉄および血清フェリチン値をみると（図7），低値を示している者が多い．すなわち，女性選手では鉄欠乏性貧血が多いことを示している．

鉄欠乏性貧血は図8のような経過を経て表面化してくる．そこで，ヘモグ

word
血清鉄：トランスフェリンに結合して存在しており，健康人では男性60～200μg/dl，女性50～160μg/dlである．

word
フェリチン：2価の鉄イオンを組織内に貯蔵する機能をもつ蛋白質．血清濃度は体内の貯蔵鉄量をよく反映している．

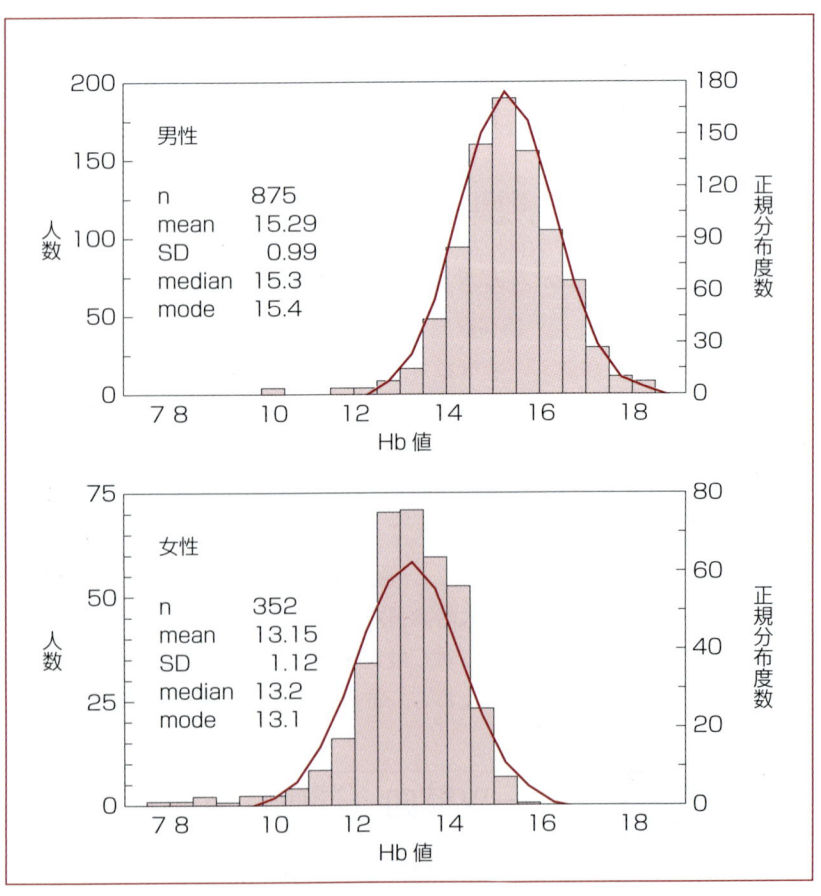

男性
n 875
mean 15.29
SD 0.99
median 15.3
mode 15.4

女性
n 352
mean 13.15
SD 1.12
median 13.2
mode 13.1

図6 スポーツ選手のヘモグロビン値の分布

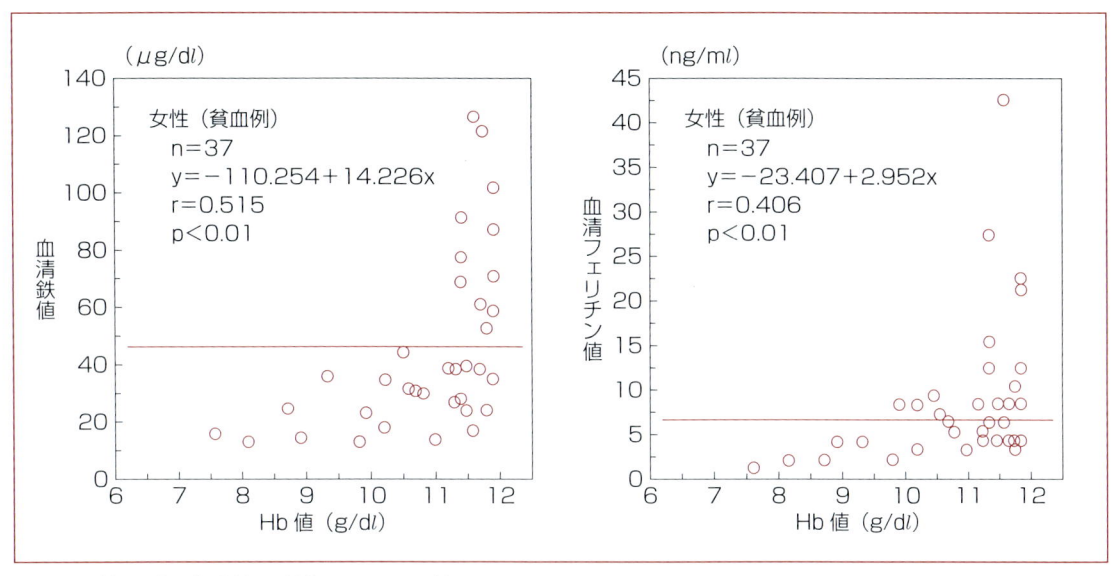

図7　女性選手の血清鉄と血清フェリチン値

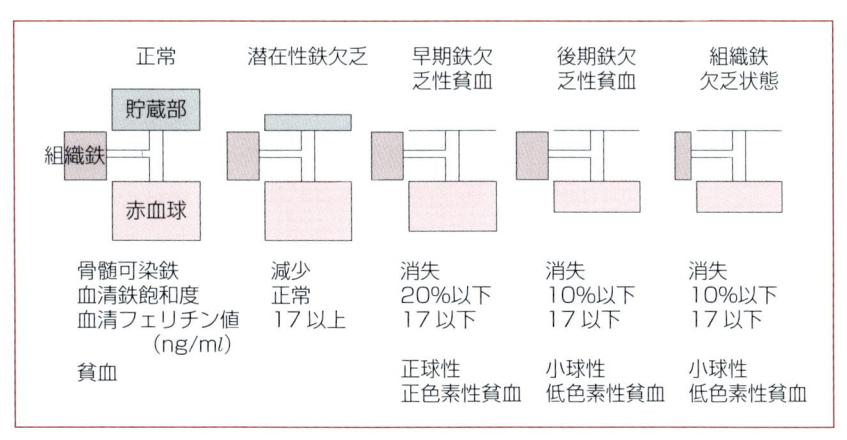

図8　鉄欠乏性貧血の進行

図9　ヘモグロビン値正常者の鉄代謝状態

ロビン値正常者について鉄代謝状態をみると（図9），女性選手のほうが前潜在性鉄欠乏および潜在性鉄欠乏の者が多い．

② スポーツ貧血の発症要因

スポーツ貧血がどうして発症するのか，そのメカニズムの詳細は明らかではない面もあるが，以下のような要因（図10）が複合的に関与しているものと考えられている[3,4]．なお，アスリートの貧血のすべてがスポーツ貧血ではないので，鑑別診断は慎重に行わなければならない．

a 血漿量の増加

過激な運動により一過性に10～20％の血漿量の減少が起こる．これは，発汗による水分喪失・平均動脈圧上昇や乳酸増加により血液から組織に血漿の漏出が起こるためとされている．これを代償するために，レニン-アルドステロン-バゾプレッシンが遊離され，体内に水分と塩分が蓄積される．さらに，アルブミンが血液中に増加し，結果として血漿量が増加する．また，持久的なトレーニングによっても血漿量が増加し，そのために血液が希釈される．すなわち，これらは血漿量が増加し，血液希釈による見せかけの貧血である．

b 鉄喪失（欠乏）

一般に鉄の体外への喪失経路は便中，脱落上皮細胞中および汗中などであるが，女性ではさらに月経による影響が加わる．

スポーツ活動時に発汗量が増加し，多量の鉄が汗中に失われる．女性アスリートの貧血が夏期に多く発生することからも重要な要因である．

便中への鉄喪失，すなわち消化管出血により貧血となるアスリートもいるが，多くは明らかな出血はなく，便潜血もマイナスである．

c 溶血（赤血球の破壊促進）

激しいスポーツ活動によりアドレナリンの分泌が亢進し，脾臓からの溶血

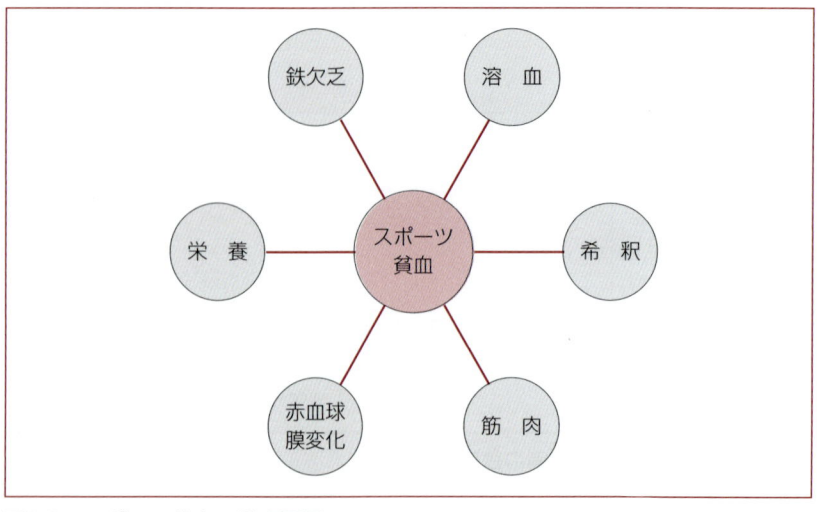

図10 スポーツ貧血の発症要因

因子(リゾレシチン)の血中への放出が促進される．これが赤血球膜の抵抗性を弱めて，赤血球の破壊が促進される．この赤血球破壊の促進は筋肥大のための適応現象とも考えられるが，この場合蛋白質の供給が不十分であると貧血をきたす．なお，この貧血は蛋白質を1日2 g/kg以上摂取することにより予防することができる．

足底部への激しい衝撃(hard foot strike)により，足底を通っている血管が着地に際し，定期的な圧迫を受け，その衝撃によって流血中の赤血球が破壊される(溶血)．溶血によりヘモグロビン(Hb)が放出されるが，このHbは血中に存在しているハプトグロビンと結合し，肝臓に運ばれ代謝される．また，放出されたHbは尿中に排出され，ヘモグロビン尿となる．このような状態で，骨髄での造血が亢進しなければ貧血に陥る．昔，陸軍兵士の長時間の行軍後にみられた貧血(行軍貧血)の発症も同じ機序である．

d 栄養

ヘモグロビン(Hb)や赤血球の合成には鉄，蛋白質，ビタミンB_{12}および葉酸などが必要であり，これらが不足すると貧血となる．

ウェイトコントロールのために行う節食・減食により栄養のバランスが崩れると貧血の原因となる．このことからも，アスリートは日頃から食生活面における十分な配慮が必要である．

e 筋肉への喪失

スポーツ活動，すなわち筋肉運動に伴いミオグロビン(Mb)鉄として喪失する．

> **word**
> ミオグロビン(myoglobin : Mb)：筋肉のなかに存在するヘモグロビンによく似た赤色の色素蛋白．1分子中に1個のヘムを有し，可逆的に酸素と結合する．

③ 鉄欠乏性貧血の病因

スポーツ貧血の大部分は鉄欠乏性貧血と考えられている．

鉄欠乏性貧血の病因としては，①鉄の摂取不足と吸収不全，②鉄の需要増大，③出血，があげられる．

出血としては消化管出血が注目されるが，女性の場合には婦人科的な異常(疾患)に起因することもあるので注意が必要である．

貧血をきたす婦人科疾患(表3)としては，ホルモンバランスの失調による機能性子宮出血や器質的疾患(子宮筋腫，子宮内膜増殖症など)，全身疾

表3 過多月経の分類

A. 器質性過多月経
　　子宮筋腫，子宮内膜症，子宮腺筋症，子宮内膜ポリープ，子宮内膜炎など
B. 機能性過多月経
　　PG $F_{2\alpha}$とPG Eの増加およびアンバランス
　　線溶系の活性化
C. 全身疾患に起因する過多月経
　　特発性血小板減少性紫斑病，白血病，血友病，von Willebrand病，甲状腺機能低下症，高血圧症，腎疾患，肝疾患など
D. その他
　　子宮内避妊具(IUD)

表4　鉄欠乏性貧血予防のための食事の留意点

鉄	25〜30 mg
蛋白質	2 g/kg 以上
ビタミンC	250 mg－トレーニング開始5〜7日間および競技前
	150 mg－飽和状態に達した後のトレーニング期
	200 mg－試合前3〜4日間

(坂本静男：スポーツのためのメディカルチェック．村山正博編，南江堂，p156，1989より引用)

患などによる異常性器出血についても配慮しなければならない．

④ スポーツ貧血の予防対策

a 食事の留意点

アスリートの鉄欠乏性貧血予防のための食事に関する一般的な留意点を表4に示す．1日栄養所要量は，一般成人では鉄10 mg，蛋白質1〜2.5 g/体重(kg)，ビタミンC 70 mgといわれている．スポーツ愛好家では一般成人所要量とアスリートのおよそ中間程度が適当な所要量と考えられる．

また，鉄欠乏性貧血の予防対策の1つとしての食事摂取上での留意点としては，①赤身の肉や鶏肉をより多く食べる，②オレンジジュースのようなビタミンCを多く含むものを飲み，パンや穀物からの鉄の吸収を改善する，③エンドウ豆やソラ豆を食べるときに家禽や魚類を一緒に食べる，④ときどき鉄製の鍋やフライパンで料理する，などが提唱されている．

b 溶血性貧血対策

ランナーなどの溶血性貧血の予防対策としては，足底部への衝撃を減らすために，①痩せる，②軽く足を運ぶように走る，③草地，土のような柔らかな面の場所で走る，④クッションのよいシューズを履く，などが大切である．

文献

1) 川原　貴：スポーツ選手の貧血の問題点と対策．臨床スポーツ医学，6：495-498，1989
2) 河野一郎：女子スポーツ選手の貧血の状況．臨床スポーツ医学，6：489-492，1989
3) 目崎　登，佐々木純一：女子選手におけるメディカルチェック．臨床スポーツ医学，3：409-413，1986
4) 大原行雄，桜田恵右，小林威夫ほか：運動と貧血．カレントテラピー，9：1314-1318，1991

Self-Check

1. 運動による血液系の変化について，増加（↑），減少（↓），不変（→）を記せ．
①血漿量　②血漿浸透圧　③血漿炭酸イオン　④血漿ナトリウムイオン　⑤血漿乳酸

(解答はp.347〜350)

5 スポーツと泌尿器系

運動（スポーツ活動）が腎臓および腎機能に与える影響としては，①腎血行動態の変化・腎機能の変化，②蛋白尿および尿沈渣，③運動による他臓器障害の腎臓に与える影響，④腎自体の損傷，などがある．本項では①〜③について記述する．

A 腎血行動態の変化・腎機能の変化

> **word**
> レニン-アンギオテンシン系：腎の傍糸球体細胞から分泌される酵素作用を有する蛋白質であるレニンは，アンギオテンシノーゲンに作用してアンギオテンシンIを作り，さらにアンギオテンシンIIを作る．これは血管収縮作用をもち，また副腎皮質を刺激してアルドステロンの分泌を増す．

> **word**
> 腎血流量：1分間に腎臓を流れる血液の量．

> **word**
> 糸球体：腎臓の腎単位（ネフロン）を構成する腎小体（マルピギー小体）の一部．球状に集まった毛細血管と，その外面を包む単層扁平上皮とからなる．

> **word**
> 糸球体濾過量（値）：糸球体毛細血管内を流れる血漿から，単位時間当たりに糸球体毛細血管を通過し，ボーマン腔に濾過される水の量．

> **word**
> 抗利尿ホルモン（バソプレシン）：下垂体後葉から分泌され，腎集合尿細管で水再吸収（抗利尿）作用を示す水代謝調節ホルモンである．

運動強度に応じてレニン-アンギオテンシン（renin-angiotensin：RA）系やカテコールアミン分泌，および交感神経系が亢進するため，腎循環動態や尿細管機能が変化し，尿量や尿成分組成も変化する．これらの変化は，生体の恒常性維持のための合目的反応とは思われないものが多く，運動時の骨格筋などの重要臓器への血流配分が優先された結果と考えられる．

① 腎血流量（renal blood flow：RBF）

運動強度に依存してRBFは減少する．すなわち，40％$\dot{V}_{O_2max}$では2.4〜23.9％，60％$\dot{V}_{O_2max}$では24.4〜38.4％，80％$\dot{V}_{O_2max}$では34.3〜38.9％，100％$\dot{V}_{O_2max}$では44.4〜57.0％の減少がみられる．しかし，運動後には急速な回復が認められる．

② 糸球体濾過量（値）（glomerular filtration rate：GFR）

運動強度が強くなると減少する．すなわち，43〜61％$\dot{V}_{O_2max}$では変化は認められないが，83％$\dot{V}_{O_2max}$では47％に，100％$\dot{V}_{O_2max}$では45％に減少する．運動負荷時のGFRの低下はRBFの低下より少なく，回復はRBFよりもGFRのほうが速い．

運動時のGFR低下の機序は，交感神経興奮，レニン-アンギオテンシン系の亢進が，はじめは輸出細動脈の収縮に働き，GFRはむしろ軽度上昇するように働くが，強い運動による血圧上昇により，輸入細動脈が攣縮する．さらに，増殖した糸球体メサンギウム細胞がアンギオテンシンIIに反応して収縮し，糸球体濾過面積が減少するためと考えられる．

③ 水，NaClの排泄の変化

運動により水の排泄は低下する．しかし，その程度は運動強度と平衡しない．これは，脱水，精神興奮の程度が個人によって異なり，血漿抗利尿ホルモン（antidiuretic hormone：ADH）レベルが異なるためと考えられる．運動により血中のADH濃度は増加するが，分泌量が真に増加しているとは断言できない．ADHは糸球体に作用し，糸球体毛細血管の限界濾過係数を低

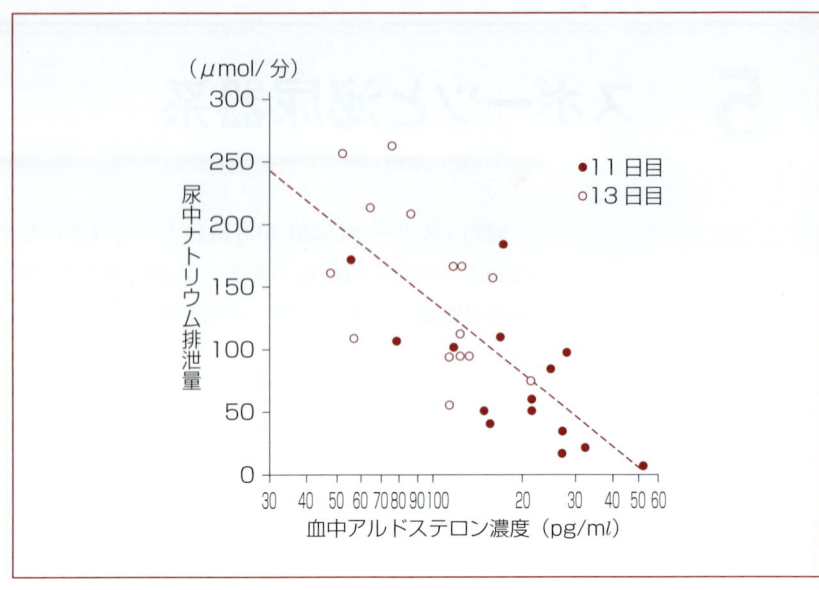

図1 運動時の血中アルドステロン濃度と尿中ナトリウム排泄の関係
(20日間で500km走行ロードレース)

(Wade CE et al：Eur J Appl Physiol, 54：456, 1985より引用)

下させることによりGFRを低下させる．したがって，GFR低下と尿量低下が平衡する．

激しい運動はNaClの排泄も低下させる．この低下は糸球体より濾過されるNaCl量の減少と相関する．これには尿細管におけるNa$^+$の再吸収増加が関与しており，これは血中アルドステロン（aldosterone）濃度と逆相関する（図1）．一方，K$^+$の排泄は変化のない場合が多いが，減少することもある．70kmのクロスカントリースキーでは，Na，Ca，Mg，Cl，K，Pのうち陽イオンの排泄は増加し，陰イオンの排泄は減少する．

B 蛋白尿および尿沈渣

① 蛋白尿

蛋白尿は，腎・尿路系の器質的疾患などの異常により起こる病的蛋白尿と，健康で腎に異常がなく機能的異常により起こる生理的（良性）蛋白尿に分類される．

病的蛋白尿には，毛細血管壁の透過性亢進による糸球体性蛋白尿，尿細管障害により濾過原尿中の蛋白質再吸収が低下することによる尿細管性蛋白尿，尿細管再吸収能は正常であるが血漿中に異常蛋白質が増加するために尿細管で再吸収しきれずに尿中に出現する腎前性蛋白尿，および腎盂以下の尿路で蛋白質が加わる腎後性蛋白尿，がある．

a 生理的蛋白尿

健常人でも40〜80mg/日の尿蛋白は排泄されている．これは試験紙法で

は陰性であるが，RIA (radioimmunoassay) 法によると検出可能である．生理的蛋白尿の蛋白分画は血漿蛋白に似ているが，5～10％以下で低分子量蛋白質を含む．これは免役グロブリンGのλおよびκ分鎖と糖蛋白，β_2ミクログロブリンなどである．

b 運動性蛋白尿

腎疾患既往歴のない健常人に，各種の生理的運動後に，腎の器質的障害なしに，一過性かつ可逆性に出現する蛋白尿である．

1) 特徴

運動性蛋白尿の程度および持続時間は運動量，運動の内容および持続時間により異なるが，個人差が激しい．排泄量は30～100μg/分程度といわれているが，5 mg/分の量にまで達することもある．蛋白尿の消退は，短時間の激しい運動によるものでは比較的早いが，マラソンのような長時間の強い運動では長時間を要し，3週間にも及ぶこともある．一般には，24時間以内に消失するものが多い．

尿中蛋白質の大部分は血漿由来であり，その主なものはアルブミンである．なお，尿中蛋白質における血清蛋白の占める割合は，安静時には57％であるが，運動後には82％にまで及んでいる．さらに，これらの蛋白質以外にも，強い運動後には尿細管性蛋白尿の指標となるβ_2ミクログロブリンやリゾチームなども上昇する．

2) 発生機序

安静時には糸球体から高分子蛋白はほとんど濾過されないが，低分子蛋白は濾過され近位尿細管で再吸収されるので，尿中にはごく微量が排泄される．しかし，運動時には高分子・低分子，両方の蛋白とも濾過量が増加し，さらに尿細管での再吸収率も低下するために蛋白尿がみられる(図2)．

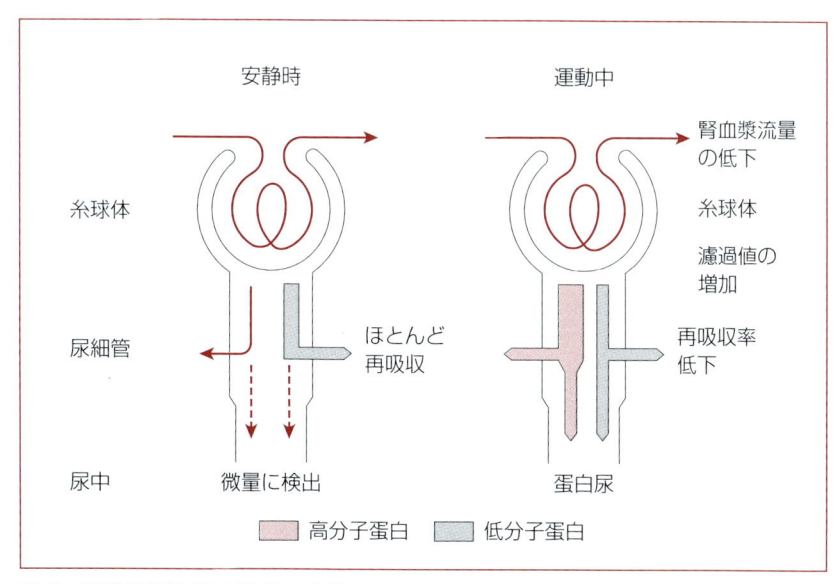

図2 運動性蛋白尿の機序と成分
(吉田秀夫ほか：スポーツ医学マニュアル．黒田善雄ほか監修，診断と治療社，p196, 1995より引用)

② 尿沈渣

運動により尿沈渣中に多数の赤血球や白血球円柱が出現する．この血尿の原因は十分に解明されていないが，静脈圧の上昇による腎内静脈からの出血と考えられる．上皮細胞，白血球は尿細管より剝離，滲出したものとされる．円柱も多数認められる．硝子円柱，細胞性円柱ともに存在する．この所見をathletic pseudonephritis と称することもある．

> **word**
> 尿沈渣検査：尿を1,500回転で5分間遠心して得られる不溶性の沈渣分画で，通常400倍の顕微鏡下で観察する．

C 運動による他臓器障害の腎臓に与える影響

運動（スポーツ活動）に伴う他臓器の変化の結果として，何らかの産生物などが尿中へ出現する．

① 血尿

運動後の血尿は，一般的に一過性であり，特に精査，加療を必要とせずに自然に消失する場合が多い．

a 分類

血尿の程度により，肉眼的血尿と顕微鏡的血尿に分けられる．また，臨床症状を伴う場合には症候性血尿といい，症状を伴わない場合を無症候性血尿という．一般に，スポーツ活動による血尿は無症候性顕微鏡的血尿の頻度が高い．

b 原因

スポーツ活動による血尿の原因としては，①腎実質の外傷，②腎血流障害を伴う自律神経異常，③腎低酸素症を伴う毛細血管透過性亢進，④尿路系の異常，⑤膀胱・尿路系の障害，などがあげられる．

ボクシングやフットボールなどの競技では，腎実質の外傷により血尿を生じる．マラソンに代表される長距離走では，糸球体や尿細管が低酸素の障害を受け，そのために虚血状態を引き起こし，毛細血管の透過性亢進により赤血球や蛋白質の尿中喪失が生じる．また，膀胱に対する反復性の刺激のために前立腺基底部の粘膜からの出血なども血尿の原因となる．

アスリートのなかには各種疾患を潜在的に有していることがある．肉眼的血尿は，腎腫瘍や特発性腎出血，腎・尿管結石，急性膀胱炎や膀胱腫瘍などの場合もある．また，顕微鏡的血尿は，腎結石や遊走腎，膀胱結石などに多くみられる．

c 診断

尿は採取後の時間経過に伴い変化をきたすので，検査直前に採取した尿を用いる．

肉眼的血尿の場合，尿は赤色がかっているだけでは，血尿と判定はできない．濃縮尿はウロビリノーゲンやウロクロームなどの含有量が増えているために，血尿と間違えることもある．また，痔疾患による出血や月経血，婦人科疾患による出血などの場合にも血尿と間違えられることがある．さらに，

薬剤により尿が赤色調をきたすことがあるので，十分な問診が必要である．

② ヘモグロビン尿（血色素尿）

激しい運動後の一過性の暗赤色尿の排泄である．臨床症状として，嘔気，腹痛，背部痛などを訴えることもあるがまれで，大部分は尿色調異常が唯一の症状である．

a 原因

1）溶血（血管内赤血球破壊）

外力説，すなわち足底に持続的に衝撃が加わることにより，その部の血管内で溶血が起こる．

2）赤血球自体の異常

赤血球形態，酵素活性，膜構造などが問題となる．

b 発生機序

血管内溶血により生じたヘモグロビンは速やかにハプトグロビンと結合し，網内系に取り込まれて処理されるため，少量の溶血ではヘモグロビン尿は認められない．ヘモグロビンとハプトグロビンは複合体を形成し，糸球体を通過しない．ハプトグロビンの結合能力を超えた場合には，血漿中に遊離ヘモグロビンが出現し，糸球体濾液中に漏出する．そして，腎尿細管の最大再吸収能を上まわる場合に尿中にヘモグロビンが出現する．

c 診断

尿潜血反応陽性で沈渣が正常なら本症を疑う必要があり，尿中ヘモグロビン排泄，血漿ヘモグロビン増加，血清ハプトグロビン減少を認め，他のヘモグロビン尿症やミオグロビン尿症を除けば本症と診断される．

その他の検査成績では，血清間接ビリルビンおよび LDH 増加，赤血球数および血色素量の減少，網状赤血球増加などがみられることがある．

③ ミオグロビン尿

ミオグロビンは筋肉中の蛋白質で，激しい運動で筋肉が壊れると血液中に流入する．ミオグロビンは分子量が小さいので尿中に排泄されやすい．

a 原因

非鍛錬者に急速に筋肉運動負荷をかけた際に生じることから，ジョギング訓練の初期などでは注意が必要である．一過性の赤色尿を呈し，血尿やヘモグロビン尿などとの鑑別が必要である．

b 症状

大量のミオグロビンが筋肉から血中に放出されると，主要排泄組織である腎の機能低下をきたしやすい．脱水は急性腎不全の発症を助長する．

熱中症では横紋筋融解（rhabdomyolysis）がおきてミオグロビン尿がみられる場合があるので，注意すべき症状である．

---

word

ハプトグロビン：ヘモグロビンと結合して，鉄の体外への喪失を防ぐ機能を有する坦送蛋白質で，肝で合成される．

D 腎疾患と運動

word
QOL：生活の質（quality of life）．生活上での多軸的な機能の総体をいう．身体的機能，心理的機能，社会的役割を遂行する機能，社会的な相互関係，種々の自覚症状などの領域をもつ．

腎疾患患者では，腎機能障害の進行に伴って運動耐容能が低下し，身体的・精神的にQOLの低下を招いている．

① 運動療法の適応

急性期の病状が不安定な時期には十分な安静が必要であるが，慢性期の安

表1　成人腎疾患患者の指導区分表

指導区分	通勤・通学	勤務内容	家事	学生生活	家庭・余暇活動
A 安静	不可 （入院・自宅）	不可	不可	不可	不可
B 高度制限	30分程度 （短時間） （できれば車）	軽作業 勤務時間制限 残業，出張，夜勤 （勤務内容による）	軽い家事 （30分程度） 買い物 （30分程度）	教室の学習授業のみ 体育は制限 部活動は制限 ごく軽い運動は可	散歩 ラジオ体操 （3〜4 METs以下）
C 中等度制限	1時間程度	一般事務 一般手作業や機械操作では深夜，時間外勤務，出張は避ける	専業主婦 育児も可	通常の学生生活 軽い体操は可 文化的な部活動は可	早足散歩 自転車 （4〜5 METs以下）
D 軽度制限	2時間程度	肉体労働は制限 それ以外は普通勤務 残業，出張可	通常の家事 軽いパート勤務	通常の学生生活 一般の体育は可 体育系部活動は制限	軽いジョギング 卓球，テニス （5〜6 METs以下）
E 普通生活	制限なし	普通勤務 制限なし	通常の家事 パート勤務	通常の学生生活 制限なし	水泳，登山 スキー，エアロビクス

（上村史郎ほか：スポーツ医学研修ハンドブック 応用科目．日本体育協会監修，文光堂，p103，2004より引用）

表2　腎疾患患者で許可できるスポーツの種類
　　　－生活指導区分別の相対的運動強度－

```
A：安静　　　　　　スポーツは禁忌
B：高度制限：3〜4 METs以下
　　　疲労を覚えない程度の運動は許可できる
　　　ウォーキング：ゆっくりした速度で30分程度
　　　ラジオ体操，ボーリング，ゲートボール，水中歩行など
C：中等度制限：4〜5 METs以下
　　　健康維持程度の運動が許可できる
　　　庭仕事，少し速く歩く，日本舞踊，ラジオ体操，水泳（ゆっくり）
D：軽度制限：5〜6 METs以下
　　　農作業，早歩き，卓球，水泳，ダンス，ゴルフ，スケート
　　　テニス（制限つき）
E：普通生活
　　　6 METs　ジョギング，水泳，バレーボール
　　　7 METs　登山，階段を連続して登る，サッカー，バスケットボール
```

（上村史郎ほか：スポーツ医学研修ハンドブック 応用科目．日本体育協会監修，文光堂，p104，2004より引用）

定した時期にはQOLの観点からも過度の運動制限は望ましくない．日本腎臓学会と日本臨床スポーツ医学会が，腎疾患患者の生活指導について，スポーツ参加を含めた指針を作成している．

日本腎臓学会が提唱する「腎疾患の生活指導・食事指導ガイドライン」は，日常生活での具体的な活動内容（通勤・通学，勤務内容，家事，学生生活，および家庭・余暇活動）を盛り込んだ，安静（A）から普通生活（E）まで5段階の生活指導区分（表1）と，それぞれに相当する運動強度の身体活動やスポーツの種類（表2）を具体的に示している．さらに，腎疾患の主要な臨床病型として，急性腎炎症候群，慢性腎炎症候群およびネフローゼ症候群について，それぞれの病型・病態（腎機能，尿所見）別に，前述の指導区分の適応の目安を示している．

② 運動療法の目的

腎病変の重症度に応じた適正な運動許容量を具体的に設定し，健康増進，身体活動のdeconditioningの予防，学校生活や社会生活への積極的な参加を可能にする，すなわち日常生活におけるQOLの向上にある．

Self-Check

1. スポーツと泌尿器系について，正しいものに○，誤りに×を記せ．
   ①運動後のヘモグロビン尿は血管内溶血により生じる
   ②健常人では生理的運動後に蛋白尿は認められない
   ③腎血流量は運動強度に依存して減少する
   ④糸球体濾過量は運動強度が強くなると減少する
   ⑤運動により血中の抗利尿ホルモンは減少する

（解答はp.347～350）

6 スポーツと特殊環境

特殊環境としては，温度（気温）の影響と気圧の影響があげられる．温度の影響としては，暑熱環境と寒冷環境があり，体液調節能と体温調節能が関わる．気圧の影響としては，低圧（低酸素）環境と高圧環境があり，呼吸器系調節能と循環器系調節能が関わる．

A 暑熱環境

① 暑熱環境下における体温調節

暑熱条件下におけるスポーツ活動は，著しい体温の上昇を抑制するための皮膚血流量の増大や発汗が生じる．そして，生体内で産生された熱（体温の上昇）は伝導，対流，輻射，蒸発などの過程を経て，熱は放散される．しかしながら，皮膚血流や発汗が十分に確保できない場合，生体内において熱の産生が放散を上回り体温の上昇はより大きくなる．この体温上昇は，皮膚血管をさらに拡張させるため，多量の血液が皮膚に貯留する．また，過剰な発汗は体液の喪失を促すため，静脈還流量は減少し心拍出量を保つことが難しくなる．このような状況下では，生体内の各主要な臓器の還流圧の低下につながるため熱虚脱の原因となる．さらに，心拍出量の低下は，よりいっそうの体温上昇を促すため，運動能力の低下だけでなく，暑熱障害を引き起こす．

② 暑熱指標とその評価

暑熱を示す因子としては，気温，湿度，気流（風向および風速）および輻射熱の4因子があげられている．この4因子やこれらを組み合わせた温熱指数を用いて，さまざまな環境下における温熱条件の評価や，生体における感覚レベルとの対応がなされている．

近年，スポーツ活動の現場において暑熱障害を予防する温熱指標として湿球黒球温度（wet-bulb globe temperature：WBGT）が用いられるようになった．自然気流中に曝露した湿球温度（NWB），乾球温度（NDB），黒球温度（GT）から，以下の式を用いて算出される．

屋外；WBGT=0.7NWB＋0.2GT＋0.1NDB
屋内；WBGT=0.7NWB＋0.3GT

このWBGTは，気流の測定が不必要であり，また温熱ストレスの指標とされる心拍数や体温などの変化とよく対応することが知られている．

③ 各WBGT条件下での生体反応

自転車エルゴメータによる運動負荷試験（RMR=5程度，20分×3セット）

---

word

輻射熱：高温の固体表面から低温の固体表面に，その間の空気その他の気体の存在に関係なく，直接電磁波の形で伝わる伝わり方を輻射といい，その熱を輻射熱という．

を，各 WBGT（22℃，26℃，30℃，32.5℃）条件下で実施したときの生体変化を示す．

心拍数（HR）は運動により上昇し，休息により低下する．しかし，WBGT が高い（30℃，32.5℃）と，運動時の HR 上昇が大きく，さらに休息による回復が悪く，これらの変化は時間の経過とともに顕著となる（図1）．すなわち，心臓からの1回拍出量の低下を示し，皮膚血流量の増大や発汗による水分の欠乏などに対応した生体反応と思われる．また，平均皮膚温および食道温は（図2），いずれも経時的に上昇を示すものの，特にWBGT 32.5℃では休息中に明らかな低下をみることなく直線的に上昇し，さらに体重の減少もWBGT の上昇に伴って増大を示す．このような体内温の上昇は，多量の発汗が生じているにもかかわらず WBGT 30℃以上において著しく，熱放散の不全による蓄熱が生じていると思われる．したがって，WBGT 26℃までの運動は十分な水分および塩分の補給が必要であり，それ以上では身体条件によっては暑熱障害の発生率もより高くなる．

④ 暑熱障害（熱中症）の発生

気温がある程度高くなると，体内深部から体表面へと流れる血流量が増加し，皮膚表面より伝導・対流・輻射の機能が亢進し，余分な熱が放出される．また，高気温になると，発汗の機能も亢進してくる．ところが，高気温・高湿度の場合には，この放熱機構が十分に働くことが不可能となり，生体内に熱がうっ積し，異常な体温上昇（40℃前後以上）が導かれる（図3）．生体は

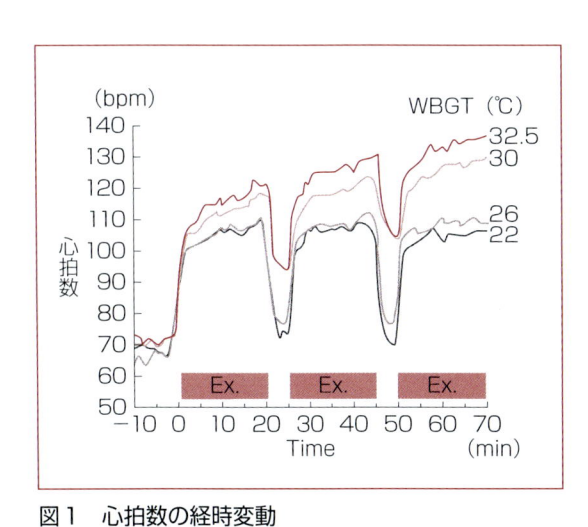

図1　心拍数の経時変動
(寄本　明ほか：デサントスポーツ科学，13：228-235，1992 より引用)

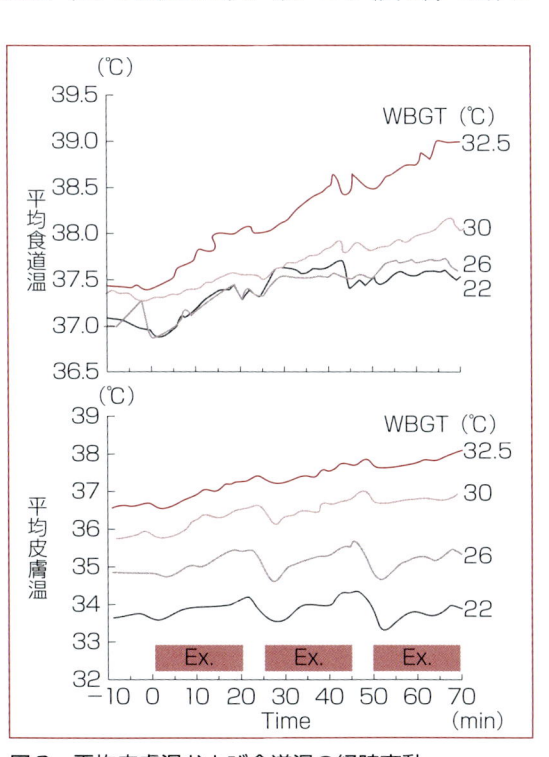

図2　平均皮膚温および食道温の経時変動
(寄本　明ほか：デサントスポーツ科学，13：228-235，1992 より引用)

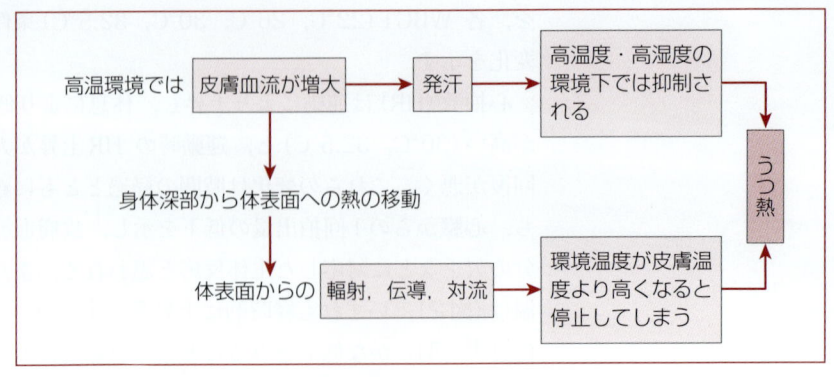

図3 体外への放熱と体内うつ熱の機序
(坂本静男:スポーツ医学研修ハンドブック 基本科目.日本体育協会監修,文光堂,p99,2004より引用)

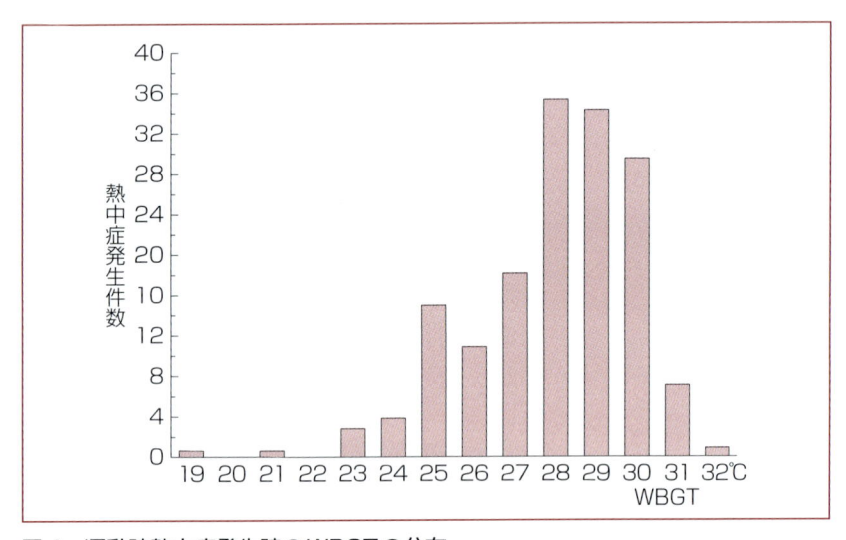

図4 運動時熱中症発生時のWBGTの分布
(川原 貴ほか:スポーツ活動中の熱中症予防ガイドブック.日本体育協会,1996より引用)

このような体温異常上昇に対して,さらに発汗を亢進させることで対処しようと反応してくる.このようなときに,十分に水分が補給されなければ,脱水状態も導かれる.この体温異常上昇と脱水状態の合併を熱中症と総称する.

⑤ WBGTからみた熱中症の発生

運動時における熱中症の発生は,WBGT 28℃以上において顕著となる(図4).また,暑熱への未馴化も発生の要因となる.

すなわち,単にWBGTの上昇ばかりでなく,運動種目,強度,実施時間や暑熱適応の有無などの違いによっても,熱中症の発生するWBGTは大きく異なってくる.

⑥ 熱中症の病型分類

熱疲労(疲はい),熱痙攣,熱射病の3型に分類されることが多い(あるいは熱失神を加えて4型)(図5).

word
暑熱馴化:暑熱環境に曝露された結果起こる高温への適応.

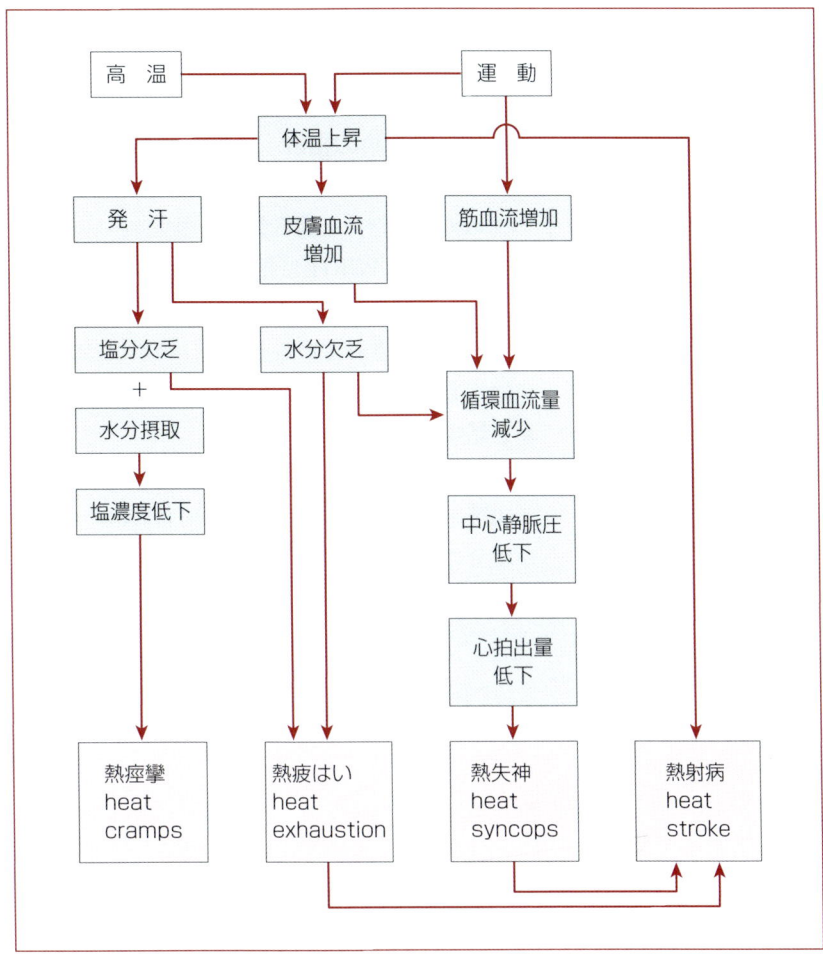

図5 高温環境下運動時の生体反応と熱中症
(森本武利:臨床スポーツ医学, 4:1097-1103, 1987より引用)

a 熱失神

体温上昇により,その放熱作用の1つとして皮膚血管が拡張するため,ここに血液がプールされたために生じた血圧低下,脳血流の減少が原因とされる.症状としては,めまい,失神,顔面蒼白,呼吸数の増大などが認められる.

b 熱疲労

多量の発汗による極度の脱水状態である.症状としては,口渇,疲労感,めまい,頭痛,吐き気,意識障害などが加わる.

c 熱痙攣

多量の発汗後,水だけの補給を行ったため,血中のNa濃度の低下(塩分欠乏)を生じたときにみられる.症状としては,腕・脚・腹筋などの痛みと痙攣がみられる.

d 熱射病

生体内で産生された熱量が体外への放熱量を上回ることにより,異常な体温上昇による中枢神経障害の状態である.症状としては,体温調節機能失調,意識障害(応答が鈍い・言動がおかしい・意識消失),血圧の低下が起こり,

死亡率が高くなる．

⑦ 熱中症の予防対策

ⓐ 予防のための指針

日本体育協会より示されている「熱中症予防ガイドブック」の熱中症予防のための運動指針を図6に示す．

この指針はWBGTに相当する乾球および湿球温度も加えて，全体を5段階に分けて評価している．WBGT 28℃以下では運動中，十分な休息と積極的な飲水が示されているものの，WBGT 28℃以上においては熱中症発症の危険性も高く，原則的には運動の中止を提案している．

ⓑ 熱中症の予防

表1に日本体育協会が提唱する「熱中症予防のための8ヵ条」を示す．

実際の運動・スポーツの実施場面において，特に重要なことは，水分および塩分の十分な補給や休息の取り方，服装などがあげられる．

WBGT ℃	湿球温 ℃	乾球温 ℃		
～31	～27	～35	運動は原則中止	WBGT31℃以上では，皮膚温より気温のほうが高くなる．特別の場合以外は運動は中止する．
28～31	24～27	31～35	厳重警戒（激しい運動は中止）	WBGT28℃以上では，熱中症の危険が高いので激しい運動や持久走など熱負荷の大きい運動は避ける．運動する場合には積極的に休息をとり水分補給を行う．体力の低いもの，暑さに慣れていないものは運動中止．
25～28	21～24	28～31	警戒（積極的に休息）	WBGT25℃以上では，熱中症の危険が増すので，積極的に休息をとり，水分を補給する．激しい運動では，30分おきくらいに休息をとる．
21～25	18～21	24～28	注意（積極的に水分補給）	WBGT21℃以上では，熱中症による死亡事故が発生する可能性がある．熱中症の兆候に注意するとともに運動の合間に積極的に水を飲むようにする．
～21	～18	～24	ほぼ安全（適宜水分補給）	WBGT21℃以下では，通常は熱中症の危険は小さいが，適宜水分の補給は必要である．市民マラソンなどではこの条件でも熱中症が発生するので注意．

図6　熱中症予防のための運動指針

（川原　貴ほか：スポーツ活動中の熱中症予防ガイドブック．日本体育協会，1996より引用）

表1 熱中症予防のための8ヵ条

> 1．知って防ごう熱中症
> 2．暑いとき，無理な運動は事故のもと
> 3．急な暑さは要注意
> 4．失った水と塩分取り戻そう
> 5．体重で知ろう健康と汗の量
> 6．薄着ルックでさわやかに
> 7．体調不良は事故のもと
> 8．あわてるな，されど急ごう救急処置

(川原 貴ほか：スポーツ活動中の熱中症予防ガイドブック．日本体育協会，1996より引用)

⑧ 熱中症の救急処置

ⓐ 熱失神，ⓑ 熱疲労

涼しい場所に運び，衣服をゆるめて寝かせ，水分を補給すれば通常は回復する．足を高くし，手足を末梢から中心部に向けてマッサージするのも有効である．吐き気や嘔吐などで水分補給ができない場合には病院に運び，点滴を受ける必要がある．

ⓒ 熱痙攣

生理食塩水（0.9％）を補給すれば通常は回復する．

ⓓ 熱射病

死の危険のある緊急事態である．体を冷やしながら集中治療のできる病院へ一刻も早く搬送する．

いかに早く体温を下げて意識を回復させるかが予後を左右するので，現場での処置が重要である．熱射病が疑われる場合には，直ちに冷却処置を開始しなければならない．冷却は皮膚を直接冷やすより，全身に水をかけたり，濡れたタオルを当ててあおぐほうが気化熱による熱放散を促進させるので，放熱の効率がよくなる．また，頸部，腋下，鼠径部などの太い血管を直接冷やす方法も効果的である．

⑨ 水分摂取

ⓐ 暑熱環境下の運動と水分摂取

暑熱環境下でのスポーツ活動時の生体反応と，それに水分摂取が及ぼす影響を示す．

1) 体温

運動により熱の産生量が放散量を上回り，体温は上昇する．熱の放散能力は，特に暑熱環境下では妨げられ，暑熱環境下でのスポーツ活動時には体温が著しく上昇する．しかし，水分摂取を行うことにより体温（食道温・直腸温）の上昇は軽減される（図7）．

2) 体重

暑熱環境下で激しい運動を行うと著しい発汗が起こり，体内の水分が失われる（脱水）．運動後にどれくらいの体内の水分が失われたかは，運動後の体重減少として確認することができる．運動後に起こる体重減少のほとんど

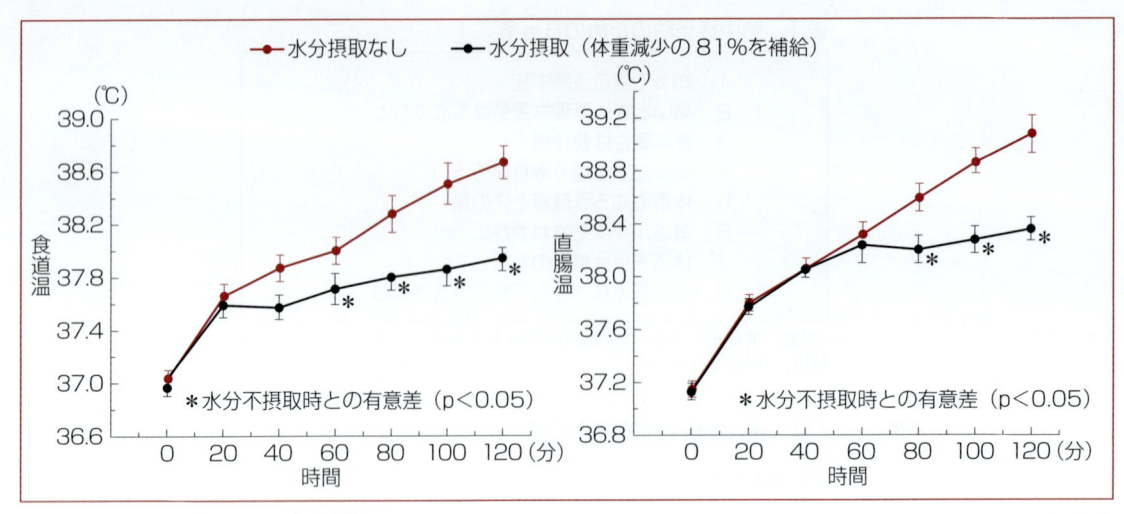

図7　水分摂取が体温に及ぼす影響
(Montain S et al：J Appl Physiol, 73：1340–1350, 1992より引用)

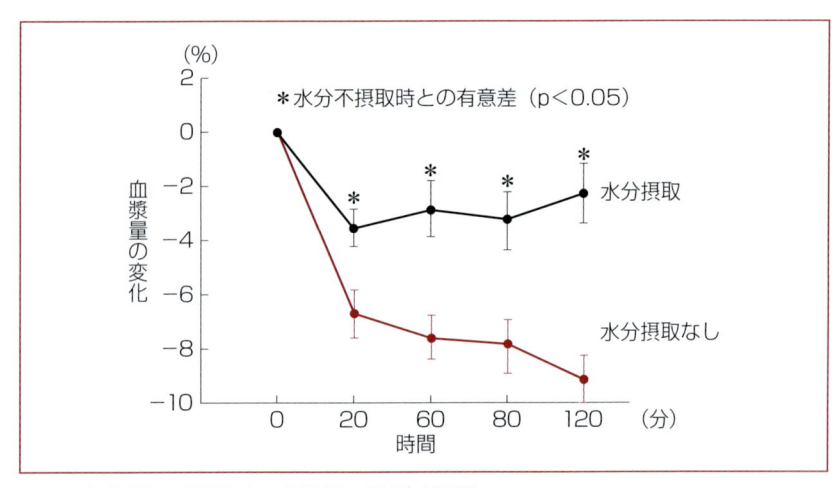

図8　水分摂取が運動時の血漿量に及ぼす影響
(Hamilton MC et al：J Appl Physiol, 71：871–877, 1991より引用)

は発汗に伴う脱水によるものである．このような環境下でのスポーツ活動時に水分摂取を行うと，発汗による体重減少（脱水）を防ぐことができる．

3）血漿量，血漿浸透圧，血清電解質濃度

暑熱環境下の運動に伴う脱水は，血液中の水分（血漿量）を著しく減少させ，血漿浸透圧と血清電解質濃度を増加させる．血漿浸透圧と血清電解質濃度増加は体温の上昇と深い関係にある．暑熱環境下の運動において水分摂取を行うと，このような血漿量の減少と血漿浸透圧と血清電解質濃度の上昇を抑えることができる（図8, 9）．

4）心拍出量，1回拍出量

暑熱環境下の運動時には，運動筋への血流量の増加，熱放散のための皮膚血管の拡張，脱水に伴う血漿量の減少などにより，循環血液量が減少する．このため，心臓の1回拍出量は低下するが，身体は心拍数を増加させて心拍出量を維持しようとするが，心拍数の増加には限界があるために，心拍出量

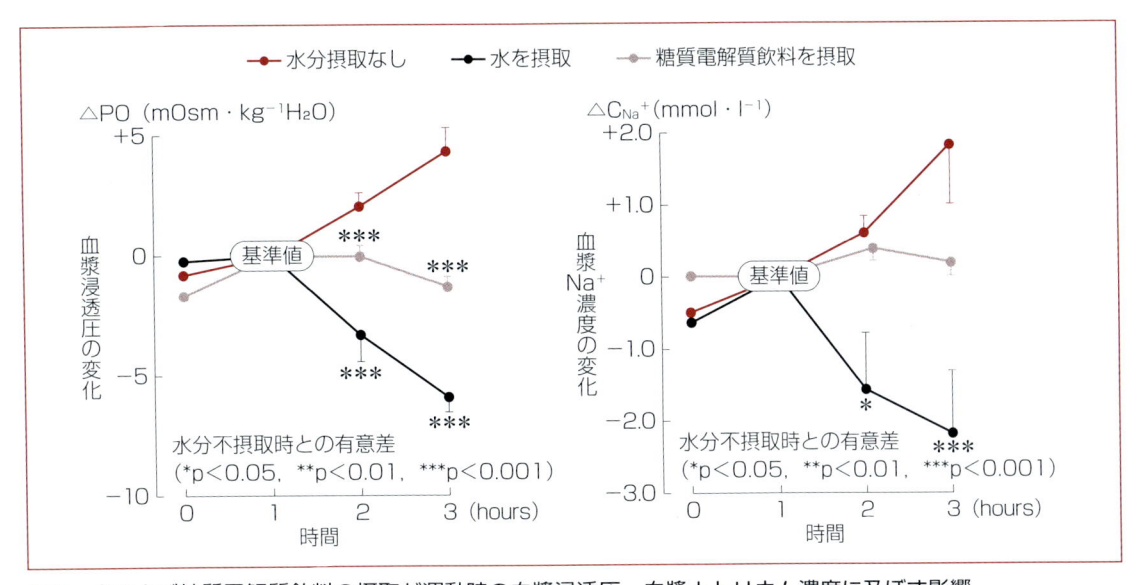

図9 水および糖質電解質飲料の摂取が運動時の血漿浸透圧，血漿ナトリウム濃度に及ぼす影響
(Bothorel MC et al : Eur J Appl Ohysiol, 60:209-216, 1990より引用)

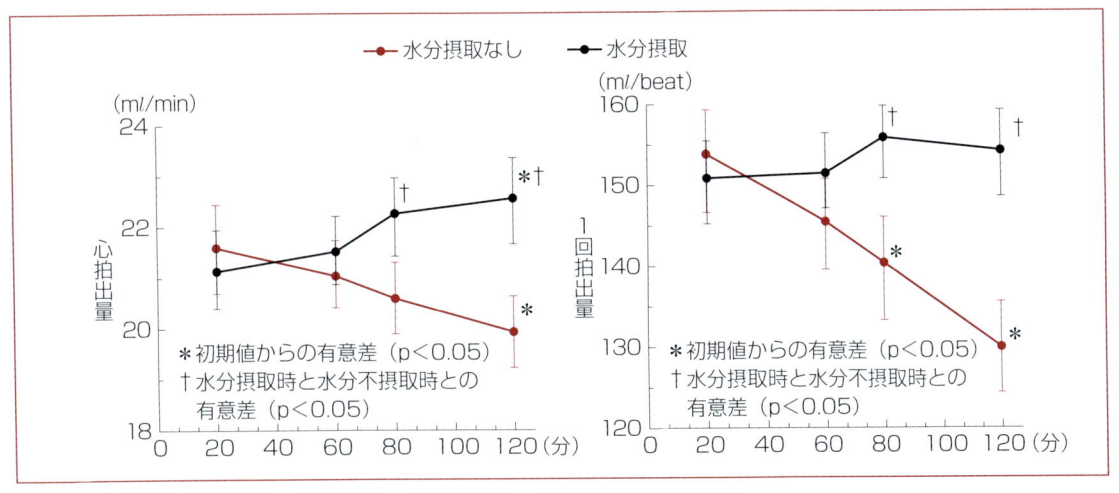

図10 水分摂取が運動時の心拍出量，1回拍出量，心拍数に及ぼす影響
(Hamilton MC et al : J Appl Physiol, 71:871-877, 1991より引用)

は次第に低下する．しかし，運動時に水分を摂取すると，これらの変化は軽減される（図10）．

暑熱環境下のスポーツ活動時に起こる体温の上昇，脱水，循環系機能低下などが，ヒトの生理機能の限界を越えた場合には，生命に危険が迫る．暑熱環境下のスポーツ活動時には，ヒトの身体は競技力を維持しようとする働きと，生命を維持しようとする働きが起きるが，生命維持が優先され，競技力の維持は後回しにされる．水分摂取による競技力の維持・向上は，水分摂取によって運動のエネルギー源が補給されると，それによって生理機能の低下が少なくなること（生命維持機構が十分に機能すること）が大きく貢献していると考えられる．水分摂取によりエネルギー源が補われると同時に，生理

機能が維持されることによってはじめて，身体は競技力向上に目を向けることができることとなる．

b 競技力向上と水分摂取

運動時の水分摂取は，パフォーマンスを向上させる．

1）持久力（運動継続時間）

運動中に水分を補給した場合としなかった場合で，持久力（運動継続時間）を比較すると，水分を摂取することにより持久力が高くなる．特に，糖分を含んだ水分を摂取した場合には，その効果が最も大きくなる（図11）．

2）疲労出現時間

運動時に糖分を含んだ水分を摂取すると，疲労を遅らせることができる．

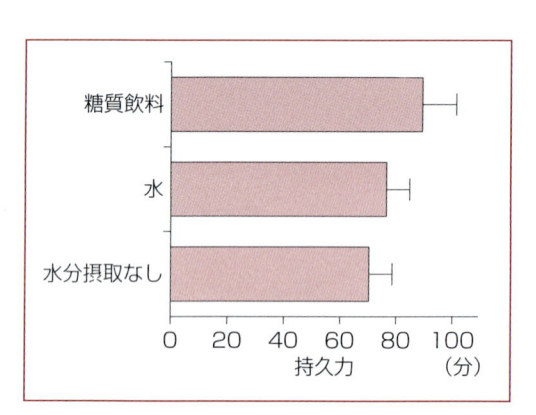

図11 水分摂取によるパフォーマンスの向上
(Maughan RJ et al : Eur J Appl Physiol, 58:481-486, 1989より引用)

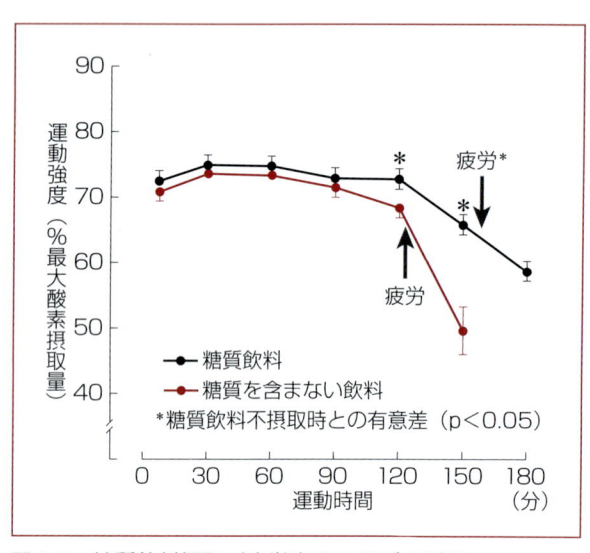

図12 糖質飲料摂取が疲労出現に及ぼす影響
(Coyle EF et al : J Appl Physiol, 19:125-129, 1994より引用)

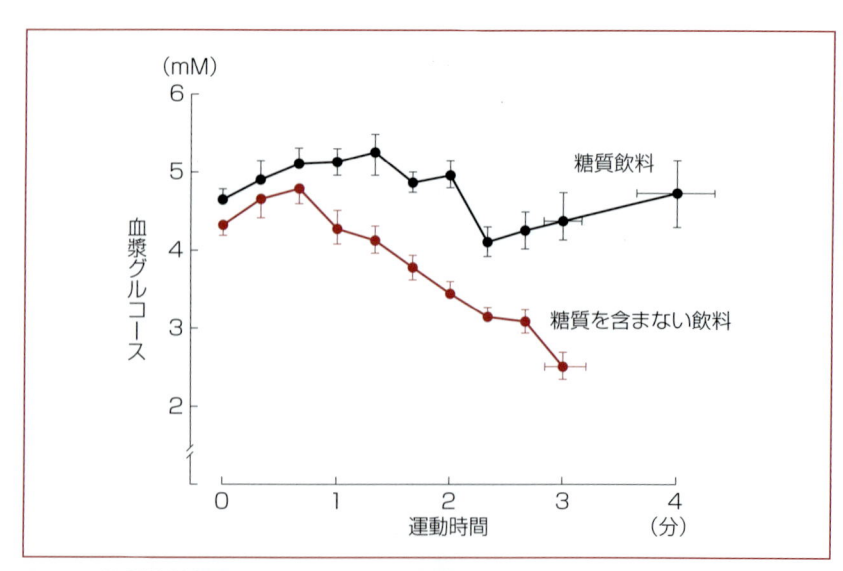

図13 糖質飲料摂取によるエネルギーの補給
(Coyle EF et al : J Appl Physiol, 19:125-129, 1994より引用)

一定の運動強度を維持して運動をさせた場合，糖分を含んだ水分を摂取すると疲労の発生（運動強度が10％低下した時点）が遅くなる（図12）．すなわち，糖分を含んだ水分を摂取すると，高い運動強度を長く維持することができることとなる．

　このような糖分を含む水分摂取の効果は，運動のエネルギー源を素早く補給できることによってもたらされる．糖分を含む水分を摂取した場合には血糖値が一定に保たれ（図13），これを運動のエネルギー源として利用できる結果，パフォーマンスが向上し，疲労しにくくなる．

c 運動の強度と水分の補給

　実際に行われている運動やスポーツは，おおまかに

(1) 1時間以内の非常に強度の強い運動（バスケットボールなど，運動強度は最大酸素摂取量の75〜100 %を超える）
(2) 1〜3時間の運動（マラソンなど，運動強度が最大酸素摂取量の50〜90 %）
(3) 3時間を越える運動（トライアスロンなど，運動強度は最大酸素摂取量の40〜70 %）

に分けることができる．

　水分摂取のスケジュールとしては，環境条件によって発汗量が変化するので，この点を考慮に入れる必要があるが，競技前に250〜500 mlの水分を摂り，競技中には発汗量の50〜80 %を補給することが原則である．

　練習中には，できるだけ飲水休憩をとり，自由飲水を勧めることにより発汗量の80 %の補給が可能である．

　摂取する水分としては，①5〜15℃に冷やした水を用いる，②飲みやすい組成にする，③胃にたまらない組成および量にする，などが注意点である．

　このためには，水分の組成としては0.1〜0.2 %の食塩水のほうが飲みやすく，また吸収されやすい点などを考慮すると，食塩水が有効である．また，長時間の運動あるいは長時間にわたって運動を反復する場合には，食塩濃度をやや高くする必要がある．トライアスロンなどの長時間運動では，水だけを補給していると血液の塩分濃度の著明な低下が起こり，熱痙攣の発生をきたしてしまう．また，エネルギー源としての糖質も水とともに摂取することが望ましいが，(1)の運動では運動前に，(2)および(3)の運動では運動中に補給することが効率的である．

B 寒冷環境

① 運動トレーニングによる全身耐寒性の増強

　生体は，急性的に寒冷に曝露すると，熱産生量が増加し体温の維持を図る．全身耐寒性は，熱産生量が大きいほど増強すると評価されている．寒冷馴化は，寒冷曝露時の熱産生量が顕著に増大し，全身耐寒性が増強する．運動トレーニングは，寒冷馴化と同じように，寒冷曝露時の熱産生量を顕著に増大

---

word

寒冷馴化：定温動物が寒冷に長時間曝露されたときの生理的適応．生体が寒冷下で体温を維持して，正常に生存できるような適応性の生理的調節反応．

させる．すなわち，運動トレーニングと全身耐寒性の間には，正の交叉適応が存在する．

② 運動トレーニングと非ふるえ熱産生

　寒冷馴化により，寒冷曝露時の熱産生量が顕著に増大するが，この増大は骨格筋の収縮に関係しない熱産生，いわゆる非ふるえ熱産生(non-shivering thermogenesis：NST)の亢進が深く関与している．NSTの亢進は，寒冷曝露によるノルエピネフリン(norepinephrine：NE)の分泌増加時に，血中遊離脂肪酸(free-fatty acids：FFA)の利用およびFFA酸化速度を増大させる．NSTによる耐寒性の評価は，NEによる熱産生の亢進が主に関与することから，NEの外的投与により生じる熱産生量の亢進の程度で決定する(NE-NST)．寒冷馴化はNE-NSTが顕著に増大するが，運動トレーニングではあまり増大しない．また，寒冷曝露時に交感神経遮断剤(ヘキサメソニウム)を投与した場合，熱産生量および体温は寒冷馴化では減少し，逆に運動トレーニングでは増加する．

　寒冷馴化による熱産生量の増大は，NE-NSTの脂質代謝以外に糖質代謝も深く関与する．寒冷曝露時の血中グルコースは，運動トレーニングと寒冷馴化で同じ変化を示し，肝臓における糖新生および糖利用の増大の可能性が高い．また，寒冷曝露時の筋グリコーゲンは，寒冷馴化および運動トレーニングで高値を維持する．運動トレーニングによる全身耐寒性の増強は，糖質を利用するNSTが重要な役割の1つと考えられる．

③ 運動トレーニングとふるえ熱産生

　寒冷曝露時に熱産生量を増大させる機序には，NST以外に骨格筋におけるふるえ熱産生(shivering thermogenesis)がある．実験動物を用い人工呼吸による麻酔下で，寒冷曝露時の四肢筋における筋ふるえ量は，運動トレーニングで顕著に増大する．また，筋弛緩剤(クラーレ)を用い寒冷曝露時の筋ふるえを抑制すると，熱産生量および体温は運動トレーニングをしないと低下するが，運動トレーニングおよび寒冷馴化ではその低下が少ない．寒冷曝露時筋弛緩剤投与による血中グルコース利用は，運動トレーニングで顕著に増大するが，遊離脂肪酸の利用は増大しない．すなわち，運動トレーニングによる全身耐寒性の増強は，ふるえ熱産生の増大も関与する．

④ 運動トレーニング量および強度と全身耐寒性

　寒冷曝露時の熱産生量と運動トレーニング量との間には，正の相関関係がある．寒冷曝露時の熱産生量が顕著に亢進するのは，トレーニング開始後約8週間経過時点からで，その後トレーニング量が増すほど熱産生量は増大する．しかし，NE-NSTは，運動トレーニング量が増大しても変化はみられない．寒冷曝露時の熱産生量と運動トレーニング強度との間にも，正の相関関係がある．また，NE-NSTは，運動トレーニング強度が増大しても変化はみられない．すなわち，全身耐寒性は，運動量が多く運動強度が高いト

レーニングほど増強するが，その増強にNE-NSTは関与しない．

⑤ 低温による障害

低温による障害としては，低体温症と凍傷がある．前者は全身的な障害であり，後者は局所的な障害である．

ⓐ 低体温症

熱の産生と放散の動的バランスが崩れて放散が産生を上回り，体温が低下することにより生理的機能が低下して身体的障害を発生し，重篤な場合は凍死に至るもので，組織の凍結の機転は必要ではなく，夏季にも発生する．

1）症状と経過

体温は下降し，血行も緩慢となり，各組織は十分な酸素の供給を受けることができなくなり，熱の産生はますます低下して体温下降に拍車がかかる．低温に最も弱い中枢神経障害として精神活動の低下，応答不確実，言語不明瞭，全身倦怠，脱力，歩行のよろめき，眠気などが出現する．さらに障害が進むと，知覚鈍麻，意識混濁，幻聴，幻視などが現れ，時に狂躁状態となる．

直腸温が30℃以下になると，全身機能の低下は急速に起こり始め，瞳孔散大，対光反射減弱をきたし，呼吸停止，ついで心停止をきたす．この状態が凍死である．

2）分類

a) mild hypothermia（直腸温32℃以上）

意識障害がなく，血行も保たれており，新陳代謝はむしろ亢進傾向を示す．

b) deep hypothermia（直腸温27～32℃）

血行は保たれているが意識障害があり，新陳代謝は低下している．

c) deep hypothermia with cardiac arrest（直腸温27℃以下）

心室性細動や心不全収縮を示す．

3）治療

a) mild hypothermia

①速やかに冷所から暖かい室内に運び，それ以上の体温下降を防ぐ．
②湿度のある，酸素に富んだ暖かい空気を吸入させる．
③胸部および腹部を温水を入れたバッグで加温する（四肢は積極的には加温しない．加温により，四肢の血管が拡張して心臓への血液の還流量が減少する）．
④飲食可能であれば，温かい飲み物を摂取させる．
⑤低分子デキストランの点滴静注．

b) deep hypothermia

①直腸温が30～32℃の青壮年には40～42℃の温浴がよい．ただし，血圧の変動には注意が肝要である．
②心拍出量が低下してしまっていると体温はなかなか上昇しない．このときは，温水による腹膜灌流，等張温水による胃の灌流などが必要となる．

6 スポーツと特殊環境 67

③それでも体温が上昇しないときは，人工心肺装置を用いての加温が有効であるが，それでも駄目なときは，開胸して心嚢周辺の温水による灌流と心マッサージを行う．

低体温症の治療中は，直腸温が上昇してきても，呼吸，血圧，心電図，尿量などの厳重なチェックとアシドーシスの補正が必要である．

b 凍傷

組織の凍結が必須であり，局所が氷点下にならなければ発症しない．

凍傷の本態は，第1が組織に対する凍結の直接の影響であり，細胞外の部に氷塊が形成されてhypertonicな状態を惹起し，これが細胞内のdehydrationを引き起こし，ついには細胞死に至るものである．第2が血流に対する寒冷の影響で，人体が寒冷に曝されると，まず血管収縮が起こる．これは，血管壁に対する寒冷の直接作用と，交感神経を介しての反射としての作用の両者がある．血管が収縮すれば，血流量が低下するので，局所の温度はますます低下する．一方，血液は温度が下がることによりhyperviscosityの状態となり，小血管から血栓形成が始まり，漸次大血管に波及して遠位部は低酸素状態となる．

1) 分類
 a) 表在性凍傷

　　病変は表皮どまりか，一部真皮に及ぶもので，発赤，浮腫，水疱などの症状が認められる．

 b) 深在性凍傷

　　病変が真皮から皮下組織，骨まで達しているもので，全体が萎縮してしわを形成し，皮膚は黒紫色，白ろう化しており，その後，黒く乾性壊死(ミイラ化)となる．

2) 治療

凍傷では低体温症と異なり，患者自身が現場で罹患に気づいていて，しかも全身状態は良好という場合も多く，現場で行う救急処置が重要である．すなわち，現場では急速融解法，末梢血管拡張剤の使用，局所療法である．

 a) 急速融解法

　　まだ凍結状態にある患部に対して最初に行うべき治療である．この手段の巧拙が患部の予後をかなり左右する．

　　40〜42℃の温湯内に患部を入れて急速に融解させるものである．なお，再凍結は予後を極端に悪くするので，下山に際して保温には十分留意しなければならない．

 b) 低分子デキストラン

　　急性期に用いれば有効である．できるだけ早期に，低分子デキストランL 500 mlを1日2回，5〜7日間連用する．

 c) プロスタグランジン E_1

　　著明な血管拡張作用と血小板の粘着，凝集を抑制する作用があり，急性期に用いれば有効である．

---

word

アシドーシス：細胞外液の水素イオン濃度を維持する酸塩基平衡の調節が障害され，酸性側に傾いた状態をいう．

d) 交感神経遮断

　　急性期に行うべき治療で，最良の効果は罹患後24時間以内といわれている．手指には星状神経節ブロックを，足指には腰部交感神経節ブロックを行う．

e) 末梢血管拡張剤

　　病期を問わずに用いるべきであり，血管運動中枢抑制剤，神経節遮断剤，抗アドレナリン剤，血管平滑筋弛緩剤など，作用機序の異なる薬剤を適宜組み合わせて用いる．

f) 蛇毒酵素

　　欧米では，急性期に用いて著効を呈すると報告されている．

g) 抗凝固剤

　　ヘパリンなどの抗凝固剤は，凝固阻止作用はあるが，血栓溶解作用はなく，凍傷の血栓には無効であるばかりか，出血傾向をきたしたり，感染を助長したりして経過に悪影響を与える．いまだに安易に用いられる傾向にあるが，凍傷の治療には用いるべきではない．

h) 局所療法

　　患肢は挙上し，患部は可及的に清潔に保ち感染を防止する．局所に軟膏類は一切用いず，指間に滅菌ガーゼを挟む程度でそのまま露出する．水疱は，感染を示す徴候がない限り，破らずに放置する．万一破れた場合は，念入りに消毒する．

i) 切断

　　完全に壊死に陥った部は切断せざるをえないが，時期を急いではならない．3週を経過すると肉眼的にも分界線は明瞭になるので，4週以降に切断する．

j) リハビリテーション

　　足部切断では創治癒後に水治療法から始め，漸次歩行訓練に入るが，疼痛，荷重面の減少，蹴り出し機能の障害などのため，リハビリテーション開始当初はバランスが悪く，歩幅も狭く，外旋気味に足を引きずって歩き，両側例では杖を必要とする．しかし，歩容は漸次改善し，両側の中足部切断例でも1〜1.5年で外観的には普通の歩容となる．

C 低圧（低酸素）環境

　高度の高い所では，低圧ならびに低酸素環境となる．

① 運動トレーニングと低圧低酸素環境下の肺循環

　運動時の肺動脈圧は，平地環境下および中等度低圧低酸素環境下で運動強度の増大に伴い直線的に上昇するが，この上昇は運動トレーニングにより顕著に抑制される．運動時の肺動脈圧の上昇は，肺血流量の増加と運動に伴う血管作動性物質の分泌増加による収縮が影響する．

　低酸素の肺換気は，体循環系ではみられない肺血管特有の収縮，いわゆる

word

血管作動性物質：血管平滑筋に対して生理活性を有する物質．神経伝達物質，ホルモン，オータコイドなどに大別され，多くは局所的に作用し，血管拡張や収縮をもたらす．

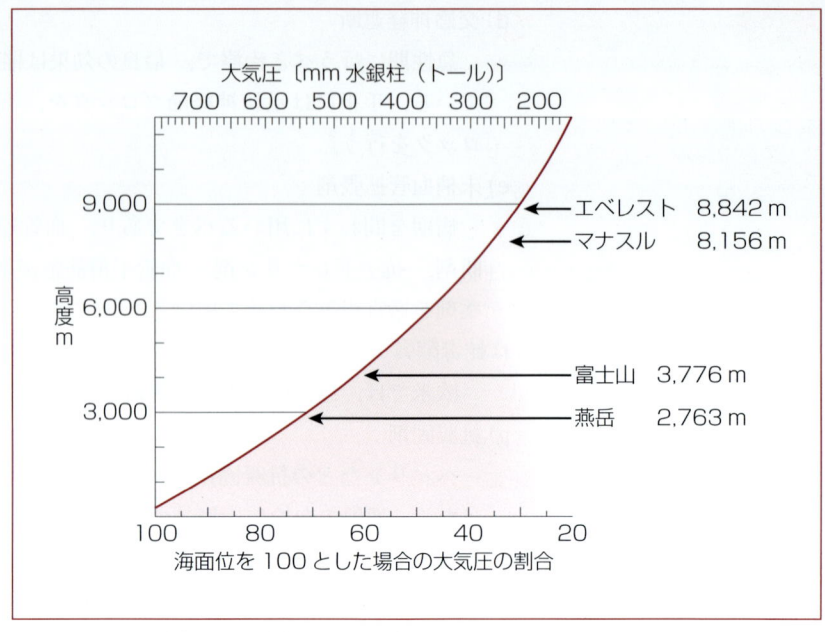

図14 高度と大気圧の関係
(中島道郎:最新スポーツ医学．黒田善雄ほか編，文光堂，p599, 1990 より引用)

低酸素性肺血管収縮を惹起し，肺血管圧を上昇させる．低圧酸素下で安静および運動時の肺動脈圧の上昇が運動トレーニングにより抑制されるのは，肺血管床容量の増加，肺血流量の増加による再疎通の増加，血管作動性物質に対する感受性の低下，低酸素性肺血管収縮の抑制などが考えられる．すなわち，運動トレーニングは，低圧低酸素下においても運動が成就できるような酸素の需要に見合う供給がなされるよう肺血管が適応する．

② 高度と大気圧の関係

標準大気における高さと気圧の関係を図14に示す．
しかし，これは標準大気における理論値であり，現実には，地球を取り巻く大気の層は，地球の自転の影響で，赤道付近はやや厚く，極付近ではやや薄い．気圧とは，その地点の上に乗っている空気の柱の重さのことであるから，空気の層の厚さに比例し，赤道近くでは気圧が高く，極付近は気圧が低い．また，冬は低く，夏は高い．地上の気圧は絶えず変動している．

③ 高所環境に対する人体の反応と順応

高所環境はすなわち低酸素環境である．酸素が体内に入り込むのは外気と体内の酸素分圧差により，圧差が高ければ入り込みやすく，低ければ入りにくい．酸素が体内に入り込みにくい低圧‐低酸素環境下にあって，しかも何とか常圧環境下での機能を保持しようとするのがホメオスターシス(恒常性)で，そのために人体諸器官では種々の変化が起こる．これを高所反応という．それにより，ヒトは低圧環境下においても生命活動を維持していくことができるようになる．これが高所順応である．

word

肺胞換気量：分時換気量（V̇E）のなかで，実際に肺胞毛細血管を通過する血流と有効なガス交換に関わる換気量のこと．

a 肺胞換気量の増加

呼吸数と1回換気量の増加，すなわち肺胞換気量の増加によって，Pa_{CO_2}が下がり，その分Pa_{O_2}が，ひいてはPa_{O_2}が増加する．しかし，Pa_{CO_2}はもともとそう高くないうえ，それが低下すれば呼吸性アルカローシスとなり，呼吸中枢が抑制されるため，あまり大した効果は期待できない．

b 肺循環血流量の増加

肺胞毛細血管は，常圧環境下ではその多くが閉ざされている．それが低圧環境下では開通し，より多くの血液が肺胞を通過するようになる．それによってヘモグロビンの酸素化が促進される．

c 心拍出量の増加

心臓の1回拍出量と脈拍数の増加により，送り出される血液量が増え，体組織に送られる酸素量は多くなる．しかし，この変化はごく一時的なもので，順応の進展に伴って，速やかに元に戻る．

d 赤血球数の増加

骨髄に対する低酸素刺激によって，約2週間後以降から赤血球が増産されてくる．

④ 高山病

a 概念

急激な低酸素環境曝露に遭遇して，ホメオスターシスが保持しきれずに破綻した状態をいう．

その正体は，一口でいえば，「体内水分分布の異常」である．生体を構成する細胞の，それぞれの細胞膜はその独自の機能により，物質を選択的に通過させたりさせなかったりしている．その機能保持のために酸素が必要で，低酸素状態では，その機能が十分に営みきれない．その結果，細胞の内外で水分の貯留，すなわち浮腫が生じ，それに取られて流血中の水分は不足する．つまり，水分があるべき所になく，あってはならない所にあるようになる．それによって，細胞1個1個が，ひいては個体全体が正常な機能を営みえなくなる．その様相は個人差が強く，その臨床像はきわめて複雑である．

b 分類と症状

①急性高山病，②高所肺水腫，③高所脳浮腫，④亜急性高山病，⑤慢性高山病，⑥高所網膜症，に分類される．スポーツ登山に関係するのは，①，②，③と⑥である．これらは別々の症状ではなく，そのほとんどが混在している．ただ，水分の分布に個人差があって，症状の現れ方に違いがあるにすぎない．そこで，単に軽症，中等症，重症の分類が提唱されている（図15）．

1）軽症高山病

食欲不振（時に悪心），頭痛，不眠の3症状が特徴である．高所に弱い人は2,500 m，普通は3,500 m以上で，1日に500 m以上の高度差の所を登った場合に出現する．

2）中等症高山病

軽症の状態での休息あるいはいったん下山しない場合に，症状は中等症に

図15 高山病の症状
(中島道郎:最新スポーツ医学.黒田善雄ほか編,文光堂,p601,1990より引用)

進展する.

3）重症高山病

急速に進行する肺水腫および/または脳浮腫を伴った高山病をいう．前兆が全くなくて，いきなり重症化することもまれではないが，多くは1～4日の軽症～中等症期を経て重症化する．

4）高所網膜症

高所登山者にはかなりの割合で網膜出血がみられる．これは血管の破綻ではなく，血管壁からの血液の漏出によるもので，血液はやがて吸収され，視力障害が長く残る例はまれである．なお，網膜に出血があれば，脳にも出血があると考えられる．

D 高圧環境

高圧と関わるスポーツ医学はスクーバ潜水で代表されるが，実際の生体に対する負担や生理的変化は息こらえ潜水のほうがはるかに過大である．

① 高圧環境下での呼吸・循環系機能

高圧下においても，組織へ運搬される酸素量，最大酸素量は，少なくとも3.0 bar程度の高圧では，明らかな変化は認められない．潜水中の循環系機能をみると，心拍数は約22％減少し，1回拍出量は約40％の増加を示し，心拍出量は約9％の増加が認められる．

表2 各種の高気圧障害

種類	原因
(1) 耳の障害	中耳腔内不均等加・減圧
(2) 副鼻腔の障害	洞と外部との不均等圧差
(3) 歯の障害	虫歯に伴う歯髄腔内外の不均等圧差
(4) 肺のスクイーズ	深すぎる素潜り（深度30m以上）
(5) 潜水器による締付け	潜水墜落や送気不足による不均等圧差
(6) 窒素酔い	吸気ガス中の窒素分圧上昇（深度30m以上）
(7) 酸素中毒	吸気ガス中の酸素分圧上昇
(8) 炭酸ガス中毒	汚染ガスの吸入，換気不全
(9) 肺の破裂	減圧（浮上）中の呼吸停止や排気遅延による肺の過膨張
(10) 潜水病（減圧症）	不適切な減圧（標準減圧表の無視）
(11) 骨無菌性壊死（骨病変）	不適切な減圧の繰り返し
(12) 骨肉腫	骨病変からの二次変化
(13) 溺水	未熟な潜水技術，不十分な機器の点検
(14) 吹き上げ	浮力の過大（多すぎる送気量），BCDの操作ミス
(15) 水中拘束	命綱やホースまたは水中障害物による拘束からの脱出不能
(16) 潜水墜落	浮力の過小（送気量の不足）

（伊藤　孝：スポーツ医科学，中野昭一編，杏林書院，p406, 1999より引用）

一般に，直立位では下半身の静脈に大量の血液が貯留し，心臓への還流は抑制されており，したがって，直立位と仰臥位で比較すると，直立位で心拍出量や1回拍出量は少なく，心拍数は多い．潜水により身体外部より水圧を受けると，下半身の静脈にある血液が胸部に移動するため，心拍出量や1回拍出量が増加し，心拍数の減少につながる．

水中や高圧環境において末梢血管収縮，最高血圧の上昇，最低血圧の上昇などの循環応答も認められる．

加圧が進むと心拍数は顕著に低下し（高圧徐脈），この原因は圧力や気体密度の増加などが関与していると推定されている．

② 高気圧障害

不均等な加減圧によって惹起される高気圧障害を表2に示す．高圧環境から常気圧に戻るとき，血液中や組織中に気泡ができることによって生じる病気を「減圧症」あるいは「減圧障害」とよぶ．

③ 減圧症（潜水病）

a 概念

潜水すると圧力の増大に比例して組織中に過剰に溶解される N_2 などの不活性ガスが，その後の浮上が急速すぎると溶解ガスは気泡化し，その量が過大であると，組織圧迫や血管塞栓を生じる．さらに，血中の形成気泡周囲に血小板や白血球が凝集し，二次的変化を呈することによって発症する気泡由来性の一連の症候を減圧症とよぶ．

b 発症要因

水深，滞底時間に見合った適切な減圧方法を選ばないで，不適切に速く浮上することによる．

word

肺スクイーズ：息こらえ潜水するに従い，水圧の増大に反比例して肺容量は縮小する．水深30mへの潜水は絶対4気圧への曝露に匹敵するので，肺容量は1/4になる．肺は残気量以下に縮小できないので，このような圧縮は肺組織の弾力性の不均一な場合にはスクイーズからスポンジ現象を呈し，生命の危険を伴う．

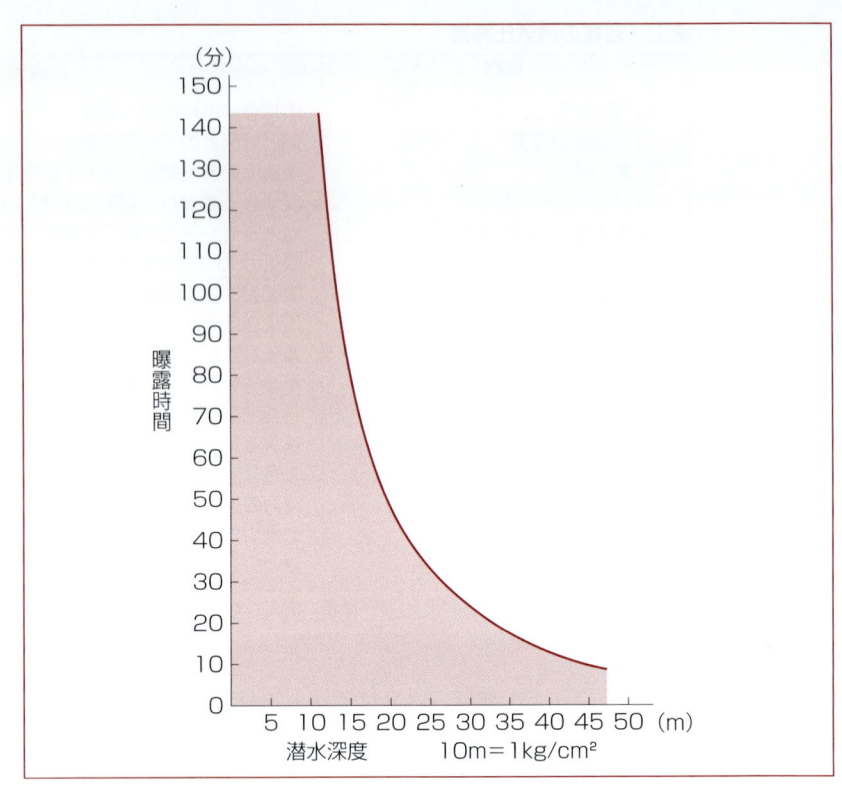

図16 無減圧潜水の範囲
　　　　　(眞野喜洋：最新スポーツ医学. 黒田善雄ほか編, 文光堂, p607, 1990より引用)

　水深10m以浅の潜水では生じないとされている．さらに，水深10mを超える場合であっても，水深20mでは約50分，30mでは25分，40mでは15分というように，それぞれの深度に応じた一定の許容時間内であれば，無減圧で浮上しても発症しない(図16)．また，その許容時間を超える場合には，決められた手法による減圧法を遵守することで発症を予防できる．

c 診断

　一般に減圧症の潜伏時間は短く，潜水終了30分以内に50％，1時間以内に85％，2時間以内に95％が発症するとされ，6時間を超えてから発症するものは1％以下である．したがって，潜水深度，時間とそれらに見合う減圧方法ならびに潜伏時間から減圧症の診断は容易である．

d 症状

1) 急性減圧症

　皮膚症状，関節・筋肉痛(ベンズともいう)が典型的である．重症例では呼吸・循環器系障害(息切れ・胸の痛み)やチアノーゼがみられる場合もある．また，中枢神経系の障害により，生涯にわたる神経系の損傷等，麻痺などの重篤な後遺症を招くことも少なくない．

2) 慢性減圧症

　股関節，肩関節，膝関節などの可動大関節を中心とした無菌性骨壊死をきたすこともある．関節面が侵された場合には，人工骨頭置換術を要することもある．

ⓔ 治療

　高圧酸素療法がほぼ唯一の治療法である．自然治癒はしないものと考えたほうがよい．発症後できる限り早い時期に治療を開始することで，後遺症を最小限にとどめることができる．特に重症の場合は，一刻を争い治療を開始する必要がある．緊急的には，再度潜水して気泡を縮小させ症状を軽快させる(フカシという)ことも行われないわけではないが，一般には推奨されない．

　救急処置として(常圧の)純酸素を呼吸させることで，血管の閉塞に起因する低酸素状態から発生する障害や後遺症をある程度緩和できる可能性が高い．減圧症を発症した場合には，可能な限り早期に最寄りの医療機関を受診，あるいは救急車を呼ぶなどして酸素吸入を開始し，その後，高圧酸素療法を施行可能な医療機関に移送すべきである．

　高圧酸素療法は，どこの医療機関でも施行可能な治療ではないが，大学病院などの高度医療機関，労災病院，沿岸部の公立病院など，減圧症患者の来訪頻度が高い医療機関には施行設備が設置されている場合が多い．

Self-Check

1. 「熱中症予防8ヵ条」を記せ．
2. 低温による障害を記し，その特徴，違いを記せ．

(解答はp.347〜350)

7 オーバートレーニング

過剰なトレーニング負荷によって，運動能力や競技成績が低下して，容易に回復しなくなる状態で，一種の慢性疲労である．トレーニング負荷と回復のアンバランスによって生じる適応不全状態ともいえる．

A 健康の維持・増進

厚生労働省（厚生省）は，広く国民の健康の維持・増進のためには，「運動」，「栄養」，「休養」（健康づくりの三要素）が必要であるとして，多くの施策を遂行している．

休養は身体を休めることにより，同化作用を促すことから，運動・スポーツを長期にわたって継続するためには，なくてはならない重要な生理的・心理的生命現象の1つと考えられる．

休養は運動，栄養とともに，身体のエネルギー代謝過程に対して重要な働きをもっており，相互に影響し合っている（図1）．

① 休養と運動

運動により身体の発育，発達，強化のための刺激が行われ，またこのことにより身体の移動が可能となり，いろいろなスポーツが可能となる．そのためのエネルギーは，エネルギーの異化作用を促進することにより得られる．

word
異化作用：生体を構成したり，体内に蓄えられている物質を，代謝によって簡単な分子に分解していく作用．このときに生じる化学的エネルギーを体温の維持や生活のエネルギーに利用している．

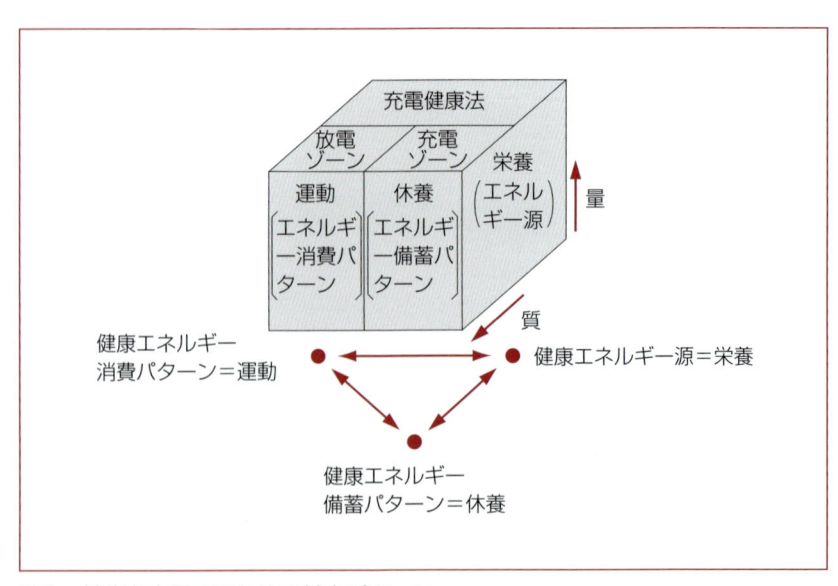

図1　健康を充電するための基本パターン
（岩崎輝雄ほか：積極的休養法の休養プログラム編．休養のすすめ，（財）日本ウエルネス協会，p205-216, 1990より引用）

> **word**
> 同化作用：生体内で簡単な物質から複雑な物質を生成する作用．あるいは細胞・組織・臓器において建設的な役割を演じている作用．

しかし，運動・スポーツが長時間に及ぶときは，運動強度を落としながら運動中に酸素を体内に取り入れやすくし，エネルギーの同化作用も同時に行われなければ，それを継続，遂行することは不可能になる．そして，運動中に発生した疲労物質を除去したり，精神的な緊張や興奮を抑えるためには，休養としてそれまでとは異質な軽運動を積極的に取り入れなければならないことから，休養と運動は不可分の関係にある（図2）．

適切な運動によりトレーニング効果が期待されるが，運動による疲労の蓄積はトレーニング効果が期待できなくなる．そこで，疲労回復のための休養が重要であり，疲労からの回復の結果として，トレーニング効果が発揮される．

② 休養と栄養

運動のためのエネルギー異化作用の過程または結果として，エネルギーの不足を補うために，同化作用が必要になる．また，そのためのエネルギー源を身体に摂り入れる過程，すなわちエネルギー源の消化・吸収により，栄養素を身体の隅々にまで行き渡らせるための栄養という生理的生命現象がなければ，この同化作用は全く機能しなくなってしまう．これらの栄養素の体内への摂り込みは，主に成長ホルモンや男性ホルモンなどの蛋白同化ホルモンを中心に行われている．その働きは，これらホルモンの分泌が促進される運動後の休息時，特に夜間の睡眠時に旺盛となることから，栄養の働きを助けるために休養はなくてはならない存在であり，ともに不可欠の関係にある（図2）．

> **word**
> 成長ホルモン（growth hormone：GH）：下垂体前葉から分泌されるホルモンで，191個のアミノ酸からなり，成長と新陳代謝に大きな影響を及ぼす．

> **word**
> 男性ホルモン（androgen）：精巣の間質細胞（ライディッヒ細胞）から分泌される．思春期に間質細胞が成熟してテストステロンなどが分泌され，腋毛・恥毛・ひげの発育と音声の低下などの第二次性徴を出現させる．

> **word**
> 蛋白同化ホルモン（anabolic steroid hormone）：男性化作用をほとんど現さない，蛋白同化作用の強いステロイド．

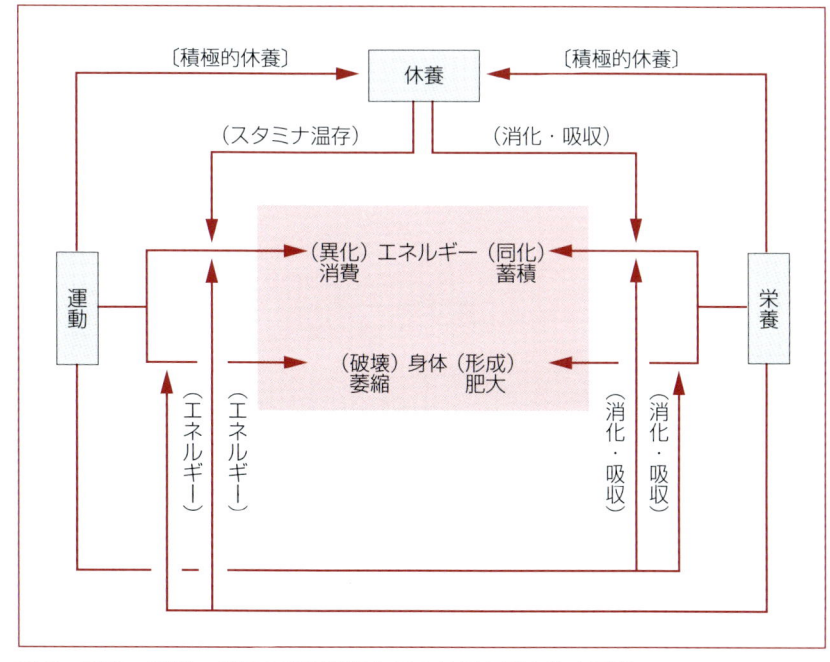

図2 運動・栄養・休養の相互関係とその効果を引き出す要素
（碓井外幸ほか：スポーツ医科学．中野昭一編，杏林書院，p374，1999より引用）

休養は単なる休息や保養ではなく，そのなかに運動の要素や栄養の要素が適切に組み込まれていることが大切である．休養を促進するための運動は，単なる筋肉の収縮活動であってはならず，また栄養も同様に，単なる栄養素の摂取であってはならない．すなわち，運動は義務感が最初に働いて，やりたくもないのに嫌々ながら無理やりやらされても，心身にプラスの作用は生じない．

B 疲労と休養

　疲労は，人間の生理および心理的な反応であり，生命の安全を保証する警告反応である．また，この疲労を解消し，さらにトレーニング効果（発達）へと発展させるには心身の消極的・積極的な休息が不可欠である．

　疲労と休養は，人間の発育・発達・老化といった加齢現象を効率よく遂行させるために，なくてはならない必要不可欠な生命現象である．運動・スポーツにおけるエネルギー代謝の面からいえば，疲労はエネルギーの異化作用の結果であり，休養はエネルギーの同化作用を促進する行動・動作といえる．また，疲労は休養を必要とし，休養は疲労を促すといった関係が交互にしかもスムーズに流れていくことにより，よりいっそうそれぞれの機能が強化されていくといった，相互作用が働いている（図3）．

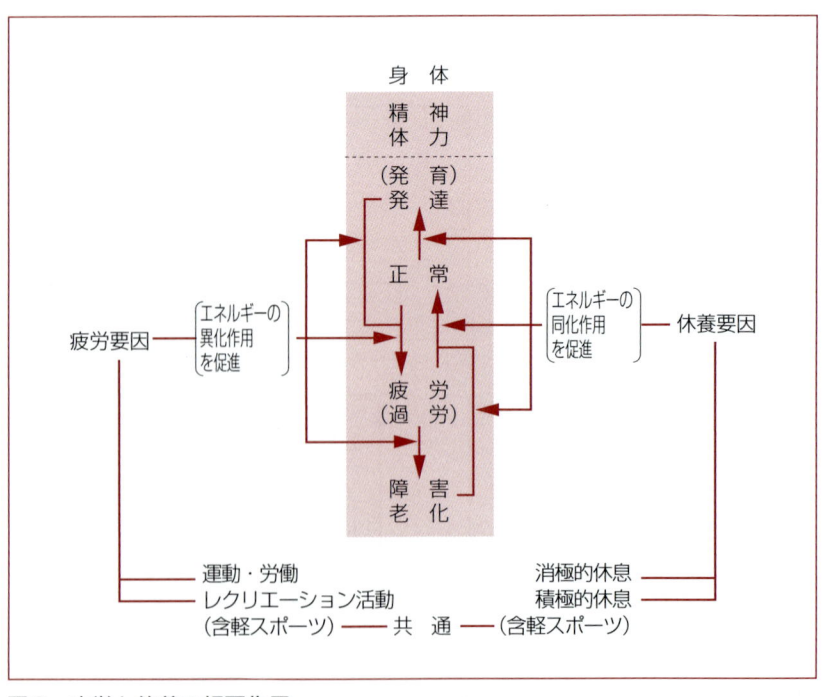

図3　疲労と休養の相互作用
（碓井外幸ほか：スポーツ医科学．中野昭一編，杏林書院，p374, 1999より引用）

① 疲労

ⓐ 疲労とは

主に生理的な機能低下による肉体的疲労と，心理的な機能低下による精神的疲労に分けることができる．

1）肉体的疲労

主に筋肉の疲労によるものであり，一般に発生しやすく，回復も早い．

2）精神的疲労

大脳皮質や脳幹網様体での活動低下や覚醒レベルの低下であり，一般に発生しにくいが，いったん発生すると回復が遅い．

これは，大脳皮質は長時間働くことにより，自己保護作用が作動し，自らの活動能力を低下させるといった，条件反射的な保護抑制が働くことと，大脳皮質と脳幹網様体相互のフィードバック機構による活動の興奮レベルのコントロール機構が作動（下向性機能，上向性機能）することによる．

> **word**
> 脳幹網様体：脳幹内に存在する神経細胞の豊富な神経線維が網の目のようになった特別の神経系で，中脳・間脳から延髄にまでわたっている．

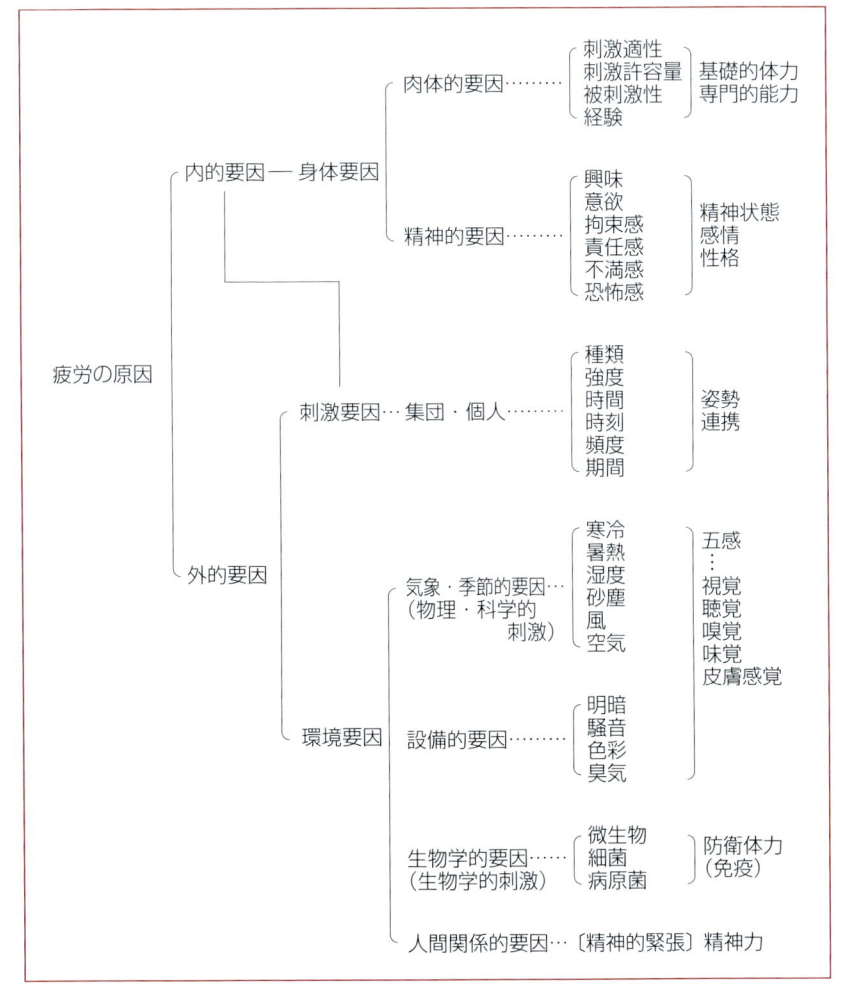

図4 疲労の原因

（碓井外幸ほか：スポーツ医科学．中野昭一編，杏林書院，p356，1999より引用）

b 疲労の原因

個人の身体そのものに内在する内的要因と，個人を刺激するストレス因子や個人を取り巻くあらゆる環境状態の外的要因に分けられる．これらは，身体要因，刺激要因，環境要因といわれ，それぞれが単独で作用するというよりも，相互に関連して複雑に作用することが多い（図4）．

1）身体要因

肉体的な面では，刺激適性や刺激許容量，被刺激性，経験といった個人の基礎的体力（栄養，睡眠，休息，生活リズムなどとの関連が強い）や，専門的能力が関与する．精神的な面では，興味，意欲，拘束感，責任感，不満感，恐怖感などの，そのときの精神状態や感情，性格などが関与する．いずれにしても，身体の健康状態や潜在意識の有無により，疲労発現の遅速，軽重などに影響する．

2）刺激要因

個人や集団に対する刺激の種類や強度，時間，時刻，頻度，期間などがあり，それらが複雑に関与する．しかし，刺激の種類によっては，これらは必ずしも外的要因ではなく，作業姿勢や集団の連携プレーの拙さなどの内的要因であることもある．

3）環境要因

寒冷暑熱や湿度，砂塵，風，空気などの気象・季節的要因と，明暗，騒音，色彩，臭いなどの設備的要因が，身体の五感（視覚，聴覚，嗅覚，味覚，皮膚感覚）を物理的・化学的に刺激するものや，微生物や細菌，病原菌などが体内に侵入して徐々にストレス反応を引き起こすもの，あるいは人間関係の悪化により精神的緊張をもたらすものなどがある．

c 疲労の誘因

疲労には原因があり，またその原因の火種となる誘因が存在する．しかし，その境界は明確でなく，誘因が大きな原因となっていることも多い．運動・スポーツにおける誘因としては，1日または1回の長い練習（トレーニング）時間がその最たるものである．しかし，たとえそれが短縮されても，個人練習の時間がその分だけ長くなったり，頻度が多くなったりしたのでは，誘因は依然として残ったままとなる．このような状況が長期間にわたると，オーバートレーニングによるスポーツ（運動）障害や，バーンアウト（燃え尽き）症候群が発生し，時には心身の疾病を起こしてしまうことにもなりかねない．

また，練習（トレーニング）を行う場所までの移動距離や時刻（時間帯）が適切でなければ，それだけでも疲労が生じるし，試合が近づいているにもかかわらず十分な成果が上がっていなかったりすると，精神的ないらだちが生ずることにもなりかねない．さらに，長期にわたる合宿や遠征による旅疲れが生じたり，栄養の偏りや家族との会話不足による精神的不安などが生じることが疲労の誘因となりうる．

d 疲労のレベル

簡単に軽度，中度，重度，疲労困憊などと分けて表現されることもある．運動・スポーツに関連する疲労要因も，生理・心理機能の定常状態が成立す

---

word

バーンアウト（燃え尽き）症候群：過度の身体的・精神的疲労が積み重なって起こる一種の無気力状態．不眠，強度の疲労感のほか，無力感，自尊感情の低下など人の意欲を支えるさまざまな心の機能が低下し，生産的な活動にたずさわることが困難になる．

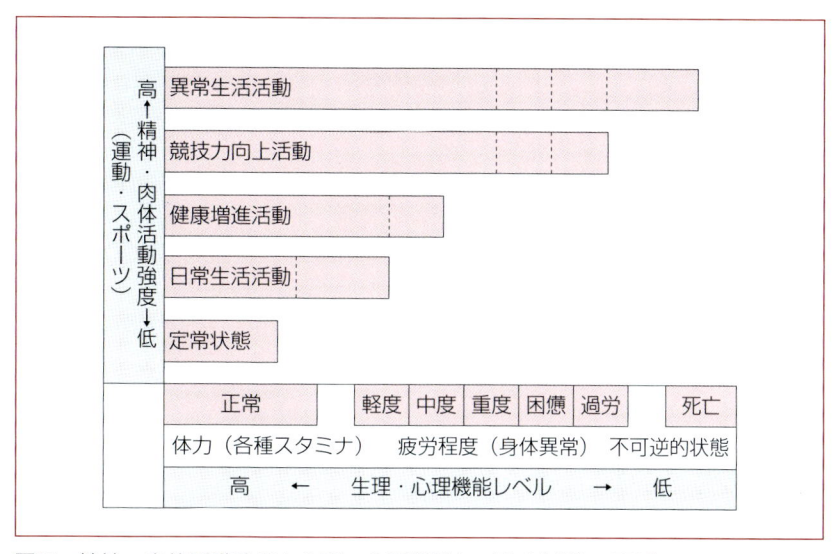

図5　精神・肉体活動強度と生理・心理機能レベル（疲労）の関係
　　　（碓井外幸ほか：スポーツ医科学．中野昭一編，杏林書院，p356, 1999より引用）

る範囲内であれば，個人の体力，特にスタミナの高低にあまり関係なく無視されうる程度にしか作用しないが，これを越えると生理・心理機能が低下し，疲労の初期症状（初期疲労）が現れる．一般にこのレベル内，すなわち運動・スポーツ強度が日常生活活動程度であれば軽い疲労で済み，健康増進活動程度になれば中度の疲労，競技力向上のためのスポーツ活動程度になれば重度の疲労（時に疲労困憊）になる（図5）．重度の疲労段階では十分な休養をとらなければ，やがて生理・心理機能が悪化し，過労といわれるレベルに達する．また，不眠，不休，食事制限，過剰トレーニングなどの異常生活活動を長期間にわたって続けることによってもこの段階に入り，何らかの治療的手段を講じなければ疾病や最悪の事態には死に至ることもある．しかし，これは感覚的な判断か，適当な判断基準を設けてこれに従った簡易的な表現であり，あくまでも定量的な表現による定性的な判断でしかない．

　生理学や体力科学的な手法のみで，疲労を定量化することは困難である．このため，日頃の経験から判断して，疲労症状に多少の軽重の差をつける方法が，疲労の程度を現す唯一の方法として利用されている．厚生省（厚生労働省）が定める疲労の程度（表1）では，比較的短時間の休養にて回復するもの（2以下）と慢性の疲労症状（3以上）に段階を分けている．その基準は，倦怠感，社会生活，疲労感，労働，休息，軽作業，介助，軽労働，臥床などの可否，有無，要・不要によるものであり，作業遂行能力や感覚，休養の必要性がその重要な要素となっている．

e 疲労の分類

　疲労は疲労症状や疲労感を基にした抽象的な概念であることから，それにより疲労をいくつかのグループに分類することができる（図6）．すなわち，疲労の質，部位，時間経過，感覚，疾病の有無などによる分類である．しかし，疲労は主観的な部分が多く，しかも相互に関連し合っているため，実際

表1 疲労の程度

0：倦怠感がなく，平常の社会生活ができ，制限を受けることなく行動できる．
1：通常の社会生活ができ，労働も可能であるが，疲労感を感ずるときがしばしばある．
2：通常の社会生活はでき，労働も可能であるが，全身倦怠感のため，しばしば休息が必要である．
3：全身倦怠感のため，月に数日は社会生活や労働ができず，自宅にて休息が必要である．
4：全身倦怠感のため，週に数日は社会生活や労働ができず，自宅にて休息が必要である．
5：通常の社会生活や労働は困難である．軽作業は可能であるが，週のうち数日は自宅にて休息が必要である．
6：調子のよい日には軽作業は可能であるが，週のうち50％以上は自宅にて休息している．
7：身の回りのことはでき，介助も不要であるが，通常の社会生活や軽作業は不可能である．
8：身の回りのある程度のことはできるが，しばしば介助がいり，日中の50％以上は臥床している．
9：身の回りのこともできず，常に介助がいり，終日臥床を必要としている．

レベル3以上が慢性疲労症候群に該当する疲労レベルとされている．
(野村総一郎ほか：PTジャーナル，30：721-726, 1996より引用)

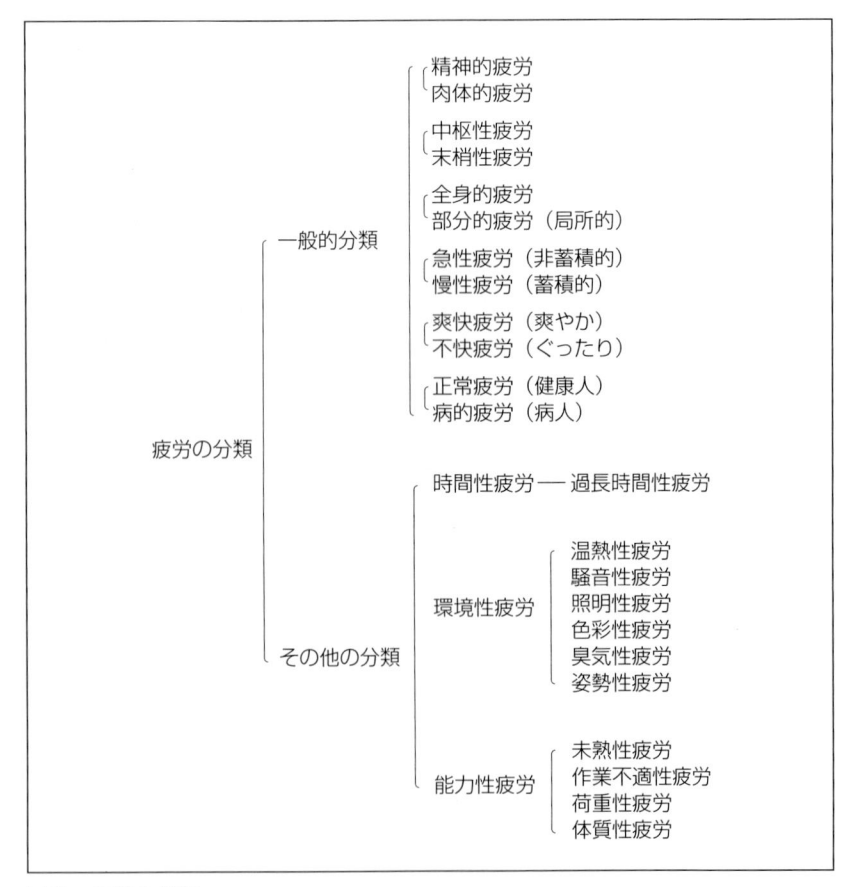

疲労の分類
- 一般的分類
  - 精神的疲労
  - 肉体的疲労
  - 中枢性疲労
  - 末梢性疲労
  - 全身的疲労
  - 部分的疲労（局所的）
  - 急性疲労（非蓄積的）
  - 慢性疲労（蓄積的）
  - 爽快疲労（爽やか）
  - 不快疲労（ぐったり）
  - 正常疲労（健康人）
  - 病的疲労（病人）
- その他の分類
  - 時間性疲労 ── 過長時間性疲労
  - 環境性疲労
    - 温熱性疲労
    - 騒音性疲労
    - 照明性疲労
    - 色彩性疲労
    - 臭気性疲労
    - 姿勢性疲労
  - 能力性疲労
    - 未熟性疲労
    - 作業不適性疲労
    - 荷重性疲労
    - 体質性疲労

図6 疲労の分類
(碓井外幸ほか：スポーツ医科学．中野昭一編，杏林書院，p378, 1999より引用)

にこれらの明確な区別をすることは不可能である．

疲労には疲労症状と疲労感の2つの特徴がある．この2つが揃ったときに，疲労状態にあるといえる．疲労症状は，主に肉体的な変化であり，身体の自覚症状（動悸，息切れ，呼吸困難などの呼吸・循環器系症状や食欲減退，吐き気，嘔吐，下痢などの消化器系症状）があり，また他覚的所見は医学的・生理学的異常反応（顔色が悪い，精気がない，行動が鈍い，眼球の落ち込み，眼瞼の下垂，その他の各種ストレス反応など）がある．運動・作業能率の低下は，一定時間内における運動量の低下やミスの増加および結果としての競技成績・記録の低下として現れる．

疲労感は，精神的な変化であり，肉体的な疲労症状の有無に関係なく，なんとなく疲れてという感じだけか，あるいはそれに不眠，不安，頭痛，めまい，注意・思考力の減退などの精神・神経症状が合わさったもの（自覚症状）である．疲労感の生理的背景は3つの因子（群）に分けることができる．第1因子（Ⅰ群）は眠気，だるさであり，第2因子（Ⅱ群）は注意集中の困難，第3因子（Ⅲ群）は身体各部の違和感である（図7）．この原因が，大脳皮質の疲労に対する認知や脳幹網様体の機能低下（賦活・抑制系のアンバランス）による刺激に対する応答能の減退，あるいは疲労物質（内因性の睡眠物質）が大脳の賦活系を抑制し，抑制系を促進することにより，その活動水準を低下させることによるものである．これは脳波の変化（早期精神性疲労；α波が遅くなる，いらいら時；α波が速くなる）としてとらえることができる．

f 疲労判定（検査・測定・調査）法

疲労は，疲労症状や疲労感を基とした抽象的概念であり，疲労そのもの（疲労の本体）を直接に検査・測定・調査することは不可能である．疲労症状に関しては，比較的検査・測定・調査しやすい生理機能を中心とした定量的検査・測定が行われている．また，疲労の自覚症状調査票，疲労の他覚的症状調査票，身体・精神的愁訴の調査票なども用いられている．

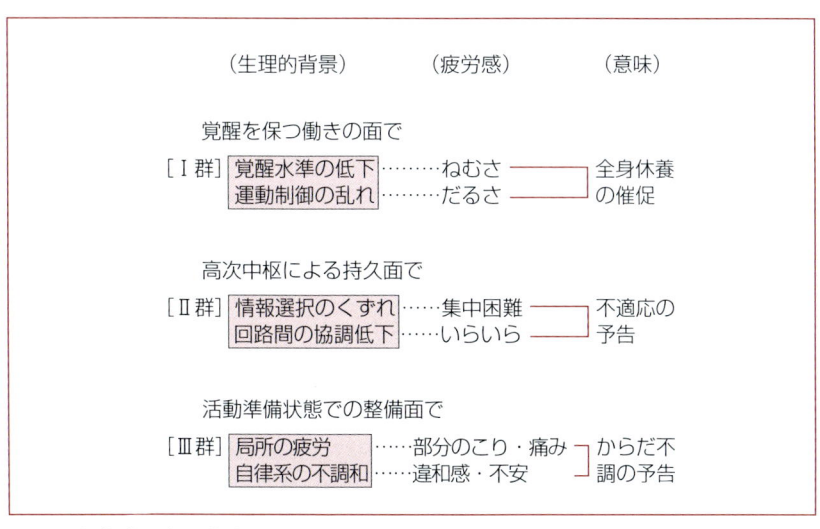

図7 疲労感の生理的背景と意味

（小林和孝：現代人と疲労〈増補版〉．紀伊國屋書店，1994より引用）

> **word**
>
> POMS (profile of mood state)（気分プロフィール検査）：感情（あるいは情動）・気分を総合的に評価できる質問紙であり，緊張，抑うつ，怒り，活気，疲労，混乱の6尺度から感情・気分を評価する．

アスリートに対しては，コンディションチェックの意義も含めて，POMS (profile of mood state) が汎用されている．質問紙法による回答について，緊張・抑うつ・怒り・活気・疲労・混乱の項目に分けて点数化し，グラフに表して，そのパターンからの判定が行われている．

② 休養

a 休養とは

休養は，単に運動・スポーツや労働による疲労回復のためだけの手段ではなく，人間性を回復（自分の生き甲斐を発見し，考え，実現させる）させ，ゆとりをもった生活を営むための手段である．

「休」という消極的・積極的な面と，「養」というより積極的な面を併せもった総合的な概念である．

b 休養の理論

身体刺激の抑制による網様体賦活系の鎮静化と精神的ストレスの低下および精神機能の集中を別のものに向けることなどにより，大脳皮質の制止過程を相互に刺激させ，これにより睡眠を促したり，ゆったりとした生体支配を作り出すことができる．またこの過程が，リラクゼーション法を取り入れやすくもする．これらのことにより，生体の異常な反応を生理的・心理的に正常な状態に戻すことができる．すなわち，生理的には神経・筋系機能や呼吸・循環器系機能，代謝・内分泌系機能が総合的に作用し，乳酸をはじめとする疲労物質を除去し，グリコーゲンなどのエネルギー源を再備蓄させることができ，これにより疲労からの回復を促進させることができる．この意味において，休養は単なる消極的な行動ではなく，かなり積極的な行動がそのなかに入っていなければならない．

しかし，消極的休息も単なる疲労回復や生体機能を元に戻すだけでなく，そのタイミングや取り方が適切であれば，生理的な意味における超回復や学習効果を高めることができ，積極的休息に劣らぬ効果を生み出すこともある．

c 休養の必要性

人間をはじめとする生物の生命現象は，エネルギーの異化作用と同化作用が，総合的にバランスよく作動することによって成り立っている．

エネルギーの異化作用は心身の活動期を中心として起こり，このとき，意識が高まり，神経・筋系が興奮・緊張することにより，運動・スポーツの効率が上がる．しかし，その過程や結果で，熱産生や代謝産物の蓄積が行われ，ストレスも高くなる．このことから，エネルギーの異化作用は疲労へとつながりやすいともいえる．一方，エネルギーの同化作用は，心身の休養期を中心として起こり，このとき，意識が低下し，神経・筋系が鎮静・弛緩することにより，次の運動・スポーツへの充電が効率よく進み，それが競技のための体力や意欲へとつながっていく（図8）．また，その過程や結果で，エネルギー源の消化・吸収が行われ，ストレスの解消にもなる．このことから，エネルギーの同化作用は疲労回復との関連が高いことが理解される．

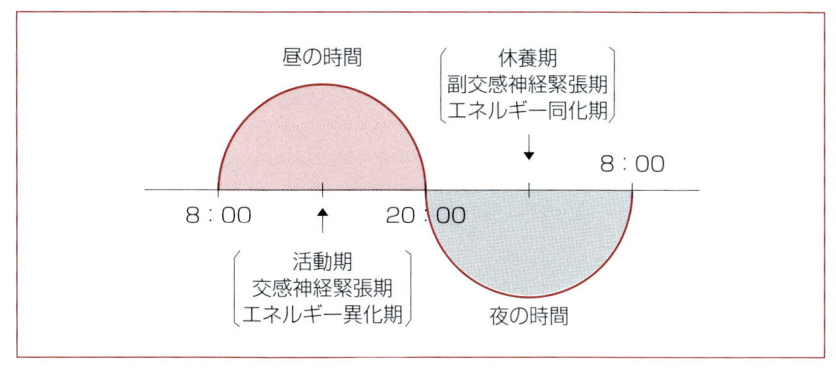

図8 時間による人体の生理的リズム
(徳島 馨:現代体育・スポーツ体系 第11巻. 浅見俊雄ほか編, 講談社, p33-34, 1984 より引用)

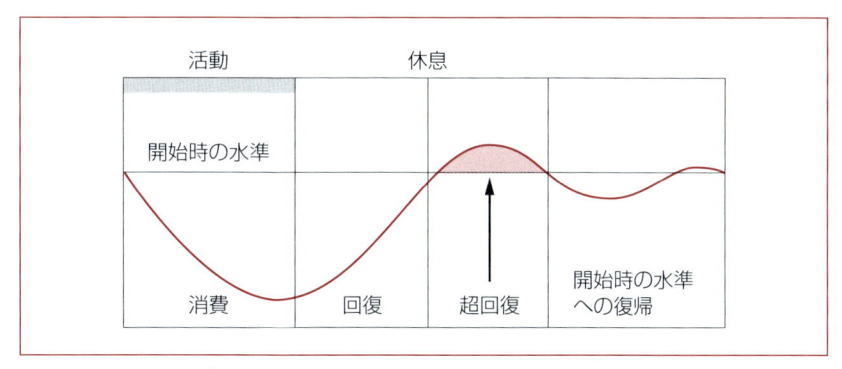

図9 トレーニング時と休息時における活動能力の変化

C トレーニング効果

① トレーニング効果とは

トレーニング効果は，トレーニング刺激に対して身体が変化して適応していくことにより生じる．トレーニングを行うと，エネルギー源の消耗，疲労物質の蓄積，筋線維の破壊などが起き，身体機能は低下し，疲労症状が起きる．栄養と休息(休養)をとることにより，疲労物質の除去，エネルギー源の補給，筋線維の再合成などが起きて回復する．トレーニング刺激が適度であれば，以前より高いレベルまで回復する(超回復)．この超回復の状態がトレーニング効果である(図9)．

② トレーニング負荷と回復

トレーニング負荷が小さければ，超回復も小さく，トレーニング負荷が大きければ，超回復も大きいが回復も遅れる．次の負荷をかけるタイミング(休息の取り方)によって，トレーニング効果に差が生じる．

トレーニング間隔が長すぎると，超回復の効果が消失し，トレーニング効果は生じない(図10のⅠ)．回復が不完全な状態で次の負荷を行うと，身体機能は低下していく(図10のⅡ)．適切なタイミング，つまり超回復の状態

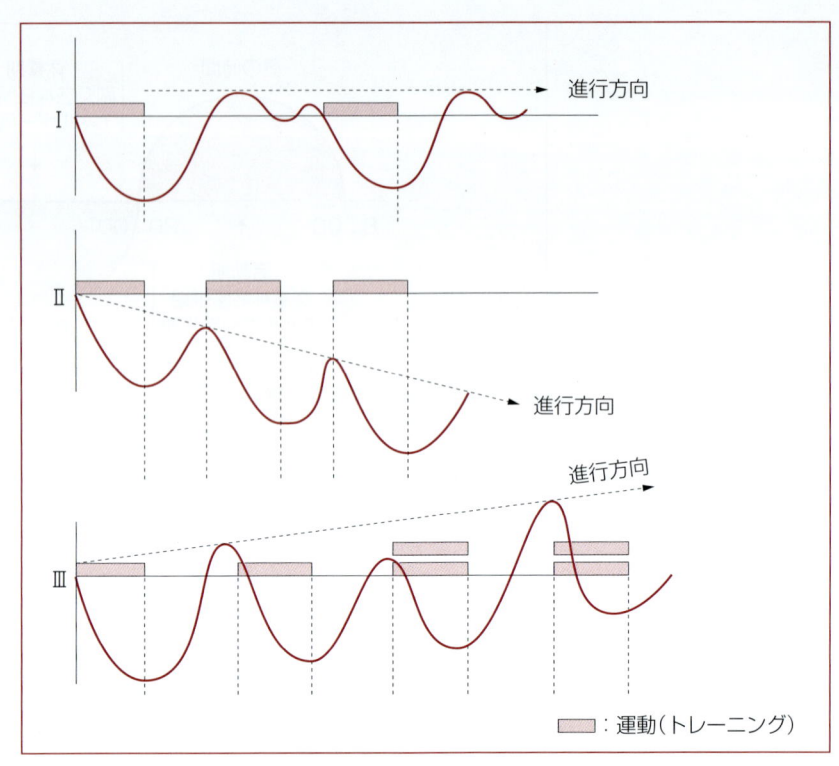

図10 トレーニング効果の差異

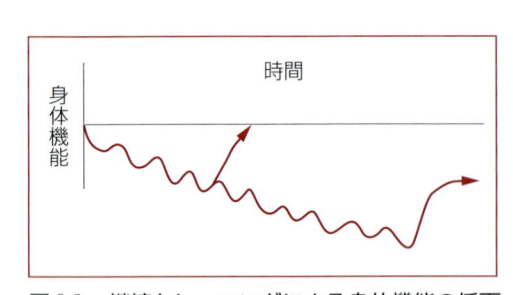

図11 継続トレーニングによる身体機能の低下 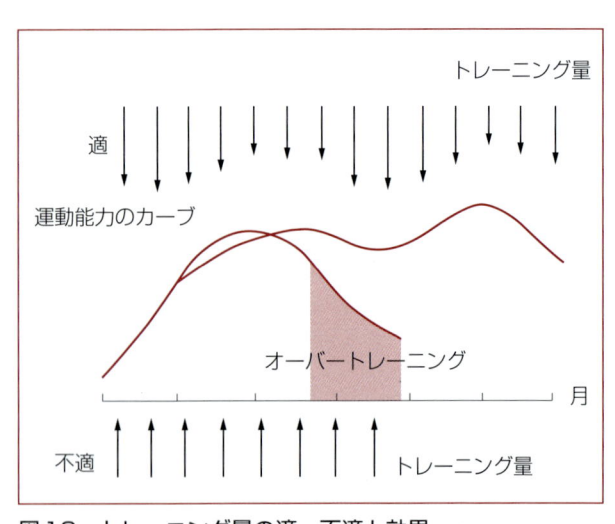　図12 トレーニング量の適・不適と効果

で，次の負荷を行うと身体機能は向上していく（図10のⅢ）．
　回復しない状態でトレーニングを継続すると，身体機能は低下していき，種々の疲労症状が現れる．短期間であれば，休養によって疲労症状は消失し，低下した身体機能は元のレベルまで回復する．しかし，回復しない状態でトレーニングを継続すると，休養をとっても疲労症状はとれるが，低下した身体機能は元のレベルまで回復しない（図11）．この状態がオーバートレーニングである．

トレーニング負荷が大きいと身体の適応にはある程度の時間が必要である．また，強い負荷をかけ続けると，ある時点から体の適応が破綻をきたし，オーバートレーニングの状態が生じる．このようなパターンのオーバートレーニングは，トレーニングの質や量が高度になった場合や，試合スケジュールが過密な場合に生じる．したがって，トレーニング効果をあげるためには，短期的にも長期的にも，トレーニング負荷の強弱のリズムが重要である（図12）．

トレーニング負荷が大きいほど，トレーニング効果は大きくなるが，オーバートレーニングに陥る危険が大きくなる．したがって，トレーニングの効果を最大にするためには，いかにオーバートレーニングを防ぎながら，トレーニング負荷を増していくかが鍵となる．

D オーバートレーニング症候群

身体の機能に対して，トレーニング負荷が相対的に過剰となり，運動能力の低下や疲労症状が持続し，容易に回復しなくなる状態である．すなわち，トレーニング負荷と回復のアンバランスによって生じる適応不全状態である．

① 原因

原因としては，次のようなことがあげられる．
① 大きすぎるトレーニング負荷．
② 急激なトレーニング負荷の増大．
③ 過密な試合スケジュール．
④ 不十分な休養，睡眠不足．
⑤ 栄養不足．
⑥ 仕事，勉強，日常生活での過剰なストレス．
⑦ カゼなどの病気の回復期の不適切なトレーニング．

② 症状

パフォーマンスの低下と疲労が主な症状であるが，同時に身体症状や精神症状を呈することが多い．また，免疫機能の低下も認められる．

身体的愁訴としては，動悸，息切れ，立ちくらみ，胸痛，手足のしびれ，体重減少などがある．精神症状としては，不眠，易興奮性，いらだち，不安，抑うつなどである．さらに，身体症状として，安静時心拍数の増加や血圧上昇，内分泌異常を伴うこともある．このような身体的・精神的症状が，トレーニングの量や強度の増加を契機として出現したり増悪する点が特徴的である．

症状の出現には競技特性やトレーニングの内容によって異なる．すなわち，パワー系競技や質の高いトレーニングでは，多彩な症状がみられるが，比較的回復は早い．これに対し，持久性競技や量の多いトレーニングでは，疲労以外の症状に乏しい傾向にあるが，回復に時間がかかる．

③ 重症度

ⓐ 軽症
日常生活での症状は全くなく，ジョギング程度ではなんともないが，強度の高いトレーニング時のみ症状が出現し，競技成績は低下する．

ⓑ 中等症
日常生活や軽いトレーニング（ジョギング程度）でも症状があり，競技成績は著明に低下する．

ⓒ 重症
日常生活でも症状が強く，トレーニングもほとんどできない．日常生活の症状としては，疲労感，立ちくらみ，胸痛，筋肉痛，下痢などの身体症状や，不眠，頭痛，抑うつなどの精神症状がみられ，練習意欲もなくなる．

④ 診断

オーバートレーニングと同様の症状は，貧血や肝炎をはじめ，種々の疾患でも生じてくる．したがって，疲労を訴える場合には，疾患の有無を調べる必要がある．また，オーバートレーニングに陥るような原因があることから，症状や経過が一致するかを確認し，その原因を明らかにする必要がある．

疲労度のチェックや検査を継続して行っていれば，疲労現象は捉えられるが，疲労そのものを積極的に診断することはできない．したがって，オーバートレーニングの診断は，他疾患の除外診断ということになる．

アスリートでは，POMS (profile of mood state) の「活気」得点が高く，

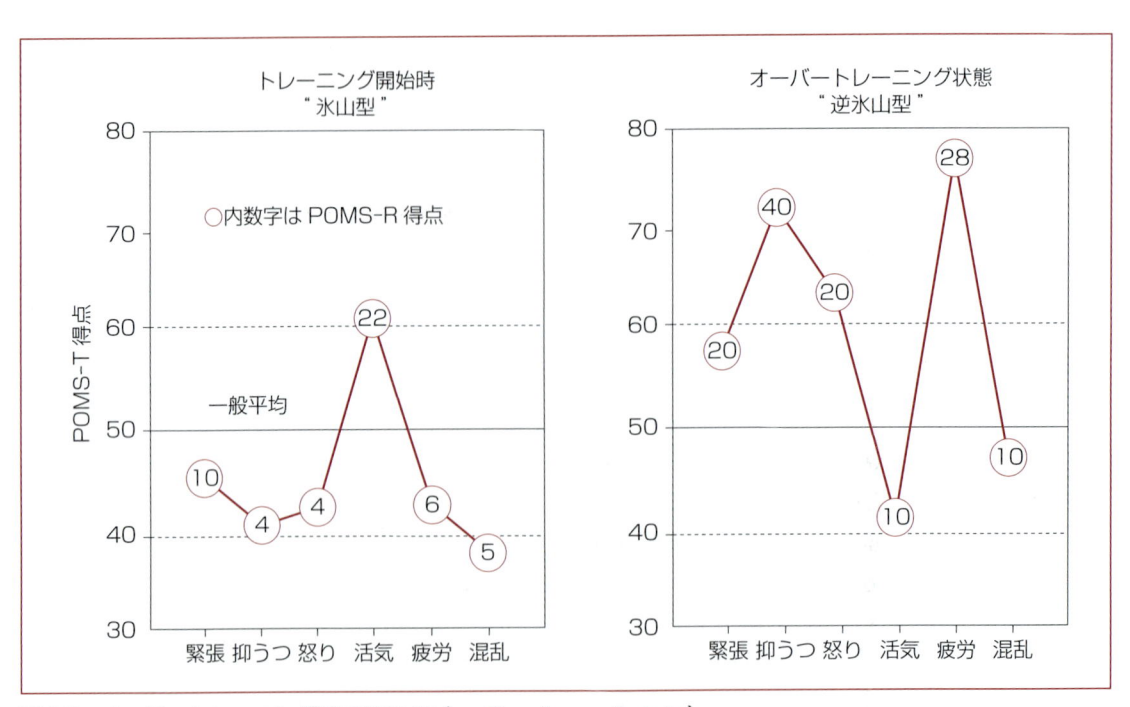

図13 オーバートレーニング時のPOMS (profile of mood state)
(Morgan WP et al : Brit J Sports Med, 21:107-114, 1987より引用)

他のネガティブな感情尺度得点が低い，心理的に良好なパターンとされる「氷山型」(凸型)の気分プロフィールを示すことが多い．しかし，過剰なトレーニングにより心身のスランプ状態に陥ると，「活気」得点が著明に低くなり，「緊張」，「抑うつ」，「疲労」，「混乱」などのネガティブな感情尺度得点が上昇する「逆氷山型」(凹型)を示す(図13)．

オーバートレーニング症候群をモニタリングするためにPOMSを使用する際には，トレーニングに対する気分障害の出現に個人差があることを常に念頭に置く必要がある．アスリートのPOMSは健康時に「活気」が著明に高い氷山型を示すことが多いために，「活気」の低下と他のネガティブ尺度の上昇の程度が軽度であると，一見一般健常人とほぼ同様の気分プロフィールを示し，健常な気分プロフィールと診断してしまうことがある．また，心身が健常な状態であっても，生来POMSネガティブ尺度の点数が高く「活気」が低い者も存在し，また他のストレス要因となるものがあればPOMSのパターンは当然悪くなることから，1回の検査でオーバートレーニング症候群と安易に診断することは避けなければならない．POMSを用いて経時的にアスリートの気分プロフィールの変化をモニタリングすることが，オーバートレーニング症候群予防のポイントである．

⑤ 処置

オーバートレーニングの処置の原則は，①オーバートレーニングの誘因を除く，②一定期間はトレーニングを軽減し休養させる，③十分な時間をかけて計画的に徐々にトレーニングに戻す，ことである．

軽症ではトレーニングを軽減するだけでよいが，中等症や重症ではストレッチを除いて完全休養とする．完全休養の期間は，日常生活での疲労感が消失し，運動の意欲がわいてくるまでとなるが，中等症では1週間程度，重症では個人差が大きい．

元のレベルに戻るまでの期間は，重症度とオーバートレーニングに陥っていた期間が関係する．軽症では3～4週，中等症では1～2ヵ月，重症では3～6ヵ月が目安となる．なお，オーバートレーニングに陥っていた期間と同じだけ，あるいはその倍の期間が回復に必要である．

⑥ 予防

オーバートレーニングというものをよく認識する必要がある．トレーニングの過程では，短期的にも長期的にも，常に回復を図っていく必要がある．そのためには，トレーニングの周期化が重要である．トレーニングの強弱のリズム，休養などをトレーニング計画で配慮する．すなわち，負荷が大きいと1日では回復しないこともあるが，3日程度では回復させる．また，1週間たっても回復しない場合には，トレーニングそのものを修正する必要がある．さらに，回復の状態や体調を常にモニター(チェック)することも重要である．

そのチェック項目としては，以下のものがあげられる．

---

word

CPK (creatine phosphokinase) (CK: creatine kinase)：筋肉内でのエネルギー代謝を触媒する酵素．激しい運動時には一過性に血中濃度が高くなる．

> **word**
>
> GOT (glutamic oxalo-acetic transaminase)（トランスアミナーゼ）：アミノ基転移反応を促進する働きをもった酵素．心筋に最も多く，肝臓がそれに次ぐ．

> **word**
>
> LDH (lactate dehydrogenase)（乳酸脱水素酵素）：乳酸とピルビン酸との可逆的な酸化を触媒し，炭水化物の分解によってエネルギーを得る過程において嫌気性解糖に重要な働きをする酵素．心筋・腎臓・肝臓に多く含まれる．

①練習の主観的強度（6段階くらい）．
②自覚症状：全身疲労，食欲，睡眠，頭痛，立ちくらみ，下痢，筋肉痛など．
③体重，起床時脈拍，体温，血圧．
④血液検査：ヘモグロビン，CPK，GOT，LDH．
⑤負荷テスト：一定のパフォーマンステストの成績と，そのときの心拍や血圧の反応と回復．

　これらをすべて行うのは困難であるが，疲労度を何段階かに分けて記録することと，脈拍・体重の測定は毎日実行することができる．また，体調の目安として，その競技にあったパフォーマンステストを定期的に行うと非常に参考となる．

　競技成績の経過は重要であるが，オーバートレーニングの初期には，体調が悪いのによい記録が出ることもあり，注意が必要である．

Self-Check

1. オーバートレーニング症候群の原因を記せ．

（解答はp.347〜350）

8 スポーツと薬物

アスリートの薬物使用（ドーピング）の問題は，以前より社会問題として国際的に認識されており，行政をも巻き込んだ形でドーピング防止（アンチ・ドーピング）活動が行われている．オリンピック競技大会ばかりでなく世界選手権など主だった国際競技大会においては，ドーピング・コントロール（薬物検査）がますます厳しく実施される傾向にある．また，近年，日本国内では各競技団体の主要大会ばかりでなく，国民体育大会においてもドーピング・コントロールが実施されるようになった．

オリンピックを頂点とした国際競技大会において，選手は身体的にも精神的にも非常に過酷な状況で競技することを強いられており，このような状況が世界的にスポーツ選手の薬物使用に拍車をかけているものと思われる．

パフォーマンスを高めることを目的として行われる薬物使用（ドーピング）の語源は，アフリカのカフィール族の言葉で，戦争に向かうときの祭礼で飲んだ強い酒（ドップ）が英語になったものである．

薬物は化学物質であり，身体との相互作用により生体内の生化学系を変化させるものである．本来，薬物は病気によって引き起こされた生体の生化学系の不均衡を矯正するために使用されるものである．すなわち，薬物は健康体の生化学系を変えるために作られたものではない．したがって，スポーツでのパフォーマンス向上が予想される生理的反応を引き起こすために，薬物を使用することは不適当である．

A 薬物の使用目的

スポーツ界では種々の目的で薬物が使用されている．

① 疾病の治療

アスリートといえども各種疾病に悩まされることがある．それらの治療を目的として使用される薬物である．疾病としては風邪，胃腸障害，循環器系異常，水虫，整形外科的障害，さらには各種感染症など一般人と同様のものから，スポーツ障害など多岐にわたる．

アスリートとしては，疾病の治療を目的として，必要に応じて医師から処方される薬物を使用するわけである．しかし，これら疾病治療のための薬剤のなかにもアスリートとしての使用禁止薬物が含まれていることも事実である．

アスリートが安易に禁止薬物を含んだ薬剤を服用するのは愚かなことである．医師の診察を受けるときには，禁止薬物をできる限り用いない方針の医師と，あらゆる薬物治療の内容について話し合うこともアスリートにとって

は重要である．

② パフォーマンス維持

アスリートは筋，靱帯，腱などにしばしば外傷，障害を受ける．このような状況での試合や練習などのスポーツ活動に際して，疼痛を緩和するために鎮痛剤を使用することは特に問題はないと考えられやすい．

しかし，実際にはある種の鎮痛剤は禁止薬物になっているので，安易な使用はひかえるべきである．

③ レクリエーション

スポーツ活動とは無関係に個人の楽しみのために使用されるもの，嗜好品であり，それ自身は薬物とはいえないものである．

適度のアルコールは心身を爽快にするが，スポーツ活動時の使用には問題がある．ヘロイン，コカイン，モルヒネ，マリファナなどの麻薬性鎮痛剤や精神神経刺激物の使用は社会的にも禁止されるものである．

楽しみを目的として最も広く使用されているのはカフェインであろう．カフェインは，われわれが日常的に飲用する飲物，緑茶，コーヒー，紅茶，コーラ，その他のソフトドリンクなどのなかに含まれている．日常的に飲用されているカフェイン量のレベルは薬理学上最小限の効果しかもたらさないが，その他の方法による摂取はドーピングとの関わりからも慎むべきである．

④ パフォーマンスの向上

競技スポーツにおける競技力（パフォーマンス）向上を目的として行われる薬物使用，すなわちドーピングである．薬物使用によりパフォーマンスの向上をきたす不公平さばかりでなく，若者であるアスリートの健康管理の面からも規制するべきであり，ドーピング・コントロールとして実施されている．

B ドーピングとは

端的に表現すれば，競技能力を増幅する可能性のある手段（薬物あるいは方法）を使用することである．ドーピングに反対して，ドーピングをなくすことをアンチ・ドーピング（ドーピング防止）という．

ドーピングが禁止される理由は，①スポーツの基本理念，スポーツ精神に反する（フェアでない，スポーツの価値を損ねる），②選手の健康に有害である（薬の副作用），③社会悪である（薬物汚染，青少年への悪影響），などである．

C ドーピングの歴史

もともとは競走馬や競争犬に行われていたもので，近代スポーツでアス

リートに用いられたのは19世紀後半と考えられる．

1865年アムステルダムの運河水泳競技において，はじめてドーピング例が報告されているが詳細は不明である．

1879年イギリスで行われた6日間自転車レースでは，カフェイン，エーテルを浸した砂糖，アルコール飲料，ニトログリセリン，ヘロイン，コカインなどが使用されている．

1896年ボルドー・パリ間600 km自転車レースにおいて，過量のトリメチールのドーピングによる最初の死亡例が発生した．

20世紀に入り，ドーピングはヨーロッパを中心に自転車競技，サッカー，ボクシングなどに広まり，医薬品の開発が進むとともに，ドーピングに使用される薬物の種類も多くなった．1920年頃にはリン酸化合物が流行し，1930年代に覚醒アミン（アンフェタミン）の臨床研究がなされ，第二次世界大戦中に軍隊でパイロットや夜間行軍の際に使用され，大戦後スポーツ界，一般社会での大流行をきたした．当時のスポーツ界でドーピングが相当に広まっており，オリンピック競技大会も例外ではなかった．

1945年から60年の間に，ヨーロッパで自転車競技とサッカー選手のアンフェタミン使用による5名の死亡例が報告されている．

1960年ローマオリンピック競技大会では，デンマークの選手が自転車ロードレースでアンフェタミンとロニコールを使用し，3名が入院うち1名が死亡した．オリンピック競技大会における最初のドーピングによる死亡例である．

第二次世界大戦後のドーピング薬物の主役は，アンフェタミンに代表される覚醒アミン（中枢神経刺激剤）であり，スポーツ種目としては自転車競技，サッカー，ボクシングなどのプロ選手のいる種目から，陸上競技，重量挙げ，その他ほとんどすべてのアマチュアスポーツ種目へと広がってきた．

1950年代はじめに，旧ソ連邦でテストステロンが筋肉強化剤としてアスリートに投与された．しかし，男性化作用という副作用のため，特に女性アスリートではすぐにやめられた．代わりに，合成アナボリックステロイド（androgenic anabolic steroid：AAS）が急速に広まった．1964年の東京オリンピック競技大会当時，すでに多くの筋力系スポーツのアスリートはAASを使用していたといわれる．

1968年のオリンピック競技大会から国際オリンピック委員会（International Olympic Committee：IOC）医事委員会によりドーピング検査が開始されるとともに，アンフェタミンが次第に使用されなくなり，代わりにカフェイン，エフェドリン系の使用例が多くなってきた．また，1974年ロンドン大学のブルークス教授によりラジオイムノアッセイ（radioimmunoassay：RIA）法によるAASの検出法が開発され，それまで野放しにされていたAASがドーピング検査の対象となった．その後，ドイツのケルン体育大学のドニケ教授により化学的検出法が完成され，検出時間が一般のドーピング薬物と同じくらいになり，さらに新しい分析機器の進歩により検出濃度の限界も下がるとともに，再びテストステロン，成長ホルモン（human growth

---

word

国際オリンピック委員会：近代オリンピックを主催する団体であり，またオリンピックに参加する各種国際スポーツ統括団体を統括する組織である．本部はスイス・ローザンヌにある．

表1　近代ならびに現代スポーツでよく用いられるドーピング薬物の変遷

```
1850年代～第二次世界大戦まで
    カフェイン
    エーテルに浸した砂糖
    アルコール性飲料
    ニトログリセリン
    ヘロイン
    コカイン
1950年以後（第二次世界大戦以後）
    アンフェタミンと関連薬物
    エフェドリンと関連薬物
    カフェインならびに他の中枢神経刺激薬物
    筋肉増強薬物
        1）テストステロン等・男性ホルモン性蛋白同化ステロイド
        2）その他の蛋白同化薬物
            クレンブテロール，サルブタモール等のβ₂作用薬
    ペプチドホルモンと類似薬物およびその同族体
    成長ホルモン
    絨毛性性腺刺激ホルモン
    コルチコトロピン類（ACTH，テトラコサクチド）
    エリスロポエチン
    インスリン様成長因子
    インスリン
```

(黒田善雄：スポーツ医学研修ハンドブック　応用科目．日本体育協会監修，文光堂，p197, 2004 より引用)

hormone：hGH）などの生理的ホルモンの使用が増加した．

　1971年スウェーデンのストックホルム体育研究所のエクボルムが発表した血液ドーピング方法は，持久性能力を高めるとして注目された．高地トレーニングもその目的に行われるが，血液ドーピングは方法が面倒なこと，アレルギー反応や感染の危険性などであまり実用されなかった．近年，これらの方法に代わって，遺伝子操作によって人工的に作られるエリスロポエチン（erythropoietin：EPO）の使用が普及して，ドーピング検査の立場から問題となってきた．

　このように最近は，AASとともに，筋肉強化作用をもつβ₂アゴニストや，生理的ホルモンとしてテストステロン系，成長ホルモン（hGH），ヒト絨毛性性腺刺激ホルモン（human chorionic gonadotropin：hCG），副腎皮質刺激ホルモン（adrenocorticotrophic hormone：ACTH），インスリン，持久性向上のためのEPOなどが大きな問題となっている(表1)．

D　オリンピック競技大会におけるドーピング検査

　オリンピック競技大会におけるドーピング検査は，1968年のメキシコシティ（夏季），グルノーブル（冬季）から，すべての大会で実施されている．具体的な検査数および違反者(陽性)数を表2に示す．

　2002年に開催されたソルトレークシティ大会ではエリスロポエチン（EPO）の検査が実施され，2004年アテネ大会ではヒト成長ホルモン（hGH

表2 オリンピック競技大会におけるドーピング検査

夏季大会				冬季大会			
年	開催地	検査数	陽性数	年	開催地	検査数	陽性数
1968	メキシコシティ	667	1	1968	グルノーブル	86	0
1972	ミュンヘン	2,079	7	1972	札幌	211	1
1976	モントリオール	786	11	1976	インスブルック	39	2
1980	モスクワ	645	0	1980	レークプラシッド	440	0
1984	ロサンゼルス	1,507	12	1984	サラエボ	424	1
1988	ソウル	1,598	10	1988	カルガリー	492	1
1992	バルセロナ	1,848	5	1992	アルベールビル	522	0
1996	アトランタ	1,923	2	1994	リレハンメル	529	0
2000	シドニー	2,359	11	1998	長野	621	0
2004	アテネ	3,667	26	2002	ソルトレークシティ	700	7
2008	北京	4,770	(9)	2006	トリノ	1,200	1

IOC FACTSHEET, 2008（北京除く）
（赤間高雄氏作成）

の検査が実施された．

E 国際的ドーピング防止活動

① IOCによる活動

1960年代以降，1990年代後半までのドーピング検査活動は，国際オリンピック委員会（IOC）が牽引役となり推進されてきた．使用が禁止される薬物を規定した禁止物質リストがIOCより提示され，多くの国際競技連盟がそのリストを引用する形で競技団体のルールに反映させていた．

このような，IOCを中心とする活動は，スポーツ界の自主規制といった形態のものであったが，2000年のシドニーオリンピック競技大会の開催を控えたオーストラリア政府は，禁止物質の流通規制，莫大な経費がかかるドーピング検査の実施件数拡大などの点で，スポーツ界を主体とする自主規制には限界があり，これらを補うためには，政府機関の介入が必須であると考えていた．

IOCとしても，透明性と中立性の観点から，競技大会の主催者であるIOC自らがドーピング検査活動のすべてを管轄し，第三者の関与がない体制を見直す必要を感じており，また透明性と中立性を確保した新しい枠組みへの転換が必要であると感じていたことから，シドニーオリンピック競技大会開催を翌年に控えた1999年の年末に，IOCから独立したドーピング防止機関の設立を表明した．

他方，オーストラリア政府の問題意識に共鳴した日本，カナダ，ノルウェーの各国政府も同様に1999年の年末に，公的な第三者機関を設立してのドーピング検査活動を実施することの必要性を指摘し，公的なドーピング防止機関の設立を提起した．

② WADAの設立

時を同じくして立ち上がった2つの動きが1つとなり，世界アンチ・ドーピング機構（World Anti-Doping Agency：WADA）が1999年11月に設立された．

IOCを代表するスポーツ界と各国政府が50：50の協力体制をとる組織形態が合意され，WADAがその活動を開始した．

③ 世界ドーピング防止規定（WADA code）の策定

2003年には，スポーツ界を統一するドーピング防止規則を定めた世界ドーピング防止規定（World Anti-Doping Agency Code：WADA code）が，IOCをはじめとするスポーツ界と各国政府が参加した国際ドーピング防止会議（開催地；コペンハーゲン）において採択された．

2004年のオリンピックアテネ大会が，WADA code策定後に開催された初のオリンピック競技大会となった．WADA codeには，「オリンピックの開会式の前日までにWADA codeの諸規則を批准し実施することを誓約する文書をWADAに提出しなければ，オリンピック競技大会への参加資格を与えない」旨の条項が盛り込まれており，世界各国・地域のオリンピック委員会と夏季オリンピックの実施競技である28の国際競技連盟（International Federation：IF）および各国の国内ドーピング防止機関（National Anti-Doping Organization：NADO）はアテネ大会の開会に先行して誓約の手続きを完了させた．

その後，上記の組織以外の組織からも誓約書が提示されており，WADA codeは名実ともに世界統一規則としての機能を発揮している．

さらに，2007年にマドリッド（スペイン）において開催されたドーピング防止会議には，152ヵ国の政府，83の各国オリンピック委員会，71の各国ドーピング防止機関，33名の国際競技連盟会長，28名のスポーツ大臣など，約1,500名が参加し，WADA codeの改定が承認され，2009年1月1日より発効した．

WADA codeでは，スポーツ固有の価値として，以下の事項をあげている：
○倫理観，フェアプレーと誠意
○健康
○優れた競技能力
○人格と教育
○楽しみと喜び
○チームワーク
○献身と真摯な取り組み
○規則・法令を尊重する姿勢
○自分自身と他の参加者を尊重する姿勢
○勇気
○共同体意識と連帯意識

> **word**
> 国際競技連盟：各スポーツ競技について国際的に統括する団体である．各スポーツ競技のルールを定めたり，世界選手権大会などの国際的なスポーツ競技大会を主催・運営する．

スポーツを通じて，これらの価値観を共有・経験することにより，社会性の獲得や人格形成に有益な経験を得ることができる．スポーツのもつ多様な価値観を獲得・経験できることを前提として，学校，企業，地域社会などでスポーツを活動や行事の一部に組み入れたり，奨励するなどしている．

④ 国際的な連携ネットワーク

WADA，IOC，国際競技連盟（IF），国内オリンピック委員会（National Olympic Committee：NOC），国内ドーピング防止機関（NADO）が，それぞれの立場からドーピング防止活動を展開している．さらに，障害者スポーツの統括団体である国際パラリンピック委員会（International Paralympic Committee：IPC）および，主要競技大会組織委員会が加わり，世界的な枠組みのなかでドーピング防止活動が推進されている．

世界中のほとんどのスポーツ団体の統括組織がWADA codeを批准し，自身の団体内にWADA codeに準拠した規則を策定しており，WADA codeが目標とするharmonization（調和）が実現されている．

現状では，このharmonization（調和）が単なる理念ではなく，実効性のある形で機能しており，世界のどこで開催される競技会でも統一された規則により，ドーピング検査が実施される環境が整備された．

⑤ ユネスコ国際規約

2007年2月1日，UNESCO（United Nations Educational, Scientific, and Cultural Organization：国際連合教育科学文化機関）の「スポーツにおけるドーピングの防止に関する国際規約」（UNESCO国際規約）が発効され，これまでスポーツ界が中心であったドーピング防止活動に，世界各国政府の参加が義務事項として位置づけられた．

1999年11月のWADA設立時に，ドーピング防止活動への政府組織の主体的な関与が必要であることが確認されていながら，依然として，一部のドーピング防止活動先進国を除いて，世界各国の政府組織が積極的にドーピング防止活動に関わってきたとは言い難い状況にあった．

その背景として，政府組織からみたWADAは「スイス民法により設立された民間法人」として位置づけられ，WADA codeも同様に「民間法人が策定した規則」であり，各国政府が直接WADA codeを採択することはできないという事情があった．この状況を打破すべく，政府間がお互いに約束を取り交わす国際規約（条約）という枠組みを通し，各国政府がWADA codeが求める理念および活動を実践する方法が提案され，その枠組みをユネスコが請け負うこととなり，2007年2月に「スポーツにおけるドーピングの防止に関する国際規約」（UNESCO国際規約）が発効された．

---

word
国内オリンピック委員会：IOCに承認された各国，地域におけるオリンピック委員会で，国内のスポーツ団体を統括する．日本においては財団法人日本オリンピック委員会である．

word
国内ドーピング防止機関（National Anti-Doping Organizations：NADO）：国内レベルにおけるドーピング防止活動を実施し，主管の権限・責務を有するものとして国の指定を受けた団体をいう．日本においては財団法人日本アンチ・ドーピング機構である．

word
国際パラリンピック委員会：パラリンピックを主催する団体であり，またパラリンピックに参加する各種国際スポーツ統括団体を統括する組織である．本部はドイツ・ボンにある．

F 日本のドーピング防止活動

① これまでの活動

旧来のわが国におけるドーピング防止活動は，各競技団体内の医事委員会などが主体となり展開されてきた．

② JADAの設立

2001年9月に財団法人日本アンチ・ドーピング機構（Japan Anti-Doping Agency：JADA）が設立され後に，統一的な活動が展開されることとなり，情報の管理が一元化されたものの，JADAに財政的な後ろ盾がなかったため，競技団体が主体となっての活動が継続されていた．

また，ドーピング検査における検体採取業務を担当するドーピング・コントロールオフィサー（doping control officer：DCO）の養成において，各競技団体の医事委員などを対象とし，かつ加盟競技団体内への普及・啓発においてもDCOがその役割を担う仕組みにしたことから，本来は検体採取という業務範囲に限定されるべきDCOが，ドーピング防止に関する情報発信の中核として位置づけられ，DCOを介して競技団体向けの情報提供が行われるという，わが国独特の構造が生じた．

JADAの業務・役割を表3に示す．

③ 文部科学省の対応

日本は，2006年12月26日にUNESCO国際規約を受諾した．

2007年5月に文部科学省は「スポーツにおけるドーピング防止に関するガイドライン」を策定した．文部科学省のガイドライン施行以降，JADAはドーピング防止活動の統括機関として位置づけられ，さらにドーピング防止に関わる政府予算が確保され，WADA codeに準拠した国内体制の整備が求められる状況となった．WADA codeでは，中立性と透明性が重視されており，ドーピング検査を実施する際の組織および人員については，競技団体から独立した立場であることを基本原則としている．すなわち，旧来のDCOを介して競技団体向けの情報提供を行う体制では，不都合な状況が生じることから，この体制を見直し，DCOを介さずに競技者および競技団体に対して直接情報提供を行う構造へと転換が図られている．

表3 JADAの業務・役割

1. アンチ・ドーピング施策の策定
2. ドーピング検査事業
3. 検査員（DCO）養成事業
4. 教育・啓発事業
5. データベース構築事業
6. 調査・研究事業

なお，本ガイドラインにおいて，ドーピング違反競技者や競技者支援要因などに対する財政的支援などの停止も明記されている．

G 世界ドーピング防止規定（WADA code）

WADA codeでは，国際的なドーピング防止活動の展開に関し，WADA code自体を「国際的な活動の基礎となる基本的かつ全世界共通の文書」と定めている．

また，各種スポーツの統括団体が，WADA codeに準拠した活動を展開することを誓約する書面をWADAに対して提示することを前提条件として規定している．

4年ごとの改定が実施される規定となっており，2007年11月にマドリッドにおいて開催された国際ドーピング防止会議において改訂版が採択され，2009年1月1日に発効となっている．

WADA codeでは，同code傘下で展開される国際的なドーピング防止活動を「World Anti-Doping Program」と称している．同programにおいては，WADA codeを頂点とし，5種類の国際基準，①禁止表国際基準，②治療目的使用に係る除外措置（therapeutic use exemptions：TUE）に関する国際基準，③検査に関する国際基準，④分析機関に関する国際基準，⑤プライバシーおよび個人情報保護に関する国際基準，が設定されている．WADAに対して誓約書を提出した組織は，これら国際基準を遵守することが義務事項として定められている．

① 禁止表国際基準

WADAが策定した禁止物質および禁止方法を定めた一覧表である．

禁止物質・禁止方法の定義（禁止リストに物質・方法を掲載する基準）は，次に掲げる3つの要件のうちいずれか2つの要件を満たしている場合である．
①競技能力を向上させうること
②競技者の健康にとって有害となりうること
③その使用がスポーツ精神に反すること

さらに，その物質または方法によって他の禁止物質・禁止方法の使用が隠蔽される可能性があると科学的に証明される場合である．

ドーピング検査の実施形態により，禁止となる対象が異なる．すなわち，「常に（競技会および競技会外検査において）禁止対象となる物質・方法」と「競技会検査において禁止対象となる物質・方法」に分類される．

このうち，一部の禁止物質を，"医薬品として広く市販され，したがって不注意でドーピング規則違反を起こしやすい物質，あるいはドーピング物質としては比較的乱用されることが少ない物質を『特定物質』として分類"している．この『特定物質』を含むドーピング規則違反では，「特定物質の使用が競技力向上を目的としたものではないことを競技者が証明できる」場合には，制裁措置が軽減される可能性がある．

一覧表の各カテゴリーに，対象となる物質・方法がすべて明示されているもの (close list) と，代表例の例示とともに「類似の化学構造または類似の生物学的効果を有するものは禁止される」との注釈つきのもの (open list) とがあり，カテゴリーの内容により close list と open list が使い分けられている．
　禁止表は，毎年更新されることになっており，毎年10月1日に翌年版の禁止表が公示され，翌年1月1日から12月31日までの期間に適用される．
　毎年の更新については，WADA list committee により原案が策定され，関係機関への意見照会を経て最終版が確定される．

② 治療目的使用に係る除外措置（TUE）に関する国際基準

　禁止表で規定されている禁止物質・禁止方法を治療のために使用する際に，医療情報を添えて申請する手続きである．原則として，JADA，IFのTUE委員会，主要競技大会組織委員会宛に，事前に申請書を提出し，審査を受ける．申請書の提出にあたっては，TUE委員会の審査に要する期間を確保するために，許可が必要となる競技会などの期日から逆算して，21日前までにTUE委員会宛に申請書を提出する必要がある．
　国際基準の内容は，不定期に改訂される．

③ 検査に関する国際基準

　ドーピング検査実施における具体的な手順および，検査実施側と競技者側の権利・義務を規定した国際基準である．
　国際基準の内容は，不定期に改訂される．

④ 分析機関に関する国際基準

　ドーピング検査で採取された検体の分析を行う分析機関の認証手順および分析結果報告の手順などを定めた国際基準である．
　国際基準の内容は，不定期に改訂される．

⑤ プライバシーおよび個人情報保護に関する国際基準

　ドーピング検査および治療目的使用に係る除外措置（TUE）などにより提示された情報を管理する規則を定めた国際基準である．

H 日本ドーピング防止規定（JADA code）

　WADA code に規定されている各条項に基づいて作成された，日本国内におけるドーピング防止規則である．
　JADA code では，WADA が定める国際基準に基づき活動を展開することが規定されている．
　JADA 加盟競技団体に登録されている競技者，または JADA 加盟競技団体主催の活動に参加する競技者は，JADA code に定める規則を遵守することが自動的に求められている．

① ドーピングの定義（ドーピング防止規則違反）

以下のドーピング防止規則違反行為の1つ以上が発生することをいう．
① 競技者の検体に，禁止物質またはその代謝産物，もしくはマーカーが存在すること
② 競技者が禁止物質もしくは禁止方法を使用すること，またはその使用を企てること
③ 正式に通告を受けた後に，やむをえない理由によることなく，検体の採取を拒否しもしくは検体の採取を行わず，またはその他の手段で検体の採取を回避すること
④ 競技会外検査に関連した義務に違反すること（居場所情報未提出や検査を受けない）
⑤ ドーピング・コントロールの一部に不当な改変を施し，または不当な改変を企てること
⑥ 禁止物質または禁止方法を保有すること
⑦ 禁止物質もしくは禁止方法の不正取引を実行し，または不正取引を企てること
⑧ 競技会において，競技者に対して禁止物質もしくは禁止方法を投与すること，もしくは投与を企てること，競技会外において，競技会外で禁止されている禁止物質もしくは禁止方法を投与すること，もしくは投与を企てること，またはドーピング防止規則違反を伴う形で支援し，奨励し，援助し，教唆し，隠蔽し，もしくはその他の形で違反を共同すること，もしくはこれらを企てること

② 禁止表

2009年，WADA codeの禁止表の項目を図1に示す．

a 禁止物質

S1. 蛋白同化薬

蛋白同化作用による筋力の強化・筋肉量の増加に伴う運動能力の向上や，攻撃性の発現のために禁止される．

1) 蛋白同化男性化ステロイド薬（AAS）
   a) 外因性 AAS：メチルテストステロン，ナンドロロン，スタノゾールなど
   b) 内因性 AAS：デヒドロエピアンドロステロン（DHEA），エピテストステロンなど
2) その他の蛋白同化薬
   ステロイド以外で蛋白同化作用を有する物質として禁止される．
      クレンブテロール，選択的アンドロゲン受容体調節薬（SARMs），チボロン，ゼラノール，ジルバテロールなど

S2. ホルモンと関連物質

1) 赤血球新生刺激物質：エリスロポエチン（EPO），ダルベポエチン（dEPO）

```
┌─────────────────────────────────────────┐  ┌─────────────────────────────────────────┐
│ Ⅰ  常に禁止される物質と方法              │  │ Ⅱ  競技会時に禁止対象となる物質と方法    │
│   〔競技会(時)および競技会外〕           │  │   〔禁止物質〕                            │
│                                         │  │    S6. 興奮薬                            │
│  〔禁止物質〕                            │  │    S7. 麻薬                              │
│   S1. 蛋白同化薬                        │  │    S8. カンナビノイド                     │
│   S2. ホルモンと関連物質                 │  │    S9. 糖質コルチコイド                   │
│   S3. ベータ2作用薬                     │  └─────────────────────────────────────────┘
│   S4. ホルモン拮抗薬と調節薬             │  ┌─────────────────────────────────────────┐
│   S5. 利尿薬と他の隠蔽薬                 │  │ Ⅲ  特定競技において禁止される物質         │
│                                         │  │    P1. アルコール                        │
│  〔禁止方法〕                            │  │    P2. ベータ遮断薬                      │
│   M1. 酸素運搬能の強化                   │  └─────────────────────────────────────────┘
│   M2. 化学的・物理的操作                 │
│   M3. 遺伝子ドーピング                   │
└─────────────────────────────────────────┘
```

図1　2009年WADA code禁止表の項目

(スポーツファーマシスト研究会編：公認スポーツファーマシスト認定プログラム．(財)日本アンチ・ドーピング機構，2009より引用)

など
2) 成長ホルモン，インスリン様成長因子(IGF-1)，機械的成長因子(MGFs)
3) 男性における絨毛性ゴナドトロピン(hCG)，黄体化(形成)ホルモン(LH)
4) インスリン類
5) コルチコトロピン類(ACTH)

S3．β_2作用薬

　気管支喘息の治療に用いられる気管支拡張薬である．交感神経刺激作用とともに，蛋白同化作用を有するために禁止されている．

1) β_2作用薬は，異性体(D体およびL体)を含めて禁止される
2) ホルモテロール，サルブタモール，サルメテロール，テルブタリンの吸入使用は，TUEが必要である
3) TUEがあっても，尿中サルブタモールが1,000 ng/ml以上の場合，それが吸入治療の結果であることを選手が証明しない限り，陽性が疑われる

S4．ホルモン拮抗薬と調節薬

1) アロマターゼ阻害薬：アナストロゾール，レトゾールなど
2) 選択的エストロゲン受容体調節薬(SERMs)：ラロキシフェン，タモキシフェンなど
3) その他の抗エストロゲン作用を有する薬物：クロミフェン，シクロフェニル，フルベストラントなど
4) ミオスタチン機能を修飾する薬物：ミオスタチン阻害薬など

S5．利尿薬と他の隠蔽薬

　直接パフォーマンスに影響するわけではないが，他の違反薬物の使用を隠したりすることがあるので禁止されている．

1) 利尿薬：フロセミド，トリアムテレンなど
2) 隠蔽薬：プロベネシド(痛風治療薬)，血漿増量物質(アルブミン，デキス

トラン，ヒドロキシエチルデンプンおよびマンニトールの静脈内投与など）

S6．興奮薬
　中枢神経系に作用して生理的な興奮を導く薬物であるが，その作用機序は物質により異なる．
1) 非特定物質：アンフェタミン，メタンフェタミン，モダフィニルなど
2) 特定物質：アドレナリン，カチン，エフェドリン，メチルエフェドリン，メチルフェニデート，ストリキニーネなど

S7．麻薬
　ジアモルヒネ（ヘロイン），フェンタニル，モルヒネ，ペンタゾンなど

S8．カンナビノイド
　ハシシュ，マリファナなど

S9．糖質コルチコイド
1) 経口投与，静脈内使用，筋肉内使用または経直腸使用はすべて禁止される
2) 耳，口腔内，皮膚，歯肉，鼻，目および肛門周囲の疾患に対する局所使用は禁止されない
3) 関節内，関節周囲，腱周囲，硬膜外，皮内および吸入使用については，TUEの申請が必要である

b 禁止方法

M1．酸素運搬能の強化
1) 血液ドーピング：自己血，同種血，異種血またはすべての赤血球製剤の投与
2) 酸素摂取や酸素運搬能，酸素供給を人為的に促進すること（過フルオロ化合物など），修飾ヘモグロビン製剤など

M2．化学的・物理的操作
1) 採取された検体の完全性および有効性を変化させるために，改ざんまたは改ざんしようとすること（カテーテルの使用，尿のすり替え，尿の改変など）
2) 静脈内注入（ただし，外科的処置の管理，救急医療または臨床的検査における使用は除く）

M3．遺伝子ドーピング
　競技能力を高める可能性のある内因性遺伝子の発現を修飾する，細胞または遺伝因子の移入あるいは細胞，遺伝因子または薬物の使用は禁止される．

c 特定競技で禁止される物質

P1．アルコール
　下記の種目において，競技会（時）に限って禁止される．検出方法は，呼気分析または血液分析である．ドーピング違反が成立する閾値（血液の値）は0.10 g/lである．
　航空スポーツ，アーチェリー，自動車，空手，近代五種，モーターサイクルなど

P2. β遮断薬

下記の種目において，競技会(時)に限って禁止される．

航空スポーツ，アーチェリー，自動車，ビリヤードおよびスヌーカー，ボブスレー，カーリング，ゴルフ，体操，モーターサイクル，近代五種，セーリング，射撃，スキー/スノーボード，レスリングなど

d 特定物質

S1，S2，S4，S6.1)，M1，M2，M3は「非特定物質」である．

それ以外のすべての禁止物質は「特定物質」である．

e 監視プログラム(2009年)

禁止表に掲載されていないが，スポーツ界における濫用のパターンを把握するために，監視することを望む物質について監視プログラムを策定している．

1) 興奮薬：競技会(時)のみ　ブプロピオン，カフェイン，フェニレフリン，フェニルプロパノールアミン，ピプラドール，プソイドエフェドリン，シネフリン
2) 麻薬：競技会(時)のみ　モルヒネ/コデイン比

③ 治療目的使用に係る除外措置 (therapeutic use exemptions：TUE)

禁止物質・禁止方法を治療目的で使用したい競技者が申請して，認められれば，その禁止物質・禁止方法が使用できる手続きである．

a 申請手続き

TUE申請書の提出先は競技者のレベル，競技会の種類によって異なる(表4)．

国際競技連盟(IF)に指定を受けている競技者はそのIFへ提出する．一部の競技(硬式テニス，ウェイトリフティング，アーチェリー)ではInternational Doping Tests & Management(IDTM)へ提出するように指定されている．国際総合競技大会に出場する競技者は，当該の大会開催団体へ提出する．それ以外の競技者は国内のドーピング防止機関(日本ではJADA)に提出する．

TUEの申請は原則として本人が行う．JADAへの申請は，競技者がJADAのTUE委員会へ申請書を送付する．競技によっては，国内競技団体が競技者から申請書を預かり，申請先がIFかJADAかを確認し，その申請先に送

表4　TUE申請書の提出先

競技者	国際的水準の競技者(IFに指定を受けた競技者)，国際競技大会に出場する競技者	それ以外の競技者
提出先	・IF 　(IDTMを指定したIFもある) ・国際総合競技大会 　(IOC，IPC，OCA，FISUなど)	JADA

((財)日本アンチ・ドーピング機構：医師のためのTUE申請ガイドブック．2009より引用)

付する場合もある．

b TUE審査基準

TUEが承認される基準は，TUE国際基準で決められている．

1) 大会参加21日までに競技者が申請する
2) 当該の禁止物質・禁止薬物を使用しないとその競技者が深刻な障害を受ける
3) 当該の禁止物質・禁止方法の使用によって，競技者が健康状態にもどる以上に競技能力が増強されない
4) 当該の禁止物質・禁止方法を使用する以外に適正な治療方法はない
5) 禁止物質を治療目的以外で使用したことの継続ではない
6) 許可には有効期限があり，いつでも取り消されることがあること
7) 原則として禁止物質・禁止方法を使用する前の申請であること

c 遡及的TUE申請

以下の場合にのみ認められる．

1) 救急治療または急性症状の治療が必要である場合
2) 不測の事態につき，ドーピング・コントロールに先立って申請する時間的余裕がなかった場合，またはTUE委員会がドーピング・コントロールに先立って申請内容を検討する時間的余裕がなかった場合
3) 国際競技連盟の検査対象者登録リストに含まれていない国内的水準の競技者が2008年12月までに略式TUE対象だった吸入β_2作用薬について，違反が疑われる分析報告後に申告する場合

d TUE申請が承認されない場合

TUEを申請しても，審査基準に合致しなければ許可されない．

1) 許可された物質で代替治療ができる場合

　感冒薬の申請
2) 診断根拠を客観的に証明する書類が不足している申請書式の場合

　臨床経過を記載した文書，診察所見，必要に応じて写真，検査結果，必要に応じてデータ，報告書コピー，画像所見，フィルムなど

e 有効期間

TUEの有効期間は，診断の確実性や想定される治療期間によって決定し，判定書に記載される．競技者によっては，暫定的な有効期間を設けることもある．

1) 原則として，TUE申請書の「使用予定期間」に記載された期間を超えない
2) 診断が客観的に確実であり，申請物質による長期間の継続治療が必要と判断される場合は4年間とする
3) 継続治療が必要な疾患であっても，治療経過によってTUE承認の検討が必要と判断される場合は，1年間の有効期間を基本とする

I ドーピング・コントロール

居場所情報の提供，検査の企画・立案，検体採取，検体の取り扱い，認定

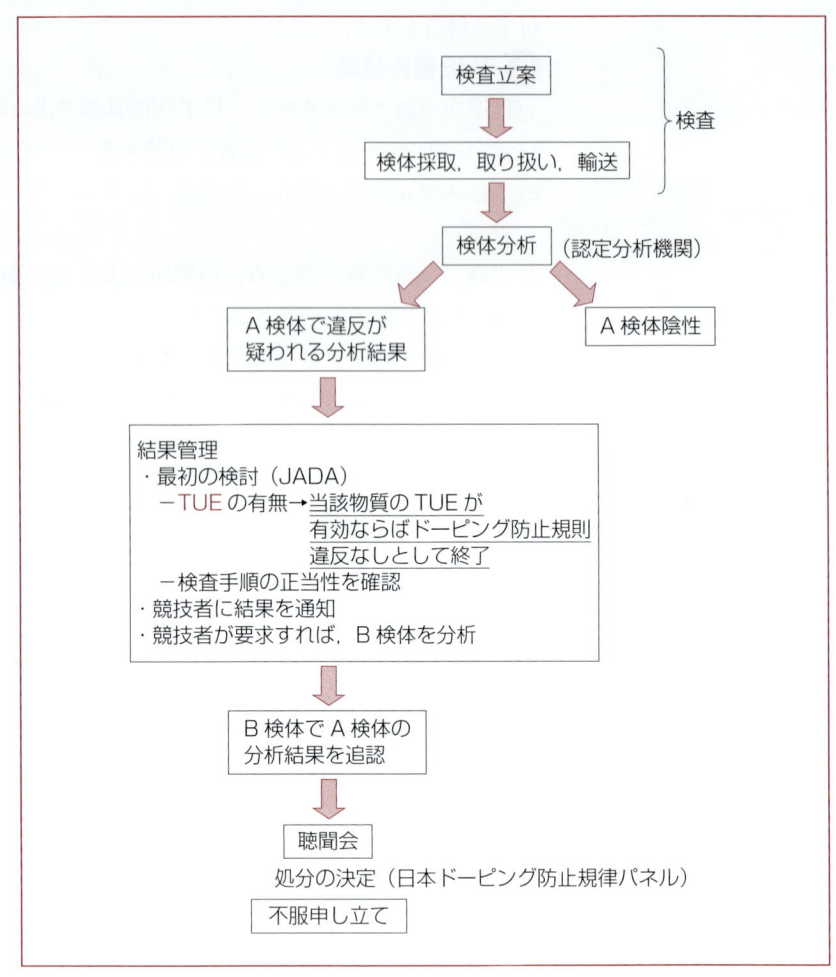

```
                    ┌──────────┐
                    │ 検査立案 │ ┐
                    └────┬─────┘ │
                         ▼       │
                  ┌──────────────┐│
                  │検体採取,取り扱い,輸送│ │検査
                  └──────┬───────┘│
                         ▼       │
                  ┌──────────┐   │
                  │ 検体分析 │(認定分析機関) ┘
                  └──┬────┬──┘
                     ▼    ▼
         ┌──────────────┐ ┌──────────┐
         │A検体で違反が │ │A検体陰性│
         │疑われる分析結果│ └──────────┘
         └──────┬───────┘
                ▼
    ┌─────────────────────────────────┐
    │結果管理                          │
    │ ・最初の検討（JADA）             │
    │   ─TUEの有無→当該物質のTUEが    │
    │              有効ならばドーピング防止規則│
    │              違反なしとして終了  │
    │   ─検査手順の正当性を確認       │
    │ ・競技者に結果を通知             │
    │ ・競技者が要求すれば,B検体を分析 │
    └──────────────┬──────────────────┘
                   ▼
           ┌──────────────┐
           │B検体でA検体の│
           │分析結果を追認│
           └──────┬───────┘
                  ▼
           ┌──────────┐
           │  聴聞会  │
           └──────────┘
        処分の決定（日本ドーピング防止規律パネル）
        ┌──────────┐
        │不服申し立て│
        └──────────┘
```

図2 ドーピング・コントロールとTUE
((財)日本アンチ・ドーピング機構：医師のためのTUE申請ガイドブック．2009より引用)

分析機関への検体の輸送，認定分析機関における分析，TUE，分析結果の管理ならびに聴聞会を含む，検査配分計画の立案から，不服申し立ての最終的解決までの，ドーピング検査に関連したすべての段階および過程をいう（図2）．

① ドーピング検査

　ドーピング検査の目的は，ドーピングを行っている者を摘発することではなく，クリーンな選手の権利を守ることにある．
　ドーピング検査は実施される時期により2つに分けられる．

ⓐ 競技会検査（in competition test：ICT）
　競技終了後に競技会場で実施される．すなわち，競技会に参加したすべての競技者が検査を受ける可能性がある．

ⓑ 競技会外検査（out of competition test：OOCT）
　予告なしに検査員（DCO）が練習場や宿泊場所に出向いて実施する検査である．競技力が一定レベル以上の競技者が登録検査対象リストに掲載されて

検査対象となる．

　登録検査対象リストに掲載された競技者は，居場所情報を確実に提出しなければならない．すなわち，次期四半期中に競技者が「いつ」，「どこに」いるか，スケジュール（合宿・トレーニング・試合）や居住（自宅・宿泊先）の情報を，ADAMS (Anti-Doping Administration & Management System) に登録する．居場所情報不備の警告が18ヵ月で累積3回になると，ドーピング違反として1〜2年間の資格停止処分となる．

② ドーピング検査手順

　競技会検査および競技会外検査ともに，検査の手順は同じである（図3）．

図3　ドーピング検査手順

1. 検査対象の通知
2. 通知を受けたことの確認のサイン
3. ドーピングコントロール・パスの受領
4. ドーピングコントロール・ステーションへの出頭
5. 採尿カップの選択
6. 尿検体の採取
7. サンプルキットの選択
8. 尿検体の分割／封印
9. pHおよび比重の確認
10. 使用薬物の申告
11. 公式記録書コピーの受け取り
12. 血液検体の採取

（スポーツファーマシスト研究会編：公認スポーツファーマシスト認定プログラム．(財)日本アンチ・ドーピング機構，2009より引用）

1　検査対象の通知：
　シャペロン（通告・誘導係員）より，ドーピング検査対象に選ばれたことの通告を受ける．競技者には，所属チームの体表者および必要な場合には通訳を同伴することが認められている．
2　通知を受けたことの確認のサイン：
　シャペロンから競技者の権利および義務に関する説明を受け，通告書に記載されている内容を確認し，通告書にサインを行う．
3　ドーピング・コントロール・パスの受領：
　通告書にサイン後，ドーピング・コントロール・パスを受け取る．ドーピング・コントロール・ステーションに到着するまで，シャペロンの監視のもとで行動する．写真付き身分証明書を持参し，速やかにドーピング・コントロール・ステーションに移動する．
4　ドーピング・コントロール・ステーションへの出頭：
　ドーピング・コントロール・ステーションの待合室には，スポーツドリンクなどが用意されている．尿意がもよおすまでリラックスして待機する．
5　採尿カップの選択：
　尿意をもよおしたら，検体作成室に移動し3つ以上の未開封採尿カップのなかから競技者自身が自由に1つを選択する．選択した採尿カップの封が破られていたり，カップ自体が破損していないかなどを確認する．
6　尿検体の採取：
　競技者と同性の検査員（DCO）の監視のもとで尿検体を採取する．監視の妨げとなるズボンなどは膝の下まで下げ，長い上着は脱ぎ，採尿の行程が検査員の視野に入るようにする．尿検体の最小必要量は90 ml である．
7　サンプルキットの選択：
　3つ以上の未開封サンプルキットのなかから競技者自身が自由に1つを選択する．サンプルキットを開け，AボトルおよびBボトルを競技者自身が取り出す．取り出した2つのボトルの封印が破られていたり，ボトル自体が破損していないかなどを確認する．
8　尿検体の分割/封印：
　サンプルキットのコード番号とボトルのコード番号が同じであることを確認する．検査員の指示に従い，尿検体をAボトルおよびBボトルに注ぎ，確実に封印する．
9　pHおよび比重の確認：
　採尿カップに少量の尿を残し，その尿で尿検体が分析可能な状態にあるかを確認する．検査員と競技者の双方で尿比重を確認する．
10　使用薬物の申告：
　7日以内に使用した薬物およびサプリメントなどを申告する．また，ドーピング検査全体を通して何かコメントがあればコメント欄に記入する．氏名，性別などの個人情報，サンプルキットのコード番号およびその他の内容に間違いがないことを確認し，公式記録書にサインする．
11　公式記録書コピーの受け取り：

すべての記入事項が終了したら，公式記録書のコピーを受け取る．公式記録書は複写式になっており，ピンク色のシートが競技者の控えとなる．
(12) 血液検体の採取：
ドーピング検査の検体として血液が要求されることがある．

③ 分析

WADA認定分析機関（日本国内では，三菱化学メディエンス株式会社）では，WADA禁止表に定める禁止物質の使用の有無について分析を行う．

2分割された容器のうち，Aボトルのみを開封し，分析を行う．

分析結果は，JADAに通知される．

④ 分析結果の管理

a 陰性分析結果
競技者への特別な通知はなされずに終了となる．

b 違反が疑われる分析結果
1) TUEの有無の確認

検出された禁止物質に対するTUEの有無をJADAが確認する．TUEが付与されていれば，検出された禁止物質に対する違反は問われない．

2) 検査手順の正当性の確認

関連書類，DCOの報告書およびその他の記録などの書類に不備がある場合，当該不備が「違反が疑われる分析報告」の有効性を損ねていると合理的に判断される場合は，JADAは検査結果の無効を宣言する．

3) 競技者に分析結果を通知する

検出された禁止物質に対するTUEが付与されていない場合には，「陽性が疑われる分析結果」として，競技者および競技団体などに通知される．

競技者はB検体の検査を要求することができる．B検体の分析には，競技者または競技者の代理人が立ち会うことができる．

B検体の分析結果がA検体の違反が疑われる分析報告を追認した場合には，制裁などの措置が講じられる．

⑤ 聴聞会

違反が疑われる分析結果が生じた場合，またはその他違反が発生した可能性がある場合，日本ドーピング防止規律パネルにより聴聞会が開催される．

規律パネルは，JADAから独立した組織であり，中立的な立場から違反の有無，および違反があった場合の制裁内容を決定する．

規律パネルは，通知日から14日以内に聴聞会を開始し，20日以内に決定を書面により発表し，30日以内に当該決定理由を書面により発表する．

⑥ 制裁措置

a 個人成績の自動的失効
個人スポーツにおける競技会検査に関してドーピング防止規則違反があっ

た場合には，当該競技会において得られた個人の成績は自動的に失効し，その結果として，当該競技会において獲得されたメダル，得点，および賞の剥奪を含む措置が課される．

b 個人に対する制裁措置

1) 禁止物質の検出，禁止物質・禁止方法の使用（含む企て）および保有
   1回目の違反：2年間の資格停止
2) 検体採取の拒否または回避，不当な改変
   1回目の違反：2年間の資格停止
3) 不正取引（含む企て）
   1回目の違反：4年間〜永久資格停止
4) 未成年者を巻き込んだ違反
   1回目の違反：永久資格停止
5) 居場所情報未提出または検査未了
   1回目の違反：当該競技者の過誤の程度に基づき，1〜2年間の資格停止
6) 特定物質の使用
   1回目の違反：警告〜2年間の資格停止
7) 加重制裁
   計画性，複数の物質，複数回数，資格停止期間を超えてドーピング効果が続く場合などは，4年間を上限として資格停止期間を延長する
8) 2回目の違反に対する資格停止期間
   1回目のドーピング防止規則違反では資格停止期間が短縮もしくは猶予されることがあるが，2回目の違反に対しては表5による制裁が課される

c チームスポーツに対する措置

1) チーム構成員の2人以上が競技大会に関連して，ドーピング防止規則違反の可能性がある場合には，当該競技大会の期間中，当該チームに対し

表5　2回目の違反に対する資格停止期間（年）

1回目の違反 ＼ 2回目の違反	RS	FFMT	MSF	St	AS	TRA
RS	1〜4	2〜4	2〜4	4〜6	8〜10	10〜永久
FFMT	1〜4	4〜8	4〜8	6〜8	10〜永久	永久
NSF	1〜4	4〜8	4〜8	6〜8	10〜永久	永久
St	2〜4	6〜8	6〜8	8〜永久	永久	永久
AS	4〜5	10〜永久	10〜永久	永久	永久	永久
TRA	8〜永久	永久	永久	永久	永久	永久

RS (Reduced sanction for Specified Substance)：特定物質により短縮された制裁
FFMT (Filing Failures and/or Missed Tests)：居場所情報未提出，検査未了
NSF (Reduced sanction for No Significant Fault or Negligence)：重大な過誤や過失がないことにより短縮された制裁
St (Standard sanction)：通常の2年間の制裁措置
AS (Aggravated sanction)：加重制裁措置
TRA (Trafficking or Attempted Trafficking and administration or Attempted administration)：不正取引または企て，および投与または企て

（（財）日本アンチ・ドーピング機構：世界ドーピング防止規定. 2009より引用）

適切な特定検査を実施する．
2) チーム構成員の3人以上が競技大会の期間中にドーピング防止規則違反を犯したことが明らかになった場合には，当該競技者個人に対する制裁措置に加え，チームに対しても適切な措置（得点の剝奪，競技会または競技大会における失効など）を課す．

⑦ 上訴

競技者または JADA が，規律パネルの決定に不服がある場合には，日本スポーツ仲裁機構，またはスイスに本部があるスポーツ仲裁裁判所（Court of Arbitration for Sports：CAS）に対して不服申し立てを行うことができる．

（WADA code および JADA code の条文については，一部分わかりやすい日本語で，あるいは簡略化して記載した）

Self-Check

1. WADA code における国際基準を記せ．
2. 禁止物質・禁止方法の定義（禁止リストに物質・方法を掲載する基準）を記せ．

（解答は p.347〜350）

9 海外遠征のスポーツ医学

オリンピックを頂点とする競技スポーツでは，良い成績をあげるためにも国際競技大会への積極的な参加が不可欠である．主要な国際大会は海外で開催されることが多いことからも，海外遠征はトップアスリートにとっては必須である．海外遠征においては，それぞれの国により社会・環境状況や食習慣の違いも多くあることから，医学的なサポートとともに，時差対策も重要である．

A 医学的サポート

選手が十分にその実力を発揮するためには，種々のサポート体制を整える必要がある．選手の健康管理やコンディショニングをしっかりとサポートするためには，出発前の調査・準備と，現地での柔軟な対応が必要となる．

① 出発までの準備

a 生活環境情報

気象状況，衛生事情，現地の環境および医療事情などを得ておくことが重要である．情報源としては，書籍，刊行物や統計資料もあるが，最近の状況を知るためには，外務省・大使館・領事館や国際協力事業団などの各種法人を介して，また現地に出張所などを有する民間機関（報道機関，商社など）や最近の旅行者からの情報も有用である．さらに，在日外国人からも情報を得ることも可能である．

b 現地調査

一般に行われることは少ないが，オリンピック競技大会など，日本オリンピック委員会（JOC）が選手団を派遣するような主要な国際競技大会では，必ず行われる．少なくとも，前年に事務的職員ばかりでなく，医療関係者なども含めて派遣して，現地の実情をつぶさに調査している．また，主催者が提供する練習（トレーニング）場以外の練習環境の確認が必要な場合もある．さらに，アスリートのコンディショニングに直接関わりのある食事については，選手村の食堂だけでなく，その他の食材の入手の可能性などについての調査も重要である．

c 医薬品と医療器材の準備

遠征の規模と期間，スタッフの人数と内容により，用意する医療器材は異なってくる．実際の薬物などの選定も，遠征先の医療事情やチームドクターの選択によって大きく異なってくる．

主要な内容は，①内服用一般薬類，②抗生物質，③外用薬，④注射薬・点滴・補液セット，⑤外傷処置機材，⑥小外科セット（縫合用），⑦滅菌具，

表1 海外遠征に必要な医薬品と医療器材

Ⅰ. 医薬品
1. 経口薬：非ステロイド系消炎鎮痛剤，鎮痙剤，鎮咳剤，去痰剤，下剤，消化性潰瘍用剤，健胃消化剤，整腸剤，抗生物質製剤，合成抗菌剤，抗アレルギー剤，催眠鎮静剤，止瀉剤
2. 点眼剤
3. 外用剤：消炎鎮痛剤，鎮痒剤，寄生性皮膚疾患用剤，抗生物質製剤，副腎皮質ホルモン製剤，外皮用殺菌消毒剤
4. 注射剤：抗生物質製剤，副腎皮質ホルモン製剤，局所麻酔剤，血液代用剤，鎮痙剤，ビタミン剤，糖類剤
Ⅱ. 器材類
1. 注射シリンジ，注射針，点滴セット
2. 縫合セット
3. 包帯，三角巾，ギプスシーネ，アルフェンスシーネ，サージカルテープ
4. 血圧計，聴診器，体温計，駆血帯，舌圧子，ペンライト，ピンセット，ハサミ
5. 脱脂綿，滅菌綿球，滅菌ガーゼ，アルコール綿

(河野照茂：スポーツ医学研修ハンドブック 応用科目．日本体育協会監修，文光堂，p194，2004より引用)

⑧特殊用途薬（特定選手用など），⑨診察器機，⑩理学療法機材，などである（表1）．トレーナーが使用する器機などについても，当然配慮しなければならない．

ドーピング禁止物質の使用を避けなければならず，選手の常用薬についても主治医との連絡をとって，必ずチームドクターの管理・指示下におかなければならない．

d 環境管理機材などの準備

夏季の競技大会では，熱中症対策としてのWBGT計を用意する必要がある．防虫剤や忌虫剤は，選手が個人的に用意することが多いが，念のために準備しておくほうがよい．また，冬季ばかりでなく，夏季の強すぎる冷房対策のためにも使い捨てカイロは有効である．簡易細菌培養検査キットは，携帯に便利な小型の培地で，一般細菌用と大腸菌用があり，12～48時間で半定量的に細菌汚染の判定が可能であり，飲料水や食物の細菌汚染調査に利用できる．その他，濾過式浄水器，簡易水質検査キット，加湿器などを，必要に応じて準備する．

e 予防接種

国際大会で訪れる国々の気候，風土，衛生環境，医療事情は異なっており，日本ではみられない病気があったり，流行している病気があったりする．海外遠征が決定した段階で，まず入国に際して予防接種が必要か，流行している病気があるかを調査しなければならない．国際大会であれば，主催する国際競技連盟より事前に各国に通知される．必要に応じて，予防接種や感染症予防の対策を行う．

1) A型肝炎（hepatitis A）

40歳以下の人は，A型肝炎の抗体をもっていない人が多い．アジア，アフリカ，中近東，中南米に行くときは，A型肝炎ワクチンの接種を受けたほうがよい．

2) B型肝炎（hepatitis B）

B型肝炎は，基本的には，血液，性行為，不潔な針などを介して感染する．

---

word
予防接種：伝染病を予防するためあらかじめ当該病原微生物の弱毒生菌，死菌，またはトキソイドなどを注射して免疫を与えておくこと．

word
A型肝炎：A型肝炎ウイルスにより発症．カキなどの生物などにより経口感染し，潜伏期は約4週．高熱，全身倦怠感，黄疸などの症状を有し，血清トランスアミナーゼが上昇．

word
B型肝炎：B型肝炎ウイルスにより発症．感染経路は，垂直感染（母子感染）と水平感染（性交渉，医療器具など）がある．感染様式としては一過性と持続感染があり，時に劇症化し，死に至ることもある．潜伏期間は6ヵ月以内で，全身倦怠感，消化器症状，時に黄疸を有し，血清トランスアミナーゼが上昇．

東アジア，東南アジア，アフリカに行くときは，医療関係者は予防接種を受けたほうがよい．

3) 破傷風

日本では，1968年から予防接種が開始されている．そのため，40歳以上の人は免疫をもっていない可能性が高いので，基礎免疫のための予防接種を受ける．4〜8週間隔で2回接種が必要である．WHOは基礎免疫の予防接種を受けた人でも10年間隔での追加接種を勧めている．最近10年間で予防接種を受けていない人は，遠征前に追加接種を受けたほうがよい．

4) 黄熱

WHOが定める国際保健規定により，流行している国に入国するときに予防接種が義務付けられているただ1つの国際伝染病である．現在，流行しているのは，アフリカと中南米の赤道をはさんだ南北緯度15度以内の国々である．これらの国では，入国時に接種証明書（イエローカード）が要求される．

5) 狂犬病

狂犬病のない国のほうが珍しい．海外遠征で都市に滞在する場合には問題は少ないが，農村や森林地帯に滞在し，動物と接触する可能性がある場合には予防ワクチンの接種を行う．ただし，初回，2週後，6ヵ月後と3回接種が必要であり，狂犬病のある地域へ海外遠征する場合は，6ヵ月前には計画を立てておかなければならない．

6) コレラ

予防接種の効果が約50％であるため，WHOはコレラワクチンの接種を勧めていない．コレラにかかったときは，早期に適切な輸液を行うことが大切である．

7) マラリア

マラリアの流行地域へ遠征する場合には，十分な予防が必要である．マラリア原虫を媒介するハマダラ蚊に刺されないようにすることが重要である．夜間の外出は控え，長袖の着用，忌虫剤の塗布，蚊取り線香や蚊帳を準備する．予防のために抗マラリア薬を服用する方法もある．

8) 性感染症とHIV感染症

HIVの感染経路は性交渉，血液を介したもの（輸血，血液製剤の使用，注射器の回し打ち），母子感染の3つである．海外遠征で問題になるのは，性交渉とけがや病気のときの輸血である．選手にはHIV (human immunodeficiency virus)とAIDS (acquired immunodeficiency syndrome)について，病気の内容，感染経路などを理解させておくことが大切である．また，遠征先の医療事情を事前に調査し，万が一現地で手術や輸血などの治療を受けなければならないときの移送病院を決めておかなければならない．

9) 予防接種を受ける方法

一般に，保健所や大きな病院で受けることができる．しかし，黄熱の予防接種は，日本検疫衛生協会（東京，横浜）と検疫所（小樽，仙台，成田空港，東京，横浜，新潟，名古屋，大阪，関西空港，神戸，広島，福岡，鹿児島，

---

word

性感染症 (sexually transmitted disease : STD)：性行為で感染する疾患群で，現在では30種類以上の疾患が数えられ，いずれも病原微生物により伝播する．

word

HIV (ヒト免疫不全ウイルス)：レトロウイルス科，レンチウイルス属に分類される．2種類あるが，1型がエイズウイルスである．

word

AIDS (後天性免疫不全症候群)：HIVの感染により後天性に細胞免疫不全を起こし，脳症，日和見感染，消耗状態を呈するに至るもの．

那覇）でしか受けることができない．また，検疫所では他の予防接種も受けることができるので，わからないときは事前に相談するとよい．

② 現地での環境・健康管理

食事，睡眠，休養は，生活の基本となることからも，到着直後から環境面も含めて対応する必要がある．

ⓐ 外部環境

1）大気汚染

スモッグや無風などの気象状況により，大気環境が悪いときには，なるべく外出や屋外練習を避けることも大切である．また，発展途上国など，自動車や工場などの多い都市では注意が必要である．なお，日光の強いときには，紫外線対策はもちろんのこと，光化学スモッグにも注意する必要がある．

2）感染症対策

必要に応じての出発前の予防接種ばかりでなく，外傷の予防と適切な処置が重要である．

ⓑ 居住環境

通常，二人部屋となることから，人間関係を考慮した部屋割りが大切である．また，リラックスできる共有スペースを確保する必要があるが，ゆとりがない場合には，トレーナールームで代用してもよい．

室内環境を維持するためにエアコンを使用することも多いが，十分な配慮が必要である．快適な室内環境基準は，室温は冬季20℃，春・秋季22～23℃，夏季25℃とし，冷房使用時には外気との温度差は5～7℃以内とする．また，湿度は50～60％とする．

快適な居住環境は，居住者全員の協力を得て保つことができるので，勝手に騒音を立てたり，空気を汚すような行為は戒めるべきである．

ⓒ 水（飲料水），食事

1）水（飲料水）

生水は，原則としてそのまま飲用するには不適当である．硬度の高い硬水により下痢を起こしたり，細菌（特に病原性大腸菌）による疾病を起こすことがある．大腸菌汚染のあるときには，A型肝炎ウイルスなどの消化器感染症の病原体による汚染の可能性がある．歯磨きやうがいなども，安全なミネラルウォーターなどを使用する必要もある．当然，氷についても注意が必要である．

生活のなかで直接水に接する機会は多いので（表2），水の安全性に問題のあるときには十分な注意が必要である．容器に入った飲料でも，製造過程，特に容器の洗浄などに問題があると安心できない．必要に応じて，水道水の煮沸・蒸発による硬度判定や，簡易水質検査，細菌培養検査などを行うことも大切である．日本における水道法による水質基準を表3に示す．

2）食事

衛生的な食事が供給されているかどうかは，生活の基本となる．そのためには食品のみならず，調理・加工・盛り付けなどもチェックする必要があ

---

word

スモッグ：英語のsmoke（煙）とfog（霧）の2語から作られた言葉で，煤煙の微粒子を核として水蒸気が凝結してできた霧．視界を妨げるばかりでなく亜硫酸ガス濃度が上昇しやすく，呼吸器疾患を主とした公害病の原因となる．

word

光化学スモッグ：大気汚染物質が，紫外線などの影響によって変質した結果生じた現象であり，主として紫外線が強い夏季に発生し，オゾンや窒素酸化物と，ホルムアルデヒド，アセトアルデヒド，アクロレインなどの還元物質が含まれている．

表2　生水に接触する機会と汚染対策

	接触機会	汚染対策
飲料水	水道水 氷 ミネラルウォーター 各種飲料	煮沸，濾過，塩素剤 食用は別に作製 飲用中止，煮沸 飲用中止，加熱
食品	未加熱調理品 生野菜・サラダ 果物類 乳製品類	摂食中止，加熱 摂食中止 清拭して皮をむく 摂食中止
その他	食器・カップ類 洗顔・洗口 手洗い・入浴	消毒（エチルアルコール） うがい薬・石鹸の使用 石鹸の使用

（野田晴彦：最新スポーツ医学．黒田善雄ほか編，文光堂，p631, 1990より引用）

表3　水道法による水質基準

項目	基準
アンモニア性窒素 および亜硝酸性窒素	同時に検出されないこと
過マンガン酸カリウム （KM_nO_4）消費量	10 mg/l以下
硬度 （Ca, Mg）	300 mg/l以下
蒸発残留物	500 mg/l以下
pH（水素イオン濃度）	5.8以上8.6以下
一般細菌	100集落/ml以下
大腸菌群	検出されないこと
シアンイオン（CN^-） 水銀（Hg） 有機リン	検出されないこと
残留塩素	0.1 mg/l以上

（野田晴彦：最新スポーツ医学．黒田善雄ほか編，文光堂，p631, 1990より引用）

る．食習慣は世界各地で実にさまざまであるが，非衛生的な食習慣を別にすれば，その地方で広く行われている食習慣には，食中毒などを避けるための生活の知恵が働いていると考えられるものが多い．日本の食習慣を持ち込むことによって逆に不都合が生じることもあり（魚介類の生食など），むやみに日本食にこだわるべきではない．一部の食中毒（フグ毒・毒キノコ・ブドウ球菌毒素など）を除けば，動物界に広く分布している寄生虫症などは，十分な加熱によって予防可能である．また，食事は単独ではなく，集団ですることが望ましい．

d 疲労などのコンディションチェック

日常のコンディションチェックの継続として，体重，体温，起床時の脈拍測定や，食事の摂取量などをチェックする．体重減少は2％以内に抑えることが大切である．

大会・試合に向けてのトレーニングばかりでなく，気分転換としての市内観光などで，リラクゼーションの機会を積極的に取り入れることも重要である．また，リラックスのために日本食レストランを利用する方法もある．しかし，地域によっては，日本人の経営ではない日本食レストランもあるので，注意が必要であり，事前の調査が重要である．

B　時差

航空機の発達により短時間での海外旅行が可能となった．しかし，飛行時間による経過時間による出発地の時間と，現地の時間に大きな違いが生じることとなる．このような時間のずれにより，生体機能に種々の不調和が生じてくる．

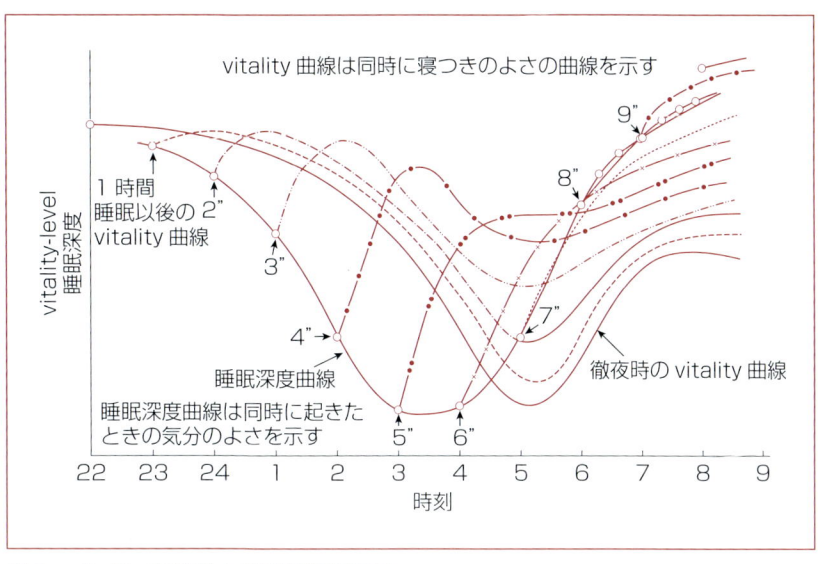

図1 vitality曲線および睡眠深度曲線
(大島正光：疲労の研究 第2版. 同文書院, p306-310, 1981より引用)

① 日内リズム

　人類は原始の時代から，日の出とともに起きて活動し，日没後は休養（休息）と睡眠をとるという生活日課を長い間続けている．つまり，人間の生活日課は，地球の自転による昼夜交替の周期に同期して行われてきた．その結果，全身の個々の器官の多くの機能は，ほぼ24時間を周期とするリズム性変化を示している．

　一般的に，昼間の活動期には活発となり，夜間の休養期には鎮静し，これが交互に繰り返されている．このような生体機能のリズム性変動は，日内リズムまたは概日リズム（circadian rhythm）とよばれる．

a 睡眠の影響

　日没後は休養期に入るが，副交感神経系の緊張した休息しやすい深夜になってから就寝するよりも，少し早目に就寝したほうがよいと考えられている．就寝時間および睡眠時間によるvitality曲線および睡眠深度曲線（図1）からみると，深夜の3〜4時に睡眠深度を最も深くするには，少なくとも夜は11〜12時には就寝したほうが望ましいことになる．睡眠時間が短かったり，特に徹夜をした場合には，本来は活動期に入った時間帯においてもvitality曲線は低いままである．また，就寝時間，睡眠時間が異なると，睡眠効果は大きく異なる（表4）．

　すなわち，日中の活動の効果を高めるためにも，十分な睡眠時間の確保は非常に重要である．

b 種々の生体機能の日内リズム

　ヒトの多くの生理機能は日内リズムを示し，その大部分は昼間の活動期に活発となり，夜間の休養期に鎮静する．

　代表的なものとしては，体温，身体活動水準（酸素消費量），心拍出量，

表4 睡眠時間, 就寝時刻が異なった場合の睡眠効果値

就寝時刻 \ 睡眠時間	0時間	1時間	2時間	3時間	4時間	5時間	6時間	7時間	8時間
22時	0%	(5.6%)	(11.1%)	(32.2%)	53.2%	(70.9%)	88.6%	(94.3%)	100%
23時	0%	9.1%	(28.4%)	51.2%	(67.4%)	86.6%	(90.8%)	98.0%	
24時	0%	(18.6%)	42.1%	(52.6%)	58.6%	(76.3%)	89.9%		
1時	0%	23.2%	(39.8%)	58.6%	(61.0%)	70.0%			
2時	0%	(18.4%)	35.4%	(51.9%)	56.8%				
3時	0%	25.2%	(37.3%)	56.6%					
4時	0%	(19.2%)	41.6%						
5時	0%	19.7%							
6時	0%								
7時	0%								
8時	0%								

(注)(　)はInterpolationによって定めたもの(両軸からのInterpolation値をとった)
【Interpolation】(補間法または内挿法ともいう)ははじめに与えられた値から中間の値を求める数学的手法であって, 実験や観測で得られた測定値から測定しなかった点での値を推定する場合に補間法が用いられる.

(大島正光:栄養・スポーツ科学講座 4, 大修館書店, p11-114, 1965 より引用)

心拍数, 血圧, 呼吸数, 交感神経活動レベル, 副腎髄質および皮質ホルモン分泌, 尿量, 尿中電解質排泄量, 反応時間, 筋力(握力など)などについての数多くの報告がある(図2).

c 日内リズムの発現機序

生体機能の日内リズムは環境の周期性変化により強制的に駆動されているだけでなく, 生体内に自発的にリズム性変動を引き起こす機序が働いている.

生体に日内リズムを形成したり, 変更したりするための環境諸因子は, 同期化因子または告時因子とよばれる. ヒトの場合には, 時計, 生活日課, 特に食事や勤務時間などが大きな役割を果たしている. 動物の場合には, 環境の明暗や給餌時間などがその役割を果たしている.

内因性日内リズムの形成過程において重要な役割を果たすのは, 視覚系と密接な関連をもつ脳部位であって, 網膜から直接視床下部の視交叉上核(suprachiasmatic nuclei:SCN)に至る網膜視床下部線維系が注目されている. ネズミのSCNを破壊すると, 飲水, 運動, 松果体N-アセチル転移酵素, 血漿コルチコステロン・レベル, 睡眠-覚醒などの日内リズムがすべて消失する. しかし, SCNを破壊した動物に強制的に食事リズムを与えると, リズムが残存することから, さらに高次の調節機構が存在するとの考え方もある.

d 昼夜転倒による体温の日内変動

1)実験1

被験者に, 最初の2日間は正常の日課, 6:00起床, 昼間は通常の勤務, 夜は22:00就寝, 翌朝6:00まで睡眠をとる生活をさせた後, 2日目から3

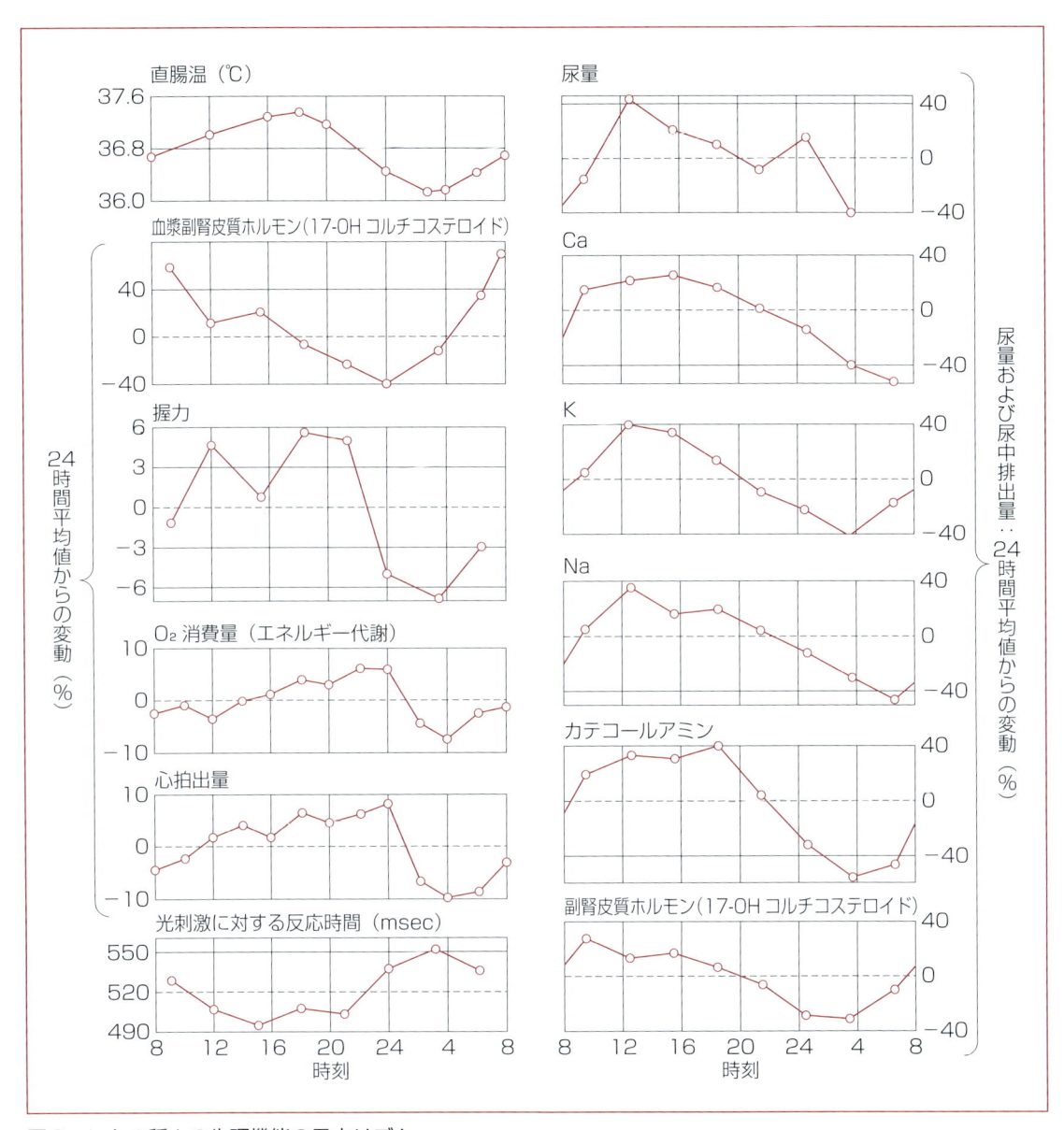

図2 ヒトの種々の生理機能の日内リズム

(万木良平：最新スポーツ医学．黒田善雄ほか編，文光堂，p622，1990より引用)

日目にかけて徹夜させ，3日目の8：00就寝，16：00起床，17：00朝食，18：00午前の作業開始，22：00昼食，翌日3：00まで午後の作業をして夕食をとり，食後はできるだけくつろぎ，7：00軽い夜食，8：00就寝，という昼夜転倒（−10時間）の生活を7日間続けさせる．

このようにして，作業時間や照明だけの昼夜転倒でなく，生活日課の勤務内容（運動），食事（栄養），睡眠環境（休養）のすべてを転倒させた結果，安静時心拍数，呼吸数，体温，尿量，尿中への電解質や窒素の排泄量など，多くの項目の日内リズムの位相が4日目から7日目にかけて，約150度シフトすることが明らかとなった（図3）．この際，ヒトの場合，位相の転換に対して多くの同期化因子が作用しているが，最も重要なのは栄養摂取と活動-休

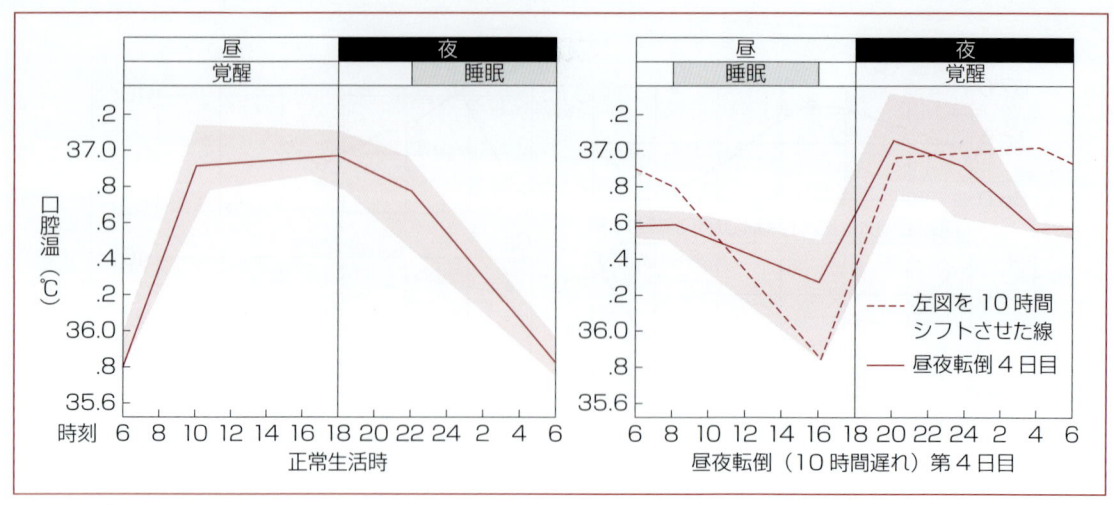

図3 正常生活時と生活時間を10時間遅らせた場合の4日目の体温の日内変動の比較
(万木良平:最新スポーツ医学.黒田善雄ほか編,文光堂,p624,1990より引用)

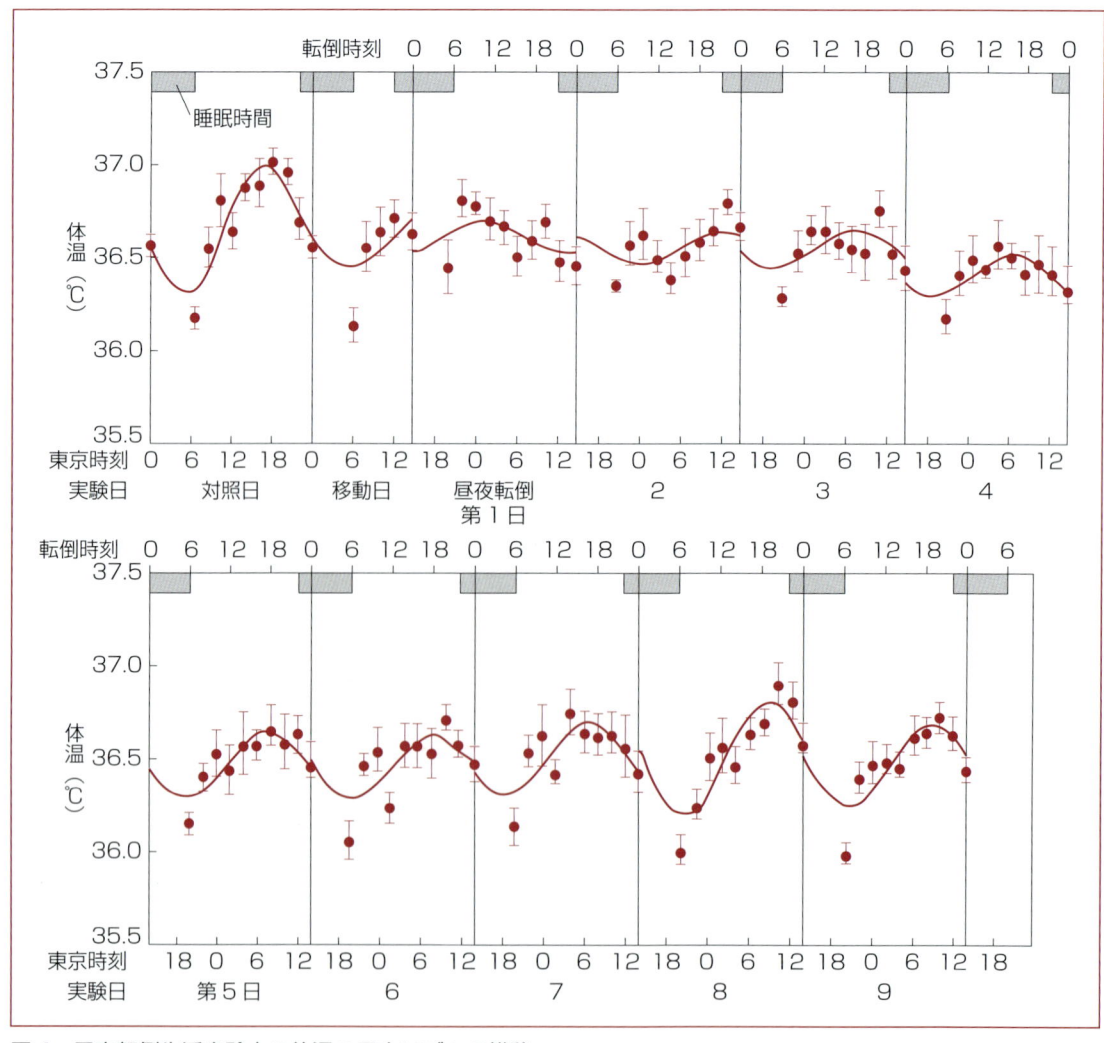

図4 昼夜転倒生活実験中の体温の日内リズムの推移
(万木良平:最新スポーツ医学.黒田善雄ほか編,文光堂,p625,1990より引用)

養のリズムであって，照明などの明暗環境の変動の影響は少ないと考えられる．

2）実験2

就寝時間を早く（＋10時間）した場合の，体温の日内変動の推移を図4に示す．

昼夜転倒の日から約4日間は対照日の波形に比較して振幅が小さく，1日の最高体温を示す時刻も不安定である．この期間は体温が昼夜逆転の生活リズムと同期していないことを示している．その後，次第に対照日の波形と相似の波形を示すようになり，振幅も位相も逆転生活のリズムと同期する傾向が現れてくる．そして，転倒生活8日目には，ほぼ完全に同期化が完了していると判断することができる．

体温と並行して測定した各種生理機能，安静時心拍数，血糖，血中乳酸量，運動負荷時の酸素消費量と最高心拍数，反応時間，握力，垂直跳などの経日変化も，体温の同期化の進行に伴って安定化する傾向がうかがわれた．

ⓔ 時差と同期化の進行過程

10時間の時差における同期化の進行と競技の可能性を表5に示す．

表5　日内リズムの同期化と競技の可能性

日数	1日	2日	3日	4日	5日	6日	7日	8日	9日	10日	11日	12日	13日	14日	15日	16日
時差ぼけ経過	リズム乱れ期			同期開始期			同期進行期			同期完了期					遠征疲労期	
競技の可能性	調整期			練習競技可能			競技可能			最良の競技成績を期待できる					競技終了	
精神作業の可能性	頭ぼんやり意欲なし	頭痛・精神作業低下	意欲でる	会議・講演打合わせ可	精神機能平常に回復										
自覚症状精神作業	眠い・食思不振　反応時間遅い誤り多し	眠い・ねつき悪い・食思やや不振	眠さとれる・食欲でる	自覚症状とれる	次第に平常状態に回復										
身体機能	握力・垂直跳低下	低下	低下続く	握力などやや回復	平常状態に回復					握力・垂直跳回復					

（万木良平：最新スポーツ医学．黒田善雄ほか編，文光堂，p626，1990より引用）

1) リズム乱れ期
到着日から3日間は，出発地と到着地のリズムが入り混じって，正常リズムに乱れが生じる．この期間には競技・試合はもちろん，激しいトレーニングをすることは好ましくない．

2) 同期開始期
到着日から4～6日間は，次第に到着地のリズムに同期適応していく時期である．体調を考慮すれば，トレーニングを強め，練習競技や試合は実施可能である．

3) 同期進行期
到着日から7～9日間は，同期がさらに進行する時期である．試合，競技は可能である．

4) 同期完了期
到着日から10～14日間は，人体リズムが完全に現地時間に同期を完了する時期にあって，この時期には競技，試合に最もよい成績を期待できる．

5) 遠征疲労期
到着から2週間以降は，多くの場合，遠征疲労期に入るので，なるべくこの時期までに競技を終了させたほうがよい．

f 時差ぼけ対策（モントリオール・オリンピック時差対策班）
前述の昼夜転倒実験の結果，従来の海外遠征時の記録や調査結果などを総合的に検討して，提言が示されている．
①到着日を入れて競技開始8日前にはモントリオールに着くようにする．
②現地到着を午前とし，到着日の昼間は昼寝をさせないようにして夜間熟睡させる．
③時差に対し，同期化を促進させるため，食事，就寝・起床時間は現地時間に，練習時間を競技時間に合わせる．
④到着日を含め，4日間は調整期間として過激なトレーニングを避ける．
⑤5日目からトレーニングを漸増，競技日に合わせてコンディションを調整する．
⑥到着2週間以後の競技には，遠征疲労に注意し，最後の頑張り効果をあげるよう努力する．

② 時差症候群

東京を起点とすると，アメリカ東部では9～10時間の時差が，英国ロンドンでは−10時間の時差がある．東京時間に馴れた旅行者は，現地到着後しばらくの間は，固有の日内リズムと現地時間との違いにより，しばらくの期間体調の乱れを感じる．これが，時差症候群，非同期化症候群あるいは時差ぼけとよばれる現象である．

a 発症
現地時間との日内リズムの混乱であり，時差が3～4時間あると発症する．当然，12時間の時差（180度の位相のずれ）の場合に現れる症状が最も激しい．なお，発症や症状の程度には個人差が大きい．

船や列車の旅行では1日1時間の時差があっても，時差ぼけを感じることはない．

また，同じ時差の地域でも，東回り旅行の場合のほうが，西回りの場合より，疲労感が強いと訴える者が多い．これは，東回りでは時刻の流れが速く，西回りでは見せかけ上の時刻の経過が遅いという感覚的な相違があるからと考えられる．

ⓑ 症状

時差症候群の個々の症状は，時差の大きさ，旅行形態などにより強弱があり，個人差も大きいが，一般的には次のような症状が現れる．
①睡眠障害：寝つきが悪い，目覚めやすいなどの睡眠と覚醒のリズム障害
②胃腸障害：食欲不振，胃の不快感，悪心，便秘など
③頭痛，視力・調節機能低下，耳鳴り，めまいなど
④疲労感，精神機能低下，いらいら，不安感，不快感などの心身症様症状

ⓒ 時差への対応

1）滞在期間が2～3日の短期間の場合

生体リズムを現地時間に同調させない．食事や練習は，できるだけ日本時間に沿って行い，日本時間の朝に太陽光を浴びないようにする．また，日本時間の夜に短時間だけ睡眠をとる．

2）滞在期間が1週間以上の長期の場合

できるだけ早期に現地時間に同期するようにする．出発の2～3日前から，現地時間にスケジュールを1～2時間シフトする．日本時間の朝（午前4～8時）に太陽光を浴びると体内時計は進み，夕方（午後4～8時）に浴びると遅れる．また，積極的に屋外に出る．

Self-Check

1 時差症候群の症状を記せ．

(解答はp.347～350)

10 月経周期とスポーツ

月経現象は，女性の生殖生理機能における1つの現象としての子宮体内膜からの出血である．すなわち，月経が発来するためには，女性の身体では一定の周期をもって全身的な変化が起きている．そこで，月経周期の時期によるスポーツ活動の問題点について述べる．

A 月経周期とコンディション

月経周期の時期によりコンディションが異なることが想像される[1]．そこで，女子スポーツ選手のコンディショニングにおいては，一般的なコンディショニングばかりでなく，月経周期との関係も重要である．

① 月経周期と主観的コンディション

一流女子スポーツ選手の月経周期の時期による自覚的，主観的なコンディションの差異をみると（図1），良い時期は月経後1週間から月経と月経の中間期であり，逆に悪い時期は月経前1週間くらいの時期と月経期間中である[1,2]．

月経期間中は出血していることからも，精神的にも必ずしも良い状態でな

> **word**
> 月経周期：月経の初日から次回月経の前日までの期間．その日数を月経周期日数という．

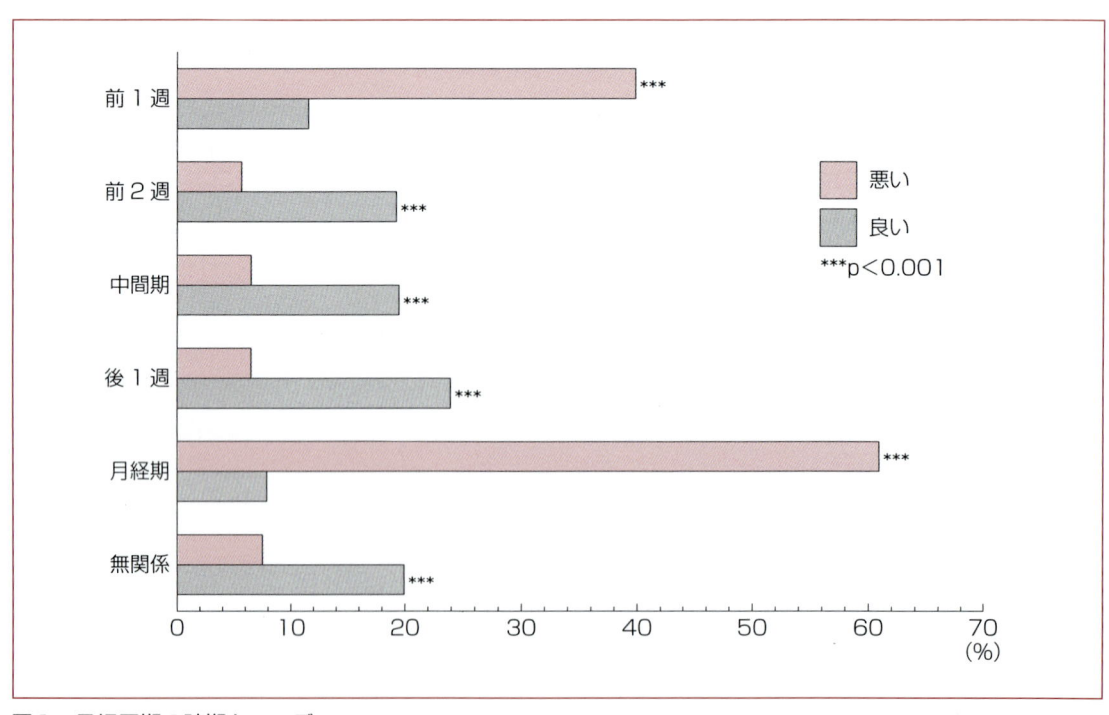

図1 月経周期の時期とコンディション

表1　月経周期の時期と外傷・障害

	n	PM/R	検定
全選手	84	40/22	p<0.05
神経過敏	51	27/17	p<0.05
乳房緊満感	26	15/ 5	p<0.05
腹部膨満感	35	22/ 5	p<0.001
1つ以上の症状	67	39/16	p<0.01
無症状	17	1/ 6	NS

PM：月経期および月経前期　R：PM以外の月経期の時期

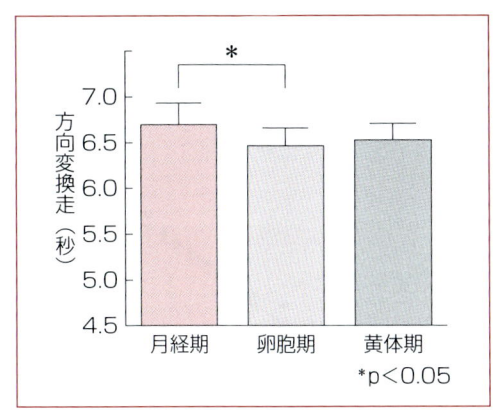

図2　月経周期と25m方向変換走

いことが理解される．そこで，月経期間中以外の時期のコンディションの差異を卵巣周期の面からみると，コンディションの良い時期は卵胞期後期から排卵期に，悪い時期は黄体期に一致している．

② 月経周期と外傷・障害

スウェーデン・サッカー協会に所属する女子選手108名に対して行った，月経周期の時期と外傷・障害に関する調査結果を表1に示す[3]．

月経期および月経前期における発生頻度はそれ以外の時期より明らかに高率である．特に，月経前期に精神症状（いらいらなど），乳房症状（緊満感，不快感），さらに腹部膨満感などを訴える者においてその傾向が顕著である．

③ 運動能力（25m方向変換走）

正常排卵月経周期を有する大学女子ハンドボール選手8名を対象に，瞬発力・敏捷性を評価する運動テストの一環として25m方向変換走を，月経周期の月経期，卵胞期および黄体期に実施した．成績は所要時間で評価した[4]．

卵胞期と黄体期には明らかな差異は認められなかったが，月経期の所要時間は卵胞期に比べ明らかに遅延していた（図2）．

④ 月経周期と呼吸・循環器系機能

卵胞期はコンディションは良いが黄体期には悪く，さらに月経前期（黄体期）にスポーツ外傷や障害の発生頻度が高いというような，月経周期の時期によるコンディションの差異はどうして起きるのであろうか．

そこで，自転車エルゴメータを用いる多段階漸増負荷法による最大運動負荷試験時における，呼吸・循環器系機能状態の卵胞期および黄体期における差異を示す[5]．

a 心拍数と呼吸数

運動中の心拍数は，卵胞期より黄体期のほうが常に多いが，両期に明らかな差は認められない．なお，呼吸数の変動においては，卵胞期のほうが多い

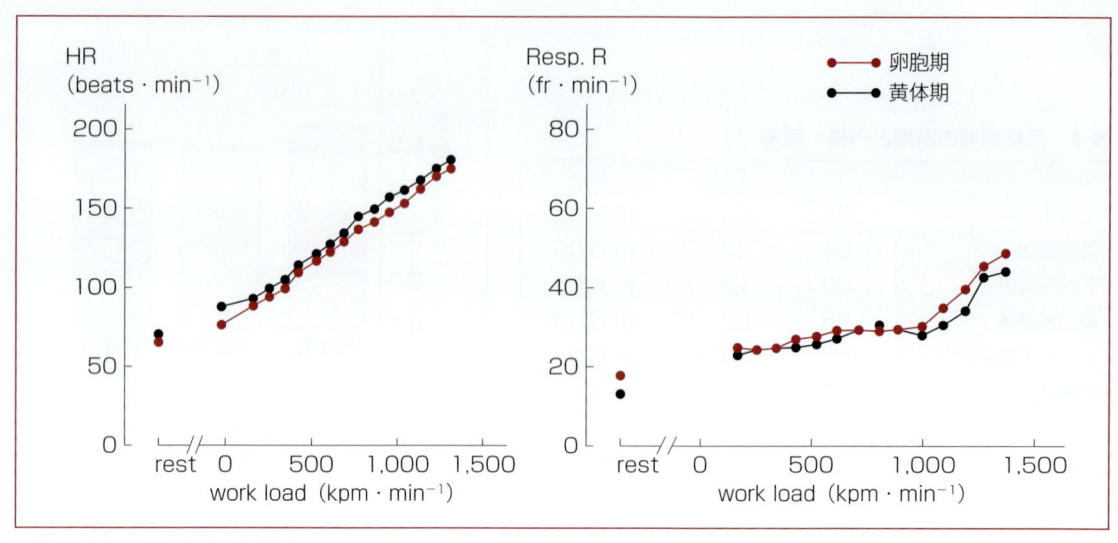

図3 心拍数と呼吸数の変動

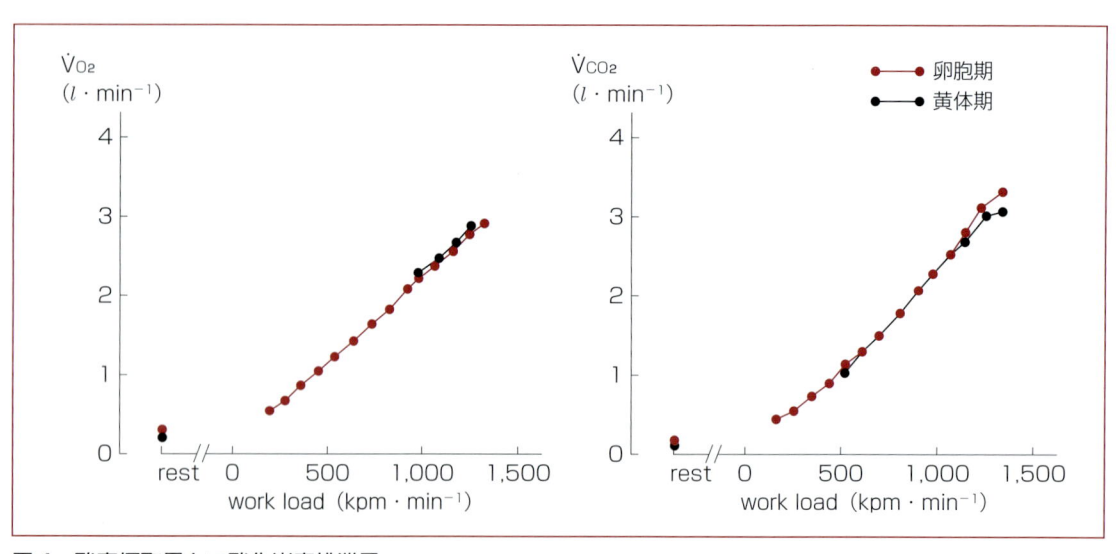

図4 酸素摂取量と二酸化炭素排泄量

傾向がうかがわれるが，各時点とも明らかな差は認められない（図3）．

b 酸素摂取量と二酸化炭素排泄量

両者とも運動負荷の増大に伴いほぼ直線的に増加しているが，両期に明らかな差は認められない（図4）．

なお，体重当たりの酸素摂取量（相対的酸素摂取量）においても，両期に明らかな差は認められない．

c 呼吸商と血中乳酸値

呼吸商は，両期とも運動負荷の増大に伴い増加し，卵胞期のほうが高い傾向を示しているが，両期に明らかな差は認められない．なお，血中乳酸値の変動は1,000 kpmを超える頃より黄体期で低い傾向を示しているが，やはり両期に明らかな差は認められない（図5）．

word

呼吸商：消費された酸素と，発生する二酸化炭素（炭酸ガス）との容積比である．

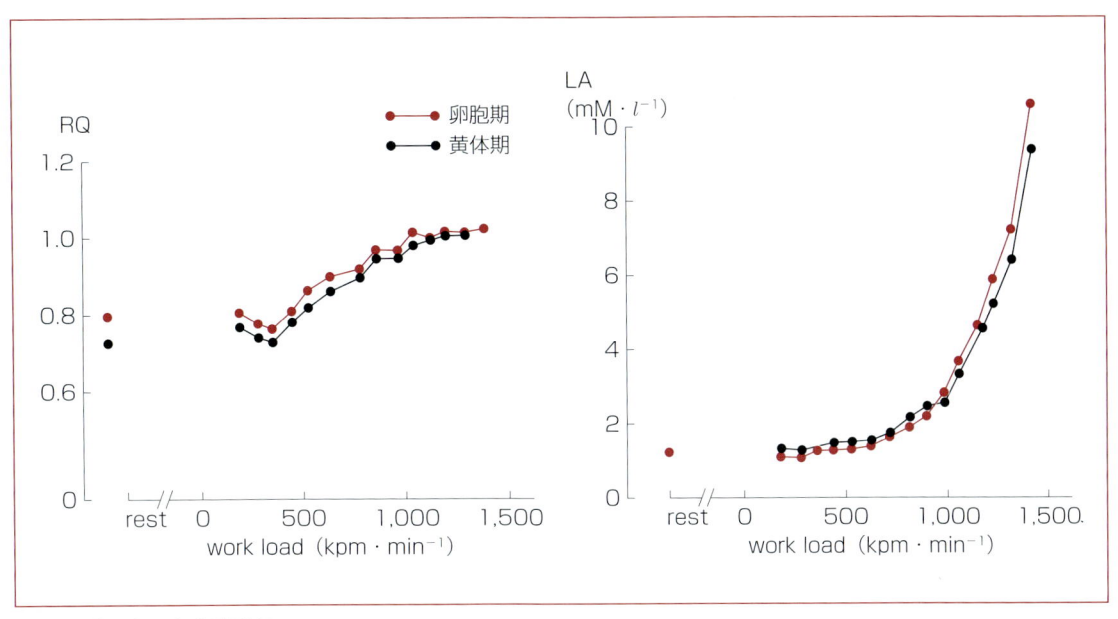

図5　呼吸商と血中乳酸値

⑤ 月経周期とホルモン変動

　月経周期の時期によるコンディションの差は，呼吸・循環器系機能により説明することはできない．そこで，月経周期に伴う各種ホルモンの変動の影響が考えられる．月経周期の調節に関与する各種ホルモンの月経周期における変動の概略を図6に示す．

　卵胞期と黄体期で明らかに異なっているのは，黄体期において黄体ホルモン（プロゲステロン，progesterone）が高値を示していることである．このことから，黄体期において自覚的なコンディションを悪くする要因としてのprogesteroneの重要性が示唆される．

　黄体から分泌されるprogesteroneの生理作用としては，温熱中枢を刺激しての体温上昇作用とともに，中枢性の麻酔作用も知られている．さらに，progesteroneは腎尿細管においてaldosterone（アルドステロン）と拮抗して水と電解質の排泄を促進するが，その後は代償的にaldosterone分泌が亢進し，結果として体内に水分貯留が起こる．また，黄体期においては黄体から多量に分泌されるprogesteroneの作用によりスポーツ活動時における持久性あるいは瞬発力などが減弱される可能性もある．さらに，その他の身体機能にも大きく影響を及ぼしている可能性も考慮しなければならない．すなわち，黄体期において主観的なコンディションが悪くなる原因としては，黄体から分泌されるprogesteroneが重要な要因として作動しているものと考えられる．

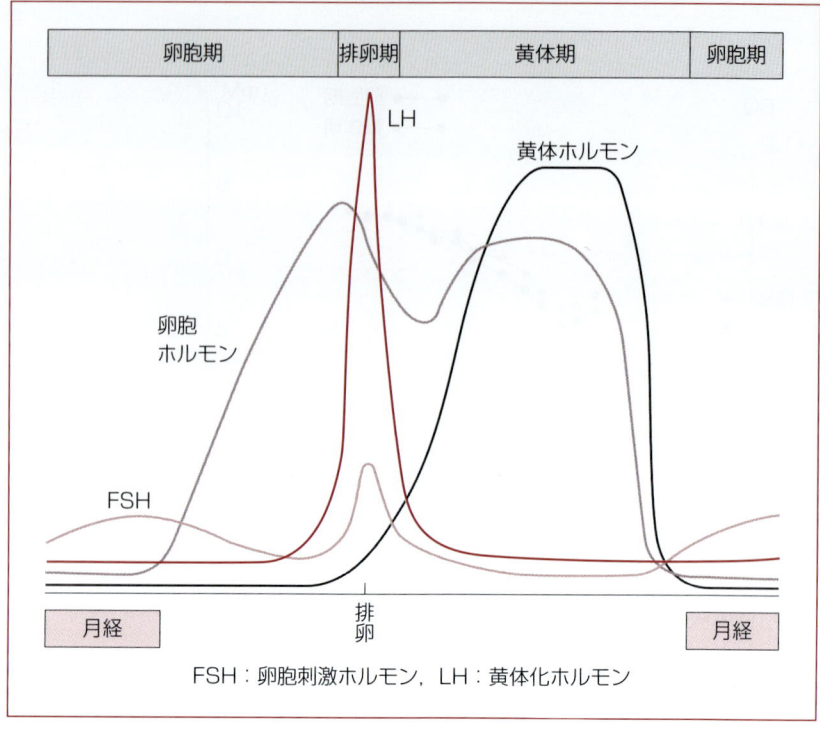

図6　正常月経周期における各種ホルモンの変動

B 月経期間中のスポーツ活動

　女性には周期的に繰り返される月経があり，スポーツを愛する女性にとっても，月経期間中には楽しいはずのスポーツ活動が負担になることもある．若い女性，特に思春期少女にとっては，学校体育との関連からも重要な問題である．しかし，月経期間中のスポーツ活動の是非に関しては賛否両論があり，必ずしも明確な回答は得られておらず，教育の現場においても混乱をきたしており，多くの悩みがあるものと思われる．

　日本産科婦人科学会思春期・小児問題委員会に設置されたスポーツと性機能に関する小委員会（目崎 登委員長）では，思春期少女の月経期間中のスポーツ活動に関連して，①中・高校生の月経期間中の水泳に対する態度，②体育系大学生および大学院生の考え方，③体育系教師の考え方，さらに④大学教授を中心とした産婦人科医の考え方などを調査して，これらの調査結果を参考として，1989年に委員会報告として「思春期少女の月経期間中のスポーツ活動に対する対応の指針」を作成している[6,7]．

① 「生理用品」について

　いわゆる「生理用品」には外装具（ナプキン）と内装具（タンポン）がある．思春期少女の場合には，内性器の発育状態，清潔に取り扱うことの困難さなどから，中学生以下では後者（タンポン）の使用は原則として避けるべきで

表2　月経期間中の体育授業

	水泳	陸上スポーツ
小学生	強制的に行わせるべきではない	問題は少ないと思われる
中学生 高校生	経血量の減少後 生理用品を使用しない 内装具は高校生以上を原則とする （水泳時に限る）	外装具の使用を原則とする ＊経血量減少，月経痛軽快後が望ましい ＊軽い内容とする

（日本産科婦人科学会）

あり，特に小学生では禁止するべきである．

② 基本的事項

本人の自由意思が大切であり，特に禁止する必要はない．本人の自由意思で行われる場合には問題は少ないが，画一的に強制して行わせることには問題がある．また逆に，自由意思を尊重しすぎて，ただ月経期間中であるという理由のみで絶対に行わないということにも問題があり，健康管理の面（月経痛対策など）からも，ある程度のスポーツ活動を月経期間中であっても，むしろ行うことが望ましい．

③ 体育の授業

学校での体育授業については，陸上でのスポーツ種目と水泳に分けてその対応を示している（表2）．

ⓐ 陸上のスポーツ種目

月経期間中に行っても問題は少ないと思われる．なお，「生理用品」としては外装具の使用で十分であり，またズレによる経血の漏出などの問題が起きない程度のスポーツ活動を行うべきである．ただし，経血量が多い時期では，強制的に行わせるべきではない．

ⓑ 水泳

小学生では，精神的にも身体的にもなお未熟であり，初経発来者が少ないことからも，強制的に行わせるべきではない．

中学生以上では，「生理用品」を使用しない状態での水泳が望ましい．すなわち，プール外での経血の流出との関係もあるので，経血量が減少してから行うほうがよい．なお，経血の流出量がある程度以上ある状態で水泳を行う場合には内装具の使用が必要となるが，この場合には水泳時に限っての使用に制限するべきである（高校生以上を原則とする）．

なお，女子の場合は，プールサイドに一色（濃紺，赤など）のバスタオルを常に持ち込むことを習慣としたほうがよいであろう．

④ スポーツ選手の活動

本人の行いたいとする意志が強いと思われるので，中学生以上では特に規制する必要はないと考えられる．できれば，経血量の減少，あるいは月経痛

> **word**
> 経血：月経時に腟口より流出する血液．

表3 月経期間中のスポーツ選手の活動

	水泳	陸上スポーツ
小学生	強制的に行わせるべきではない	規制する必要はない 外装具を使用する
中学生 高校生	規制する必要はない 外装具の使用を原則とする (経血量が多いときは，スポーツ活動時に限って，内装具を使用する) ＊トレーニング内容は，無理をさせない，軽い内容とする	

(日本産科婦人科学会)

の軽快後に行うことが望ましいと思われる．なお，「生理用品」としては原則として外装具とするが，経血量が多い時期ではスポーツ活動時に限っての内装具の使用を許可してもよい．しかし，小学生については，無理をさせないような配慮が必要である(表3)．

なお，月経期間中ということからも，コンディションをも考慮し，トレーニング内容はあまり無理をさせないこと，軽い内容とするよう指導することが肝要であろう．

C 月経周期調節の実際

重要な試合などに際して，月経期間中や黄体期などのコンディションの悪い時期を避けるための，月経周期に関連してのコンディショニングとしての月経周期調節も必要となる．月経周期調節は卵胞ホルモンと黄体ホルモンの合剤を用いて月経を人工的に移動することにより可能である．なお，その実施に際しては，正しい月経記録，基礎体温表などを参考にして専門医(婦人科医)と相談しなければならない[8]．

> **word**
> 基礎体温：早朝覚醒直後に安静状態で測定した口腔温．

月経の人工的移動法としては月経周期短縮法と月経周期延長法があり(図7)，いずれの方法によってもよい．しかし，ホルモン剤を服用し続けて月経を遅らせることは，実質的には黄体期を延長しているのと同様であり，このような状態で試合に臨むことは無意味である．そこで，実際には2〜3ヵ月前に調節しておくことが望ましい．

しかし，事前に月経を人工的に移動して重要な試合に臨んだとしても，精神的ストレスなどにより予期せぬ月経の発来をきたすこともあるので，細心の配慮が必要である．

D 月経周期と骨代謝

骨量の獲得に影響を及ぼす因子には，運動，ホルモン状態(性ホルモン)，栄養状態，遺伝があげられる[9]．骨代謝は破骨細胞による骨吸収と骨芽細胞による骨形成を繰り返し，再構築(リモデリング)によって形態や機能を維持している．

若年女性において，正常な月経周期が保たれている場合には，骨代謝の均

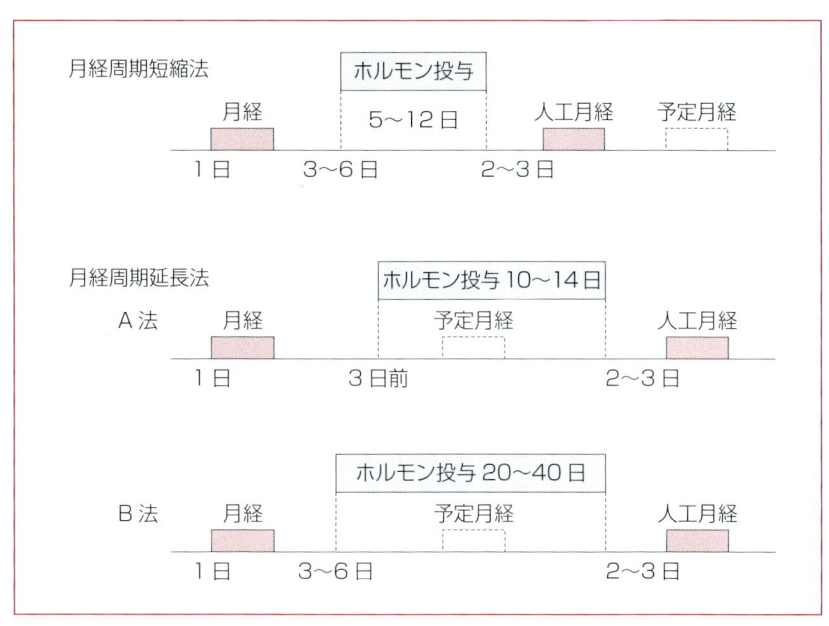

図7 月経の人工的移動法

---

word

破骨細胞：骨吸収能をもつ多核の巨細胞で，骨髄由来の単核細胞が癒合してできる．しばしば，自らが分解・吸収して生じた骨のくぼみに位置している．

word

骨芽細胞：骨表面に配列して骨基質を合成，分泌する細胞で，副甲状腺ホルモン受容体を有する．

衡も保たれるが，無月経によって低エストロゲン状態に陥ると，著明な低骨密度を引き起こすことから，月経異常は骨量減少のリスクファクターとして考えられている[10]．女性は内因性のエストロゲン分泌の変動により，骨の変化が生じると考えられるため，女性の骨量の維持および改善には，運動と同時に月経状態を考慮することは重要である．

① 安静時の骨代謝動態

骨形成マーカーでは，周期を通して変化がない[11]，卵胞期で増加する[12]との報告がある．骨吸収マーカーは卵胞期に増加し，一方，黄体期では減少[13]，増加する[11,12]と結果はさまざまであるが，月経周期に伴う内因性エストロゲンの変化が関与している可能性が考えられる．

② 一過性運動時の骨代謝動態

月経周期における一過性レジスタンス運動時の骨代謝応答についての検討[14]を示す．

骨形成マーカー（骨型アルカリフォスファターゼ，bone-specific alkaline phosphatase：BAP）は，両期で運動前と比べ運動直後に明らかに増加したが，黄体期では運動前と比べ運動後1時間および運動後24時間で明らかに減少した．一方，骨吸収マーカー（I型コラーゲンCテロペプチド，carboxyterminal telopeptide of type I collagen：ICTP）は，卵胞期では運動直後に明らかに増加したが，黄体期には変化を認めず，運動後1時間および運動後24時間で明らかに減少した．黄体期における骨代謝応答は，運動後1〜24時間で低骨代謝回転へと移行した（図8）．

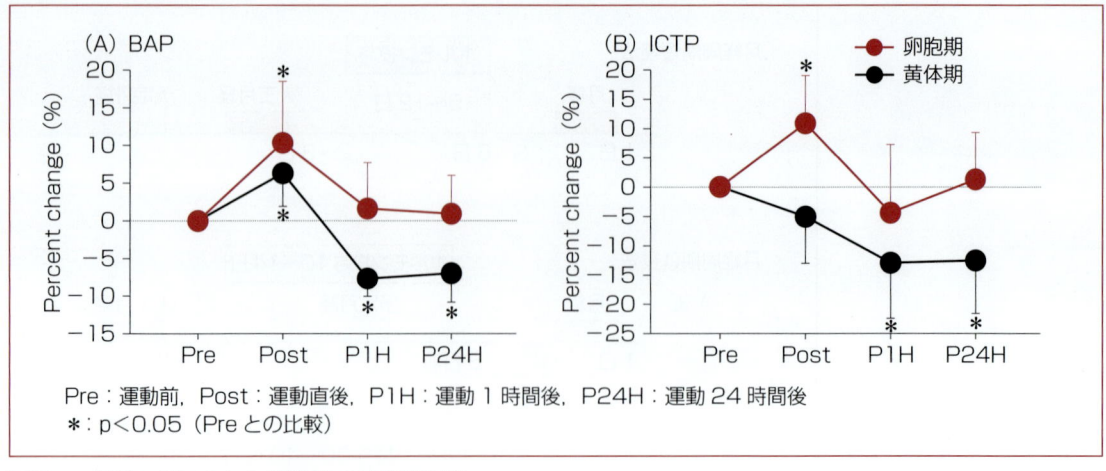

図8 一過性レジスタンス運動時の骨代謝応答

一過性レジスタンス運動に伴う骨代謝マーカーは月経周期により異なる応答を示している．このことから，運動に対する骨代謝応答は月経周期の影響を受ける可能性が考えられる．この結果は，女性が運動をする際に月経周期を考慮する必要があることを示唆するものである．卵胞期および黄体期のどちらに骨代謝に対するトレーニング効果があるかは，本研究の結果から明らかにすることはできないが，黄体期においては低骨代謝回転への移行がみられたことから，レジスタンストレーニングを行う際には，低骨代謝回転がみられなかった卵胞期においてトレーニング効果が期待できる可能性が考えられる．

文献

1) 目崎 登, 佐々木純一, 庄司 誠ほか：大学運動選手の月経現象．日産婦誌, 36：247-254, 1984
2) 目崎 登：女性，コンディショニングの科学（コンディショニング科学研究会編）．朝倉書店, 東京, pp79-86, 1995
3) Moller-Nielsen J, Hammar M：Women's soccer injuries in relation to the menstrual cycle and oral contraceptive use. Med Sci Sports Exerc, 21:126-129, 1989
4) 橋本有紀, 目崎 登：月経周期と女子ハンドボール選手のパフォーマンスの関連．女性心身医学, 6：108-115, 2001
5) 目崎 登, 佐々木純一, 庄司 誠ほか：月経周期と運動負荷における呼吸・循環器系応答．日産婦誌, 38：1-9, 1986
6) 目崎 登：月経期間中のスポーツ活動に関する指針．母子保健情報, 20：94-97, 1989
7) 目崎 登, 本部正樹, 佐々木純一：月経時とスポーツ．産婦人科治療, 60：171-174, 1990
8) 目崎 登, 本部正樹, 佐々木純一ほか：女子選手のコンディショニングについて．臨床スポーツ医学, 5(別冊)：150-152, 1988
9) Notelovitz M：Osteoporosis: screening, prevention, and management. Fertil Steril, 59：707-725, 1993
10) Hergenroeder AC：Bone mineralization, hypothalamic amenorrhea, and sex steroid therapy in female adolescents and young adults. J Pediatr, 126：683-689, 1995
11) Schlemmer A, Hassager C, Risteli J et al：Possible variation in bone resorption during the normal menstrual cycle. Acta Endocrinol (Copenh), 129：388-392, 1993

12) Gorai I, Taguchi Y, Chaki O et al : Serum soluble interleukin-6 receptor and biochemical markers of bone metabolism show significant variations during the menstrual cycle. J Clin Endocrinol Metab, 83：326-332, 1998
13) Gorai I, Chaki O, Nakayama M et al : Urinary biochemical markers for bone resorption during the menstrual cycle. Calcif Tissue Int, 57：100-104, 1995
14) 鈴木なつ未, 相澤勝治, 銘苅瑛子ほか：月経周期における一過性レジスタンス運動時の骨代謝応答. 体力科学, 56：215-222, 2007

Self-Check

1 月経周期の時期における，コンディションの良い時期と悪い時期を記せ．

(解答はp.347〜350)

11 スポーツと月経現象

思春期から成熟期の女性の激しいスポーツ活動が月経現象に及ぼす影響と問題点を示す．

A 一流スポーツ選手の月経現象

女性の激しいスポーツ活動が，非常に微細な機構により調節されている月経現象に及ぼす影響について，わが国を代表する一流スポーツ選手の月経現象に関する調査成績を中心として，その問題点を示す．

① 初経発来

思春期少女における性機能の発達，発現の最も明らかな徴候である初経の発来に及ぼすスポーツトレーニングの影響について示す．

> **word**
> 初経：初めて発来した月経のこと．一般用語としては初潮．

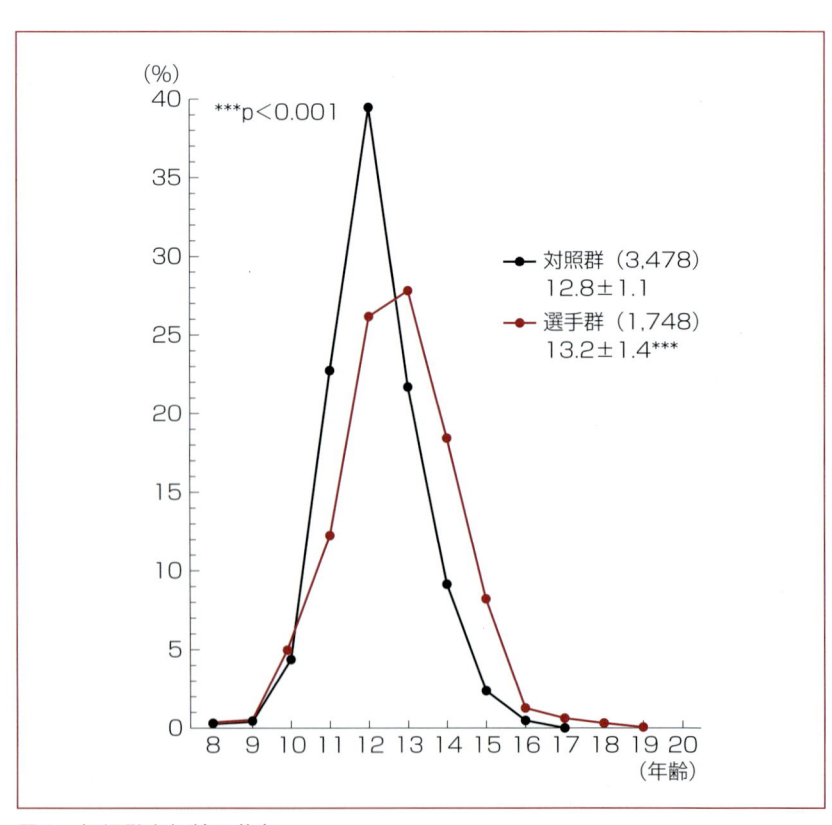

***$p<0.001$

対照群（3,478）
12.8±1.1

選手群（1,748）
13.2±1.4***

図1　初経発来年齢の分布

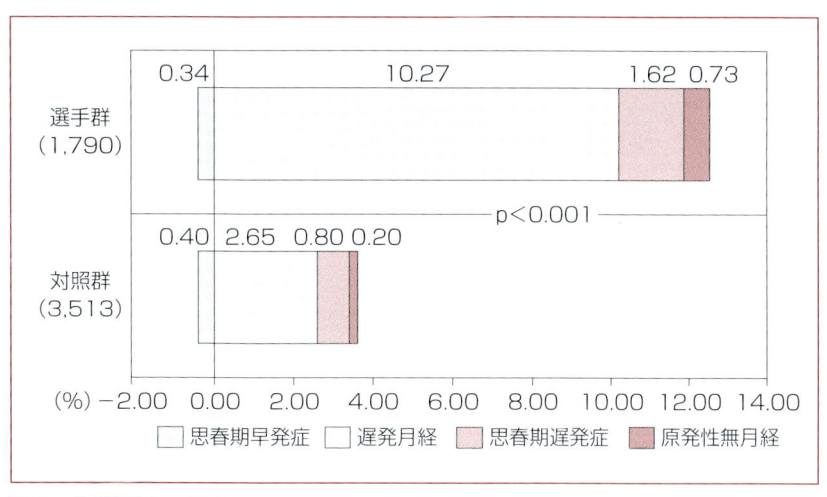

図2 初経発来の異常

a 初経発来

1) 発来年齢の分布

これまでに特別なスポーツ習慣のない一般女子大学生を対照群として初経発来年齢の分布をみると，12歳での発来者が最も多く，この年齢をピーク年齢として，その前後の年齢で漸減する正規分布を示している．これに対し，選手群では初経発来者のピーク年齢は13歳であり，また全体に高年齢での発来者が多い傾向を示している．実際に，初経発来の平均年齢は対照群の12.8歳に対し，選手群では13.2歳と明らかに遅延している（図1）．

2) 初経発来の異常

初経発来時期について，10歳未満の発来（思春期早発症），15歳以降の発来（遅発月経），15〜18歳での未発来（思春期遅発症），および18歳以降での未発来（原発性無月経）に分けて，初経発来の異常の頻度を図2に示す．

思春期早発症の頻度には明らかな差は認められないが，遅発月経（4倍），思春期遅発症（2倍）および原発性無月経（3.7倍）は選手群のほうが明らかに高率であり，一流選手における初経発来の遅延傾向が示されている．

b 発来遅延の要因

1) トレーニング開始時期

本来，体格の良いスポーツ選手は一般少女よりも早く初経が発来するはずであるが，非常に早期に開始したトレーニングにより初経発来が遅延する[1,2]．

このようなトレーニング開始時期と初経発来年齢に関する報告をみると，バレエダンサー[3]，および水泳とランニング[4]においても同様の傾向が報告されており，トレーニング開始時期の影響は十分に配慮しなければならないと思われる．

2) 運動強度

非常に早く，初経発来前の若年齢のうちから激しいトレーニングを開始すると，思春期少女の正常な性機能の発達に何らかの障害をきたし，初経発来が遅延する．

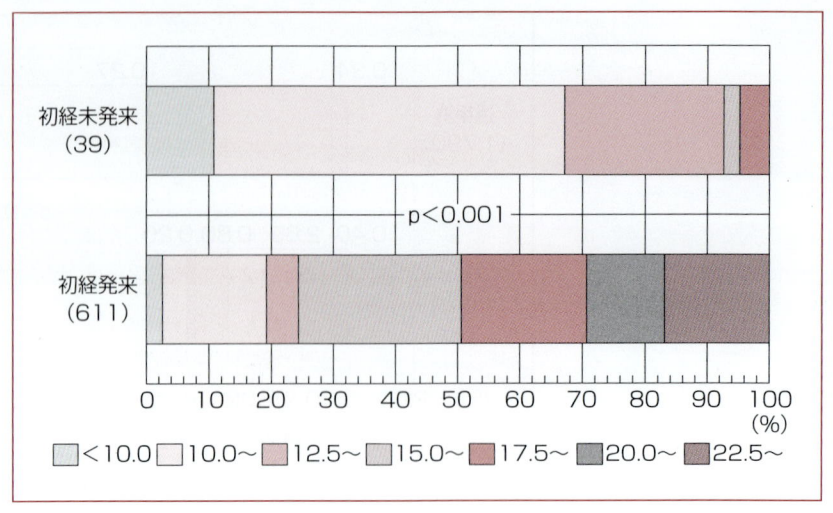

図3 初経発来の有無と体脂肪率

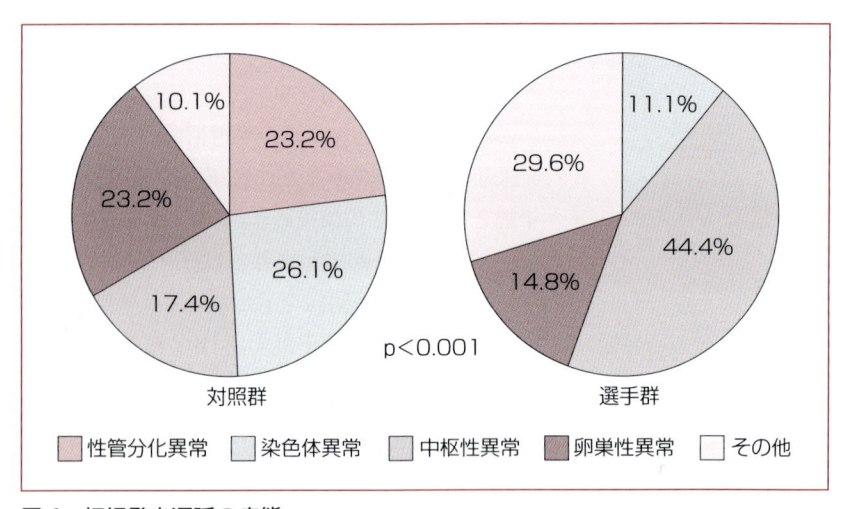

図4 初経発来遅延の病態

c 身体発育と初経発来

　一流スポーツ選手の体脂肪率を，初経発来の有無により比較すると（図3），初経未発来選手群のほうが明らかに低い傾向を示している．すなわち，初経未発来群では体脂肪率17.5％未満が94％を占めている．

　なお，Wanneら[5]は，思春期における激しいトレーニングは身長発育には特に悪影響を及ぼさないと報告している．

　初経発来にはその時期においてある一定以上の体重，体脂肪量が必要であることが明らかである．スポーツ種目の特異性はあるものの，激しいトレーニングや厳しいダイエットなどによるウェイトコントロールは正常な身体発育，特に体重や体脂肪の増加に障害をきたし，その結果として，初経発来が遅延するものと思われる．思春期あるいはそれ以前からの激しいトレーニングに対しては，少女の身体発育を含めた健康管理の面からも十分な配慮が必要である．

d 初経発来遅延の病態

15歳以降で初経未発来の一般女性(対照群,69名)とアスリート(選手群,27名)の病態を図4に示す[6]．

対照群の初経未発来の病態は，性管分化異常(処女膜閉鎖，腟欠損など)23.2％，染色体異常(46,XX以外の染色体構成)26.1％，中枢性異常(視床下部・下垂体機能障害)17.4％，さらに卵巣性異常23.2％と，多岐にわたっている．しかしながら，選手群では性管分化異常は認められず，染色体異常11.1％，中枢性異常44.4％，卵巣性異常14.8％であり，視床下部・下垂体機能障害が最も多くなっている．選手群の各病態の詳細をみると，染色体異常では46,XYが多く，アンドロゲン不応症の精巣性女性化症と，性腺(精巣)形成不全のSweyer症候群である．しかし，対照群に多い45,Xおよびそのモザイクを含めたTurner症候群は認められない．中枢性異常では，下垂体性機能障害が多く認められる．卵巣性異常では，卵巣の発生・形成が認められない性腺形成不全と，内分泌学的な多嚢胞性卵巣症候群が半々である．

② 月経周期

本来，正常月経とは妊娠することが可能なこと，すなわち排卵を有することが必要である．そこで，正確に月経周期をみるためには排卵の有無について検討しなければならない．しかし，大多数の人が基礎体温の測定などがなされていない集団を対象としての調査では，周期日数による診断しか行うことはできない．そこで，排卵の有無にかかわらず，その周期日数のみから月経周期を分類する．

スポーツ選手では，続発性無月経(対照群7.6％，選手9.2％)や稀発月経(それぞれ6.1％，8.3％)などの各種月経周期異常が対照群より高率である．その結果，正常月経周期は対照群では66.9％であるのに対し，スポーツ選手では60.8％と明らかに低率である(図5)．すなわち，スポーツ選手のほ

> **word**
> 続発性無月経：これまであった月経が3ヵ月以上停止したもの．

> **word**
> 稀発月経：月経周期が延長し，39〜90日で発来した月経．

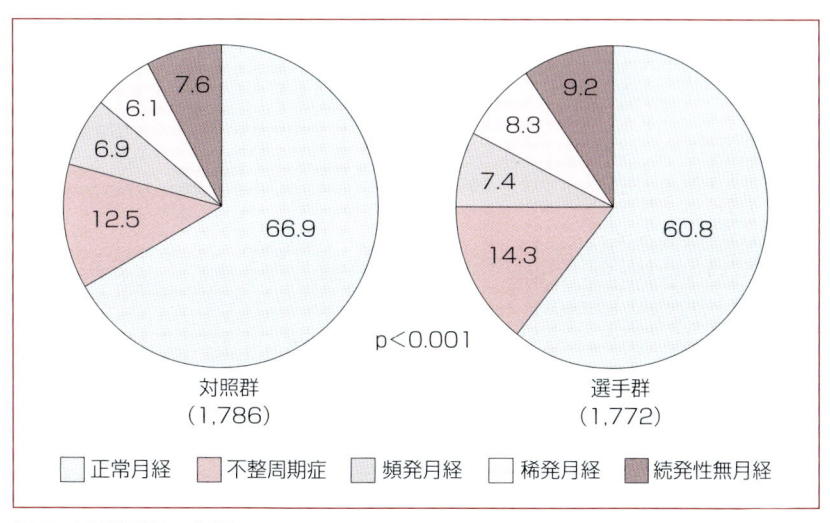

図5 月経周期の分類

うが月経周期異常が高率である．

なお，このような月経異常に関連して婦人科を受診したスポーツ選手は非常に少ない[7]．これは，スポーツ選手であること以前の問題として，女性としての生殖生理機能の重要性を理解しての自己健康管理の意識が低く，スポーツ選手の全身的な健康管理の面からは大きな問題点を残している．

B 運動性無月経の発現機転

非常に早期より開始されるトレーニングによる初経発来の遅延傾向，さらに日々に繰り返される激しいトレーニングに起因する続発性無月経などの各種月経周期異常は運動性無月経と総称される．

運動性無月経の発現機転としては3つの要因があげられている．すなわち，①精神的・身体的ストレス，②体重（体脂肪）の減少，および③ホルモン環境の変化などである．なお，これらの要因は単独に作動するばかりではなく，相互に関与することにより月経異常を惹起するものと考えられている[8]．

① 精神的・身体的ストレス

月経現象は非常に微細な機構により調節されている生殖生理機能であることからも，各種ストレスによりその機能は容易に障害されることが知られている．

a 精神的ストレス

一般女性において，進学，就職，転居などの環境変化，精神的ショック，さらに過労などにより容易に性機能は障害され，続発性無月経などの月経異常をきたすことが知られている．なお，これら続発性無月経の病態は視床下部性機能障害である．

これらのことから，日常的な激しいトレーニングや試合，監督・コーチさらにチームメイトとの人間関係，合宿所生活などが精神的ストレスとなり，各種月経異常の原因となることは十分に理解される．

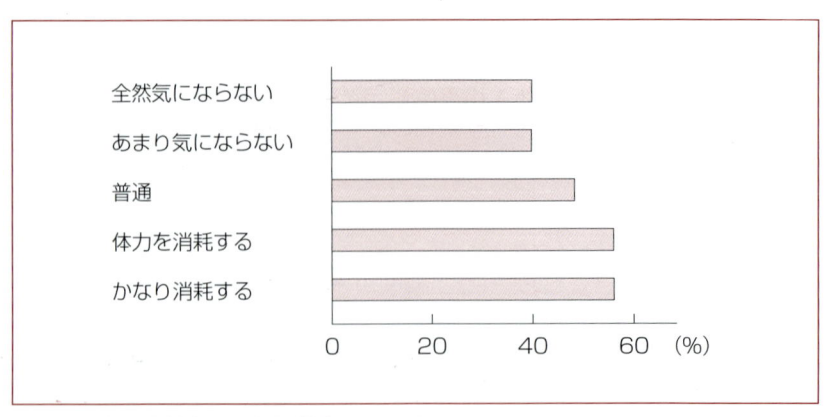

図6 体力の消耗度と月経異常率

b 身体的ストレス

日常のトレーニングにおける体力の消耗度を身体的ストレスの程度として月経異常の頻度をみると（図6），気にならないとする者では40％程度であるが，体力を消耗するとする者では約55％と高率である[9]．

また，バレエダンサーでは，1週間の練習時間の増加に伴い続発性無月経の者が多くなる[10]．さらに，陸上競技選手においても，1週間の走行距離が増加するほど続発性無月経の者が多くなることが報告されている[11]．

② 体重（体脂肪）の減少

スポーツ種目にもよるが，コンディションの調節，あるいはプロポーションの維持のために，節食や減食などにより体重減少を図る選手が多い．これらの体重減少は主に体脂肪の減少によると考えられる．

食事に関する新体操選手[12]およびバレエダンサー[13]に対する調査では，激しいトレーニングを行っているにもかかわらず，摂取カロリーが非常に少ないと報告されている．

体重（体脂肪）減少による月経異常，続発性無月経としては神経性食欲不振症がよく知られている．また，病的な原因のない単純な体重減少による続発性無月経も体重減少性続発性無月経として報告されており[14,15]，重要な問題点である．

> **word**
> 神経性食欲不振症：思春期女子に好発し，特別な器質的病変を伴わず，心因性視床下部機能不全にて発症する．摂食異常と痩せ，無月経および精神的には反社会的行動やうつ状態を特徴とする症候群である．

> **word**
> 体重減少性無月経：短期間に体重が減少することによって引き起こされる無月経をいう．

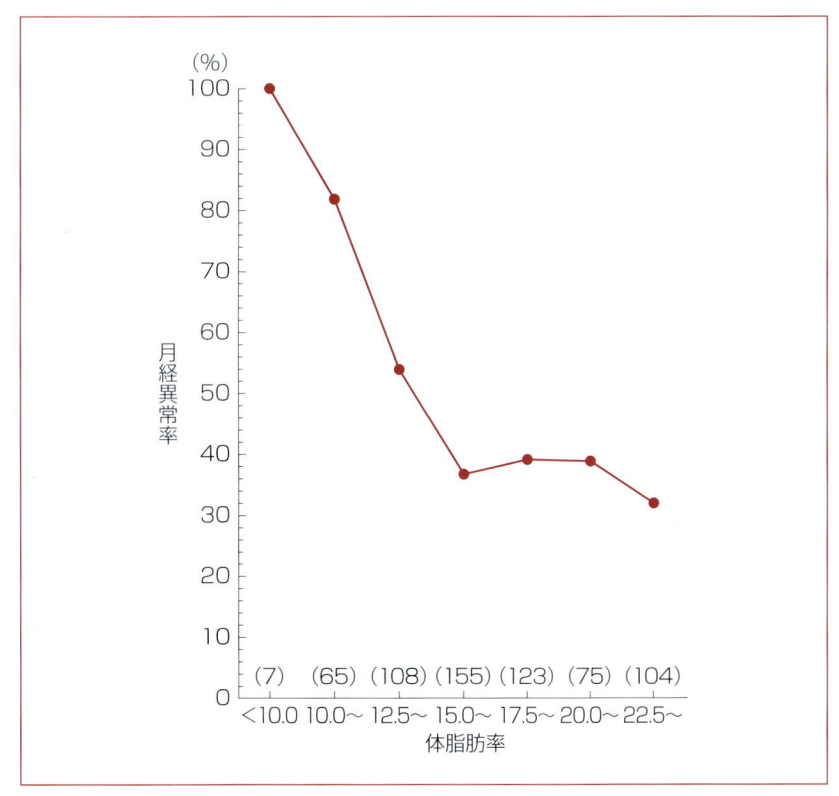

図7 体脂肪率と月経異常率

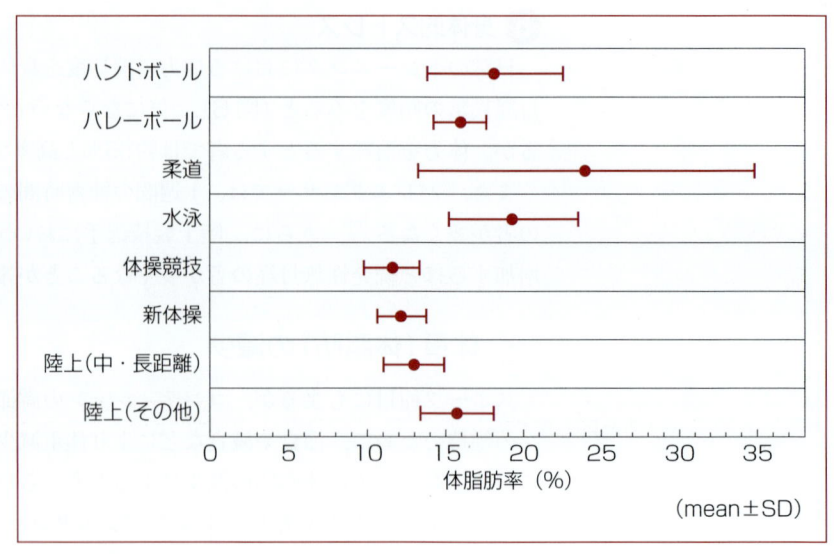

図8　競技種目別体脂肪率

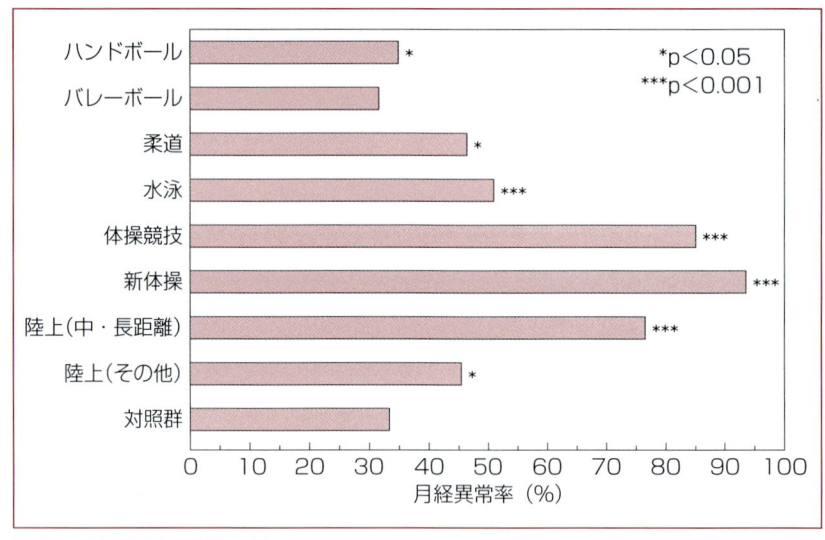

図9　競技種目別月経異常率

a 体脂肪率と月経異常率

全競技種目について，体脂肪率区分により月経異常の頻度をみると（図7），体脂肪率が低いほど月経異常率が高く，体脂肪率の増加に伴い月経異常率は減少する傾向にある．すなわち，体脂肪率10％未満では全員（100％）が月経異常を示しているが，体脂肪率の上昇に伴い月経異常率は明らかに減少している．しかしながら，15.0％以上の体脂肪率においては，月経異常率は30～40％であり，明らかな差は認められない．

競技種目別に体脂肪率（図8）および月経異常率（図9）をみると，陸上競技中長距離および跳躍などの動作が多い競技種目（体操競技や新体操）では体脂肪率が低く，月経異常が高率である．これに対し，体脂肪率が高い競技種目では月経異常率は低い傾向を示している．しかしながら，一部競技種目

> **word**
>
> **体脂肪率**：体重に占める全身体内脂肪の割合．

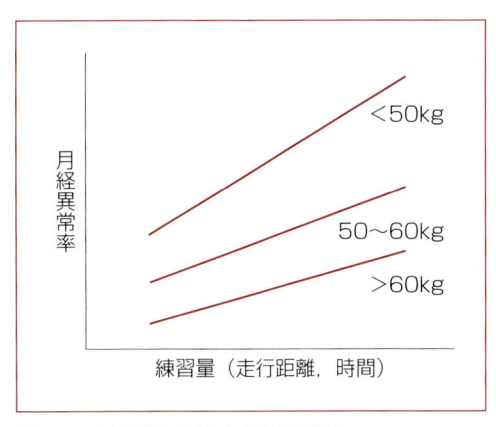

図10　練習量，体重と月経異常率

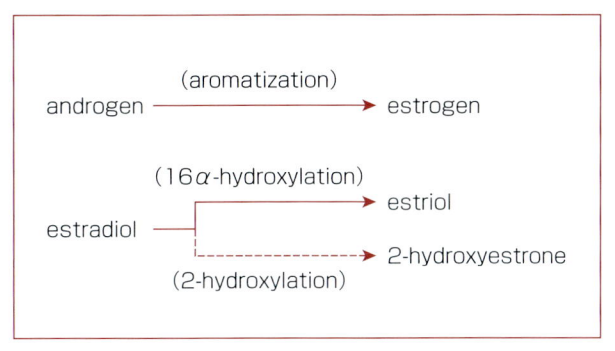

図11　脂肪における性ステロイドホルモンの代謝

において，体脂肪率が高いにもかかわらず高い月経異常率を示している．なお，体操競技と新体操選手について，初経発来の有無により体脂肪率を比較した場合，両群間に明らかな差は認められない[7]．

なお，正常月経周期のスポーツ選手と稀発月経あるいは続発性無月経のスポーツ選手の体格を比較した場合，身長は同程度であっても，体重および体脂肪量は後者で少ないとされている[16]．しかし，体型的には正常である陸上競技選手の続発性無月経も報告されている[17]．

体重（体脂肪）と練習時間（走行距離）との関係から月経異常の頻度をみると（図10），練習量の増加に伴い月経異常率は高くなるが，さらに同じ練習量であっても体重が少ないほど月経異常が高率である．

すなわち，スポーツ選手の体重（体脂肪）の減少は，運動性無月経の発現機転において非常に重要な要因ではあるが，それのみからスポーツ選手の初経発来遅延を含めた月経異常の発現機転のすべてを説明することはできない．

b 体脂肪の重要性

女性の身体における脂肪は，思春期の頃より増加し，女性らしい丸みを帯びた体型を作り出しているばかりでなく，正常な性機能の発現および維持において重要である．

性機能と体脂肪率の関係については，初経発来には17％以上，また正常な排卵性月経周期の確立には22％以上の体脂肪率が必要であると報告されている[18]．

体脂肪は性ステロイドホルモンの代謝の面においても重要な役割を果たしている（図11）．すなわち，androgen（アンドロゲン）は脂肪においてaromatizationを受けてestrogen（エストロゲン）に転換されることから[19]，体脂肪量の少ない者ではこの転換率が低く，高アンドロゲン状態をきたし，月経異常の原因となると考えられる．さらに，脂肪はエストロゲンの代謝においても重要である．すなわち，estradiol-17βは脂肪組織において16α-hydroxylationを受けてestriolとなり排泄系に向かうが，脂肪が少ない場合にはこの代謝系とは異なり，2-hydroxylationを受けて2-hydroxyestrone（catecholestrogen）となり，排卵障害や続発性無月経などの月経異常の原因

となると考えられている[20]．

このように体重，体脂肪の減少は性ステロイドホルモンの代謝など，内分泌学的にも月経異常発現に重大な影響を及ぼしている．

③ ホルモン環境の変化

スポーツ活動に関連してのホルモン環境の変化としては，日々のトレーニングによる直接的・短期的な変動とともに，継続的なトレーニングによる影響としての長期的な変化も重要である．

ａ 短期的変動

スポーツ活動に伴う直接的な各種ホルモンの変動について，月経現象の調節に関与する各種ホルモンのトレッドミルによる最大運動負荷試験時[21]，最大下長時間運動負荷試験時[22]，およびバドミントン・ゲーム時[23]における変動の概略を表1に示す．

1）下垂体ホルモン

a）性腺刺激ホルモン

卵胞刺激ホルモン（follicle-stimulating hormone：FSH）および黄体化ホルモン（luteinizing hormone：LH）は，卵胞期および黄体期ともに，スポー

表1　スポーツ活動時の各種ホルモンの変動の概略

Phase / Hormone	卵胞期	黄体期
FSH	→	→
LH	→	→
Prolactin	↑↑	↑↑
Estrone	↗	↗
Estradiol	↗	↑
Progesterone	→	→
Testosterone	↗	↗
Androstenedione	↗	↗

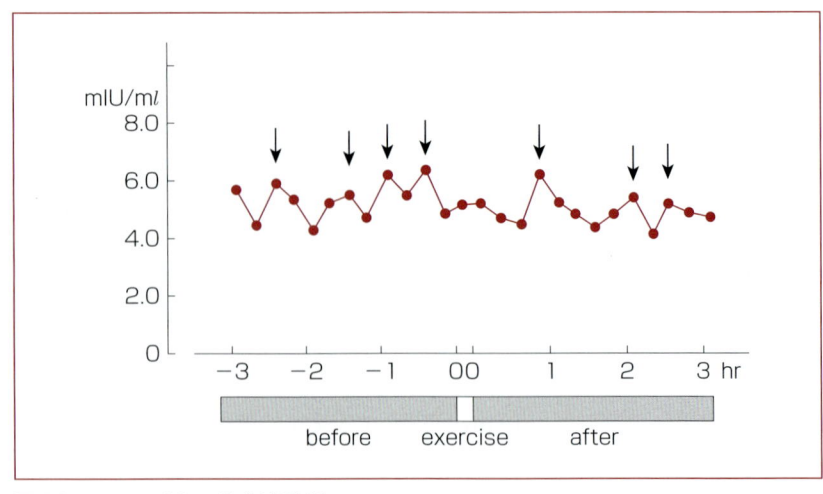

図12　LHのパルス状分泌動態

ツ活動に伴う大きな変動は認められない.なお,性腺刺激ホルモンは脈波(パルス)状分泌を示すが,運動直後にはそのパルスの回数が減少する(図12)[24].

b) プロラクチン (prolactin：PRL)

卵胞期および黄体期ともに,スポーツ活動開始に伴い直ちに上昇するが,終了により前値に復するという,一過性ではあるものの著明な上昇を示す.

近年,一般女性の排卵障害などの各種月経異常の発現機転に関連して,プロラクチンの関与がとみに注目されている.すなわち,明らかな高プロラクチン血症ばかりでなく,安静時の基礎値が正常であっても日内変動における夜間の一過性の上昇(潜在性高プロラクチン血症)が無排卵症などの卵巣機能低下をきたす原因として重要視されている[25].

このことからも,スポーツ活動に伴う一過性ではあるものの著明なプロラクチンの分泌亢進は,スポーツ選手の月経異常発現の重要な要因と考えられる.しかし,このプロラクチン分泌亢進がいかなる機序で月経異常を惹起するかは,今後の詳細な検討が必要である.なお,スポーツ活動時にはプロラクチン抑制因子(prolactin inhibitory factor：PIF)である dopamine には変動は認められないが,プロラクチン放出因子(prolactin releasing factor：PRF)である β-endorphin や VIP (vasoactive intestinal peptide)が著明に上昇する(図13).さらに,naloxone (opioid peptide の agonist)あるいは L-Dopa (dopamine の前駆物質)投与時のそれらの変動から,スポーツ活動に伴うプロラクチンの分泌亢進は PRF である β-endorphin や VIP の上昇が重要であると考えられている[26,27].

c) 性ステロイドホルモン

(1) 男性ホルモン(アンドロゲン)

卵胞期および黄体期ともに,testosterone および androstenedione は軽度

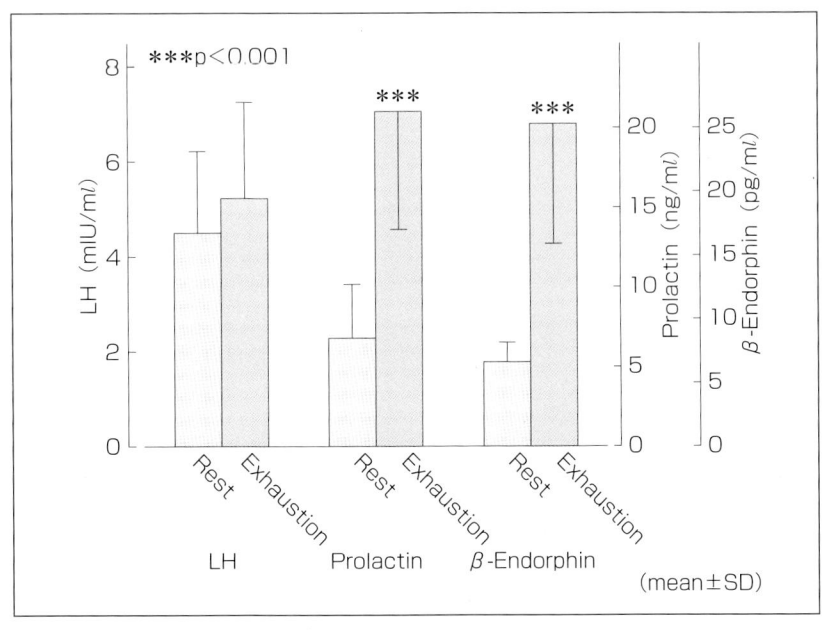

図13 運動時のホルモン変動

上昇傾向を示している．しかし，安静時の値は正常範囲内にあることから，高アンドロゲン状態による月経異常発現に関しては問題はないと考えられる．

(2) 卵胞ホルモン（エストロゲン）

エストロゲンはスポーツ活動に伴い，卵胞期および黄体期ともに上昇傾向を示している．特に，黄体期におけるestradiolの上昇は著明である．しかし，これらエストロゲンの変動は性腺刺激ホルモンの変動と一致していないことから，中枢性の調節を受けて合成・分泌が亢進しているのではない．すなわち，スポーツ活動に伴い一過性に増加するアンドロゲンが脂肪組織においてエストロゲンに転換したものと考えられる．

(3) 黄体ホルモン（プロゲステロン，progesterone）

卵胞期はもちろんのこと，黄体期においても明らかな変動は認められない．

b 長期的変動

継続的なトレーニングの影響としてのホルモン環境の長期的変動として，女子スポーツ選手の視床下部-下垂体系機能について示す．

安静時の基礎値は，FSHおよびLHともに低値となり，またその分泌動態においても明らかな変化が認められる[28〜31]．

1）LH-RH負荷試験

女子スポーツ選手に対するLH-RH負荷試験において[29]，FSHの分泌反応には月経の正常あるいは異常による変化はほとんど認められない．しかし，LHの分泌動態では月経正常なスポーツ選手ではほぼ正常な反応を示しているが，黄体機能不全，無排卵周期症および続発性無月経などの月経異常者では分泌亢進および遅延反応が認められる．特に，無排卵周期症および続発性無月経においてその傾向が顕著である．

2）パルス状分泌動態

下垂体ホルモンは一定の分泌量を持続するのではなく，定期的に分泌量が

> **word**
> LH-RH (luteinizing hormone-releasing hormone, 黄体化ホルモン放出ホルモン）（性腺刺激ホルモン放出ホルモン, gonadotropin releasing hormone：GnRH)：視床下部から分泌され，下垂体門脈を経て下垂体前葉よりのLH，FSHの分泌を調節する．

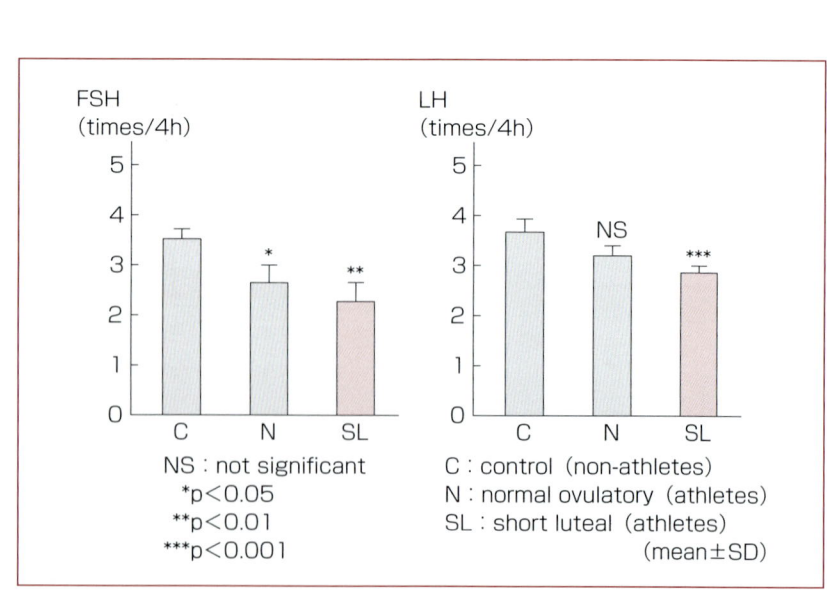

図14 性腺刺激ホルモンのパルス状分泌動態

NS：not significant
*p<0.05
**p<0.01
***p<0.001

C：control (non-athletes)
N：normal ovulatory (athletes)
SL：short luteal (athletes)
(mean±SD)

多くなるパルス状の分泌動態を示す.

スポーツ選手における性腺刺激ホルモンのパルス状分泌動態をみると,月経異常者では単位時間当たりのパルスの回数が少ない(図14).また,そのパルス時の分泌上昇量も少なく,その結果として一定時間内の総分泌量も少ない[30,31].

これらの成績から,スポーツ選手の月経異常の病態は視床下部性機能障害と考えられる.

C 運動性無月経の問題点

一流スポーツ選手では非常に早期より開始されるトレーニングによる初経発来の遅延傾向や,日々の激しいトレーニングによる続発性無月経などの各種月経異常が多いことをすでに示した.これらスポーツ選手は,10歳代後半から20歳代前半の若い女性が大部分であることからも,将来の妊孕性に及ぼす影響なども十分に検討し,配慮しなければならない問題である.

実際には,シーズンオフなどを含めトレーニング量を減少したり中止すると,それまで続発性無月経などの月経異常であった者でも性機能の回復が認められるとされている[32].しかし,わが国ではトレーニングに関しても,いずれの種目においても必ずしもシーズン制が導入されていないのが現状であることからも,多くの問題点が山積している.

① 重症化と難治性

月経を含めて,子宮からの出血は子宮内膜に対する卵巣ホルモン,特にエストロゲンのプライミング,事前の作用が必要である.

そこで,続発性無月経の重症度は卵巣からのエストロゲンの分泌状態により2段階に分類される.ある程度卵巣からのエストロゲン分泌がある第Ⅰ度無月経(軽症型)と,エストロゲン分泌が非常に少ないかほとんど認められない第Ⅱ度無月経(重症型)である.すなわち,第Ⅰ度無月経では黄体ホルモン製剤(プロゲストーゲン)のみの投与により性器出血(消退出血)が認められるが,第Ⅱ度無月経の場合にはエストロゲンを投与しないとプロゲストーゲン単独では性器出血は発来しない.このことから,プロゲストーゲン単独投与による性器出血の有無,さらにこれにより出血がない場合にはエストロゲンとプロゲストーゲン投与により性器出血を起こさせ,続発性無月経の重症度の判定とともに治療がなされる.

続発性無月経が発症してから来院する(治療開始)までの期間(無月経期間)と2～3年間治療した後の現在の月経の状態をみると,当然のことながら無月経期間が短いもののほうが,より多く正常月経周期に回復する傾向にある.しかし,無月経期間が短くとも回復しない例もあり油断はできないが,特に第Ⅱ度無月経においてその傾向が強いので注意が必要である[33].

すなわち,1年を超える続発性無月経は第Ⅱ度無月経へと重症化しやすい.また,第Ⅱ度無月経はもちろんのこと第Ⅰ度無月経であっても1年を超える

ものは回復しにくい．

このことからも，性器出血（月経）の煩わしさがないからと放置せずに，ある程度の治療を受ける必要がある．

② 妊孕性

スポーツ活動に伴う各種月経異常の回復，すなわち性機能の回復，さらには将来の妊娠・分娩する能力（妊孕性）に及ぼす影響は，その対象が若い女性が大部分であることからも非常に重要な問題である．

シーズンオフなどによるトレーニング量の減少による効果についてはすでに記したが，現役を引退し，特別なトレーニングを行わなくなると，当然のごとく排卵を有する正常な月経周期が回復され，妊娠・分娩も特に問題なく経過するとされている．

1964年に開催された東京オリンピック大会に出場した，わが国を代表する一流女子スポーツ選手のその後の妊孕性に及ぼす影響をみてみる[34]．

元日本代表選手の結婚後の不妊症率は6.7％であり，同年代の一般婦人の5.7％と比較しても，特に高いことはない．すなわち，妊娠するための性機能は引退後には十分に回復したことが明らかである．

実際の妊娠・分娩歴についてみると，平均妊娠回数は3.2回であり，一般婦人と全く同じである．また，自然流産率が高いこともない．なお，分娩回数は選手群のほうがやや多いが，これは人工妊娠中絶手術の回数の差によるものである（図15）．なお，分娩においては，特に難産や帝王切開率が高いことはない．

しかし，骨盤底筋群が鍛錬されて非常に強い場合には，難産道強靭となり分娩障害となることもあるので，十分な管理が必要であるとの報告もある[35]．

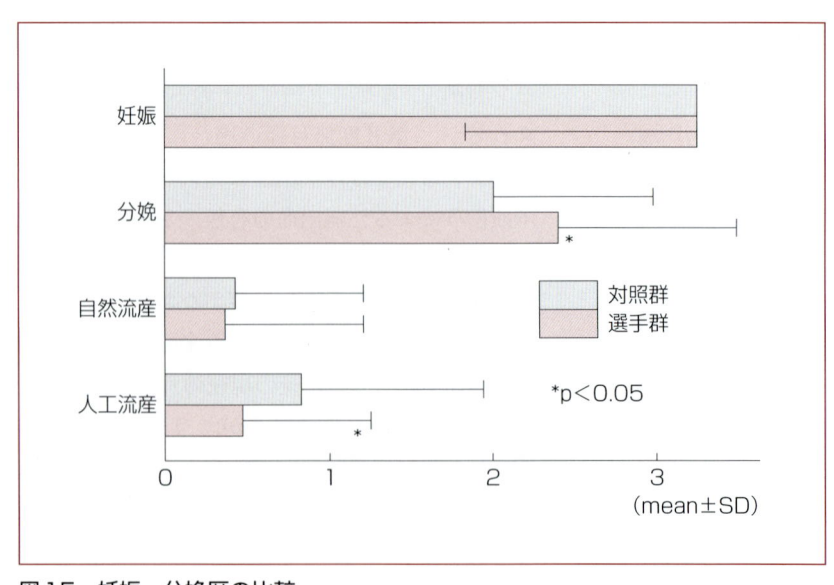

図15 妊娠・分娩歴の比較

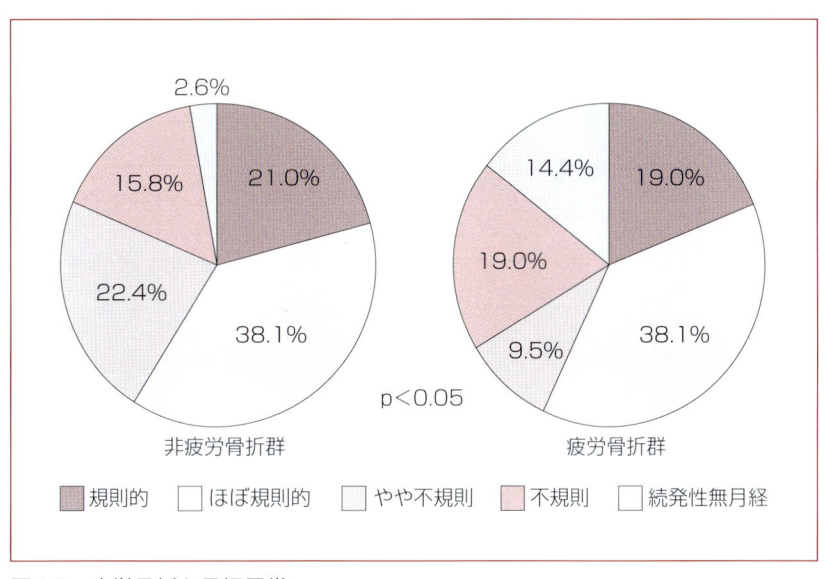

図16 疲労骨折と月経異常

> **word**
>
> 疲労骨折：正常な骨に反復する外力による負荷が作用して生ずる骨折である．反復するストレスにより骨梁が分離し骨折を生ずる．

③ 疲労骨折

　スポーツ活動により骨塩量（骨密度）が増加することはよく知られている[36]．その要因としては重力加重，筋力とともに，卵巣から分泌されるエストロゲンの存在が重要である．このことは，女性では閉経後における骨塩量の急激な減少は骨粗鬆症の発症との関係からも重要視されている．すなわち，スポーツ活動に起因する続発性無月経（運動性無月経）は低エストロゲン状態を招来することとなり，骨塩量の増加を抑制するばかりでなく，さらにはその減少をきたし，その状態での激しいトレーニングの継続により疲労骨折をきたす可能性が危惧される．

　スポーツ選手の疲労骨折の有無による月経の状態を図16に示す．続発性無月経の頻度は非疲労骨折群の2.6％に対し，疲労骨折群では14.4％と明らかに高率であり，また不規則とする者は各々15.8％，19.0％であり，明らかな月経異常の頻度は各々18.4％，33.4％である．さらに，月経が規則的とする者は疲労骨折群で少なくなっている[37]．このことからも，運動性無月経，特にエストロゲンが低くなっている続発性無月経では，骨塩量が低下して骨が脆くなり疲労骨折をきたすものと思われる．

　そこで，スポーツ選手（水球とバレーボール）の骨塩量を，基礎体温測定により月経状態を正常あるいは異常（運動性無月経）に分類して検討すると[38,39]，全身骨塩濃度（図17）および腰椎骨塩濃度（図18）ともに，月経正常の選手群では一般婦人（対照群）より明らかに高値を示している．しかし，月経異常の選手群は一般人とほとんど同じ値を示し，月経正常の選手群より明らかに低値を示している．さらに，卵巣機能の指標として血中のエストロゲン（estradiol）の値と全身骨塩濃度の関係をみると（図19），エストロゲン値が高いと骨塩濃度も高くなり，逆にエストロゲン値が低いと骨塩濃度も低値を

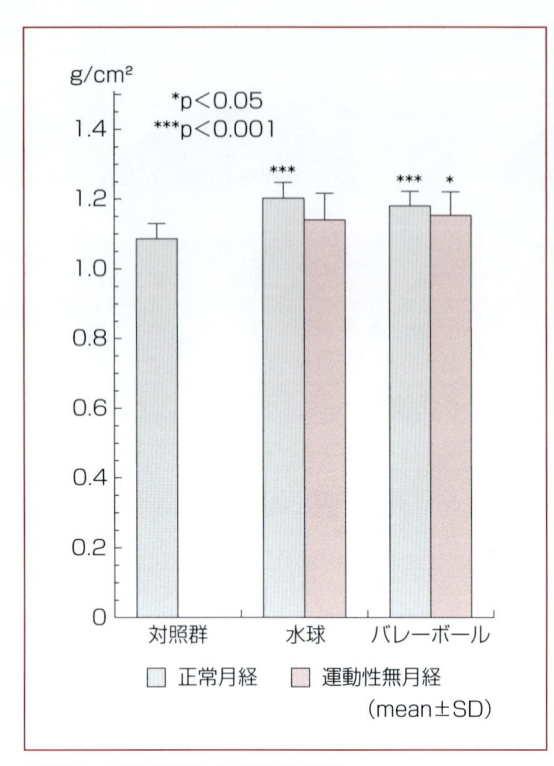

図17 月経状態と全身骨塩濃度

図18 月経状態と腰椎骨塩濃度

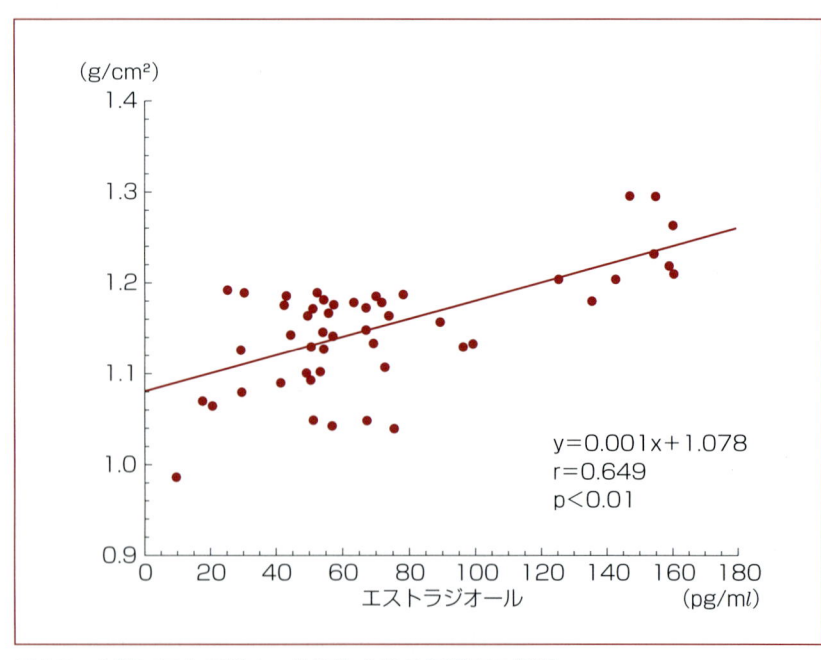

図19 血清エストラジオール値と全身骨塩濃度の相関

とっている．すなわち卵巣機能の状態，ひいてはエストロゲンの分泌状態が骨塩濃度に大きな影響を及ぼしていることが明らかである．

このような月経の状態が骨塩濃度に及ぼす影響について，女子長距離ランナーにおける検討においても，続発性無月経のランナーでは腰椎骨塩濃度は

月経正常のランナーよりも明らかに低いという[40]，ほぼ同様の結果が報告されている．

D 月経異常への対応

女性のスポーツ活動は健康増進などの利点ばかりでなく，激しすぎる場合には女性特有の生殖生理機能（月経現象）に対して種々の障害，初経発来の遅延や続発性無月経などの各種月経周期異常（運動性無月経）をきたしており，それらに対する対応，対策も重要である．近年，積極的な対応の必要性が強調されている[41,42]．

そこで，運動性無月経に対する対応の原則について解説する[7,42,43]．

① 初経発来遅延（未発来）

原発性無月経や遅発思春期の原因としては，性管分化異常症とともに染色体異常など性分化異常症が多く認められる[6,44]．

このことからも，スポーツ選手の初経発来遅延に対しては若い女性（思春期少女）が大部分であることからも，スポーツによる影響と安易に考えないで，将来のことも考慮して積極的に対応することが大切である．

a 検査

基本的には基礎体温の測定が大切であり，次いで各種ホルモン測定を行う．ホルモン検査としてはLH-RH負荷試験を含めた性腺刺激ホルモン（FSH，LH）測定のほか，エストロゲン（estradiol, estrone），プロラクチンなどの測定を行う．さらに，甲状腺機能検査や副腎機能検査も必要に応じて実施する．

また，内性器の状態を正確に把握するためにも内診（直腸診）は必要であり，さらに超音波断層法の併用も有効な検査と思われる．なお，染色体検査

word
染色体検査：染色体の数的異常や構造異常の有無を確認するための検査．

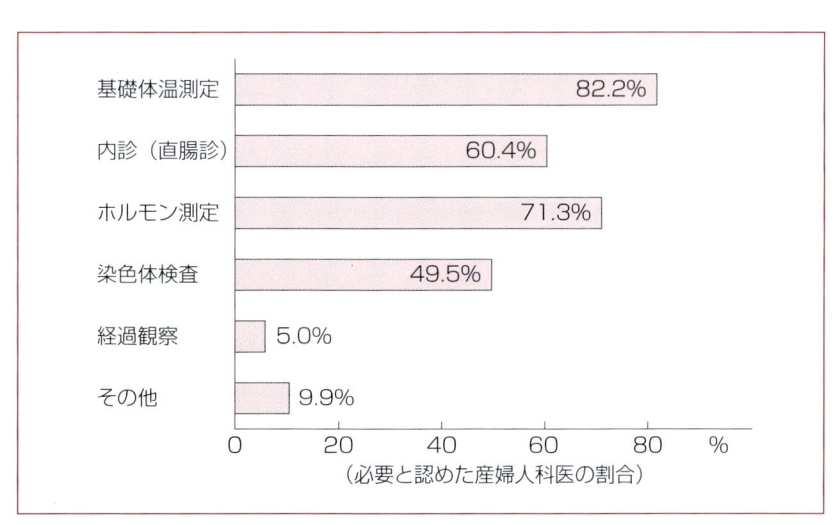

検査項目	割合
基礎体温測定	82.2%
内診（直腸診）	60.4%
ホルモン測定	71.3%
染色体検査	49.5%
経過観察	5.0%
その他	9.9%

（必要と認めた産婦人科医の割合）

図20　初経未発来に必要な検査項目

は必須の検査項目であり，必ず実施するべきである（図20）．

オリンピックや世界選手権大会などの各種国際大会においては，女子選手に対してgender verification（女性証明検査）が実施されることもあるので，15歳未満の選手であっても，初経未発来の選手に対しては染色体検査は実施するべきである[45,46]．

b 対応の原則

染色体検査では46，XX，あるいは性染色質検査においてX染色質陽性，すなわち正常女性と診断されたならば，原則的には特別な治療は必要としない．しかし，内診などにより診断される性管分化異常症に対しては，積極的な治療が必要である．

明らかな痩せ，あるいは激しすぎるトレーニングが原因と思われる場合，さらに選手自身が初経未発来を気にかけている場合には，それらに対する細心の対応も必要である[42]．

② 続発性無月経

スポーツ活動に伴う月経異常であっても，前述のごとく長期間の無月経状態の持続は難治性となること，さらに低エストロゲン状態の持続により骨が脆くなり，トレーニングに伴う疲労骨折などをきたしやすくなるので，積極的な検査および治療が必要である[47]．

a 検査

一般婦人の続発性無月経に対する検査と同様に，基礎体温の測定は必須検

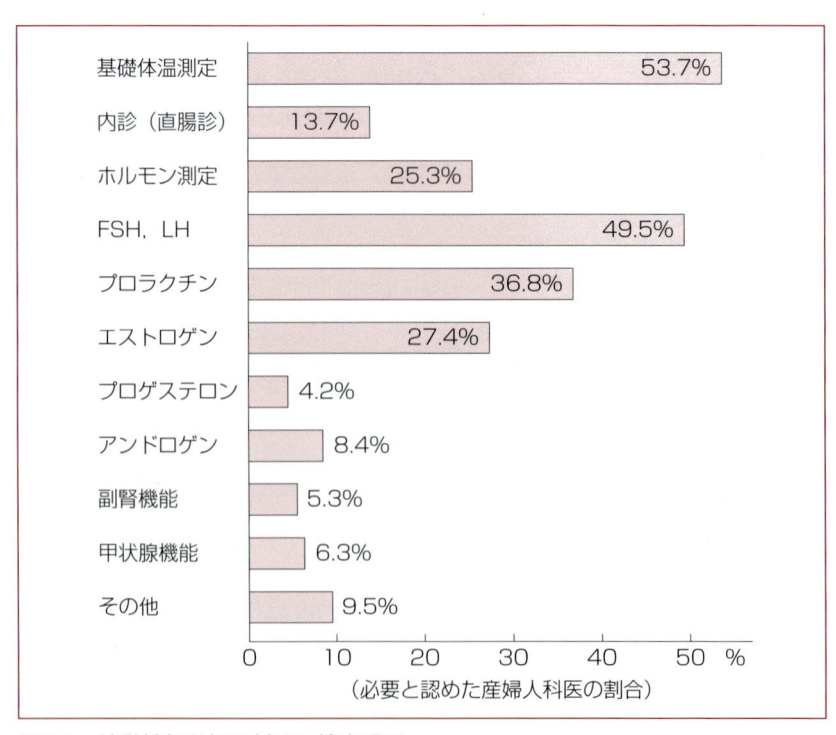

項目	%
基礎体温測定	53.7%
内診（直腸診）	13.7%
ホルモン測定	25.3%
FSH, LH	49.5%
プロラクチン	36.8%
エストロゲン	27.4%
プロゲステロン	4.2%
アンドロゲン	8.4%
副腎機能	5.3%
甲状腺機能	6.3%
その他	9.5%

（必要と認めた産婦人科医の割合）

図21　続発性無月経に対する検査項目

査であり日常的な習慣づけが必要である．また，病態解明のためにもホルモン検査は必ず実施しなければならない．

ホルモン検査としては，LH-RH負荷試験を含めたFSHおよびLHの測定をはじめ，プロラクチンやエストロゲン測定は最初に行う．また，必要に応じてTRH負荷試験時のプロラクチン測定を行う．なお，甲状腺機能検査も随時実施する(図21)．

体型計測(身長，体重，皮膚脂厚など)も重要であり，さらに必要に応じて食事摂取の実態調査(栄養調査)を実施する．

b 治療

トレーニングに伴う体力の消耗が激しい場合には，トレーニング量の減少を指示することも大切である．また，体重減少が明らかな場合には，ある程度の体重増加を図らせることも必要である．しかし，これらの指示は医師が独断で行うことなく，監督・コーチなどを交えての話合いが大切である．

積極的な治療としては，排卵誘発までは行わなくとも，試合や合宿などのスケジュールを考慮しながらエストロゲン製剤あるいはプロゲストーゲン製剤などの単独あるいは同時投与によるホルモン療法(Kaufmann療法，時にHolmstrom療法)により性器出血(消退出血)を起こさせることを基本とする．

しかし，プロゲストーゲン製剤投与中には全身的な倦怠感をきたし，コンディションを悪化させることがあるので，注意深く投与しなければならない．また，ホルモン剤の投与方法は経口投与を原則とし，筋肉注射は行わない．なお，本治療は2～3ヵ月に1回くらいでもよいと思われる．

治療のためのホルモン剤投与に際しては，使用薬剤がドーピングリストに掲載されていないか十分な配慮が必要である．

また，シーズンオフなどで自然軽快が認められない場合や，本人の強い希望がある場合には排卵誘発を試みることも必要である．なお，日内変動において一過性に分泌が亢進する潜在性高プロラクチン血症もしばしば認められるので，注意が必要である．

E 女性アスリートの三主徴

女性アスリートの健康上の問題点として，以前は貧血が注目されていたが，その対策も十分に行われるようになってきている．しかし，近年さらに女性アスリートのコンディショニングや健康管理上の問題点として，「無月経」，「骨粗鬆症」，「摂食障害」が取り上げられており，これらは女性アスリートの三主徴とよばれている．これらは継続的な激しいトレーニングにより発症するが，それぞれの発症は相互に関連しており，女性アスリートにとって重大な課題である[48]．

無月経と骨粗鬆症(疲労骨折)については前述してあるので，本項では摂食障害について記述する．

① 摂食障害とは

word

摂食障害：主として精神医学的な原因によって起こる食物の摂取行動の異常.

摂食障害は減食や食行動の異常を伴う神経性食欲不振症（anorexia nervosa）と，過食と自己誘発嘔吐を主とする神経性過食症（bulimia nervosa）に大きく分類され，いずれも月経異常などの問題を有している．さらに，婦人科的には，明らかな食行動の異常を伴わないものの，ダイエットなどによる体重減少による月経異常として，体重減少性無月経が注目されている[49]．

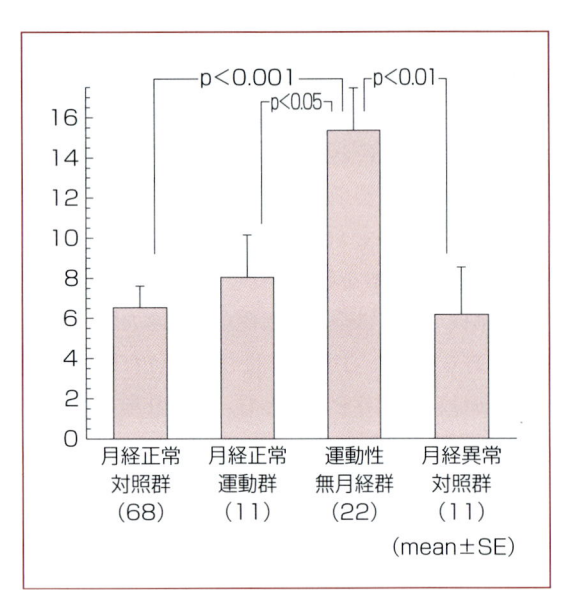

図22　EAT‐26得点

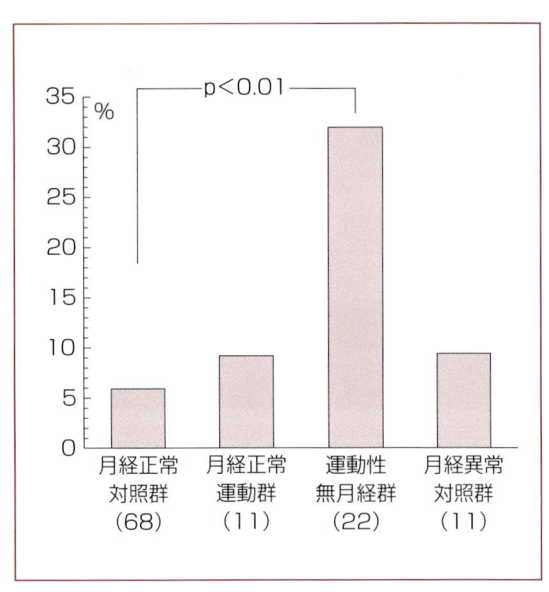

図23　EAT‐26得点が20点以上の頻度

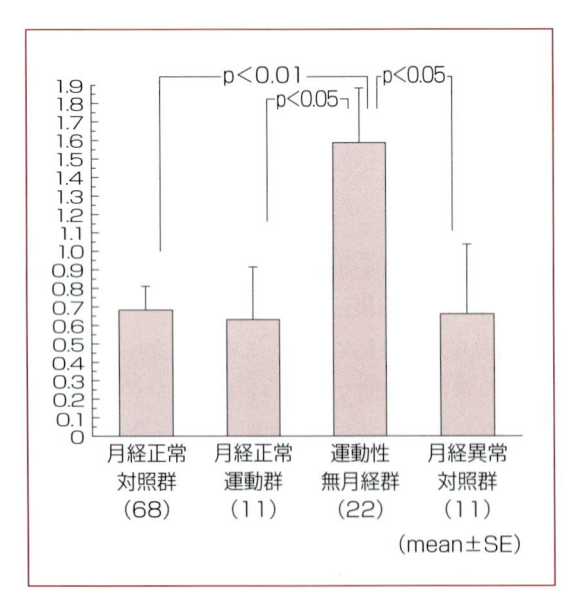

図24　No.15もっとやせたい気持ちで一杯

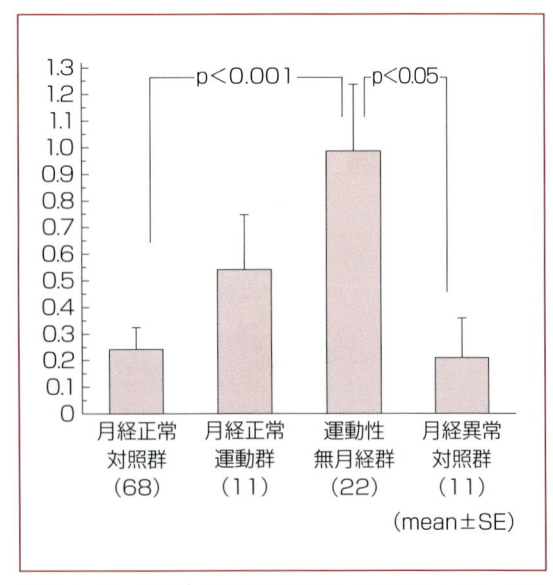

図25　No.32食べ物に関するセルフコントロールをしています

② 運動性無月経と摂食障害

陸上競技中長距離選手を月経状態により正常月経群(11名),運動性無月経群(22名)の2群に分け,さらに対照群として一般女性も月経正常群(68名),月経異常群(11名)の2群に分け,摂食態度を調査するeating attitudes test-26(EAT-26)を用いて摂食行動を検討した[48].

運動性無月経群の EAT-26 得点は,対照群(正常月経・月経異常)および月経正常運動群より,明らかに高得点である.しかし,他の3群間には明らかな差は認められない(図22).また,神経性食欲不振症が疑われるEAT-26得点が20点以上の者は,運動性無月経群では1/3を占めており,他の3群の10%未満より明らかに高率である(図23).

さらに,運動性無月経群において高率に認められる項目は(図24,25),「ダイエット」,「肥満恐怖」,「やせ願望」,「食べ物へのとらわれ」,など10項目である.

文献

1) 目崎 登,佐々木純一,庄司 誠ほか:スポーツトレーニングと初経発来.日産婦誌,36:49-56, 1984
2) 目崎 登,佐々木純一,庄司 誠ほか:初経発来に及ぼすスポーツの影響.思春期学,2:46-50, 1984
3) Frish RE, Wyshak G, Vincent L : Delayed menarche and amenorrhea in ballet dancers. N Engl J Med, 303:17-19, 1980
4) Frish RE, Gotz-Welbergen AV, McArthur J et al : Delayed menarche and amenorrhea of college athletes in relation to age of onset of training. JAMA, 246:1559-1563, 1981
5) Wanne O, Valimaki I : The influence of sports training on growth in school children. Scand J Sci, 5:41-44, 1983
6) 目崎 登:女性アスリートにおけるオーバートレーニング症候群.日本臨床スポーツ医学会誌, 13:371-376, 2005
7) 目崎 登,庄司 誠,佐々木純一ほか:女性の性機能とスポーツ-臨床的立場から-.産婦人科の世界, 42:299-306, 1990
8) 目崎 登,庄司 誠,佐々木純一:女性のスポーツ活動と月経現象.臨床スポーツ医学, 2:41-46, 1985
9) 目崎 登,本部正樹,佐々木純一ほか:運動と性機能.産と婦, 55:2-7, 1988
10) Warren MP : The effects of exercise on pubertal progression and reproductive function in girls. J Clin Endocrinol Metab, 51:1150-1157, 1980
11) Feicht CB, Johnson TS, Martin BJ et al : Secondary amenorrhea in athletes. Lancet, II:1145-1146, 1978
12) 小林修平,山川喜久江,橋本 勲ほか:日本代表選手を含む女子新体操選手の栄養状態評価.体力科学, 33:526, 1984
13) Calabrese LH, Kirkendall DH, Floyd M et al : Menstrual abnormalities, nutritional patterns, and body composition in female ballet dancers. Phys Sportsmed, 11:86-98, 1983
14) Vigersky RA, Anderson AE, Thompson RH et al : Hypothalamic dysfunction in secondary amenorrhea associated with simple weight loss. N Engl J Med, 297:1141-1145, 1977
15) Bates GW, Bates SR, Whitworth NS : Reproductive failure in women who practice weight control. Fretil Steril, 37:373-378, 1982
16) Carlberg KA, Buckman MT, Peake GT et al : Body composition of oligo/amenorrheic athlete. Med Sci Sports Exerc, 15:215-217, 1983
17) McArthur JW, Bullen BA, Beitins IZ et al : Hypothalamic amenorrhea in runners of normal body composition. Endocr Res Commun, 7:13-25, 1980

18) Frish RE : Food intake, fatness, and reproductive ability. Anorexia Nervosa (ed. Vigersky RA), Raven Press, New York, pp149, 1977
19) Richardson GE : Hormonal physiology of the ovary. Gynecologic Endocrinology 2nd Ed. (ed.Gold JJ), Haper & Row, New York, Evanston, San Francisco and London, pp55-77, 1975
20) Fishman J, Boyer RM, Hellman L : Influence of body weight on estradiol metabolism in young woman. J Clin Endocrinol Metab, 41 : 989-991, 1975
21) 目崎　登，佐々木純一，庄司　誠ほか：女子運動選手の運動負荷時における内分泌学的変動．日産婦誌，38：45-52, 1986
22) 目崎　登，佐々木純一，庄司　誠ほか：女子運動選手の長時間運動時の内分泌学的変動．日産婦誌，39：63-69, 1987
23) 佐々木純一，目崎　登，庄司　誠ほか：女子一流選手のスポーツ活動時の内分泌学的変動．日不妊会誌，32：5-12, 1987
24) Mesaki N, Sasaki J, Nabeshima Y et al : Exercise decrease the pulsatile secretion of luteinizing hormone. Jpn J Fertil Steril, 37 : 36-21, 1992
25) Board JA, Storlazzi E, Schneider V : Nocturnal prolactin levels in infertility. Fertil Steril, 36 : 720-724, 1981
26) Mesaki N, Sasaki J, Motobu M et al : Effect of naloxone on hormonal changes during exercise. Acta Obstet Gynaec Jpn, 41 : 1991-1998, 1989
27) Mesaki N, Sasaki J, Nabeshima Y et al : Suppression by L-dopa of prolactin secretion during exercise in female athletes. Jpn J Fertil Steril, 36 : 739-744, 1991
28) Boyden TW, Pamenter RW, Sanforth P et al : Impaired gonadotropin response to gonadotropin-releasing hormone stimulation in endurance-trained women. Fertil Steril, 41 : 359-363, 1984
29) 目崎　登，本部正樹，佐々木純一ほか：女子運動選手の視床下部－下垂体系機能．日不妊会誌，33：291-296, 1988
30) Mesaki N, Sasaki J, Nabeshima Y et al : Decrease of gonadotropin secretion in female athletes. Jpn J Fitness Sports Med, 40 : 365-371, 1991
31) 佐々木純一，本部正樹，鍋島雄一ほか：女子運動選手におけるgonadotropinのパルス状分泌パターンについて．日産婦誌，43：437-442, 1991
32) Bullen BA, Skrinar GS, Betitins IZ et al : Induction of menstrual disorders by strenuous exercise in untrained women. N Engl J Med, 312 : 1349-1353, 1985
33) 楠原浩二，松本和紀，渡辺直生ほか：思春期の続発性無月経．産婦人科 Mook No.40 思春期の産婦人科（広井正彦編），金原出版，東京，pp113-133, 1988
34) 目崎　登：産婦人科に関連したアンケート調査結果．1988年度日本体育協会スポーツ科学研究報告集 Vol.2 Ⅵ 東京オリンピック記念体力測定－第6回報告－（黒田善雄編），pp39-42, 1989
35) Zhanel K : Fencing in relation to menstrual cycle and to gestation. J Sports Phys Fitness, 11 : 120, 1971
36) Nilsson BE, Westlin NE : Bone density in athletes. Clin Orthop, 77 : 179-182, 1971
37) 佐々木純一，本部正樹，鍋島雄一ほか：女子運動選手における疲労骨折と月経異常の関係．産婦人科の実際，38：227-232, 1989
38) 目崎　登：女性のからだとスポーツ（医学から）．母子保健情報，23：14-17, 1991
39) Mesaki N, Motobu M. Sasaki J : Decreased bone mineral density in athletic amenorrhea. Jpn J Fertil Steril, 39 : 373-378, 1994
40) Fisher EC : Bone mineral content and levels of gonadotropin and estrogens in amenorrheic running women. J Clin Endocrinol Metab, 62 : 1232-1236, 1986
41) Shangold MM : Menstrual irregularity in athletes : Basic principles, evaluation, and treatment. Can J Appl Sport Sci, 7 : 68-73, 1982
42) 目崎　登：スポーツと性機能．日産婦誌，42：N63-N66, 1990
43) 目崎　登，鍋島雄一，本部正樹ほか：女子における運動の生理的・病理的影響．臨床医，16：1440-1443, 1990
44) 本部正樹，鍋島雄一，佐々木純一ほか：初経未発来者に対する染色体検査および骨盤腹腔鏡検査の意義．思春期学，7：165-168, 1989
45) 目崎　登，本部正樹，鍋島雄一ほか：フェミニティー・テスト．臨床スポーツ医学，6（別冊）：4-6, 1989
46) 目崎　登：女性スポーツにおけるメディカルチェック．スポーツのためのメディカルチェック（村山正博編），南江堂，東京，pp128-132, 1989

47) 目崎　登, 佐々木純一, 岩崎寛和：スポーツと月経. 産婦人科 Mook No.40 思春期の産婦人科（広井正彦編）, 金原出版, 東京, pp220-231, 1988
48) 目崎　登：女性アスリートの三主徴. トレーニング科学, 17：123-129, 2005
49) 目崎　登, 本部正樹：摂食障害による婦人科的問題点. 臨床スポーツ医学, 11：401-406, 1994

Self-Check

1 運動性無月経について説明せよ．

（解答はp.347〜350）

12 中・高年女性とスポーツ

　スポーツ領域における女性の活躍には目を見張るものがある．特に，主婦層におけるスポーツ熱は盛んであり，美容と健康のためにとバレーボール，テニス，エアロビックダンス，ジャズダンスなど，各種スポーツに積極的に参加している．

　更年期以降が女性の人生の約半分に相当することからも，高齢化社会を迎えるにあたり，中・高年女性の健康管理は非常に重要である．健やかに老いることは，その後の人生におけるQOL（quality of life）の維持，向上の面からも大切である．

A 健康上の問題点

　中・高年者の健康上の問題点は肥満，脂質異常症（高脂血症），高血圧症，動脈硬化症や虚血性心疾患などばかりでなく，女性の場合には更年期障害や骨粗鬆症も問題となる．なお，これらの発症には運動不足が関連している（図1）[1]．

　運動不足には，①スタミナの減少，②抵抗力を弱める，③肥満を助長する，④スタイルを悪くする，⑤老化を早めるなどの5つの大罪がある．中・高年女性が活き活きと爽やかに元気に生活するためには健康の保持は重要であり，そのためにも日常的なスポーツ習慣は非常に大切である．

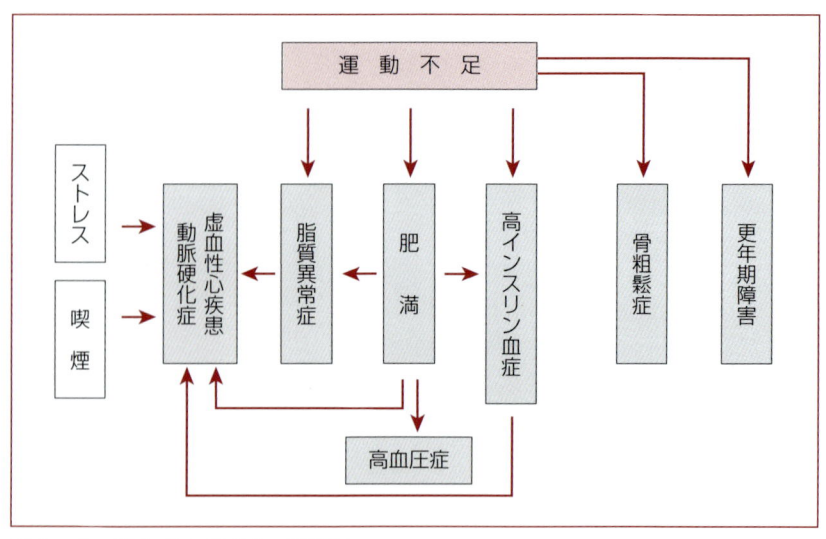

図1　中・高年者の健康上の問題点

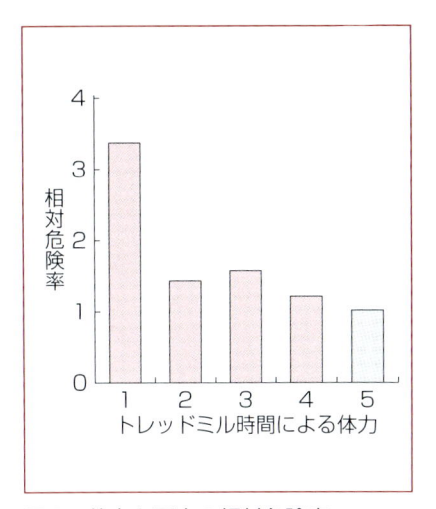

図2　体力と死亡の相対危険率
(Blair SN et al：JAMA, 262：2395-2401, 1989より引用)

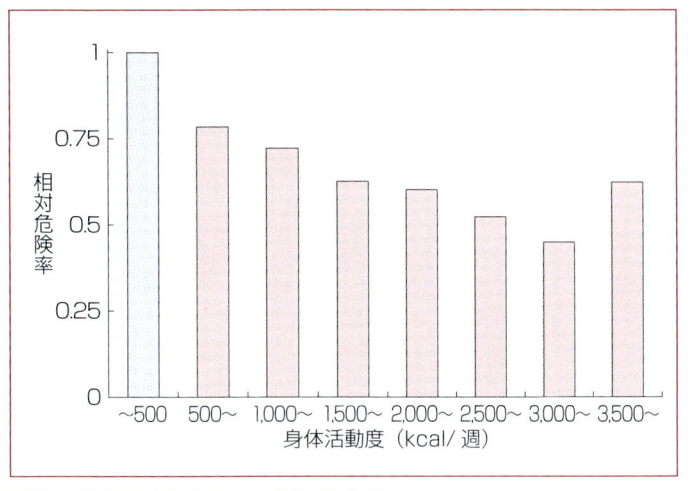

図3　身体活動度と死亡の相対危険率
(Paffenbarger RS et al：N Engl J Med, 314：605-613, 1986より引用)

① 体力と死亡率

トレッドミル運動負荷試験により体力を5段階に分類し，最も体力のある群(体力5)の死亡危険率を1として他群の相対的死亡危険率をみると(図2)，体力4〜2では1.3程度であるが，体力が最もない群(体力1)では3以上を示している[2]．

すなわち，体力がない，虚弱である状態は死亡の危険性が高いことを示している．

② 身体活動度と死亡率

日常の身体活動度により死亡の危険率をみると(図3)，活動量の最も少ない群(500 kcal/週未満)の危険率を1とすると，身体活動量の増加に伴い相対的死亡危険率は低下している．しかし，3,500 kcal/週以上と身体活動量が高すぎる場合には相対危険率が上昇している[3]．

すなわち，適度な身体活動の重要性が示されている．

B　主婦の日常生活

身体活動量の基準としては，エネルギー代謝率(relative metabolic rate：RMR)，あるいは消費エネルギー量(kcal/min, kcal/kg/min)が用いられる．RMRは身体活動によって消費されたエネルギーが基礎代謝量の何倍に相当するのかを示すものであり，性別・年齢・体重・時間による消費カロリー(kcal)を計算する．

① 生活活動と必要運動量

生活活動の強度(職業)別に1日の生活動作時間をみると明らかな相違がある．そこで，必然的に生活活動様式の違いにより1日の栄養所要量，さら

表1　生活活動区分別の必要運動量と身長別栄養所要量

生活活動強度	生活動作別時間		職業の例	必要運動量(kcal/日)		身長別栄養所要量（40歳女性）		
				(男)	(女)	身長(cm)	エネルギー(kcal)	蛋白質(g)
軽い	座る	13	技術的・事務的・管理的な仕事など，幼児のいない専業主婦	200	100	155	1,650〜1,800	55〜65
	立つ	3		300	200	160	1,700〜1,850	60〜75
	歩く	0.5				165	1,800〜1,950	65〜75
中等度	座る	10	製造業・加工業・販売業・サービス業など，乳幼児のいる主婦，自営業の主婦	100〜200	100程度	155	1,850〜2,000	55〜65
	立つ	5				160	1,950〜2,100	60〜75
	歩く	1				165	2,051〜2,200	65〜75
やや重い	座る	6	農耕・漁業・建築業など	運動を行うことが望ましい		155	2,200〜2,400	65〜80
	立つ	6				160	2,300〜2,500	70〜85
	歩く	4				165	2,450〜2,650	75〜90
重い	座る	5	伐木・運材作業・農繁期の農作業・プロのスポーツなど	運動を行うことが望ましい		155	2,600〜2,800	80〜95
	立つ	7				160	2,700〜2,900	85〜100
	歩く	4				165	2,850〜3,050	90〜100

（厚生省：日本人栄養所要量，1984）

表2　家事労働におけるエネルギー代謝率

活動内容	RMR	活動内容	RMR
炊事	1.1	布団しき	3.0
あとかたづけ	1.7	戸締まり	1.6
洗濯	1.6	園芸	3.0
拭き掃除	2.2	育児	1.6
雑巾がけ	5.0	歩行　70 m/分	2.2
アイロン	1.0	歩行　80 m/分	3.0
編み物	0.4	歩行 100 m/分	5.0
和裁	0.7	自転車（普通）	3.0

表3　機械化による家事労働の軽減化（RMR）

	手動	機械
水くみ	4.5〜4.9	0.2
洗濯	1.2〜2.8	1.0
炊事	1.1〜1.7	0.8
掃除	2.0〜3.5	1.6

には必要運動量にも差がある（表1）．

　すなわち，専業主婦においては，栄養所容量1日1,800 kcal前後であり，また健康維持のために100〜200 kcalを運動で消費する必要がある．

② 日常生活の身体活動量

　主婦の日常生活，特に家事労働におけるエネルギー代謝率（RMR）をみると（表2），掃除，炊事などが大きな値を示しており，主婦の身体活動の大部分を占めている．また，買い物などに際しての歩行は，その速度により大きく異なることに注意しなければならない．

　なお，RMRと心拍数の関係は，RMRが3.0以上の身体活動において心拍数が100拍/分（bpm）を超える．

③ 家事労働の軽減化

　近年，洗濯機や掃除機などの家電製品が非常に普及していることから，主婦の家事労働の軽減化がなされていると思われる．そこで，機械化された家事労働における労働強度の程度をみると，表3に示すように，明らかにその軽減化がなされている．

すなわち，近年，主婦層でスポーツが盛んに行われるようになった背景には，このような家電製品の普及による家事労働の軽減化，さらに自動車の普及による歩行距離の減少などが加わり，余暇の時間が増えたことと，慢性的な運動不足をあげることができる．このような社会環境の延長として，妊婦スポーツの普及を捉えることができる．

C 健康上の問題点とスポーツ

中・高年女性にとって，日常的なスポーツ活動は日々の健康管理・保持のために非常に重要である[4]．さらに，卵巣機能の衰退によるエストロゲンの減少に伴う，この年代の女性に特有な疾患を軽減，あるいは予防するうえからも大切である．

① 肥満

体脂肪が正常の範囲を超えて著しく増加した状態が肥満である．女性では体脂肪率（体重に占める脂肪の割合）の正常範囲は20〜25％であり，30％を超した場合が肥満である．なお，標準体重との比較では，120％以上が肥満である．

肥満の原因としては，単純性肥満ばかりでなく，各種疾患に起因する場合もあるので，詳細な鑑別診断が重要である．また，単純性肥満であっても糖尿病，脂質異常症（高脂血症），高血圧，脂肪肝，動脈硬化，胆石，痛風などの原因ともなるので，慎重な対応が必要である．

運動（スポーツ活動）時のエネルギー源は炭水化物と脂肪である．運動強度の高い，短時間の運動（スプリント走など）時のエネルギー源は炭水化物が100％であり，脂肪は全く動員されない．これに対し，強度の低い運動（歩行など）を長時間行う場合には，それぞれの約50％が動員される（図4）．すなわち，肥満に対する運動は，脂肪を減少させることが目的であることからも，運動強度のやや低い運動（最大運動強度の50〜60％程度）を一定時間持続することが大切である．

Ryanら[5]は1年以上無月経を呈する50〜70歳の63名の婦人（平均年齢57歳）を，食事療法のみのD群，食事療法に加えて有酸素運動を行うA群，食事療法に加えてレジスタンス運動を行うR群に無作為に分類した．そしてA群，R群は週3回指示された運動を6ヵ月行わせた．その結果，各群で平均5.5〜6.5 kgの体重減少が認められたが各群間での差異は認められなかった．体脂肪の減少も認められているが，これも各群間に差異が認められなかった．すなわち，若年者と同様に肥満の解消には運動よりも食事療法が重要であることを示している．しかし，それぞれの運動における効果としてA群では，$\dot{V}O_{2max}$が1.73 ± 0.08 (l/min)が1.83 ± 0.08と明らかにに増加し，R群では筋力の増大が認められた．一方，耐糖能に対しては，各3群で空腹時血糖，空腹時IRI（immunoreactive insulin，免疫活性インスリン），血漿レプチンの低下が明らかに認められたが，3群間では差が認められなかった．

<word>
IRI：血中インスリン濃度は抗原抗体反応を利用して測定され，測定値はIRIとして表す．

<word>
レプチン：脂肪組織，胃，胎盤で合成され，146アミノ酸からなるホルモン／サイトカインで強力な摂食抑制とエネルギー消費増加作用（体温上昇，運動量や酸素消費量の増加，交感神経活動亢進など）を有する．

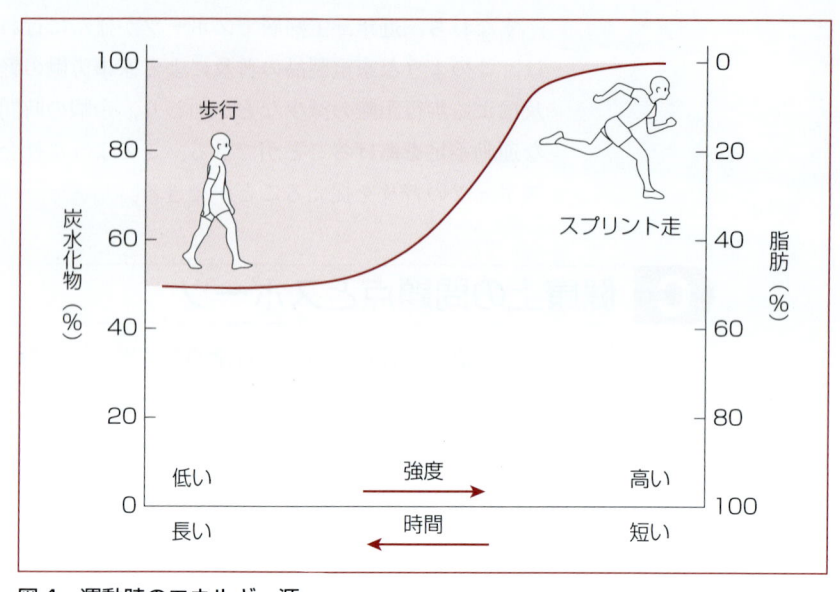

図4 運動時のエネルギー源
(佐藤祐造ほか:肥満と運動. からだの科学, 増刊18 スポーツ医学読本, 黒田善雄編, p86-90, 日本評論社, 1986より引用)

これは各3群に体重減少が著明であったために,更年期婦人でも認められている短期の血糖降下作用が隠されたものと考えられる.

減量のための運動の実際は,ランニング,水泳,自転車(20〜30分/回)や歩行(40〜60分/回)などが適当であり,1週間に3回以上は必要と考えられる.

② 脂質異常症(高脂血症)

血清脂質とリポ蛋白は食事,閉経,運動不足などの環境・生理的因子により大きく変動する.すなわち,閉経後には総コレステロールが増加し,HDLコレステロールは低下する.また,運動不足は総コレステロール,トリグリセリドを増加させ,HDLコレステロールを低下させる.

運動が血清脂質に及ぼす急性効果では,運動後の総コレステロールの変化については増加,不変あるいは減少が報告されており,一定ではない.なお,LDLやVLDLコレステロールの低下は総コレステロールの低下に,これに対しHDLコレステロールの増加は総コレステロールの上昇に働く[6].なお,75%以上の運動強度のトレーニングを12週間行うことにより,HDLコレステロールの増加とLDLコレステロールの減少が報告されている[7].このような運動による脂質代謝の改善は,トリグリセリドリッチリポ蛋白の代謝の亢進によると考えられている.

③ 高血圧症

血圧は,①心拍出量,②末梢血管抵抗,③血管壁の弾性,④循環血液量,⑤血液粘稠度の主に5つの因子により規定されており,なかでも心拍出量と末梢血管抵抗が重要である.

高血圧症の成因に関連する諸因子としては，腎性因子，内分泌因子，神経性因子，心・血管性因子，遺伝因子および環境因子（食塩摂取，飲酒，喫煙，肥満，運動不足，ストレス）があげられる．

運動不足が高血圧症の成因の1つであることから，高血圧症に対する運動療法が提唱されている．運動による降圧機序としては，①カテコールアミンの減少，②プロスタグランジンEの増加，③体液量の減少と心拍出量の低下，④血漿タウリンの増加，⑤尿中ドーパミンの増加，⑥内因性ジギタリス様物質の低下，などの要因があげられている．

高血圧症に対する運動療法は，ウォーミングアップとクーリングダウンを含めて60〜90分が適当であり，主運動としては55〜65％強度の有酸素運動を20〜30分行う．なお，ウォーミングアップとクーリングダウンは欠かさずに実施することが大切である．

なお，運動中には血圧が上昇するので十分な安全管理のもとでの実施が肝要であり，安易に実施するべきではない．

④ 更年期障害

更年期障害の症状は多岐にわたるが，基本的にはエストロゲンの欠乏によるものである．そこで，治療の原則は不足したホルモン（エストロゲン）を投与すること（ホルモン補充療法，hormone replacement therapy：HRT）が主体となり，さらに症状に応じて精神安定剤，抗うつ剤，漢方製剤など種々の薬剤が用いられている．しかし，長期間にわたるホルモン剤の服用には，子宮体癌や乳癌の発生など大きな問題点がある．そこで，その他の安全で有効な治療方法が望まれており，運動療法に期待が寄せられている．

> **word**
>
> ホルモン補充療法：エストロゲン欠乏に伴う諸症状や疾患の予防ないし治療を目的として考案された療法で，更年期障害，骨吸収抑制・骨折予防，脂質代謝改善，血管機能改善，中枢神経機能維持，皮膚萎縮予防，泌尿生殖器症状改善などに応用される．

a 運動習慣と更年期障害

Hammarら[8]は，スポーツクラブに通い，積極的に運動を行っている群では，「ほてり」などが少ないと報告している．また，Uedaら[9]は閉経後婦人を対象にアンケート調査を行い，運動習慣のある（あるいはあった）婦人では更年期障害が軽いとしている．さらに，Liら[10]は，214名の40〜50歳の婦人で調査を行い，身体活動が活発な婦人では，「いらいら」，「記憶力減退」，「頭痛」，「腟乾燥感」，「性欲減退」などの症状が，不活発な婦人より少なかったと報告している．

以上より，運動習慣のある婦人では更年期障害が軽い傾向にあるとの可能性も考えられるが，運動の種類や程度など，多くの因子が影響を及ぼしているものと考えられるので，簡単には結論付けることはできない．

b 更年期障害に対する運動の効果

進藤ら[11]は，更年期障害を有する6名の婦人を対象に，最大酸素摂取量の50％負荷強度で1回60分の自転車エルゴメータ運動を週3回ずつ10週間行った結果，更年期障害の重症度を示すKuppermanの更年期指数が低下すること，すなわち更年期障害の軽快効果があることを報告している（図5）．運動の実施により，「ほてり」，「のぼせ」などの血管運動神経失調症状，「めまい」，「倦怠感」，「筋肉痛・関節痛」，「頭痛」などの症状の改善が著明であった．

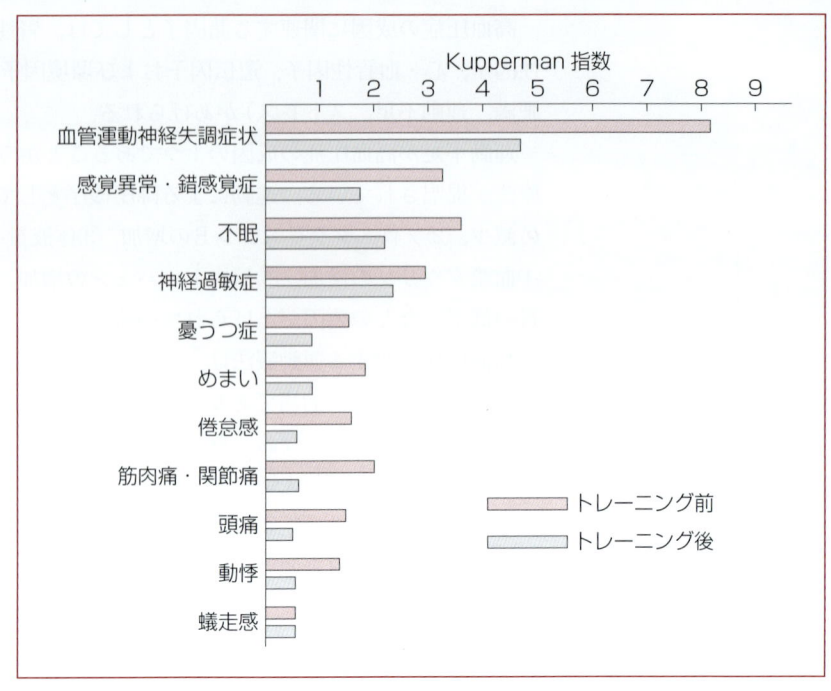

図5 スポーツトレーニングが更年期障害に及ぼす影響
（進藤宗洋ほか：臨床スポーツ医学，5:775-781, 1988より引用）

また，Slavenら[12]は，閉経周辺期の婦人に運動を行わせたところ，精神的な好影響と血管運動神経失調症状の改善効果が認められたと報告している．さらに，川久保ら[13]は，40～60歳の婦人を対象にして，1回20分以上，週3回以上のウォーキングを行った群と，行わなかった群を比較している．12週間後のKuppermanの更年期指数は，両群間で明らかな差は認められなかったものの，ウォーキング群において改善傾向があったとしている．Wilburら[14]もウォーキングの効果について検討している．45～65歳の婦人に1回20～30分のウォーキングを週4回，2週間行わせたところ，更年期症状はほとんど改善されなかったが，唯一睡眠状態の改善のみを認めている．

更年期障害に対して，運動は好影響を与えるとの報告が多いが，運動の種類や強度，頻度，時間，継続時間，さらに運動の形態（個人か集団か）など，多数の因子が影響を及ぼすものと考えられる．

なお，トレーニング（運動）の更年期障害に対する効果は，症状の軽快効果であり，完全に治癒するわけではないことに留意する必要がある．

c 運動効果の発現機序

更年期障害に対する運動効果の機序は，いまだ明らかではない．

1）精神的・心理的効果

日頃，運動習慣のない更年期障害を有する婦人が運動を行うことは，外出することとも相俟って，気分転換の効果が期待される．さらに，運動後の爽快な気分を得るばかりでなく，一緒に運動を行った人々との運動後の談話により，更年期障害による種々の不快感や悩みを打ち明けあうことから，お互

いに励ましあい，いわゆるカウンセリング的な効果も期待される．

2) エストロゲンの効果

女性のトレーニング時には，副腎皮質より dehydroepiandrosterone (DHE) などのアンドロゲンの分泌が亢進する[15]．これらアンドロゲンは，女性アスリートの筋量増加に関与していると考えられている．更年期以降の女性においても，運動によりアンドロゲンの分泌が亢進することとなる．

アンドロゲンの代謝過程において，脂肪における代謝が重要である．すなわち，アンドロゲンは脂肪において aromatization を受けてエストロゲンに転換される．このエストロゲン量は必ずしも多くはないが，欠乏（不足）状態にあるエストロゲンの供給は，更年期障害の，特に血管運動神経失調症状を有する婦人にとって重要な働きを発揮するものと考えられる．

5 骨粗鬆症

更年期以降，閉経に伴うエストロゲンの減少が主体となり，さらにビタミンD合成の減少，腸管からのカルシウム吸収の低下，副甲状腺ホルモンの分泌亢進，また骨吸収の亢進，骨形成の減少などにより，老人性骨粗鬆症が発症すると考えられている．さらに，これらに環境因子としての日光不足，カルシウム摂取の減少，さらに運動不足などが関連している．

a 骨粗鬆症と運動

このような骨粗鬆症の発症メカニズムから，運動による本症の予防効果が期待される．すなわち，日常的な戸外でのスポーツ活動の結果として日光を浴びることによるビタミンD合成の促進，スポーツの直接的効果としての骨吸収亢進の抑制，さらにスポーツ後の食欲亢進によるカルシウム摂取量の増加など，発症の環境因子を除外することによる予防効果である[16]．

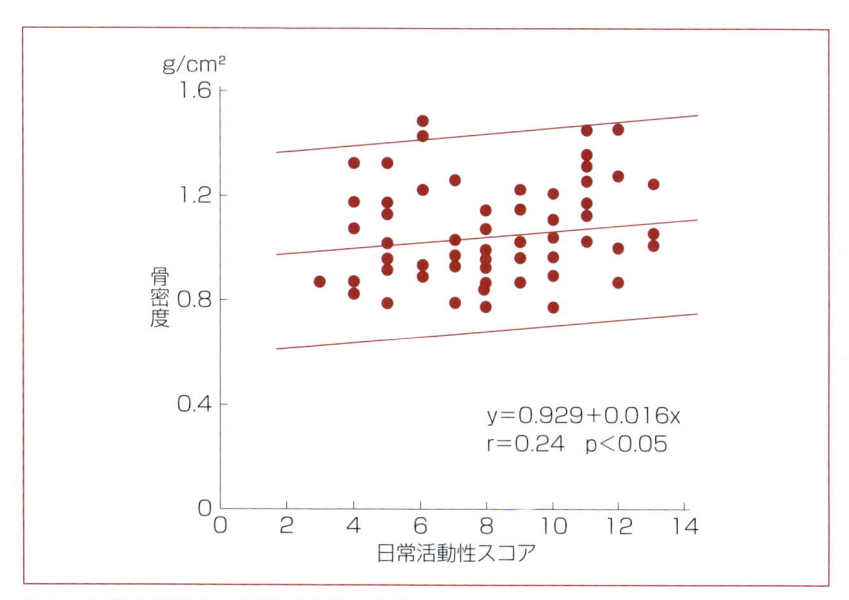

図6 日常の活動度と腰椎骨塩量の相関

(Sinaki M et al : Arch Phys Med Rehabil, 69:277-280, 1988 より引用)

> **word**
>
> **レジスタンス運動**：静的運動（アイソメトリック）と動的運動（ダイナミック）に分類され，マシンによるもの，バンドやチューブなどによる簡易な機器を使うもの，自体重によるものなどさまざまな方法がある．

閉経後女性の日常の活動度と腰椎骨塩濃度の関連をみると（**図6**），活動度の上昇に伴い骨塩濃度は明らかに増加している[17]．また，35～65歳の健常女性の3年間のエアロビックダンスが橈骨骨塩量に及ぼす影響に関する検討をみると，非運動群（対照群）では年平均2.44％の骨塩量減少が認められた．これに対し，運動群では最初の1年では骨の再配分の影響により3.77％減少したが，その後の2年間では年間1.39％の増加が認められている[18]．

近年，アメリカスポーツ医学会は，レジスタンス運動を含む体重負荷運動が中高齢者における骨量の獲得および維持，骨折リスクの減少に有益であることを報告している[19]．さらに，高齢者においては，骨量の維持を目的とした体重負荷運動だけでなく，バランス能力の改善や転倒を予防するための運動をプログラムに組み込むことを推奨している[19]．中高齢者を対象に，レジスタンストレーニングを行った報告では，骨密度，骨形成および筋力の増加が報告されている[20～24]．これらのことからも，中高齢者におけるレジスタンス運動は骨代謝動態の改善に効果的な運動タイプとして考えられる．

高齢者を対象とした実際のスポーツ現場では，生活習慣や運動習慣，個人の体力水準などを考慮すると，安全性の観点から低強度の負荷設定を用いてトレーニングを行っている傾向がある．さらに，高齢者は高強度な運動処方を長期間にわたり遵守することが困難であり，長期間の運動における脱落率は50％に及ぶといわれている[25]．このことから，日頃運動を行っていない高齢者においては，運動への慣れ，筋力の向上への流れを考慮し，短期間での介入から検討することが必要であると考えられる．

すなわち，継続的な適度な日常的なスポーツ活動による，骨量の維持・増加傾向が示されている．しかし，これは骨粗鬆症の発症前からの日常的なスポーツ習慣による予防効果であり，すでに発症している状態での急激な，過激なスポーツ活動は骨折をきたすこととなるので注意しなければならない．

骨粗鬆症の運動療法には3つのステップがある．第1のステップは，骨粗鬆症の予防であり，骨量減少の予防もしくは骨量の増加を期待したものである．運動負荷を中心とし，スポーツ活動やレクリエーション活動などが含まれる．第2のステップは脊椎圧迫骨折や脊椎変形，不良姿勢による慢性の腰背部痛などの臨床症状の改善である．治療体操を主にした運動療法が中心である．第3のステップは，すでに寝たきりの状態になっている骨粗鬆症患者の機能回復を目的としたもので，理学療法士などによる筋力増強訓練や起立歩行訓練，各種の日常生活動作（activities of daily living：ADL）獲得訓練を中心とした運動療法である[26]．

b 運動と骨代謝

閉経後女性の低強度レジスタンストレーニングが骨代謝動態に及ぼす影響についての検討[27]を示す．閉経後女性群は12週間の低強度レジスタンストレーニングを行い，トレーニング前後に骨代謝マーカー（骨形成，bone-specific alkaline phosphatase：BAP，骨吸収，carboxyterminal telopeptide type I：ICTP）を測定した．レジスタンストレーニングは，レッグエクステンション，レッグプレス，ヒップアブダクション，ヒップアダクションの4

種目とした．トレーニング強度の設定は，運動の慣れの期間を4週間設け，1 RMの20 %の負荷から開始し，5週目以降は1 RMの40 %の負荷で実施した．

閉経後女性は若年女性に比べ，BAPが高値を示した．閉経後女性群はトレーニング後に筋力が明らかに増加したが，骨代謝マーカーに変化は認められなかった．すなわち，筋力は明らかに増加したことから，12週間の低強度レジスタンストレーニングの実施は，加齢に伴い減少する筋力を改善すると考えられる．本研究においてトレーニング介入前後に実施した，文部科学省の新体力テストの項目において，トレーニング介入後に開眼片足立ちで明らかにタイムが伸びていることや，上体起こしの回数が明らかに増加した結果からも，トレーニングによって筋力が改善したと考えられる．このことから，閉経後女性における低強度レジスタンストレーニングは，骨代謝動態には影響を及ぼさないが，筋機能を改善し転倒などの予防に有効な可能性が考えられる．

今後より長期的にトレーニングを行うことにより，骨代謝の改善も期待できる可能性がある．また，高齢者においては，加齢に伴う骨密度の低下によって，転倒により骨折しやすく，骨折から寝たきりになる可能性が高い．よって，筋力の維持および増加は重要であり，それが骨代謝の維持および改善につながることから，継続的にトレーニングを行うことが重要であると考えられる．

D スポーツ活動の実際

主婦の家事労働の軽減化などに伴う運動不足を補うためにも，日常的なスポーツ活動は中・高年女性の健康維持・増進のためにも非常に大切である．

しかしながら，スポーツ活動により重大な事故（外傷・障害）を起こしては本末転倒である．そこで，中・高年女性のスポーツ活動に際しては，適正なスポーツ種目の選択，運動強度や運動プログラムを設定し，安全を重視しての実施が重要である．

① スポーツの意義

主婦がスポーツを行うことの意義は，①健康の管理・維持（心臓・血管系機能の改善，生活習慣病予防，全身持久力の獲得），②筋機能（筋力・筋持久力・柔軟性）を改善し，活動的な身体を保持する，③ウェイトコントロールにより身体組成を適正に保つ（シェイプアップ），④ストレスを解消し，生きがいのある生活をする（精神機能の賦活化），さらに⑤スポーツそのものを楽しむ，などがあげられる．すなわち，安全には十分な配慮が必要である[4]．

② 適正なスポーツ

健康管理・維持のために行われるスポーツは，すべての人々が同じ運動プ

ログラムで実施することは困難である．そこで各人の体力，すなわち年齢に即したスポーツ種目の選択，適正な運動強度と運動時間の設定，さらに年代に適した個別的な運動プログラムの作成が必要である．

a スポーツ種目の選択

同年齢であっても各人の健康状態や体力には大きな差異がある．そこで，実施に際しては，①個人の健康・体力に合わせてできるもの，②全身的運動で局所的負担の少ないもの，③運動負荷強度があまり強くない有酸素運動，④危険度の少ないもの，などについて考慮しなければならない．

適当なスポーツ種目としては，リズミカルな有酸素的な運動のスポーツ種目である．すなわち歩行，ジョギング，ランニング，水泳，サイクリング，エアロビックダンスなどが酸素摂取量を向上させる面からも好ましい．特に，歩行やジョギングは時や場所を問わず，自分一人ででもできるスポーツとして推奨される．

その他の種目でも，近年流行のゲートボールをも含めて，各人の体力に応じて適正に選択され楽しく行われるならば，何を行ってもよい．

b 運動強度と運動処方

1）心拍数

年齢により安静時心拍数は異なるので，運動処方に心拍数を用いる場合には年齢による補正が必要である．一般に下記の式により算出する．

訓練心拍数＝安静時心拍数＋［(220−年齢)−安静時心拍数］×（目標運動強度）

(220−年齢)は生理的最大心拍数とされている．また，目標運動強度としては元気な者は0.8（最大運動負荷強度の80％），体力に自信のない者で運動効果を期待する場合には0.6とする．

表4 自覚的運動強度と心拍数

RPE点数	強度の割合 %$\dot{V}O_{2max}$	強度の感じ方	1分間当たりの脈拍数				
			60歳代	50歳代	40歳代	30歳代	20歳代
19	100	最高にきつい	155	165	175	185	190
18							
17	90	非常にきつい	145	155	165	170	175
16							
15	80	きつい	135	145	150	160	165
14							
13	70	ややきつい	125	135	140	145	150
12							
11	60	やや楽である	120	125	130	135	135
10							
9	50	楽である	110	110	115	120	125
8							
7	40	非常に楽である	100	100	105	110	110
6							
5	30	最高に楽である	90	90	90	90	90
4							
3	20		80	80	75	75	75

2）自覚的運動強度（rate of perceived exercise：RPE）

運動中に心拍数を測定することは困難なことが多く，また煩雑であるので，実際にはRPEを用いると便利である．RPE点数，運動強度と年齢ごとの心拍数との関係を表4に示す．

3）運動処方の考え方

運動処方作成の目的は，安全で効果的な運動の質と量を決定することにある．具体的には，その目的に沿うように，①運動の種類・様式，②強度，③頻度，④持続時間を決定することであるが，このうち運動強度の決定が最も重要な要素である．

安全性を重視すると軽い運動に越したことはないが，あまり軽すぎると運動としての効果がない．一方，運動強度が強すぎると安全面での問題ばかりでなく，苦痛を伴い長続きしないことになる．

軽強度運動は安全性の面以外にもメリットが多い．疲労物質である乳酸が蓄積しないので余裕をもって行え，長時間の運動が可能であり，エネルギー消費量を増やすことが簡単にできる．なお，種目やトレーニング方法を工夫すればテレビ視聴など，他のことを楽しみながら行うことも可能である．さらに，筋や関節などの障害を起こす可能性が少ない．デメリットとしては，有酸素的能力の改善のためには，強い強度の運動に比べて持続時間を長くしなければならない程度である[28]．

そこで，中高年の健康増進のための運動としては，有酸素運動として最大運動強度の50％程度でも十分と考えられる．なお，自覚的運動強度としては「やや楽」から「ややきつい」程度を目標とすればよいと思われる．

実際のスポーツとしては，ジョギングにおいて隣の人と会話が可能な程度（にこにこペース）が適当であり，気持ちとしては「歩くよりゆっくり走る」を目安にすればよい．

c 実施の頻度

運動を行う頻度は1週間に3〜5日程度にするのが，1日にかかる負担が少なく，好ましい．

d 運動時間

有酸素的運動の実施時間は1日に15分以上で，可能であれば50〜60分程度行う．体の調子をみながら徐々に延ばしていき，1週間の合計時間で180分間程度を持続していると，最大酸素摂取量は増加し，体調が改善し，そして快適な毎日を過ごせるようになる．

③ メディカルチェック

運動を開始する前には，健康状態に関するメディカルチェックおよび運動負荷試験による体力検査を受け，また必要に応じて医療機関での精密検査や疾病治療を行い，適正な運動強度の運動処方を受けたほうが安全である．

また，運動の前・中・後のセルフチェックも重要であり，異常がある場合には中止する心掛けが大切であり，状況に応じて医師の診察・検査を受けなければならない．

①運動前のチェック：発熱，だるさ，睡眠不足，頭痛，関節痛，意欲，前回のスポーツの疲れなどの有無をチェックする．
②運動中のチェック：胸痛，息切れ，呼吸困難，ふらつき，めまい，冷汗，吐き気，嘔吐，脈の乱れ，バランスの欠如などに注意する．
③運動後のチェック：いつもと同じスポーツ活動であるにもかかわらず，運動後10分以上持続する息切れや頻脈（100/分以上），吐き気，嘔吐が認められる場合には医療機関の受診を考慮する．

これらセルフチェックにより異常が認められる場合には，医療機関への受診，精密検査を考慮する．

E 中・高年女性の健康スポーツ

日本臨床スポーツ医学会学術委員会産婦人科部会（目崎 登委員長）において，国内外の学術論文を検討して提唱している「中高年女性のための運動ガイドライン」を示す[29]．

更年期以降が女性の一生の約半分に相当することからも，高齢化社会を迎えるにあたり，中高年女性の健康管理は非常に重要である．健やかに老いることは，その後の人生におけるQOLの維持，向上の面からも大切である．

中高年女性の健康上の問題点は，閉経周辺期からのestrogen減少が大きく関与する，肥満，脂質異常症（高脂血症），高血圧症，動脈硬化や虚血性心疾患などの生活習慣病ばかりでなく，更年期障害や骨粗鬆症も重要である．これらの発症には運動不足が関連している．

そこで，中高年以降の女性の健康維持のための運動（スポーツ活動）のあり方について，この時期の健康状態を勘案して検討し，以下の「中高年女性のための運動ガイドライン」を作成した．

1. 目標の設定

運動効果を高めるために，何のために運動を実践するのか，目標を明確に定めるとよい．ただし，最初から高い目標（たとえば毎日45分ウォーキングする）を設定してしまうと，目標を達成できないことを不満に感じたり，強度が高すぎて怪我をしてしまったりして，運動の習慣化につながらないことがある．まずは簡単に達成できる目標（たとえば週に1回10分間のウォーキングをする）を設定し，徐々に量を増やしていくことで，達成感を感じながら運動を継続することができる．目標は，「体力をつける」という抽象的なものよりは，「1階から5階まで階段でのぼっても息切れしないようにする」といった具体的な数値目標のほうが，達成度が評価できてよい．

2. 運動の種類

運動の種類は，個々にとって楽しく，快適に実践できるものを選択する．運動嫌いの人にとっては，ゲームなどのレクリエーションの要素を多く取り

入れたものが有効であるし，やや強い運動のほうが爽快感を得られる人もいる．いずれにしても，個人にとって継続しやすいものを選択するべきである．また，運動には，心肺機能や筋持久力を高める有酸素性運動（ウォーキング，ジョギング，自転車，水泳，登山など）だけでなく，筋力を高めるレジスタンス運動（ダンベル運動，チューブ運動など），柔軟性や平衡性を高めるストレッチや体操，敏捷性や協調性を高める運動（バスケットボール，テニス，卓球など）など，さまざまな種類がある．可能であれば，1つの種類よりもバランスよくいろいろな種類の運動を取り入れていくのが望ましい．

3. 運動の強度

　運動は，体力面と精神面の両方によい効果をもたらすが，運動が弱すぎればその効果は小さくなり，強すぎれば危険性が高くなる．したがって，障害が生じない（無理とならない）範囲内で可能であれば，高めの強度で運動するのがよい．運動強度の目安としては，心拍数や酸素摂取量，血中乳酸濃度などの指標があるが，特別な施設内でなければ，これらの指標を運動中にモニタリングすることはできない．そのため，個々が感じる運動強度（自覚的運動強度）をうまく利用するとよい．「ややきついけれど長続きできそう」，「息が少し弾んで汗ばむ程度」などと思えるような運動が望ましい．「かなりきつい」と感じてしまっては，運動を習慣化することは難しいし，突発的な事故や慢性的な障害を引き起こしかねない．「かなり楽である」と感じるような弱い運動は，安全ではあるが，運動の効果は現れにくい．運動する日の体調（疲れ具合）や環境条件（湿度・温度）に応じて，自分にあった運動強度を柔軟にみつけていくようにすることが重要である．

4. 運動の時間

　運動時間は，一般に強度が高ければ5〜30分程度，強度が低ければ20〜120分程度を目安とする．逆に言えば，短時間しか運動できないときは可能な範囲で高めの強度で運動し，長時間できるときは低めの強度で運動するとよい．体調や環境条件とともに，その日の気分や生活リズムにあわせて調整できるようになるとよい．

5. 運動の回数

　週に1回程度の運動では，なかなか効果は現れない．一般に，筋力や心肺機能を改善するためには，週に3回以上の運動が必要とされている．少なくとも1週間のうち連続しない3日間（たとえば火，木，日曜日）が勧められ，できれば週5日間（たとえば火，水，金，土，日）程度が望ましい．回数が多い場合は，疲れが翌日に残らない軽い運動にとどめる日を設け，頑張る日とそうでない日とメリハリをつけるとよい．また，1回に長い時間をかけて運動できないときには，1回あたり10〜15分の運動を1日に数回行ってもよい．

6. 基本運動プログラム

　基本的な運動プログラムは，10〜15分間のウォーミングアップ，20〜60分間の主運動，10〜15分間のクーリングダウンで構成される．ウォーミングアップは主運動の前段階として行う運動であり，低強度の身体ほぐし運動やストレッチで構成される．筋や腱を伸ばし，血流を高め，体温を上げる効果があり，主運動での障害を起こりにくくするともいわれている．主運動はウォーキングなどの有酸素性運動や筋力強化のためのレジスタンス運動，レクリエーションの要素を加えた運動などで構成される．クーリングダウンは運動中に上昇した心拍数や血圧を安静状態に戻し，心身ともに落ち着かせて疲労を回復させる効果があり，ストレッチやマッサージで構成される．

7. 運動プログラムを実践する際の注意事項

1) 服装

　運動する際のシューズやウェアで勧められるのは，フィットネス用やジョギング・ウォーキング用のシューズやウェアである．シューズについては，かかとのクッション性が優れており（靴底が薄いものや硬いものは適さない），サイズが適しているもの（かかとを合わせた状態で足先がゆったりしているもの）を選ぶとよい．足首の締め具合をひもかマジックテープで調節できるものが望ましい．シューズを購入する際は，主に運動する時間帯に合わせて出かけ，両足きちんと履いて店内を歩いてみてフィット感を確かめる．運動時，シューズを履く際は必ず毎回ひもをほどき，かかとを床につけてシューズのかかと部分をフィットさせる．シューズの中で指先が動かせる程度に足先はややゆったりと，足首側はしっかりと結ぶ．ウェアについては，伸び縮みする素材で動きやすいものを選び，ウエスト部分はベルトではなく，ゴムなどで伸縮する素材がよい．汗を良く吸い，風通しがよく，着脱しやすいものがよいが，冬季で寒さを防ぎたいときは，重ね着する上着は風を通さない素材のものにする．

2) 体調チェック

　発熱，頭痛，腹痛，脈拍の異常（乱れる，速い），血圧が日常の変動範囲より高い，といった場合には，運動しないほうがよい．睡眠不足，過労，血圧が日常の変動範囲内だが高めのときは，体調をみながら無理せずに運動することとし，ストレッチなどの軽い運動だけで終わってもよい．腰痛や膝痛があるときには，局部に負担をかけない運動（水中ウォーキングなど）を選択し，悪化させないように注意する．運動中に，胸痛，めまい，冷汗，吐き気，動悸，脈の異常，突然の筋肉痛や関節痛を感じたときは，運動を中止し，医師などに相談する．

3) ウォーミングアップとクーリングダウン

　ウォーミングアップは下半身の簡単な動きから，徐々に身体全体を動かすようにする．身体が温まったら，ストレッチなどで筋や腱の柔軟性を高める．身体が温まらないうちに，強い弾みをつけた運動をすると，筋や関節を痛めることがあるので注意する．

クーリングダウンは呼吸数と心拍数を落ち着かせて，疲労を回復させる目的があることから，急に動きをやめるのではなく，ゆっくり歩くなど手足を軽く動かし続けるとよい．落ち着いたら，ストレッチやマッサージで筋や腱を伸ばしたりほぐしたりするとよい．

4) 時間帯

食後30分以内の運動は，胃や腸での消化・吸収に影響を与える可能性があるため，一般的には勧められない．早朝起床後は，水分や糖分（お茶や飴）を摂取して，脱水と低血糖を予防し，ゆったりとした運動から徐々に身体を目覚めさせるように心掛ける．昼間は，時間に余裕がある人には推奨される時間帯であるし，時間に余裕がなくても短時間の運動を毎日取り入れていけば，効果が期待できる．夕方は運動に最適の時間帯であるが，夜間は就寝に向かって身体を徐々に休める時間帯なので，運動後はゆったりとしたストレッチを取り入れるとよい．いずれにしても，個人のライフスタイルなどにあわせて，最も継続しやすい時間帯を決めることが望ましい．

5) 水分補給

運動時は，体温調節のために汗をかく．特に，夏の暑い時期の発汗量は非常に多くなる．そのため，水分補給をしなければ血液の粘度が高まり，血液循環が悪くなったり，筋が痙攣してしまったりし，熱中症になることもある．そうならないためには，適宜，水分補給を心掛けなければならない．目安としては，20～30分ごとに100～250 mlの水分をとるとよい．

8. 各疾患についての指針

1) 糖尿病

境界型糖尿病や糖尿病が比較的初期の段階で，インスリンや薬を使わずに血糖がよくコントロールされている場合，運動の基本は一般健常者と同じである．薬やインスリンを使っている場合は，運動中も砂糖を携帯するなど，低血糖に十分注意していれば問題はない．しかしながら，運動後に視力障害が進行した症例等も多く報告されていることから，糖尿病歴や管理状態にかかわらず，運動療法を開始する際には主治医の判断や眼科医の診察を受けることが肝要である．糖尿病歴が長く，進行した合併症を有する場合は，無痛性の狭心症を有している例や高血圧症の合併例もみられ，運動による危険性が高まるので，主治医と十分に相談してから運動を開始しなければならない．また，運動後はフットケアを十分に行い，足病変が生じたり，進行したりしないように注意しなければならない．一般的な運動の指針は，下記のとおりである．

種類：有酸素性運動を主体とし，筋力運動を加えてもよい．
強度：軽～中程度（楽である～ややきついと感じる程度）．
時間：1回あたり15～60分間
回数：週3～5日

2) 高血圧

収縮期血圧が180 mmHg未満，拡張期血圧が110 mmHg未満であれば，

下記に示すような一般的な運動の指針を適用できる．
　種類：有酸素性運動，筋力運動のいずれも可能である．
　強度：高強度になりすぎないようにする（ややきついと感じる程度）．
　時間：1回あたり30～60分間
　回数：週3～6日

3) 心疾患

心筋梗塞後，心臓術後，慢性心不全，心臓移植後等，状況に応じて運動プログラムが適応できるかは異なるが，医学的に安定していれば，一般的な運動の指針を適用できる．
　種類：有酸素性運動および筋力運動．
　強度：軽～中程度（楽である～ややきついと感じる程度）．
　時間：1回あたり15～60分間
　回数：週3～5日

4) 脂質異常症（高脂血症）

脂質異常症（高脂血症）の程度により，運動療法が禁忌となることはなく，諸疾患急性期でなければ，一般的な運動の指針を適用できる．
　種類：有酸素性運動および筋力運動．
　強度：軽～中程度（楽である～ややきついと感じる程度）．
　時間：1回あたり15～60分間
　回数：週3～5日

5) 更年期障害

更年期障害の生理的特徴をよく理解したうえで，健康維持のための生活指導が重要となる．運動を軽度の身体活動の延長として捉え，運動禁忌となる諸症状がなければ，計画的な運動要素を取り入れていくことが望ましい．
　種類：有酸素性運動，筋力運動，ストレッチング．
　強度：軽～中程度（楽である～ややきついと感じる程度）．
　時間：1回あたり30～60分間
　回数：週3～5日

6) 肥満症

体重減少のためには食事プログラムの併用が必須であるが，運動プログラムは膝や腰への負担が大きすぎなければ，個人の環境や好みを優先して決定することができる．
　種類：有酸素性運動および筋力運動．水中運動も推奨される．
　強度：ややきついと感じる程度．
　時間：1回あたり30～60分間
　回数：週3～6日

7) 骨粗鬆症

骨量維持や転倒予防を意図した運動プログラムは，脂質代謝や循環器系の改善を意図した運動プログラムと異なる．症状が進んでいれば運動が適応できないこともあるので，主治医と十分に相談する必要がある．
　種類：ストレッチ，体操，筋力運動，バランス運動．

強度：軽〜中程度（楽である〜ややきついと感じる程度）.

時間：1回あたり30〜60分間

回数：週2〜5日

文献

1) 目崎 登，佐々木純一：スポーツによる健康管理．産婦人科の実際，44：509-513, 1995
2) Blair SN, Kohl HW, Paffenbarger RS et al : Physical fitness and all-cause mortality – A prospective study of healthy men and women–. JAMA, 262：2395-2401, 1989
3) Paffenbarger RS, Hyde RT, Wing AL et al : Physical activity, all-cause mortality, and longevity of college alumni. N Engl J Med, 314：605-613, 1986
4) 目崎 登：運動療法．産婦人科外来シリーズ 3 更年期外来（矢内原功，麻生武志編），メジカルビュー，東京，pp68-75, 1996
5) Ryan AS, Nicklas BJ, Berman DM et al : Adiponectin levels do not change with moderate dietary induced weight loss and exercise in Obese postmenopausal women. International J Obesity, 27：1066-1071, 2003
6) 石川俊次：運動は脂質代謝にどのような影響を及ぼすか．慢性疾患と運動―QOL向上の具対策―（山崎 元編），文光堂，東京，pp126-131, 1994
7) Stein R, Michielli DW, Glanz MD et al : Effects of different exercise training intensities on lipoprotein cholesterol fractions in healthy middle-aged men. Am Heart J, 119：277-283, 1990
8) Hammar M, Berg G, Lindgren R : Dose physical exercise influence the frequency of postmenopausal hot flushes? Acta Obstet Gynecol Scand, 69：409-412, 1990
9) Ueda M, Tokunaga M : Effects of exercise experienced in the life stages on climacteric symptoms for females. J Physiol Anthropol Appl Human Sci, 19：181-189, 2000
10) Li S, Holm K, Gulanick M et al : The relationship between physical activity and perimenopauses. Health Care Women Int, 20：163-178, 1999
11) 進藤宗洋，西内久人，鍵村昌範ほか：更年期のスポーツ活動．臨床スポーツ医学，5：775-781, 1988
12) Slaven L, Lee C : Mood and symptom reporting among middle-aged women : the relationship between menopausal status, hormone replacement therapy, and exercise participation. Health Phychol, 16：203-208, 1997
13) 川久保清，本木千春：更年期障害と運動．産婦の実際 44：873-877, 1995
14) Wilbur J, Miller AM, McDevitt J et al : Menopausal status, moderate-intensity walking, and symptoms in midlife women. Res Theory Nurs Pract, 19：163-180, 2005
15) Aizawa K, Akimoto T, Inoue H et al : Resting serum dehydroepiandrosterone sulfate level increases after 8-week resistance training among young females. Eur J Appl Physiol, 90：575-580, 2003
16) 目崎 登 鍋島雄一，本部正樹ほか：女子における運動の生理的・病理的影響．臨床医，16：1440-1443, 1990
17) Sinaki M, Offord KP : Physical activity in postmenopausal women: Effect on back muscle strength and bone mineral density of the spine. Arch Phys Med Rehabil, 69：277-280, 1988
18) Smith EL, Smith PE, Ensign CJ et al : Bone involution decrease in exercising middle-aged women. Calcif Tissue Int, 36：S129-S138, 1984
19) Kohrt WM, Bloomfield SA, Little KD et al : American College of Sports Medicine Position Stand: physical activity and bone health. Med Sci Sports Exerc, 36：1985-1996, 2004
20) American College of Sports Medicine Position Stand. Exercise and physical activity for older adults. Med Sci Sports Exerc, 30：992-1008, 1998
21) Menkes A, Mazel S, Redmond RA et al : Strength training increases regional bone mineral density and bone remodeling in middle-aged and older men. J Appl Physiol, 74：2478-2484, 1993
22) Bemben DA, Fetters NL, Bemben MG, Nabavi N et al : Musculoskeletal re-

sponses to high- and low-intensity resistance training in early postmenopausal women. Med Sci Sports Exerc, 32：1949-1957, 2000
23) Sartorio A, Lafortuna C, Capodaglio P et al：Effects of a 16-week progressive high-intensity strength training (HIST) on indexes of bone turnover in men over 65 years: a randomized controlled study. J Endocrinol Invest, 24：882-886, 2001
24) Vincent KR：Resistance exercise and bone turnover in elderly men and women. Med Sci Sports Exerc, 34：17-23, 2002
25　稲葉雅章，茶木　修訳：第5章　予防と治療．WHOテクニカルレポート，骨粗鬆症の予防と管理（森井浩世監訳），医薬ジャーナル社，大阪，pp81-110，2005
26) 楊　鴻生：運動療法の実際．骨粗鬆症による寝たきり防止マニュアル（林　泰史編），骨粗鬆症財団，東京，pp94-106，1994
27) 鈴木なつ未，相澤勝治，今井智子ほか：低強度レジスタンストレーニングによる閉経後女性の骨代謝動態．日本臨床スポーツ医学会誌，17：36-43，2009
28) 目崎　登：中高年女性とスポーツ．日本更年期医学会雑誌，4：32-36，1996
29) 目崎　登，越野立夫，落合和彦ほか：中高年女性のための運動ガイドライン．日本臨床スポーツ医学会誌，17：160-164，2009

Self-Check

1. 中・高年女性がスポーツを行うことの意義を記せ．

（解答はp.347〜350）

13 妊婦とスポーツ

　妊婦が実施する積極的な身体活動（スポーツ活動）を，広く妊婦スポーツと捉えて，その意義，効果，さらに問題点，安全管理の在り方などについて示す．

A 妊婦スポーツ

　以前は，妊婦がスポーツを行うことなど考えられないことであった．しかし，近年は妊娠経過に何らの異常もない妊婦は，積極的に各種スポーツに参加するようになっている．

① 妊婦スポーツ普及の要因

　近年の主婦の日常生活における身体活動状態をみると，家電製品の普及により家事労働が軽減化したことにより，余暇の時間が増えている．さらに，自動車の普及による歩行距離の減少とも相俟って，慢性的な運動不足の状態にある（図1）．
　そこで，主婦を中心として，若い女性も含めて，テニス，水泳，バレーボールが，さらに美容と健康維持を目的としてのエアロビックダンスやジャズダンスが大いに流行している．このような社会環境を背景として，妊娠してか

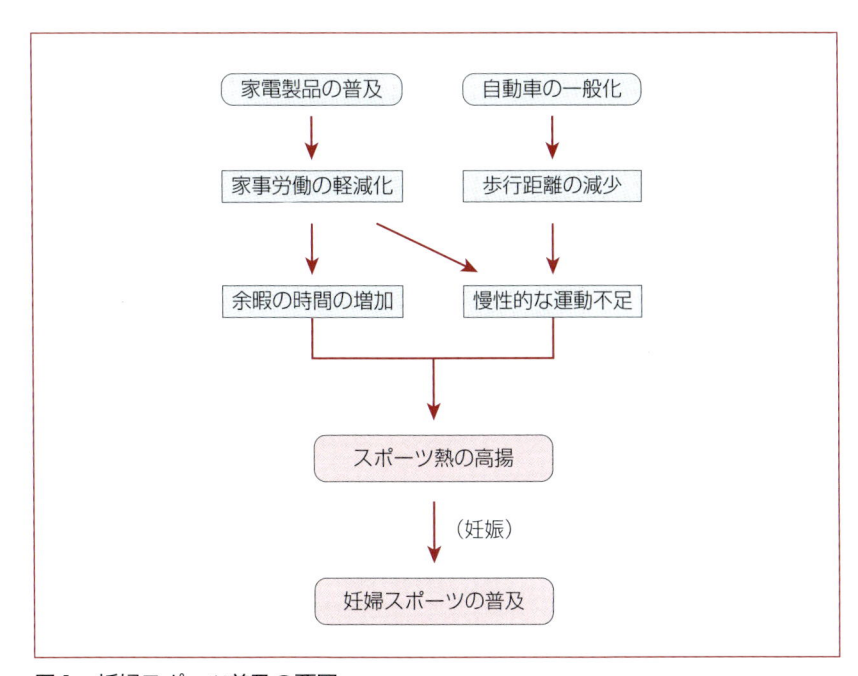

図1　妊婦スポーツ普及の要因

らもスポーツを継続する風潮にあり，妊婦スポーツが普及してきたと考えられる．

② 妊婦スポーツの目的

妊婦がスポーツを行う目的は，①運動不足の解消，②肥満の予防，③気分転換，④体力の維持，⑤持久力の獲得などである．すなわち，妊婦スポーツは定期的に行われる適度なスポーツ活動による健康管理・増進，さらに妊娠期間中を楽しく過ごすために行われるものである[1]．そこで，その目的からも，妊婦のスポーツ活動により母児のいずれかに何らかの異常をきたしては本末転倒であり，安全を重視して実施しなければならない．

B 妊婦スポーツを行うための条件

すべての妊婦に対してスポーツ活動が容認されるわけではなく，母児の健康状態を考慮し，スポーツ活動への参加の適否を検討しなければならない．また，すべてのスポーツ種目が妊婦に対して容認されるわけではなく，適度なスポーツ活動としてのスポーツ種目の選択も重要である．

① 母体の条件

切迫流・早産，妊娠高血圧症候群，多胎妊娠，羊水過多（症）などの各種産科異常がある場合には安静を必要とし，その治療が優先される．また，妊娠に伴う偶発合併症を有する場合には，原則として禁止する（表1）[2]．

これら偶発合併症のなかには，すでに運動療法が確立されているものもある．しかし，現状では妊婦における安全性などは確立されていないので避けるべきであるが，将来的には肥満症，糖尿病，高血圧症などに対する予防・治療を目的とした運動療法が導入される可能性もある．なお，心疾患合併妊婦に運動負荷試験を行い胎児心拍に徐脈が出現した[3]，あるいは高血圧症や糖尿病などの合併症妊婦に最大下運動を行わせたところ胎盤血流量が減少した[4]，などと報告されている．

妊婦スポーツの開始時期は妊娠第15～16週以降が好ましいが，産科的，さらに運動生理学的に十分な配慮をもって実施するならば，早期の実施も可能と思われる．終了時期は特別な異常所見が認められない場合には，十分に

表1 妊婦スポーツの禁止条件

1. 切迫流・早産（出血，下腹痛）
2. 妊娠高血圧症候群
3. 多胎妊娠（双胎，品胎など）
4. 羊水過多（症）
5. 胎児・胎盤系機能障害
6. 妊娠に伴う偶発合併症
   （心疾患，糖尿病，肝疾患，腎炎など）

注意して実施するならば，分娩直前まで行ってもよいと思われる．

② 胎児の条件

単胎妊娠で，身体発育や機能的に何らの異常も認められない正常胎児であることが原則である．

③ スポーツ種目の条件

妊娠による母体の変化，およびスポーツ活動が母児に及ぼす影響を考慮して選択するならば，どのようなスポーツ種目を実施してもよいと思われる．

妊婦では，子宮の増大に伴い腹部がせり出し，身体のバランスをとるために脊椎の前方への彎曲が強く，また体重が増加し，さらに関節の柔軟性が増加している．すなわち，急激で大きな外力の作用に対する許容範囲が狭くなっている．したがって，そのような外力の作用する可能性のあるスポーツ活動（格闘技，フットボール，体操競技など）は行わないほうがよい．また，コンタクトスポーツやスピードの出るスポーツでは，腹部打撲により外傷性胎盤早期剥離が起こる可能性もあるので行わないほうが無難である．さらに，妊娠子宮の増大に伴い，足元の視野が障害されるので，平坦で障害物などのない場所でのスポーツ活動が望ましい．

さらに，瞬発性の運動，体に大きな衝撃を与える運動，関節の深い屈伸などは，母体に対して整形外科的な外傷・障害を与えるので避けるべきであり，長時間の立位でのスポーツや持続的な肉体運動は不適当である．また，競争は禁止する．スポーツ活動に際して過酷な環境となる，炎天下，寒冷時の戸外でのスポーツは避けるべきである[5]．特に，妊娠初期にはマラソンやトライアスロンのような持久性運動や炎天下の運動，さらに発熱をおしての運動は止めるべきである．

C 妊婦スポーツの効果

妊婦スポーツの継続による効果に関する報告は必ずしも多くはない（表2）．これらのうち，妊婦に特有な項目について解説する[6]．

① 安産傾向

分娩時間の短縮傾向，あるいは帝王切開率の減少傾向などが注目されてい

表2　妊婦スポーツの効果

1. 心肺機能，体力の増進
2. 肥満の解消
3. 脂質比の改善
4. 安産傾向
5. 軽微な愁訴の軽減
6. 精神面への好影響

る．しかし，妊婦スポーツの非実施妊婦との差はわずかであり，産科臨床的には大きな意味をもつものではないと考えられる．分娩の難易には多数の因子が関わっており，特に個人的な体型・体格的な素因が大きく影響するので，妊婦スポーツを実施すれば，必ず安産となるというわけにはいかない．

　しかし，表現を変えれば，妊婦スポーツを行うことにより難産になることは少ないとはいえると思われる．

② 軽微な愁訴の軽減

　妊娠中は，多くの妊婦で腰痛や足腰の冷え，痔，肩こり，息切れなどの，必ずしも病的とはいえない微症状（minor disturbance）が現れる．一般に，これら症状は妊娠の経過に伴い増加するが，妊婦スポーツを継続することにより減少するとされている．

③ 精神面への好影響

　妊婦が一人で家の中に閉じこもっていると，気分が沈みがちになる．

　本邦における妊婦スポーツは，スポーツ教室のスタイルで集団で行うことが多いので，参加している妊婦同士で日頃心配していることなどを語り合い，ストレスを発散することができる．これらは，スポーツ活動による直接効果ではないが，重要な意義をもっている．

　妊婦スポーツ教室に参加していた妊婦たちは，出産後も，友人・仲間としてお互いに連絡を取り合っていることが多く，産褥期によくみられる精神的な落込み（マタニティーブルース）の発症の防止にも役立っていると考えられる．

word
マタニティーブルース：産褥期にみられる軽度で一過性の抑うつ，あるいは涙もろさを主症状とした症候群．

D　妊婦スポーツの問題点

　妊婦においても，定期的に行われる適度なスポーツ活動は心肺機能を高め，また筋力や体力増強作用など，全身的な健康管理の面からの効用は非常に大きい．しかし，妊婦のスポーツ活動が過度となり，そのために子宮収縮を誘発するとすれば，切迫流・早産を惹起することとなる．また，スポーツ活動に伴い血液が運動筋に集中的に配分されたり，さらに子宮収縮が持続すると，子宮血流量が減少する．その結果，胎児は低酸素状態となり，その持続は胎児の発育を障害することとなる（図2)[1]．

　すなわち，このような事態を引き起こすことは，妊婦スポーツの本来の目的から逸脱しており，重大な問題である．そこで，妊婦スポーツは適正な運動負荷強度のプログラムでの実施，その安全管理は非常に重要な課題である．

① 母体への影響

　妊婦スポーツによる母体（妊婦）への影響として，最も重要な事項は流・早産の発生である．

　これまでに本邦で行われている妊婦水泳[7]や妊婦エアロビクス[8]などの報

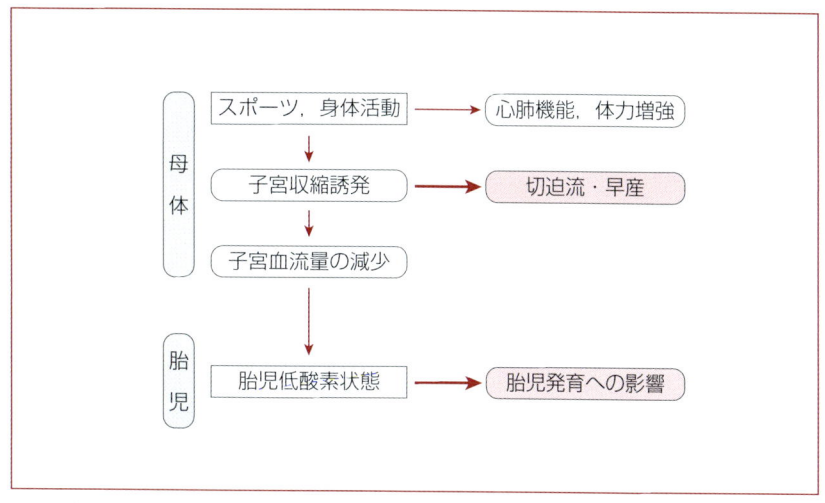

```
母体  スポーツ，身体活動  →  心肺機能，体力増強
        ↓
       子宮収縮誘発      →  切迫流・早産
        ↓
       子宮血流量の減少
        ↓
胎児   胎児低酸素状態     →  胎児発育への影響
```

図2　妊婦スポーツにおける問題点

告では，流・早産は増加していない．

なお，これら妊婦スポーツ教室に参加する妊婦は，産科医の診察を十分に受け，切迫流・早産の徴候のある者は参加を禁じられている．しかし，もし本人が希望すれば妊婦スポーツへの参加を許可したであろうスポーツ非実施妊婦を対照群として検討しても，スポーツ実施妊婦の流・早産率は高くないとされている[9]．すなわち，正常妊婦であれば，スポーツを行っても流・早産は増加しないと考えられる．

さらに，最大酸素摂取量の50〜85％の強度のランニングやエアロビクスを妊娠初期に行っても，流産は増加しなかったとの報告もなされている[10]．

しかし，運動強度を高くして，疲労困憊に至る運動を行った場合の安全性は確立していない．動物実験では，妊娠初期に激しい運動をさせると，流産が増加すると報告されている[11]．

② 胎児への影響

a 短期的影響

母体のスポーツ活動により，胎児心拍数には何らかの影響が及ぶものと推察される．

妊娠後期のヒツジに極限状態まで運動をさせると，子宮血流量が減少し，胎仔の低酸素状態を招来するとの報告がある[12]．妊娠後期の正常妊婦に対して，胎児心拍数を計測しながら，トレッドミルを用いる漸増運動負荷試験を行ったところ，運動負荷強度が最大酸素摂取量の70％（母体心拍数150 bpm）を超えた妊婦においては，胎児心拍数に軽度の一過性の徐脈や頻脈が認められる（表3）[13]．

実際の妊婦水泳中の胎児心拍数の変動を計測しても，明らかな異常パターンは認められていない（図3）[14]．なお，妊婦水泳教室のカリキュラムでは水中であぐらをかく（水中座禅）が，これは分娩時の児娩出に際して怒責を

表3 運動負荷試験時の胎児心拍数の変動

No.	運動強度(%)	平均胎児心拍数
1	73	>160 bpmの部分あり
2	61	120〜160 bpm
3	72	<120 bpmの部分あり
4	63	120〜160 bpm
5	84	>160 bpmの部分あり
6	70	>160 bpmの部分あり
7	64	120〜160 bpm

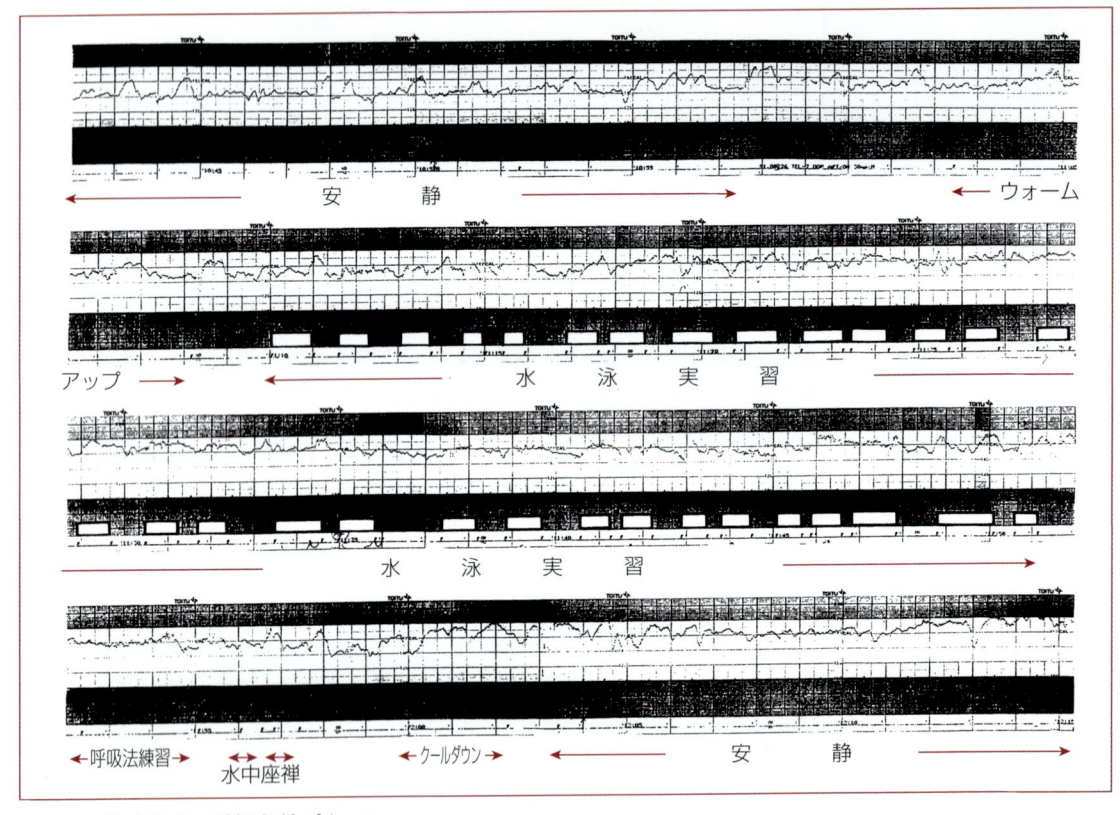

図3 母体水泳中の胎児心拍パターン

行うための練習として重要であるとされている．母体が息を止めれば次第に低酸素状態となり，胎児も同様の状態になると想定される．水中座禅に伴い母体の酸素飽和度（SPO_2）は低下する傾向にあるが（図4），胎児心拍パターンには明らかな異常は認められない．しかしながら，胎児心拍は水中座禅終了直後にaccelerationを示すことが多い（図5）．すなわち，母体の水中座禅により胎児は確かに低酸素状態となるが，正常な胎児では十分にそれに耐えうる予備能があるものと思われる[15]．なお，疲労困憊に至るまで水泳を行うと，その直後に胎児徐脈を認めたとの報告もあり[16]，妊婦水泳もある程度以下の運動強度で行ったほうが安全と考えられる．

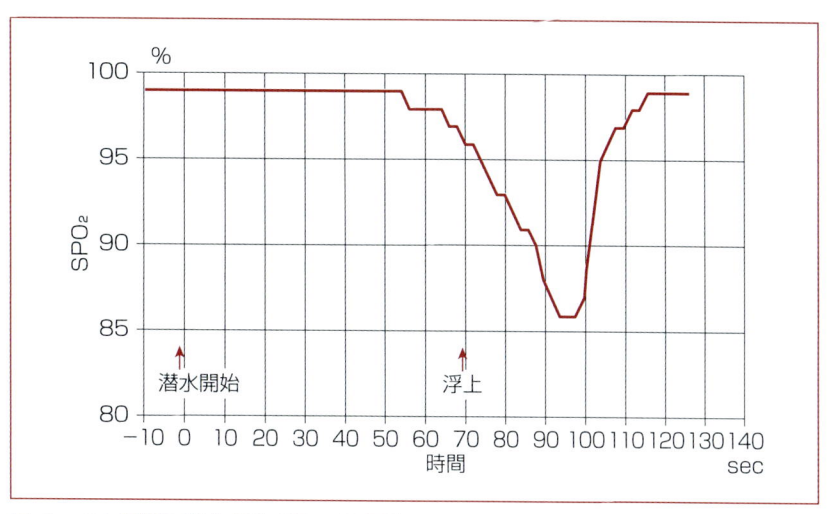

図4 水中座禅に伴う母体SPO$_2$の変動

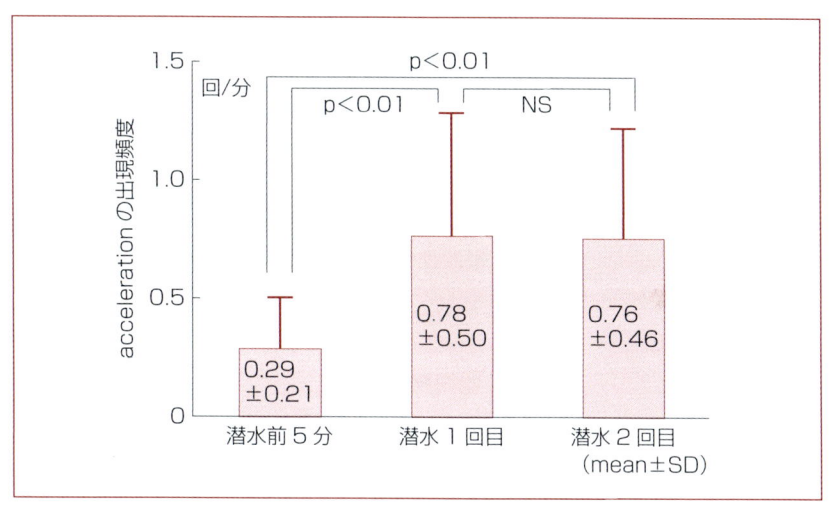

図5 水中座禅に伴う胎児心拍のaccelerationの出現頻度

b 長期的影響

1）催奇形性

　妊娠初期のスポーツ活動で問題となるのは，流産の危険性とともに，高体温が原因と考えられる奇形児の発生である．

　温水中で水泳をさせた妊娠ラットでは，流産の増加とともに，小眼症や脳ヘルニアなどの奇形仔が発生する（図6，表4）．これらラットでは直腸温が相当上昇しており，奇形仔発生の原因は母獣高体温によると考えられる[17]．動物の奇形発生は体温の上昇の程度と，その持続時間の2つのパラメーターにより決まるが[18]，ヒトの場合は高体温がどの程度持続すると奇形児が発生するかは明らかではない．

　ヒトの場合，妊娠初期に高体温となる原因としては，熱性疾患やサウナ入浴がある．熱性疾患罹患はやむをえぬことであるが，北欧で日常的に行われているサウナ入浴による影響があるとすれば大きな問題である．サウナ入浴

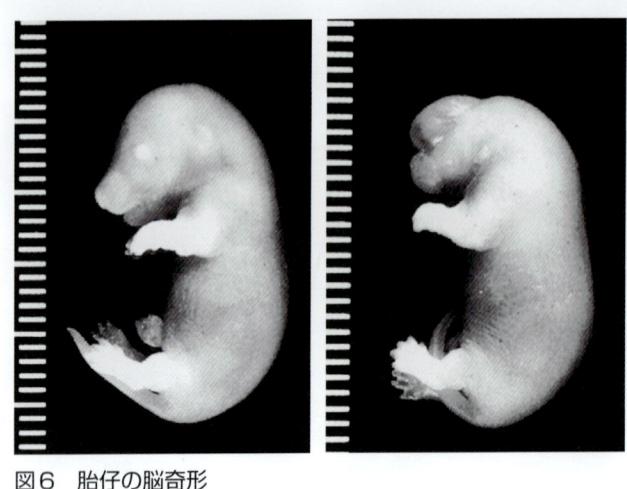

図6 胎仔の脳奇形
(Sasaki J et al : Teratology, 51 : 233-236, 1995 より引用)

表4 母獣ラットの高水温中水泳により認められた胎仔奇形

小眼症あるいは無眼症	69%
脳ヘルニア	45%
下顎形成異常	22%
上顎形成異常	20%
腹壁破裂	14%

では39℃前後まで深部体温が上昇するとされているが[19]，北欧諸国での奇形児発生の頻度は特に高くはないので，サウナ入浴程度では問題にならないとされている[20,21]．しかし，サウナ入浴により奇形児の発生が増加したとの報告もみられ[22]，この問題についての決着は付いていない．

スポーツ活動による体温上昇については，マラソンで41.7℃まで上昇したと報告されている[23]．すなわち，妊娠初期には，マラソンやトライアスロンのような持久性運動や炎天下でのスポーツ，さらに発熱をおしてのスポーツは止めたほうがよいと思われる．

2）胎児発育

妊婦の継続的なスポーツ活動が胎児に及ぼす長期的な影響としては，胎児の発育に関する問題は重要である．

妊婦スポーツを行っていた産婦から出生した新生児の出生体重に関する詳細な調査成績は，必ずしも多くない．本邦でこれまでに最も多く実施されている妊婦水泳における報告では，低出生体重児は少なく，胎児発育には特に問題はないとしている[24]．

E 妊婦スポーツの安全管理

妊婦スポーツの安全管理における特殊性は，母体と胎児という，2つの個体の管理を同時に行わなければならないことにある．

① 留意事項

妊婦スポーツの安全管理において考慮しなければならない事項は，①母児の健康状態，②環境（温度，湿度），③スポーツ種目，④場所・施設，⑤運動強度，⑥実施時間などである[25]．これらのうち，①〜④の事項に関しては，すでに安全のための指針が示されている[2]．

そこで，今後，検討しなければならない事項は，スポーツ活動としての運

表5 妊婦スポーツの種目

1. 妊婦体操
2. スイミング（水泳）
3. エアロビックダンス
4. ジャズダンス
5. ウォーキング
6. ジョギング
7. ヨガ

動の強度およびその実施（持続）時間に関する事項である．

② スポーツ種目の選択

母児に対して障害を及ぼさないスポーツであれば，どのようなスポーツ種目を選択してもよいと思われる．現在，実施されている妊婦スポーツの種目を表5に示す．

以前は，一人で簡単に自宅でできる妊婦体操が行われていた．最近では，積極的にスポーツ施設を利用し，多くの人々（妊婦）と一緒に楽しく行うスポーツとして，水泳，エアロビックダンス，ジャズダンス，ヨガなどの妊婦スポーツ教室が開催され，多くの妊婦が参加している．また，一人で自分の体力に合わせて戸外で行うスポーツとして，ウォーキングやジョギングが注目されている．

どのスポーツ種目を選択するかは個人の好みであり，母児の安全を重視して実施するならば，特に問題はないと考えられる．なお，本邦における妊婦スポーツ教室への参加者が最も多いのはマタニティスイミング（妊婦水泳）である．

③ 運動強度

母児双方にとっての安全のための運動強度の設定とともに，妊娠経過に伴う妊婦の身体状態の変化への配慮が重要である．なお，実施時間は午前10時〜午後2時までの間での1時間程度の実施が適当である．

ⓐ 陸上でのスポーツ

1）母体最大心拍数

妊婦に対するトレッドミルによる運動負荷試験時の胎児心拍パターンの変動をみると，運動負荷強度が70％を超すと，胎児心拍数に軽度の徐脈あるいは頻脈が認められる（表3）[13]．

これら成績から，妊婦の陸上でのスポーツ活動の安全限界としての運動強度は，最大酸素摂取量の70％以下，母体の最大心拍数として150 bpm以下とすることが望ましい[26]．また，諸外国の研究においても，この基準と同様の運動強度を妊婦スポーツの安全限界としている[27〜29]．

しかし，実際のスポーツ活動中に酸素摂取量を測定することは不可能であり，また心拍数の計測を行うことも煩雑である．そこで，実際には自覚的な

運動強度の判定に頼らざるをえないことが多い．この場合，自覚的には「つらくない」程度，「きつくない」程度の運動であれば安全と考えられる．

2）妊婦エアロビクス

実際のスポーツ活動としての妊婦エアロビクス中には，母体心拍数を最高170 bpmくらいまで上昇させても，胎児心拍数には異常は認められていない[30]．

なお，妊婦エアロビクスを行う場合には，運動強度としての母体心拍数を指標とするばかりでなく，妊娠に伴う母体の身体条件の変化を考慮して，プログラムを検討しなければならない．

すなわち，妊婦では下半身の負担をできる限り少なくし，しかも腹圧や垂直方向の加重がかからないように注意しなければならない．一般女性（非妊婦）で実施している跳躍運動，深い屈伸運動，急な方向転換などの動作は好ましくない．また，シューズ（靴底の厚さ）や床の固さに対する配慮が必要である．実施法としては，ウォーミングアップ5分，メインダンス20分，筋力調整15分，クーリングダウン10分，合計約50分程度が適当である[31]．

3）ジョギング

妊娠以前から実施していた者が，妊娠してからも継続して行う場合には大きな問題はないと考えられる．しかし，妊娠経過に伴う身体状態の変化を考慮し，走行時のフォームには留意する必要がある．また，シューズ（衝撃吸収性のよいものを選択）や走行路の状況（一般市街路は不適当）にも注意が必要である．なお，走行中の足元には十分に注意しなければならない．

❺ 水泳

現在，本邦で最も多く実施されている妊婦スポーツは水泳（マタニティスイミング）であり，室岡が提唱したプログラムに多少の変更を加えたスケジュールで実施されている（表6）[24]．

表6　妊婦水泳実施の基本スケジュール

1. 温水シャワー
2. ゆっくり温水（30±1℃）に入る
3. 準備体操　上半身（2分）
4. 準備体操　下半身はプールサイドにつかまってバタ足（1分）
5. クロール板キック　25m
6. ドルフィン板キック　25m
7. 背泳板キック　25m
8. 平泳板キック　25m
9. 上向き平泳板キック　25m
10. クロール基本泳法　25m
11. 背泳基本泳法　25m
12. 平泳基本泳法　25m
13. 横泳基本泳法　25m
14. 水中座禅　3回
15. 背面浮身　2分
16. 自由練習　10〜15分
17. 整理体操　1分
18. シャワー

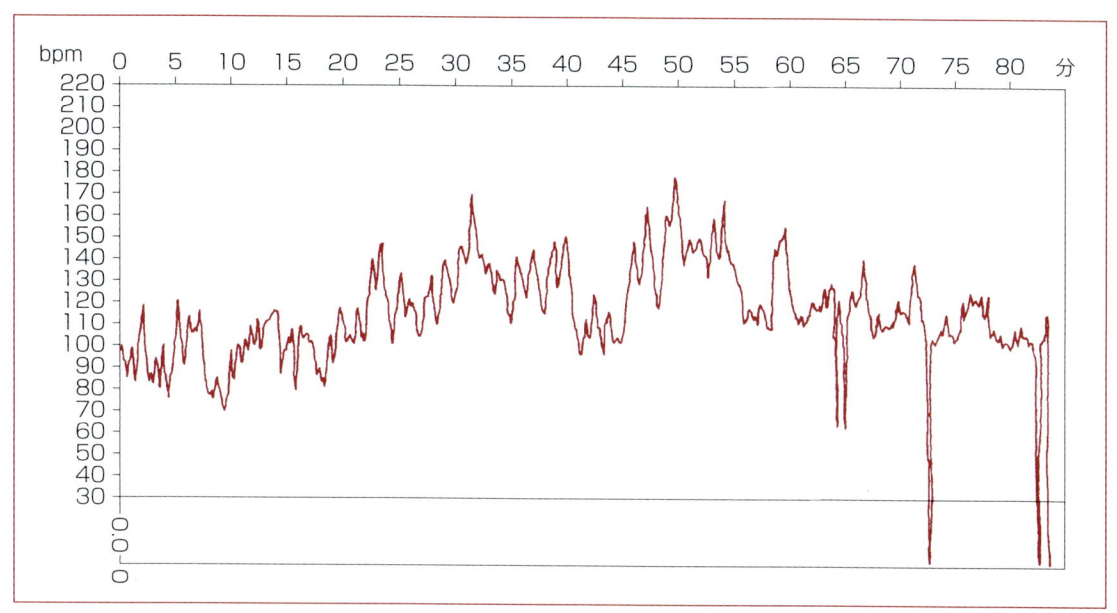

図7 妊婦水泳中の母体心拍数の変動

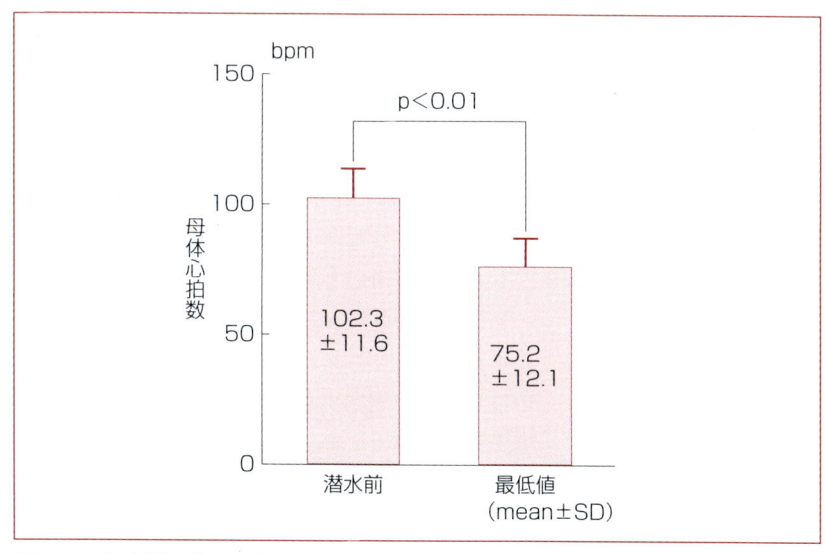

図8 水中座禅に伴う母体心拍数の変化

1）妊婦水泳時の母児の心拍数の変動

　現在，実施されている妊婦水泳のプログラムにおいては，母児の心拍数に重大な異常は認められていない．すなわち，25m水泳後には母体心拍数は時に180bpmに達することもあるが，小休息により直ちに下降している（図7）．この母体心拍数の一過性の頻脈は運動強度の強さを示すばかりでなく，不適切な息つぎに起因する低酸素状態も関与しているものと思われる[32]．さらに，水中座禅中には母体心拍数は減少する（図8）[33]．このことから，胎児もある程度の低酸素状態に陥るものと考えられる．しかし，母体水泳中の胎児心拍数の変動においては，水泳中に軽度の心拍数の増加傾向が認めら

れるのみで，病的な徐脈は認められていない．

2）妊婦水泳の注意事項
①長距離の連続的な水泳により胎児に徐脈が認められることがあるので，最大継続水泳距離は25m以下とすることが望ましい．
②25m水泳後は，40秒程度の小休息をとることが望ましい．
③いわゆる「水中座禅」は，時に母体SPO_2の高度の低下をきたすことがあるので，持続時間は30〜40秒程度とし，反復して行う場合には40〜60秒の間隔をあけることが望ましい[33]．なお，短時間の間隔（一呼吸のみ）での「水中座禅」の反復の安全性については，今後の検討が必要である．
④妊娠後期の平泳ぎは，恥骨結合離開や膝・足関節障害の危険があるので注意が必要である．

F メディカルチェック

正常な妊娠経過にある妊婦がスポーツ活動に参加するわけである．すなわち，妊婦スポーツ参加者のメディカルチェックの要点としては，その時点での妊娠が正常妊娠経過であるか否かの判定が重要である[34]．

① 医師によるチェック

一般に妊婦健診の頻度は，妊娠26週未満は4週ごと，妊娠26〜35週は2週ごとに1回の受診間隔であり，妊娠36週以降は毎週とするのが原則である．しかし，妊婦スポーツ参加者に対しては，この妊婦健診の受診間隔を短くしたほうがよいと思われる．

当初は正常妊娠と診断されていても，その後の妊娠経過において異常妊娠に移行することもあるので，その確認のためにもメディカルチェックは細心の注意を払い実施する必要がある．特に，流産や早産の徴候，子宮収縮や性器出血の有無に注意し，また受診ごとの内診も必要である．

妊婦水泳参加者では，内診時には帯下の性状に注意し，カンジダやトリコモナス腟炎のないことの確認が重要である（図9）．これら腟炎のある妊婦は，治療が終わるまで水泳を禁止するほうがよいと思われる[35]．

また，スポーツ活動時には子宮-胎盤血流量の減少が予想されることから，このような負荷に対しての予備能が少ないと考えられる子宮内胎児発育遅延（intrauterine growth retardation：IUGR）症例を除外するためにも，超音波断層法などにより胎児の発育状態を念入りにチェックするとともに，胎盤機能低下を惹起しやすい妊娠高血圧症候群の早期発見に努めることも必要である．

② スポーツ施設におけるチェック

スポーツを行う現場（スポーツ施設）における，妊婦スポーツ実施直前，実施中，終了直後のメディカルチェックも重要である．なお，母子健康手帳は必ず持参させ，記載事項のチェックは毎回行わなければならない．

---

word
帯下：女性性器からの血液以外の分泌物．生理的帯下と病的帯下に分けられる．病的帯下は外陰・子宮・腟の炎症や腫瘍などの際に著しい．

word
子宮内胎児発育遅延：発育，成熟の抑制または異常が認められる児の総称．多くの因子が複雑に関与して発症するため，その病態（発育抑制，成熟障害など）は個々に異なり多彩である．

word
母子健康手帳：妊娠中の健診の内容，分娩や産褥の経過，新生児の状態を記録するとともに，乳幼児が小学校に就学するまでの発育過程，乳幼児健診，予防接種なども記録し，母子の健康を保持することを目的とする．

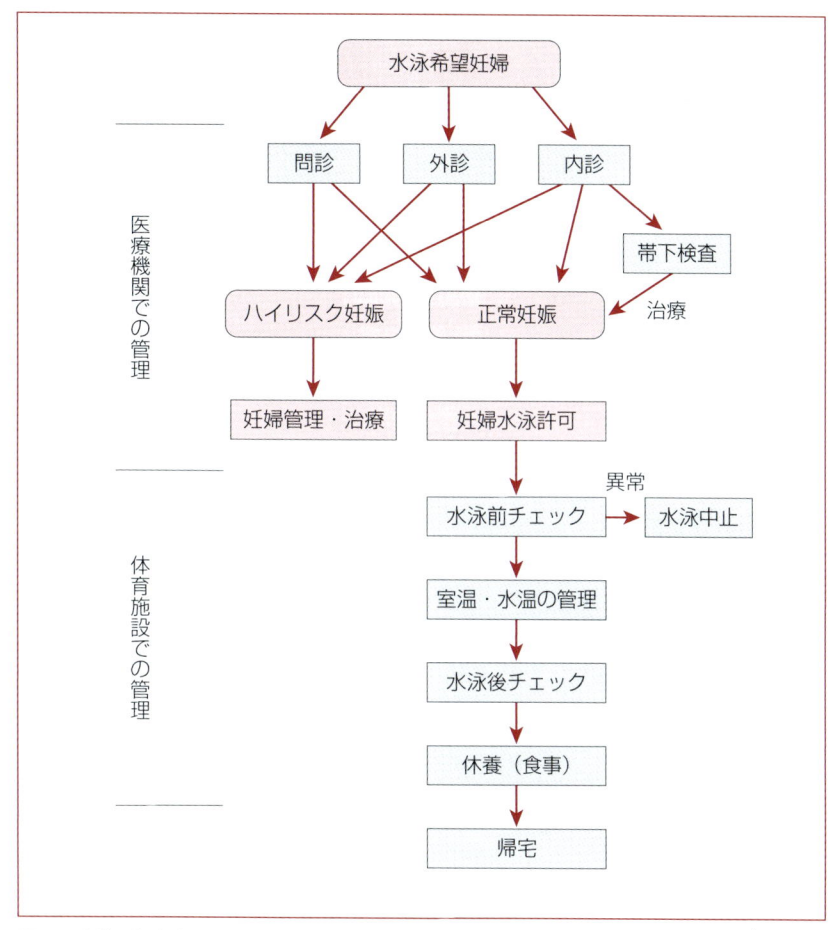

図9 妊婦水泳実施のフローチャート

　実際にメディカルチェックを行うのは主治医であることは少なく，多くは他の医師あるいは助産師が実施することになる．スポーツ施設には子宮収縮や胎児心拍数を計測する分娩監視装置，さらに超音波断層装置などの医療機器が十分に揃っていることはまれであり，せいぜい血圧・脈拍測定，体重測定，胎児心音確認，外診による子宮収縮の有無の確認などが行えるにすぎない．しかし，慎重に診察を行えば，異常を発見することも可能である．なお，何らかの異常所見が認められた場合には，当日のスポーツ活動は必ず禁止し，直ちに主治医に連絡して，確認のための診察を依頼することが肝要である．

　さらに，スポーツ終了後も母児の健康状態に関するチェック，血圧測定，胎児心音の確認などを行う．

G 運動療法としての妊婦スポーツ

　現時点においては，偶発合併症を有する妊婦のスポーツ活動は禁止されている．しかし，肥満症，糖尿病，高血圧症などに対する運動療法は確立し，

実施されていることからも，将来的には，これら合併症を有する妊婦に対する運動療法の一環としての妊婦スポーツの導入も可能になると思われる．

妊婦スポーツの治療医学的な応用として，高血圧に対するリスク因子を有する妊婦に対する運動の実施により，妊娠性高血圧症や分娩時高血圧症の発症を抑制できたとの報告もある[36]．さらに，切迫流・早産による長期間の安静臥床は下肢筋力の低下をきたすことから，その予防のための腹部に力が加わらないように工夫した下肢の筋力トレーニングも試みられている[37]．

表7　妊婦スポーツの安全管理基準に関する提言

1. 母児の条件
 a. 現在の妊娠が正常で，かつ既往の妊娠に早産や反復する流産がないこと．
 b. 単胎妊娠で胎児の発育に異常が認められないこと．
 c. 妊娠成立後にスポーツを開始する場合は，原則として妊娠12週以降で，妊娠経過に異常がないこと．
 d. スポーツの終了時期は，十分なメディカルチェックのもとで特別な異常が認められない場合には，特に制限しない．

2. 環境
 a. 真夏の炎天下に戸外で行うものは避ける．
 b. 陸上のスポーツは，平坦な場所で行うことが望ましい．

3. スポーツ種目
 a. 有酸素運動，かつ全身運動で楽しく長続きするものであることが望ましい．
 b. 妊娠前から行っているスポーツについては，基本的には中止する必要はないが，運動強度は制限する必要がある．
 c. 競技性の高いもの，腹部に圧迫が加わるもの，瞬発性のもの，転倒の危険があるもの，相手と接触したりするものは避ける．
 d. 妊娠16週以降では，仰臥位になるような運動は避ける．

4. メディカルチェック
 a. 妊婦スポーツ教室を実施する場合
 1) 医療施設が併設されているか，あるいは緊密な連携体制が確立していること．
 2) 運動開始前後に母体血圧，心拍数，体温，子宮収縮の有無，胎児心拍数測定などのメディカルチェックが実施できること．
 b. 個人でスポーツを行う場合
 1) スポーツを行っていることを産科主治医に伝えること．
 2) スポーツ前後に心拍数を測定し，スポーツ終了後には子宮収縮や胎動に注意すること．
 3) 体調に十分に注意し，無理をしないこと．

5. 運動強度
 a. 心拍数で150 bpm以下，自覚的運動強度としては「ややきつい」以下が望ましい．
 b. 連続運動を行う場合には，自覚的運動強度としては「やや楽である」以下とする．

6. 実施時間
 a. 午前10時から午後2時の間が望ましい．
 b. 週2～3回で，1回の運動時間は60分以内とする．

7. その他
 a. 高血圧症，糖尿病，肥満症などの妊娠中の合併症の予防と治療を目的とする運動療法は，専門医と相談のうえで，十分に注意して実施すること．

(目崎　登ほか：日本臨床スポーツ医学会誌，11：116-122, 2003より引用)

H 妊婦スポーツの安全管理基準

日本臨床スポーツ医学会学術委員会産婦人科部会（目崎　登委員長）において，国内外の学術論文を検討して提唱している「妊婦スポーツの安全管理基準に関する提言」を表7に示す[38]．

近年の健康増進指向により，老若男女を問わず健康スポーツが流行しており，このような社会状況のなかで妊婦スポーツが注目されている．妊婦スポーツは母体の健康の維持・増進などを目的として行われるものである．したがって，妊娠中のスポーツ活動により，母児に何らかの異常が生じては本末転倒である．そこで，母体と胎児に対する十分な安全管理による妊婦スポーツの実施が必要である．

文献

 1) 目崎　登：妊婦とスポーツ．産婦人科治療，68：757-760，1994
 2) 目崎　登，本部正樹，鍋島雄一ほか：妊婦スポーツ―基本的な考え方と原則論―．周産期医学，18：187-189，1988
 3) 松本譲二，鍛　司，高橋　通ほか：妊婦運動の胎児心拍に及ぼす影響．日産婦誌，36：1057-1063，1984
 4) Rauramo I, Forss M：Effect of exercise on placental blood flow in pregnancies complicated by hypertension, diabetes or intrahepatic cholestasis. Acta Obstet Gynecol Scand, 67：15-20, 1988
 5) 目崎　登，佐々木純一：妊婦とスポーツ．日本醫事新報，3580：24-28，1992
 6) 佐々木純一，目崎　登：妊産婦のスポーツ．からだの科学，増刊：81-85，1995
 7) 朝倉廣行：妊婦水泳に伴う臨床的，生理的変化に関する研究．日医大誌，51：90-99，1984
 8) 田中泰博：マタニティビクス．産婦の世界，42：315-325，1990
 9) 越野立夫，西島重光，林　康子：妊婦水泳．産婦の世界，42：327-332，1990
10) Clapp III JF：The effects of maternal exercise on early pregnancy outcome. Am J Obstet Gynecol, 161：1453-1457, 1989
11) 寺田光世：妊娠早期に走運動を負荷したマウスに於ける胚の発生について．体力科学，18：28-32，1969
12) Emmanouilides GC, Hobel CJ, Yashro K et al：Fetal responses to maternal exercise in the sheep. Am J Obstet Gynecol, 112：130-137, 1972
13) 目崎　登，佐々木純一，鍋島雄一ほか：妊婦のスポーツ活動が胎児に及ぼす直接的，短期的影響．デサントスポーツ科学，10：174-185，1989
14) 佐々木純一，鍋島雄一，稲葉淳一ほか：妊婦水泳における胎児の安全性の検討．日産婦誌，45：93-98，1993
15) 佐々木純一，鍋島雄一，稲葉淳一ほか：妊婦の止息潜水（いわゆる水中座禅）が母児に与える生理学的影響．新生児誌，31：432-438，1995
16) Watson WJ, Katz VL：Fetal responses to maximal swimming and cycling exercise during pregnancy. Obstet Gynecol, 77：382-386, 1991
17) Sasaki J, Yamaguchi A, Nabeshima Y et al：Exercise at high temperature causes maternal hyperthermia and fetal anomalies in rats. Teratology, 51：233-236, 1995
18) Germain MA, Webster WS, Edwards MJ：Hyperthermia as a teratogen：parameters determining hyperthermia-induced head defects in the rat. Teratology, 31：265-272, 1985
19) Sohar E, Shoenfeld Y, Shapiro Y et al：Effects of exposure to finnish sauna. Isr J Med Sci, 12：1275-1282, 1976
20) Editorial：Is hyperthermia a teratogen? Brit Med J, 2：1586-1587, 1978
21) Editorial：Hyperthermia and the neural tube. Lancet, 2：560-561, 1978
22) Milunsky A, Ulcickas M, Rothman KJ et al：Maternal heat exposure and neural tube defects. JAMA, 268：882-885, 1992

23) Maron MB, Wagen JA, Horvath SM：Thermoregulatory responses during competitive marathon running. J Appl Physiol, 42：909-914, 1977
24) 越野立夫, 諏訪喜宣：妊娠とスポーツ—妊婦水泳—. 産婦人科の実際, 37：723-728, 1988
25) 目崎　登, 越野立夫, 原　量宏ほか：妊婦スポーツの安全管理. 臨床スポーツ医学, 13：289-295, 1996
26) 鍋島雄一, 宗田　聡, 佐々木純一ほか：トレッドミル運動負荷試験による妊婦スポーツにおける安全性の検討. 日産婦誌, 44：323-328, 1992
27) Dressendorfer RH, Goodlin RC：Fetal heart rate response to maternal exercise testing. Phys Sportsmed, 8：91-94, 1980
28) Collings C, Curet LB：Fetal heart rate response to maternal exercise. Am J Obstet Gynecol, 151：498-501, 1985
29) Carpenter MW et al：Fetal heart rate response to maternal exertion. JAMA, 259：3006-3009, 1988
30) 田中泰博：妊婦のスポーツ指導−エアロビクス, ジャズダンス. 周産期医学, 18：23-28, 1988
31) 原　量宏：妊婦体操・妊婦水泳の妊娠に及ぼす影響. 厚生省心身障害研究「妊産婦をとりまく諸要因と母子の健康に関する総合的研究」平成4年度研究報告書, 中野仁雄, 70-73, 1993
32) 佐々木純一, 鍋島雄一, 目崎　登：妊婦水泳中の母体心拍数の変化. 臨床スポーツ医学, 11：465-469, 1994
33) 目崎　登, 佐々木純一：妊婦スポーツの安全管理−妊婦水泳（水中座禅）中の母体 SPO_2 と母児の心拍数変動について−. 厚生省心身障害研究「妊産婦をとりまく諸要因と母子の健康に関する総合的研究」平成6年度研究報告書, 中野仁雄, 70-73, 1995
34) 目崎　登：スポーツのためのメディカルチェック, 村山正博編, 南江堂, pp128-138, 1989
35) 目崎　登：妊婦水泳と膣炎. 日本醫事新報, 3592：134-135, 1993
36) 荻田幸雄, 友田昭二：治療医学的立場よりみた妊婦スポーツ. 厚生省心身障害研究「妊産婦をとりまく諸要因と母子の健康に関する総合的研究」平成6年度研究報告書, 中野仁雄, 74-75, 1995
37) 新原まりよ, 片平久美代, 安田成美ほか：安静妊婦の下肢筋力トレーニング. 臨床スポーツ医学, 9：1359-1362, 1992
38) 目崎　登, 越野立夫, 落合和彦ほか：妊婦スポーツの安全管理基準に関する提言（案）. 日本臨床スポーツ医学会誌, 11：116-122, 2003

Self-Check

1 妊婦スポーツとして適さないスポーツ活動を記せ.

（解答はp.347〜350）

14 運動処方

　以前より，疾病の発症や進展に関する要因として，遺伝子の異常や加齢を含めた「遺伝要因」と，病原体，有害物質，事故，ストレッサーなどの「外部要因」が考えられてきた．しかし最近，これらに加えて食習慣，運動習慣をはじめとする「生活習慣要因」が第三の要因として重要視されている．特に，糖尿病，高血圧症，肥満は，遺伝因子に加えて過食と運動不足といった，生活習慣の歪みがその発症や進展のリスクを増大させることが明らかとなっている．

A 運動不足の問題点

① 肥満者の生活習慣

　20年前の健康診断で肥満と判定された者に対して，現在での肥満の有無と生活習慣との関連についての調査結果をみると，現在でも肥満が持続している者は，現在は肥満でない者に比べ，身体活動レベルが低いことが示されている（図1）．また，食生活でも「満腹感を感じるまで食べる」，「他人より速く食べる」という傾向にある（図2）．すなわち，肥満者には歪んだ生活習慣があり，それを改善することで肥満の解消が期待できる．

② 運動不足と糖尿病

　安静ラットと2週間の水泳トレーニングを行ったラットで，経静脈ブドウ糖負荷試験の結果を比較すると（図3），安静ラットではインスリンが多量に分泌されているにもかかわらず，血糖値は高値である．これは，インスリン感受性の低下，すなわちインスリン抵抗性を示しており，筋肉や脂肪組織な

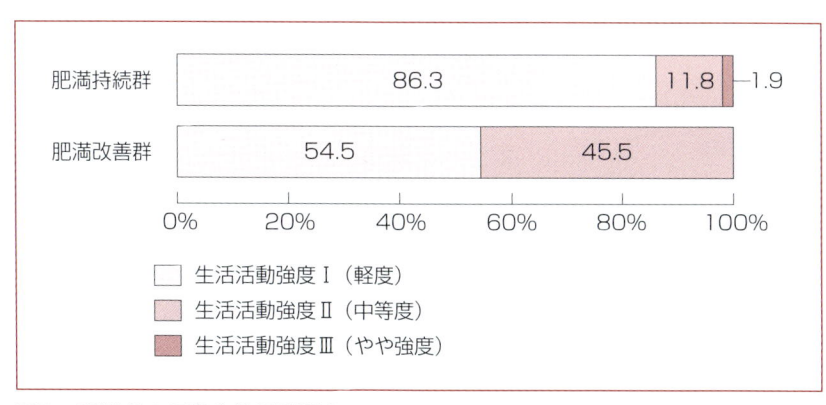

図1　肥満者の日常身体活動調査
（藤井ほか：1998，佐藤祐造編：生活習慣病の予防と運動，p7より引用）

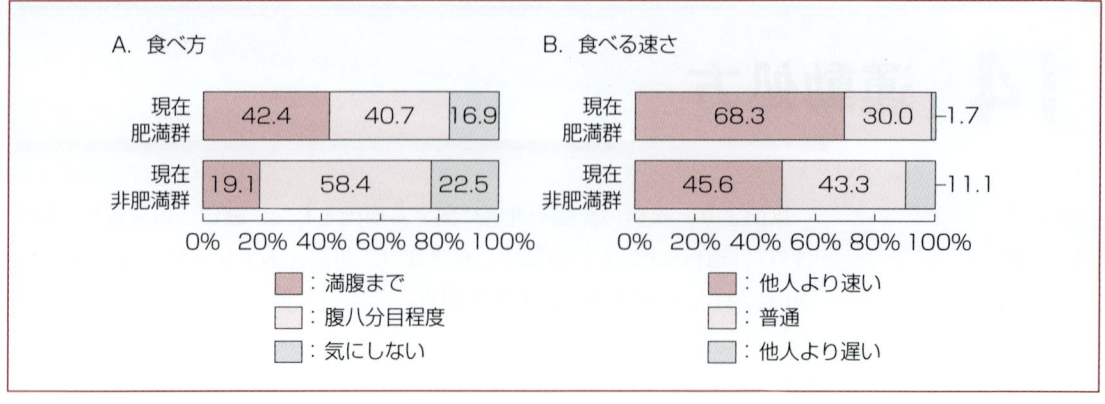

図2　肥満者の食行動調査　　　　　　　　　　（藤井ほか：1998，佐藤祐造編：生活習慣病の予防と運動，p8より引用）

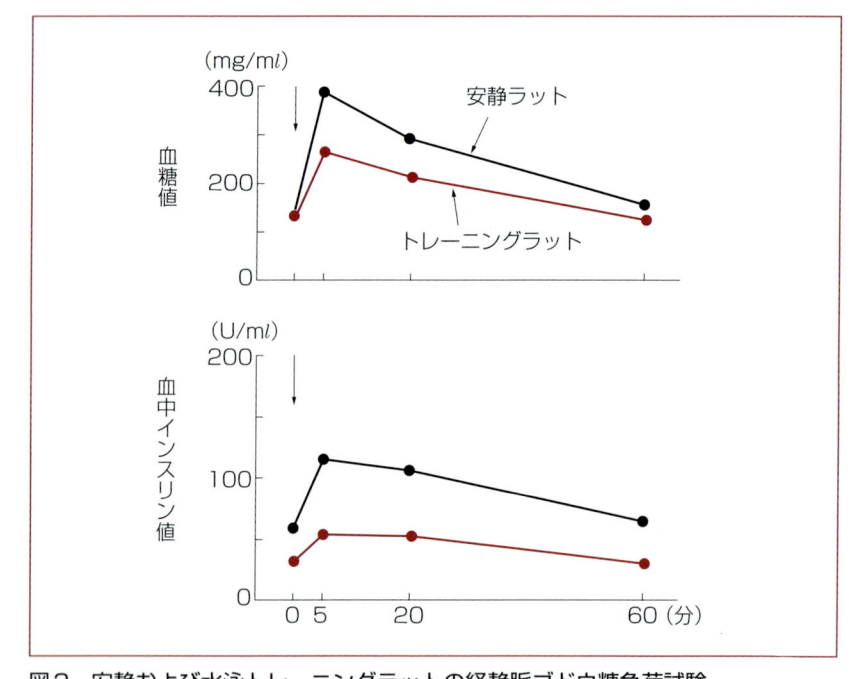

図3　安静および水泳トレーニングラットの経静脈ブドウ糖負荷試験
　　　　　　　　　　（Berger et al：1979，佐藤祐造編：生活習慣病の予防と運動，p9より引用）

　どの末梢組織や肝臓で，インスリンが十分に作用していないことを意味している．

　インスリン抵抗性は2型糖尿病に特徴的な病態である．2型糖尿病では通常，まずインスリン抵抗性が出現し，それに伴い血液中のインスリン濃度が上昇するが，その後インスリン抵抗性が進むにつれて上昇した血中インスリン濃度では血糖値を正常範囲に維持できなくなり，糖尿病を発症すると考えられている．したがって，運動不足は糖尿病の前段階であるインスリン抵抗性をもたらすことにより，糖尿病予備軍を作り出すこととなる．

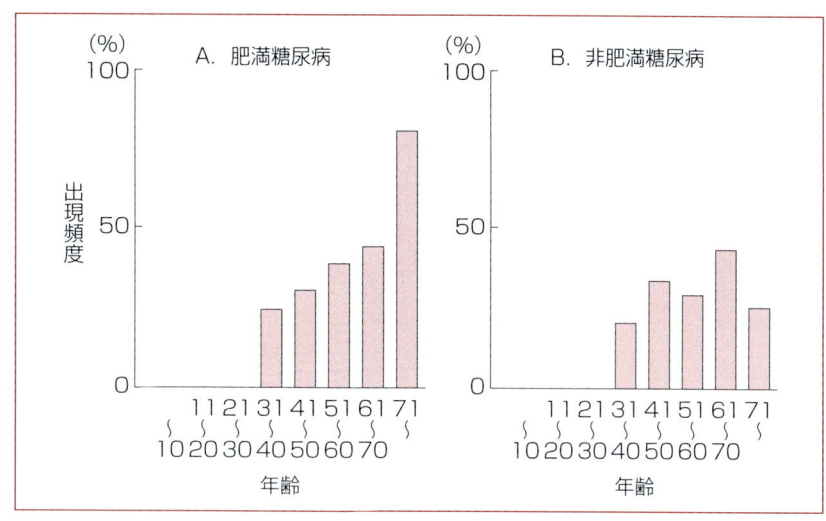

図4 肥満の有無，年齢と心電図上虚血性変化の出現頻度
(佐藤ほか：1983，佐藤祐造編：生活習慣病の予防と運動，p12より引用)

③ 運動不足と動脈硬化

> **word**
> **動脈硬化**：動脈壁（ことに内膜）における結合組織の増加（硬化）と限局性の肥厚（アテローム）を主たる病変とする動脈疾患の総称．

動脈硬化症は血液中のインスリン濃度の上昇と関連することが知られている．糖尿病患者では，肥満が合併すると心電図で虚血性変化が出現しやすいことが示されている（図4）．したがって，肥満は動脈硬化症の危険因子であり，肥満に伴う高インスリン血症そのものが動脈硬化症を招くと推察される．

運動不足はインスリン感受性を低下させ，高インスリン血症を招き，肥満や糖尿病のみならず，高血圧症，動脈硬化症を発症させる．すなわち，運動不足はまさに生活習慣病の大きな要因である．

B 運動の急性効果

安静時には筋肉のエネルギー源のほとんどは遊離脂肪酸（free fatty acid：FFA）であるが，運動開始と同時に筋肉内のグリコーゲンが利用され，次いで血液中のブドウ糖が主要なエネルギー源となる（図5）．しかし，血液中のブドウ糖はわずか20 g（80 kcal）程度しか存在しないので，肝臓からブドウ糖が放出され運動筋に必要なブドウ糖が供給される．これは，運動開始によって血液中のインスリンが低下し，逆に血液中のグルカゴンが上昇することによって引き起こされる．なお，肝臓ではブドウ糖の放出のために，主として貯蔵グリコーゲンが分解されてブドウ糖を産生するが，運動中に筋肉内で生ずる乳酸やアラニンもブドウ糖新生に利用される．運動がさらに継続すると，脂肪組織からのFFAの放出が増大し，エネルギー源はブドウ糖への依存が減少しFFAが主体となってくる．このFFAへの依存度はトレーニングによって増大することが知られており，運動トレーニングによって筋肉内のグリコーゲンは節約され，筋肉の疲労度は弱まり，運動の持続時間が増大する．

エネルギー源は運動強度によっても変わってくる（図6）．短距離走のよ

> **word**
> **糖新生**：不必要な物質から必要なグルコースを再利用するメカニズム．運動が続き体内で糖質が不足すると，肝臓でグリセロール，乳酸，アミノ酸など糖質以外の物質からグルコースを合成する経路である．

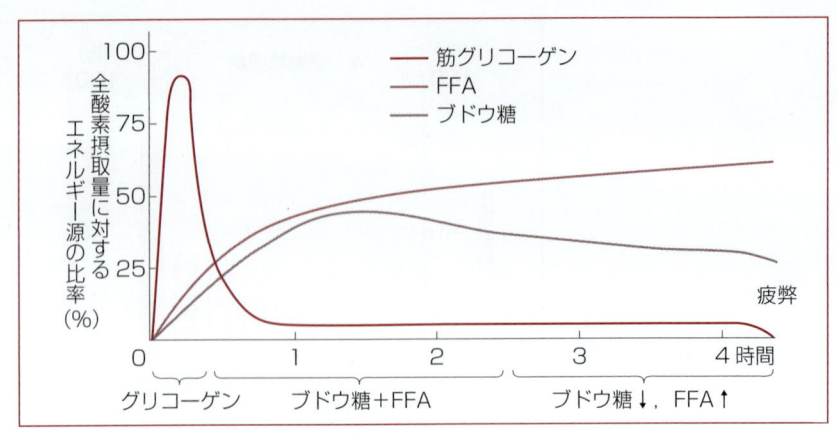

図5 運動中のエネルギーの供給源の推移
(Felig P et al : Therapeutics Through Exercise, Lowenthal DT et al Eds, Grune & Stratton, Inc, 1979より引用)

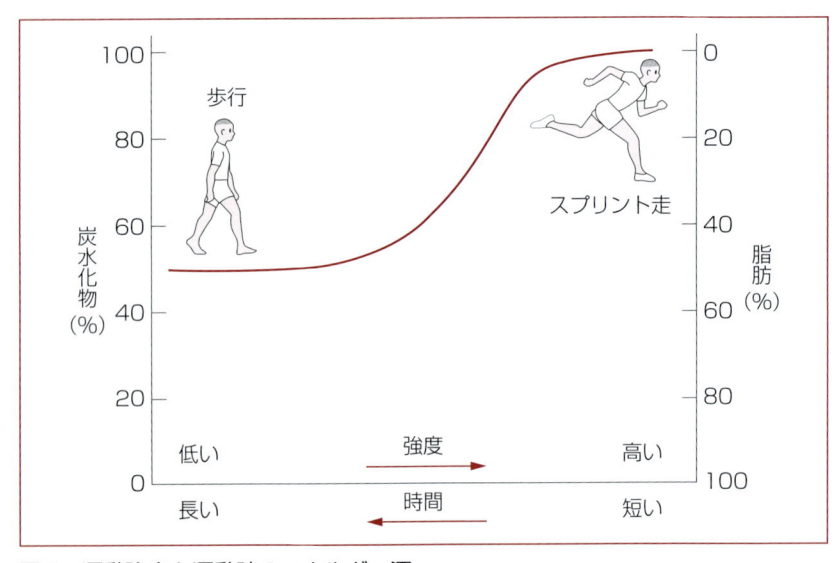

図6 運動強度と運動時のエネルギー源
(Fox:1983, 佐藤祐造ほか：肥満と運動．からだの科学，増刊18スポーツ医学読本，黒田善雄編，p86-90，日本評論社，1986より引用)

うな短時間の強い運動では，エネルギー源のほとんどを糖質（炭水化物）に依存する．逆に，ジョギングのような10分以上の中等度以下の運動では，FFAへの依存度が高くなる．

つまり，運動開始後の比較的早期や運動強度が強い運動では糖質の利用率が高く，運動持続時間が長く中等度の強度の運動では脂質の利用比率が高くなる．したがって，脂質を効率よく消費したいという肥満者での減量を目的とした運動や糖尿病の運動療法では，中等度の運動をできるだけ長く続けるのが効果的である．

C 運動トレーニングの効果

運動トレーニングを長期間にわたって継続すると，呼吸器系，循環器系，

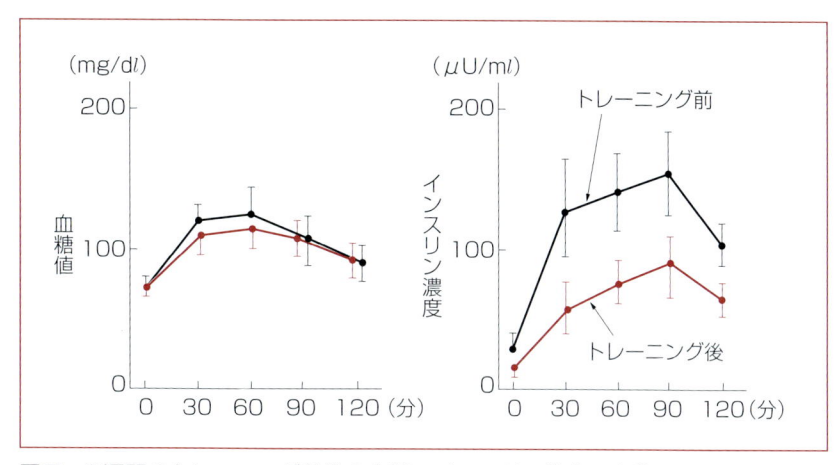

図7　8週間のトレーニング前後の血糖, インスリン濃度の変動
(Bjorntorp P et al：1970, 佐藤祐造編：生活習慣病の予防と運動, p21より引用)

代謝内分泌系, 脳神経系, 骨関節系など, 多くの組織に種々の影響が現れる.

① 運動トレーニングと糖代謝

8週間の運動トレーニング前後におけるブドウ糖負荷試験時の血糖曲線とインスリン分泌曲線を図7に示す.

血糖曲線には変化は認められないが, インスリン分泌曲線はトレーニング後には全体に低値となっている. すなわち, ブドウ糖負荷後の血糖値を正常に維持するために必要なインスリン量が減少したことを示しており, 運動トレーニングによって, 筋肉を中心とした末梢組織におけるインスリン感受性が改善したことを意味している.

② 運動トレーニングと体脂肪

体脂肪が過度に蓄積した状態が肥満である. 肥満には皮下脂肪型肥満と内臓脂肪型肥満があり, インスリン抵抗性と密接に関連があると指摘されているのが内臓脂肪型肥満である. この内臓脂肪型肥満にみられる内臓脂肪からは, インスリン抵抗性を招く腫瘍壊死因子 (tumor necrosis factor-α：TNF-α) やFFAが盛んに分泌される. また, 内臓脂肪は過食により容易に蓄積するとされており, 逆に運動によって消失しやすいともいわれている.

内臓脂肪は皮下脂肪に比較して, カテコールアミンによって分解されやすい (図8). これは, 運動時に分泌されるカテコールアミンによって内臓脂肪が分解されやすいことを意味しており, 運動療法が脂質代謝の面からも効果的であることを示している.

③ 運動トレーニングと血圧

肥満糖尿病患者, 原発性肥満者の減量に伴うインスリン感受性の改善を検討した研究において, 収縮期, 拡張期, および平均血圧の低下も認められている (図9). また, 軽症の本態性高血圧症では, 中等度の運動 (60%$\dot{V}_{O_2max}$)

> **word**
>
> 肥満：体脂肪が異常に蓄積した状態. 肥満か過体重かを区別するには, 体重, 体脂肪, 除脂肪体重を推定する必要がある. 体脂肪率で男性25%, 女性30%以上を肥満という.

> **word**
>
> 腫瘍壊死因子：マクロファージ, 単球, NK細胞が産生する抗腫瘍活性をもつサイトカイン. TNF-α (カケクチン) とTNF-β (可溶性リンホトキシン) がある.

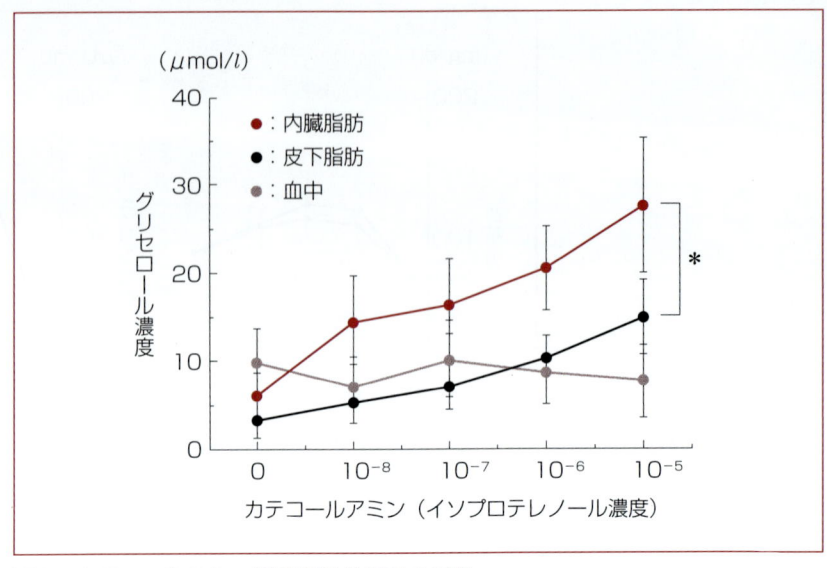

図8　カテコールアミン誘発脂肪分解能の相違
(岩尾ほか：1997, 佐藤祐造編：生活習慣病の予防と運動, p31より引用)

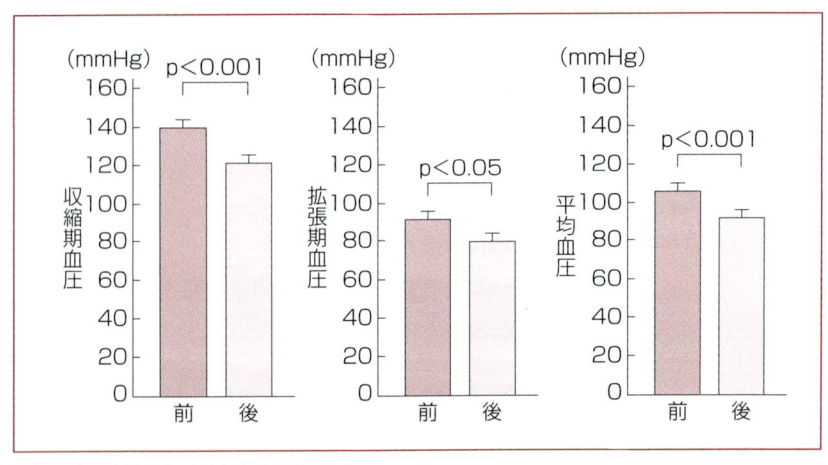

図9　減量前後における血圧の変動
(押田ほか：1990, 佐藤祐造編：生活習慣病の予防と運動, p32より引用)

の継続によって，塩分制限や降圧薬なしで，降圧効果が認められている．

　血液中のインスリン濃度が高いほど，またインスリンクリアランスが低いほど血圧は高いので，運動トレーニングによる降圧効果のメカニズムの1つが，このインスリン感受性の改善とインスリンクリアランスの亢進と考えられる．

④ 運動トレーニングと動脈硬化

　高インスリン血症は動脈硬化症の重要な成因である．したがって，運動トレーニングの継続は，肥満や加齢に伴うインスリン抵抗性を改善し，脂質異常症（高脂血症），高血圧症を改善することによって，動脈硬化性血管障害の発症や進展の防止が期待できる（図10）．

　最近の高齢女性についての研究では，身体活動度が高い女性は身体活動度

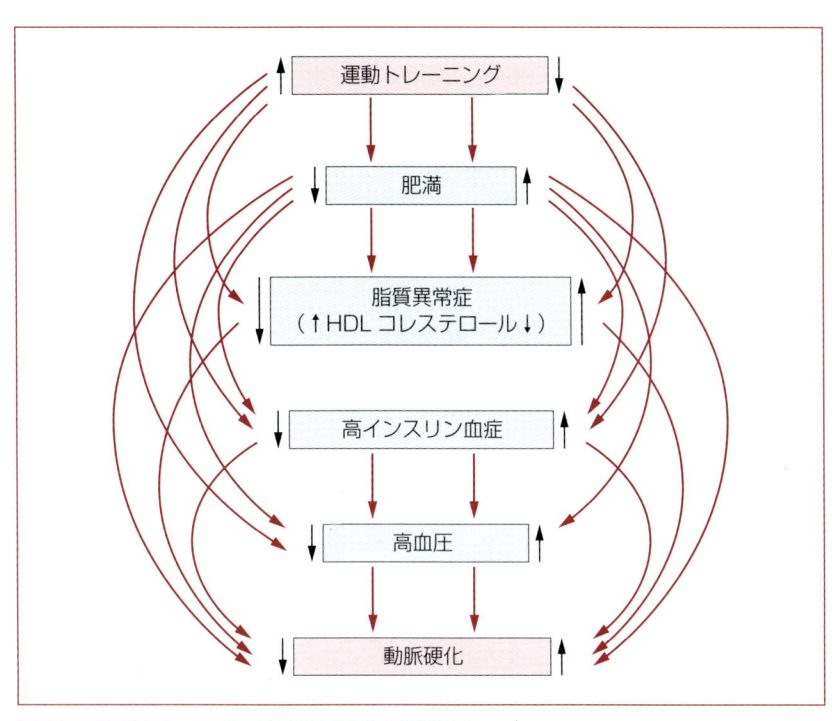

図10　運動トレーニングの動脈硬化予防作用
(佐藤ほか：1988, 佐藤祐造編：生活習慣病の予防と運動, p33より引用)

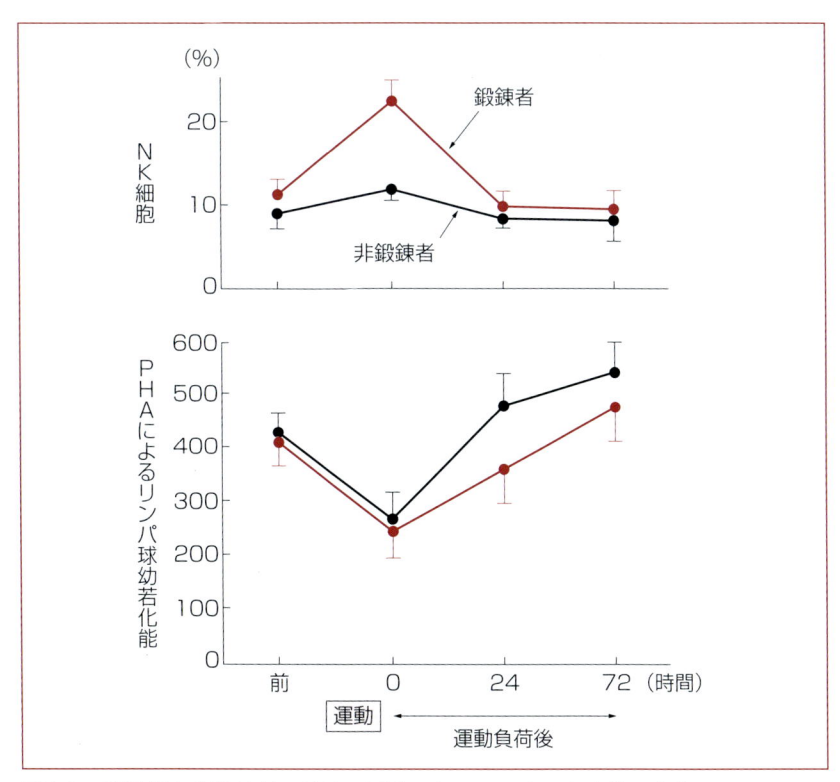

図11　鍛錬者と非鍛錬者における運動ストレスによる免疫能の変化
(押田ほか：1988, 佐藤祐造編：生活習慣病の予防と運動, p34より引用)

word

リンパ球幼若化反応：正常末梢血リンパ球にPHAを添加して培養すると，リンパ球は大型化し，細胞質の好塩基性も強くなり核小体も現れ幼若リンパ球に変化する．

word

NK細胞：natural killer cell．癌細胞やウイルスに感染した細胞に対して傷害活性を発揮するリンパ系の細胞である．

が低い女性と比較して，心血管疾患の発症および総死亡が低いことを報告している．

⑤ 運動トレーニングと免疫能

鍛錬者と非鍛錬者に個々の体力に応じた運動ストレス（急性運動負荷）を与えると，鍛錬者では負荷直後PHA (phytohemagglutinin) によるリンパ球幼若化反応は低下するものの，NK細胞が代償的に増加している．しかし，非鍛錬者ではその代償現象が認められない（図11）．

現代生活には不可避であるストレスによって，種々の免疫能力が低下することが知られているが，運動トレーニングはストレス下の免疫能低下状態に対して，ある種の免疫能力で代償させる効果があることを示している．

D 運動処方の考え方

① 運動処方とは

ある目的を念頭に置いて，その目的達成のために，どのような運動を，どのように行ったらよいかを考え実行するための技術である．

目的としては，競技力向上，健康増進，リハビリテーションなどに大別され，そのおのおのはさらに具体的目標に細分される．

② 健康のための運動

基本条件としては，効果が高いことと，安全であることがあげられる．そして，運動の内容には，①運動種目，②運動強度，③運動時間，④運動頻度，および⑤コンディション，がある．

したがって，運動処方とは，ある具体的な目的を達成するために，運動のこのような内容を有効かつ安全という基本条件を満足するように決めることである．

③ 身体条件と運動条件

処方すべき運動の内容は，運動する人の年齢，体力，健康状態など，個人の身体条件によって異なる．また，何を目的に運動をするかによっても異なる．

これ以上の運動であれば十分に効果が期待できるという境界（有効限界）と，これ以下の運動であれば安全が保証されるという境界（安全限界）とがあり，両者に挟まれた部分が処方の対象領域である（図12）．両限界の交点（A）より左方の身体条件の人には，有効かつ安全という運動は存在しないことから，このような人には運動は禁忌である．A点のすぐ右隣の領域の人（何らかの健康上の問題のある人）に対しては，処方の自由度（運動領域の幅）が小さく，少し無理をすると安全限界を越えるし，少し控えめにすると有効限界以下となる．したがって，このような人に対しては，運動処方に高い厳密性が要求されるし，また処方を厳重に守らなければならない．図の右端近く

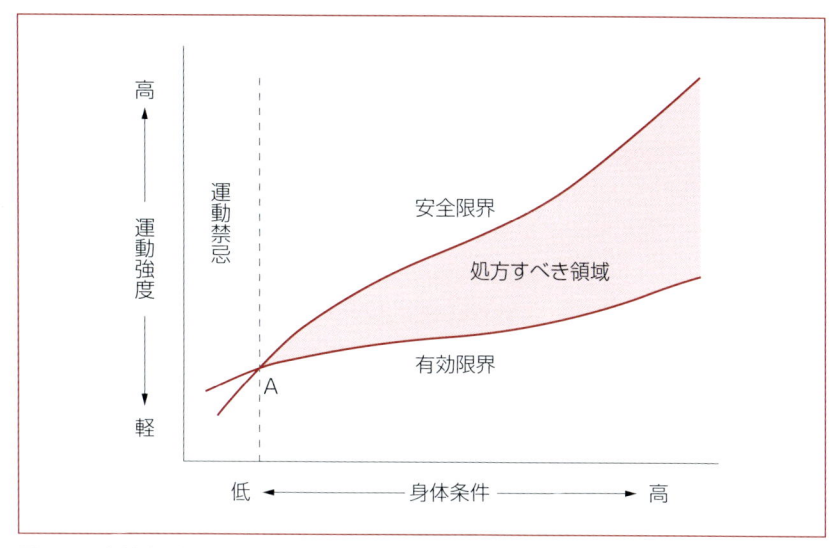

図12 身体条件と安全限界・有効限界
(池上晴夫:スポーツ医学 Q&A 2. 黒田善雄ほか編,金原出版,p287,1989より引用)

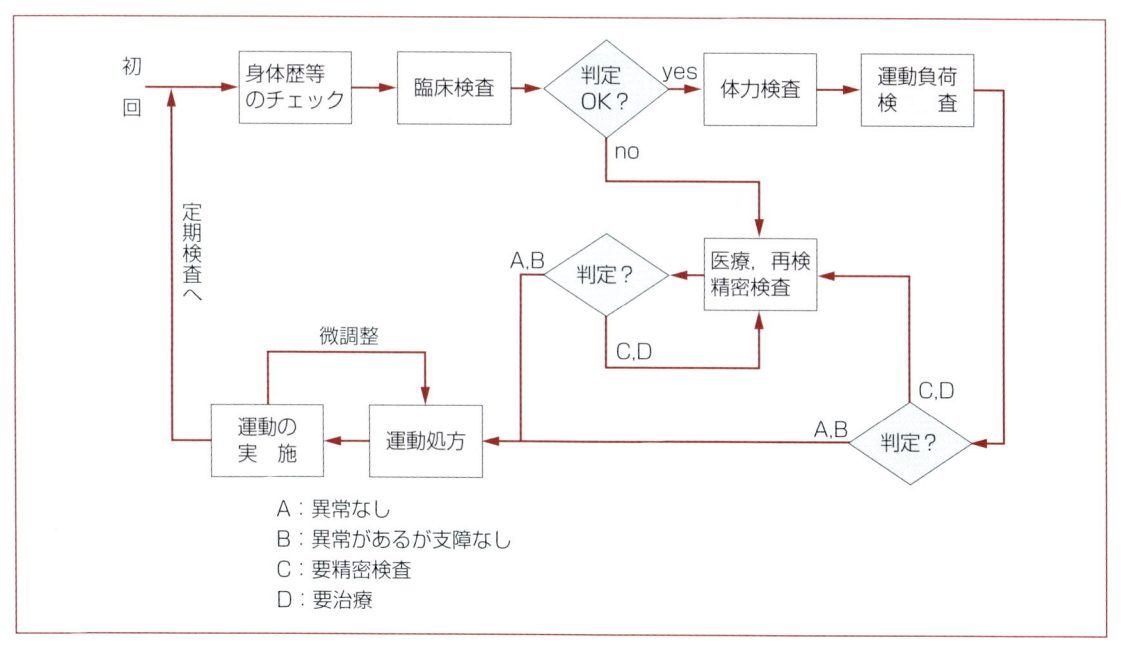

図13 運動処方の手順
(池上晴夫:スポーツ医学 Q&A 2. 黒田善雄ほか編,金原出版,p288,1989より引用)

の人(身体条件が優れている人)は,処方の自由度が大きく,処方内容より多少軽い運動でも,多少強い運動でも,安全かつ有効の条件を満たすことができる.したがって,このような人には厳格な処方を無理に押し付ける必要はなく,運動の実行も弾力的に考えてもよい.

④ 運動処方の手順

運動処方の手順の概要を図13に示す.まず,医学検査(臨床検査)と体力検査を行う.

医学検査の目的は，運動するうえで支障となるか，あるいは運動を特に制限しなければならない医学上の問題を検出し，問題があればその程度を量的に評価することである．体力検査は，その人の体力水準や体力のバランスを明確にするために行うものであり，その結果から体力年齢を算出することもできる．運動負荷試験には，医学検査としての意義と体力検査としての意義があり，運動処方のための検査として重要である．なお，対象によっては運動負荷試験や精密検査を省略するのが賢明であると考えられている．

　検査結果に基づいて運動内容（処方）の決定がなされる．その際に，医学検査の結果は安全限界の決定にとって，また体力検査の結果は有効限界の決定にとって，それぞれ重要な情報となる．

　このようにして決定した運動処方を一定期間実行し，再検査を行い，必要に応じて処方の手直しを行う．以後，定期的にこのサイクルを反復する．

⑤ 健康によい運動種目

　健康のための運動としては，一般的には，有酸素運動がよい（表1）．その理由は，以下のとおりである．

①血圧上昇が比較的軽度で，循環器系に無理のない負荷（容量負荷）を与えるので，心臓の負担が比較的軽い．
②心機能を強化し，心筋毛細血管の発達を促し，動脈の弾性を回復させ，全身の活動能力を高めるなどの効果が高い．
③虚血性心疾患，肥満，糖尿病，脂質異常症（高脂血症），動脈硬化などに対して，予防的ないし治療的効果が大きい．
④乳酸の蓄積が少ない．
⑤長時間続けられるので，全消費カロリーを大きくすることができる．
⑥脂肪の消費が多い．無酸素運動では脂肪の燃焼はむしろ妨げられるが，有酸素運動では運動を継続するにつれて脂肪の消費量が増大する．
⑦マイペースを守りやすい．
⑧安全性が高い（主に①，④，⑦による）．

⑥ 適度な運動強度

　運動強度の表現としては，％$\dot{V}_{O_2max}$，RMR (relative metabolic rate)，

表1　有酸素運動・無酸素運動の例

有酸素運動の例	無酸素運動の例	混合運動の例
歩行	短距離の疾走	サッカー
ジョギング	重量物の保持	ラグビー
サイクリング	壁押し	アメリカンフットボール
テニス	ジャンプ	ハンドボール
バレーボール	投てき	バスケットボール
ゴルフ	相撲	アイスホッケー
遠泳	筋力トレーニング	
オリエンテーリング	潜水	

（池上晴夫：スポーツ医学 Q&A 2．黒田善雄ほか編，金原出版，p288，1989より引用）

MET (metabolic equivalent rate) などがある.

　個人の運動能力に応じた運動強度が設定できるためにしばしば利用されるのが，最大酸素摂取量 ($\dot{V}_{O_2max}$) に対する相対値である%$\dot{V}_{O_2max}$ である．最大

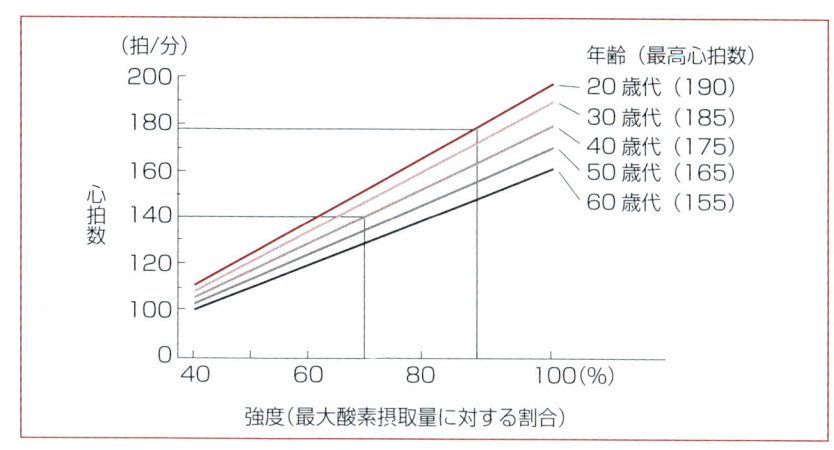

図14　年齢別にみた運動強度と心拍数の関係
(体育科学センター：1976，佐藤祐造編：生活習慣病の予防と運動，p38 より引用)

表2　年齢別の運動強度と心拍数，必要時間

運動の強さ						1日の運動時間(分)
%$\dot{V}_{O_2max}$	心拍数					
	年齢20〜	30〜	40〜	50〜	60〜	
40%	−	−	−	104	100	45〜60
50%	130	125	120	115	110	30〜45
60%	144	138	132	126	120	20〜30
70%	158	151	144	137	130	15〜20
80%	172	164	−	−	−	10〜15

(池上晴夫：スポーツ医学 Q&A 2．黒田善雄ほか編，金原出版，p289，1989 より引用)

表3　自覚的運動強度と心拍数

RPE点数	強度の割合 %$\dot{V}_{O_2max}$	強度の感じ方	1分間当たりの脈拍数					その他の感覚
			60歳代	50歳代	40歳代	30歳代	20歳代	
19 18	100	最高にきつい	155	165	175	185	190	からだ全体が苦しい
17 16	90	非常にきつい	145	155	165	170	175	無理，100％と差がないと感じる，若干言葉が出る，息がつまる
15 14	80	きつい	135	145	150	160	165	続かない，やめたい，のどがかわく，がんばるのみ
13 12	70	ややきつい	125	135	140	145	150	どこまでも続くか不安，緊張，汗びっしょり
11 10	60	やや楽である	120	125	130	135	135	いつまでも続く，充実感，汗が出る
9 8	50	楽である	110	110	115	120	125	汗が出るか出ない，フォームが気になる
7 6	40	非常に楽である	100	100	105	110	110	楽しく気持ちがよいがもの足りない
5 4	30	最高に楽である	90	90	90	90	90	動いたほうが楽，まるでもの足りない
3	20		80	80	75	75	75	

(佐藤祐造編：生活習慣病の予防と運動．南江堂，p39，2003 より引用)

酸素摂取量とは，心臓血管系を中心に，肺，血液，筋肉などの働きを総合した指標であり，個人の運動能力（有酸素運動能力）を示している．運動強度は酸素摂取量に比例するので，最大酸素摂取量の何パーセントに相当するかで運動強度が設定できる．また，最大酸素摂取量と同様に，個人の運動能力を示す無酸素性閾値（anaerobic threshold：AT）や乳酸性閾値（lactate threshold：LT）を用いて，運動強度を設定することも行われる．ATとLTは40～60%$\dot{V}_{O_2max}$に相当する．

運動指導の際には，最大酸素摂取量や無酸素性閾値を測定して運動強度を設定するのが理想であるが，これらはどこでも測定できるものではない．そこで，簡便法として脈拍数（心拍数）を参考として運動強度の設定が行われている．心拍数は運動強度（%$\dot{V}_{O_2max}$）と強い相関関係が認められる（図14，表2）．また，誰でも簡単に測定できるため，運動強度設定に適している．さらに，もっと簡便な方法として自覚的運動強度（rate of perceived exertion：RPE）を利用することもある（表3）．

表4 運動交換表

運動の強さ	1単位当たりの時間	運動（エネルギー消費量，kcal/kg/分）
Ⅰ．非常に軽い	30分間ぐらい続けて1単位	散歩（0.0464） 乗物（電車，バス立位）（0.0375） 炊事（0.0481） 家事（洗濯，掃除）（0.0471～0.0499） 一般事務（0.0304） 買物（0.0481） 体操（軽い）（0.0552）
Ⅱ．軽い	20分間ぐらい続けて1単位	歩行（70 m/分）（0.0623） 入浴（0.0606） 階段（降りる）（0.0658） ゴルフ男性（0.0640） 　　　女性（0.0500） ラジオ体操（0.0552～0.1083） 自転車（平地）（0.0658）
Ⅲ．中等度	10分間ぐらい続けて1単位	ジョギング（軽い）（0.1384） 階段（のぼり）（0.1349） 自転車（坂道）（0.1472） 歩くスキー（0.0782～0.1348） スケート（0.1437） テニス（練習）（0.1437） バレーボール（0.1437） 登山（0.1048～0.1508）
Ⅳ．強い	5分間ぐらい続けて1単位	マラソン（0.2959） なわ跳び（0.2667） バスケットボール（0.2588） 水泳（平泳）（0.1968） ラグビー（フォワード）（0.2234） 剣道（0.2125）

1単位は80 kcal相当

（佐藤祐造編：生活習慣病の予防と運動．南江堂，p41，2003より引用）

❼ 運動時間

　健常者であれば，原則として1日の中でいつ運動を実施してもかまわない．しかし，食後にみられる血糖値の上昇を抑制し，過剰なブドウ糖が脂肪として蓄積するのを防止するためには，運動は食後に行ったほうが食前に行うより合理的といえる．ただし，食事直後は消化器系へ影響を与え，腹痛などをきたしやすいため，食後1時間以降が適当と考えられる．

　運動の継続時間については，簡便な方法として，運動交換表（表4）の利用がある．1単位は80 kcalに相当する．たとえば，中等度の運動として軽いジョギングを20～30分行うと約200 kcal（2.5単位）となる．

❽ 運動頻度

　トレーニング効果は3日で低下し，1週間でほとんど消失することからも，少なくとも3日に1回（週2～3回），1回10分以上の運動実施が適当と考えられている．

　しかし，働いている人にとっては，これでもなかなか時間がとれないのが現実である．就労状況が運動療法の実施の妨げになることは，糖尿病患者においても認められている．そこで，このような人では，日常生活における身体活動量を増やす工夫をするべきである．たとえば，1万歩の歩行は約300 kcalに相当することからも，エスカレーターの代わりに階段を使うなど歩数を増やす生活をするだけでも，長期にわたって継続すればトレーニング効果が期待できる．

Self-Check

1. 健康のための運動として有酸素運動がよい理由を記せ．

（解答はp.347～350）

15 運動療法

内科的疾病の予防および治療を目的とする運動療法（リハビリテーション）について，特に主要な生活習慣病に対する運動療法を中心として述べる．

A 目的と病態

近年，運動療法は多くの内科疾患の治療として広く行われるようになってきている．運動療法が適応となる内科疾患には，運動能力を維持・増進することにより疾病の防止を目的とするものや社会復帰や QOL の向上が目的となるもの，さらに従来より肥満，糖尿病や脂質異常症（高脂血症）などに対しての治療としても広く行われてきた．また，児童の気管支喘息に対しての水泳による運動療法も小児の心身にわたる健全な育成を助け，気管支喘息の治療の一環として行われている．冠動脈疾患防止のための一次予防としての運動療法としては，高血圧症，脂質異常症，肥満などが対象として運動療法が勧められている．さらに，女性のための運動療法としては，中・高年女性の健康上の問題とされる更年期障害，肥満，脂質異常症，骨粗鬆症を対象として，また妊婦のためのスポーツも注目されている（表1）．

B 実施に際しての留意事項

運動は両刃の剣である．したがって，運動による健康改善効果を最大とするためには，運動による害を最小にしなければならない．筋肉痛程度であれば大きな問題はないが，腰痛，捻挫，骨折などは生活に支障をきたすこととなる．また，ごくまれに運動中の突然死の発生もあり，十分な配慮が必要である．

表1 運動療法が適応となる疾病・病態

1. 従来より積極的に行われていた運動療法
   糖尿病・脂質異常症・肥満・気管支喘息（水泳）
2. 冠動脈疾患防止のための運動療法
   高血圧・脂質異常症・肥満
3. 社会復帰のための運動療法（リハビリテーション）
   心筋梗塞後・心臓手術後・肺手術後・脳血管障害
4. QOL向上のための運動療法
   慢性呼吸器疾患・慢性腎不全・慢性肝炎・心筋梗塞後
5. 女性のための運動療法
   肥満・脂質異常症・更年期障害・妊婦

（武者春樹ほか：スポーツ医学研修ハンドブック 基本科目．日本体育協会監修，文光堂，p160, 2004 より引用）

① 運動をする際の注意事項

①準備運動(ウォーミングアップ),整理運動(クーリングダウン)を十分に

普段あまり使っていない筋肉や関節を突然動かすと,肉離れや捻挫を起こしやすいので,運動開始時には必ずウォーミングアップを行わなければならない.また,運動の中断は不整脈を発生しやすいといわれており,運動終了時にはクーリングダウンが必要である.

②軽い運動から次第に強い運動へ

早く効果を出したいと考えて運動強度を高く設定しがちになるが,突然の強い運動は危険である.3〜4日ごとに次第に運動強度を上げていくことが望ましい.当然ながら,1回の運動時間内でも,最初の5分くらいは軽い運動とし,次第に強い運動へと切り換えていくべきである.

③無理をせずにマイペースで

発熱,強い倦怠感,食欲がないなど,体調が悪い日に運動をしてはならない.また,運動中にも身体に異常を感じたら,直ちに運動を中止するべきである.人と競争したり,自分の限界に挑戦するような運動はよくない.

④水分補給を忘れずに

運動時には発汗などにより水分の喪失をきたし脱水状態になりやすいため,運動前の水分補給が必要である.特に,気温が高いとき,運動時間が長時間に及ぶとき,強めの運動をするときには,運動前のみではなく,運動中の水分補給にも心掛けることが重要である.

⑤服装や靴にも注意を

気温や湿度に合わせて服装も調節しなければならない.また,ジョギングや歩行は下肢に負担がかかるので,地面からの衝撃を吸収し,下肢や腰に負担をかけないように,ストッキングや靴(底の厚いクッション性を有するシューズ)も工夫する必要がある.

② 当日のセルフチェック

以下のような状態のときは運動をしてはならない.
①発熱,頭痛,めまい.
②強い倦怠感.
③食欲がない(食べていない).
④睡眠不足.
⑤少し動いただけで息切れがしたり,気分が悪くなる.
⑥顔や足にむくみ.
⑦腹痛や下痢.
⑧筋肉や関節の強い痛み.
⑨二日酔い.

③ 運動を中止すべき症状

運動中に以下の症状が出現したら,直ちに運動を中止する.

①胸痛，胸部の圧迫感．
②動悸，脈の乱れ．
③呼吸困難．
④腹痛，嘔気，嘔吐．
⑤下肢や腰の痛み．
⑥めまい，目の前が暗くなる．
⑦意識消失．
⑧顔色や唇の色が悪い（顔面蒼白）．

C 運動療法の適応

　運動療法は，運動療法の意義，方法を説明し，十分に理解できた者が対象となる．運動療法では，注意事項をはじめ，運動強度などを遵守してもらうことが基本であり，自身の疾病や運動療法の理解が不十分の場合には，危険を伴う可能性もあることから，適応に対しては注意を払う必要がある．

　高血圧症，糖尿病，脂質異常症，肥満および慢性呼吸器疾患における運動療法の適応の判定基準を表2に，慢性呼吸器疾患における呼吸困難度の分類

表2　運動療法の適応判定基準

疾患	適応	条件付き適応	禁忌
高血圧	心血管合併症のない中等度以下の高血圧患者 140〜159/90〜94 mmHg	160〜179/95〜99 mmHg または治療中かつ禁忌事項に該当しない	180/100 mmHg以上 胸部X線写真所見：心胸郭比が55％以上 心電図所見：重症不整脈，虚血性変化などが認められる（運動負荷試験において安全性が確認された場合は除く） 眼底：Ⅱb以上の高血圧性変化（+） 尿蛋白：100 mg/dl以上
糖尿病	合併症を認めない2型糖尿病 空腹時血糖 110〜139 mg/dl	空腹時血糖 140〜249 mg/dlまたは治療中かつ禁忌事項に該当しない	空腹時血糖250 mg/dl以上または 尿ケトン体（+）または糖尿病性網膜症（+）または腎不全
脂質異常症	総コレステロール 220〜249 mg/dlまたは LDLコレステロール 140〜179 mg/dlまたは 中性脂肪 150〜299 mg/dl	総コレステロール 250 mg/dl以上または LDLコレステロール 180 mg/dl以上または 中性脂肪 300 mg/dl以上または 治療中	
肥満	BMI：24.0〜29.9	BMI：24.0〜29.9かつ下肢の関節障害（+）	BMI：30以上
慢性呼吸器疾患	Hugh-Jones呼吸困難度分類* Ⅲ度以下	Hugh-Jones呼吸困難度分類* Ⅳ度（運動時酸素分圧低下例は酸素吸入併用）	Hugh-Jones呼吸困難度分類* Ⅴ度

*表3参照　　（武者春樹ほか：スポーツ医学研修ハンドブック 基本科目．日本体育協会監修，文光堂，p164, 2004より引用）

を表3に示す．腎疾患および肝疾患の運動許可条件を表4に示す．

運動療法の適応判断は，禁忌事項と相反する事象であり，禁忌事項に該当しない症例に関しては，何らかの運動療法施行は可能である．適応と判断された症例には，メディカルチェックの結果を踏まえて至適運動強度をはじめとして，注意事項まで含んだ詳細な運動処方せんを発行する．

運動療法は，一般的に軽い運動が主体であるが，基礎に疾患を有する者が行うのであり，健常人がスポーツを楽しむのとは大きく異なる．高齢者や体力の低い者など，外的環境に影響を受ける者も少なくないことから，気温，気象条件や1日の中での運動の時間帯についても注意事項として示しておく必要がある（表5）．

表3　Hugh-Jones呼吸困難度分類

Ⅰ度：同年齢の健康者と同様の労作ができ，歩行，階段の昇降も健康者なみにできる．
Ⅱ度：同年齢の健康者と同様に歩行ができるが，坂，階段は健康者なみにはできない．
Ⅲ度：平地でも健康者なみに歩けないが，自分のペースでなら1 mile（1.6 km）以上歩ける．
Ⅳ度：休みながらでなければ，50 yard（約46 m）以上歩けない．
Ⅴ度：会話，着物の着脱にも息切れがする，または息切れのために外出できない．

(Hugh-Jones P et al：Br Med J, 12：65-70, 1952より引用)

表4　腎疾患・肝疾患の運動許可基準

腎疾患	許可基準	禁止基準
急性腎炎症候群	浮腫（−），尿蛋白（−），血尿（−），血圧正常を認めて6ヵ月以上経過	1) 浮腫（＋），蛋白尿（＋），血尿（＋），拡張期血圧95 mmHg以上を認めた場合，または2) 消失して6ヵ月以内
慢性腎炎症候群	Ccr 50 mℓ/分以上，尿蛋白1 g/日未満，拡張期血圧95 mmHg未満（1〜3ヵ月で定期検査，蛋白尿2 g/日以上で禁止）	1) Ccr 50 mℓ/分以下，または2) Ccr 50〜70 mℓ/分で持続性蛋白尿1 g/日以上があるか拡張期血圧95 mmHg以上を伴う場合
ネフローゼ症候群	蛋白尿が2 g/日未満，血液生化学検査正常（蛋白尿・Ccrを定期的検査）	1) ステロイド治療に反応せず蛋白尿が3.5 g/日以上持続し，血液生化学検査がネフローゼ型を示す場合，または2) ステロイド治療に反応するが蛋白尿が2〜3.5 g/日が持続し，血液生化学検査が軽度ネフローゼ型を示す場合

肝疾患	許可基準	禁止基準
非接触性スポーツ	1) 右禁止基準より正常値に近く， 2) 自覚症状として倦怠・疲労感の出現や食欲低下がなく， 3) 1〜2ヵ月ごとの検査で悪化が認められない場合	1) 非治癒期急性肝炎・急性増悪期慢性肝炎・非代償期肝硬変・食道静脈瘤 2) GTP 150 mIU/mℓ以上または/および血清アルブミン2.8 mg/dℓ以下，コリンエステラーゼ0.6 ΔpH以下，ヘパプラスチンテスト60％以下，LCAT 350 U以下，総ビリルビン2 mg/dℓ以上（体質性黄疸を除く）
接触性スポーツ	1) 非接触性スポーツに準じる 2) HCV抗体陽性の場合は，HCV・RNAを測定する（陽性の場合は，スポーツ現場での出血に対して処置を十分に行う）	1) 非接触性スポーツに準じる 2) HBs抗原陽性の場合は，必ずHBV・DNAを測定し，陽性の場合は禁止し，専門機関で治療を行う

(日本臨床スポーツ医学会学術委員会内科部会勧告．日本臨床スポーツ医学会誌，7：s112-s127, 1999より引用)

表5　運動療法における一般的注意事項

1. 運動処方内容を遵守する（事前に運動強度が自己管理できるように脈拍測定や自覚的運動強度を習得させておく）．
2. 高温・多湿では心事故・熱中症が多いことから，気温27℃以下，湿度70％以下が望ましい（夏期では日中の運動は避け，朝夕の涼しい時間帯に行う）．
3. 寒冷（5℃以下）では，屋外の運動は避け，屋内の運動施設を利用する（冬期では，日差しのある日中に行う）．
4. 運動時間帯は，食直後，飲酒後，入浴後は避ける．
5. 運動前，運動中に十分な水分補給を行う（発汗量の多いときは，冷やしたスポーツ飲料を利用する）．

（武者春樹ほか：スポーツ医学研修ハンドブック　基本科目．日本体育協会監修，文光堂，p167，2004より引用）

表6　運動療法が禁忌となる病態

1. 急性心筋梗塞発症早期および不安定狭心症
2. 急性または重症心不全状態にある場合
   （弁膜症，肺性心，心筋症，陳旧性心筋梗塞など）
3. 安静時から重篤な不整脈を有する場合や，運動により重篤な不整脈誘発が予想される場合（多発性心室期外収縮，多源性心室期外収縮，連発型期外収縮，発作性上室頻拍，発作性心房細動，頻脈性心房細動，完全房室ブロックなど）
4. 運動により重篤な血行動態的障害の発生が予想される場合（重症大動脈弁狭窄症，肥大型閉塞性心筋症，拡張型心筋症など）
5. 急性疾患およびその管理不十分な慢性活動性疾患を有する場合（急性心筋炎，気管支炎，肝炎，腎炎，甲状腺疾患，糖尿病，気管支喘息など）
6. 運動により重篤な血管病変の発生が予想される場合（解離性大動脈瘤，脳動脈瘤，重症高血圧など）
7. 運動障害または運動器系障害により本法実施が困難と考えられる場合（飲酒時，重症脳血管障害後遺症，腰・膝・足などの整形外科疾患など）

（健康運動のガイドライン．日本医師会編，医学書院，1994より引用）

D 運動療法が禁忌となる病態

　運動療法はすべての疾患に適応になるのではなく，運動療法により病態の悪化をきたす場合もあり，運動療法の適応と禁忌は，根拠に基づいて判定されなければならない．運動療法が禁忌となる病態を表6に示す．禁忌となる病態の基本は，大きく分けて3つの病態にまとめることができる．

① 急性疾患

　心疾患や脳血管疾患障害など生命に影響を及ぼす疾患に限らず，軽い上気道炎であっても急性期には禁忌であり，他の疾患においても急性期の病態が安定するまでは，安静を主体とした治療を優先する．

② 重篤な疾患

　病態が重篤な場合には，十分な薬物治療，その他を優先し，合併症などのリスクが減少した時点で運動療法を導入する．

③ 運動により病態が悪化するおそれがある場合

　慢性疾患において管理状況が不十分で病態が動揺している場合など，併用

する薬物治療の効果などが安定した後に運動療法を行う．

E 疾病別の運動療法

① 高血圧症

a 病態

高血圧症は原因によって本態性（一次性）と二次性に2大別される．

二次性高血圧は別の原因疾病があって起こる高血圧である．原因疾病の治療により，二次性高血圧は根治されることが多い．なお，二次性高血圧の頻度は全体の10％以下である．

本態性（一次性）高血圧は，高血圧患者の大部分（90％以上）を占め，原因疾患がないことから，血圧の上昇自体が病気の本態そのものであると考えられてきた．しかしながら，約1世紀近くかかって，その根底に生活習慣の歪みがあることが次第に明瞭になってきた．すなわち，高血圧も遺伝体質と生活環境因子によりなってはいるが，主に生活習慣によることがほぼ明らかになってきた．遺伝子は高血圧そのものの遺伝子ではなく，高血圧になりやすい体質，特に食塩感受性を規定する因子であることがわかってきた．責任生活習慣因子としては，食塩，エネルギー，アルコール，ストレスなどの過剰と運動不足が証明されている（図1）．なかでも，食塩の過剰摂取が主犯格で，その他（肥満，運動不足など）は共犯格として食塩の体内貯留を補佐すると考えられている．

b 診断

日本高血圧学会によれば，収縮期血圧（最高血圧）が140 mmHg以上ある

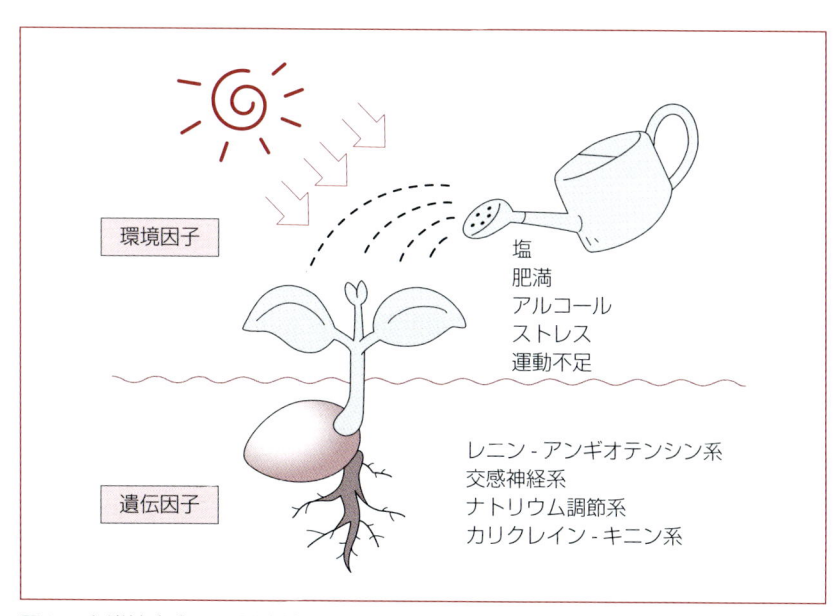

図1 本態性高血圧の発症機序
（荒川規矩男：身体活動と生活習慣病．早藤 弘編，日本臨牀社，p366, 2000より引用）

図2　成人における血圧値の分類　　　　　　　　　　　　　　　　　　（日本高血圧学会資料，2000より引用）

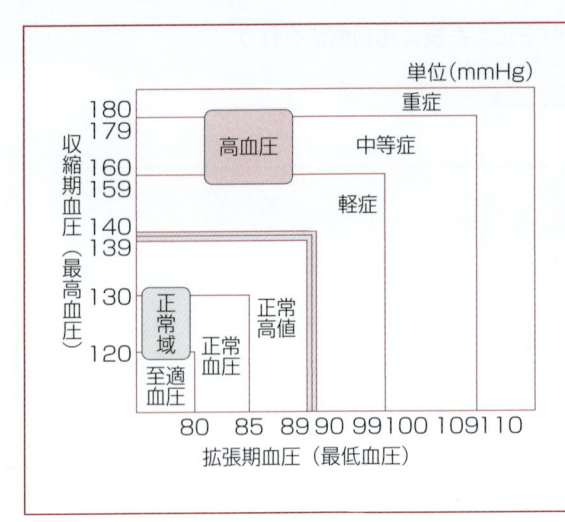

分類	収縮期血圧 （mmHg）		拡張期血圧 （mmHg）
至適血圧	<120	かつ	<80
正常血圧	<130	かつ	<85
正常高値血圧	130〜139	または	85〜89
軽症高血圧	140〜159	または	90〜99
中等症高血圧	160〜179	または	100〜109
重症高血圧	≧180	または	≧110
収縮期高血圧	≧140	かつ	<90

注　収縮期血圧と拡張期血圧が異なる分類に属する場合は，高いほうの分類に組み入れる．

いは拡張期血圧（最低血圧）が 90 mmHg 以上の場合を高血圧と診断する．さらに，血圧レベルに基づき図2に示すような成人の血圧値の分類を行っている．

c 運動の効果

1）運動中の血圧の変動

同一患者で，軽い運動（50％ $\dot{V}_{O_2max}$）と強い運動（75％ $\dot{V}_{O_2max}$）による血圧の変動を比較すると（図3），以下の理由から，軽い運動のほうが有利と考えられる．

①運動中の収縮期血圧は，軽い運動では約 10 mmHg であるが，強い運動では約 60 mmHg も上昇する．
②強い運動では，それ自体の苦痛のため，脱落者が出る．
③降圧効果はほぼ同等か，軽い運動のほうがむしろやや良いくらいである．

2）運動トレーニング継続の効果

有効な降圧効果は，収縮期血圧で 20 mmHg またはそれ以上，かつ拡張期血圧で 10 mmHg またはそれ以上の降圧とされている．

10 週間の運動後には患者の 50％に降圧効果が認められる．また，軽症高血圧患者を運動群と非運動群の 2 群に分けて 10 週間の血圧の変動をみると（図4），運動群でのみ明らかな降圧が認められる．すなわち，収縮期血圧は 2 週目より，拡張期血圧は 5 週目で明らかな降圧が認められる．

d 運動療法の実際

高血圧症の運動療法の概要を表7に示す．

② 糖尿病

a 病態

糖尿病は，インスリン分泌が完全に損失した 1 型糖尿病（インスリン依存型糖尿病）と，インスリン分泌不全とインスリン抵抗性により発症する 2 型

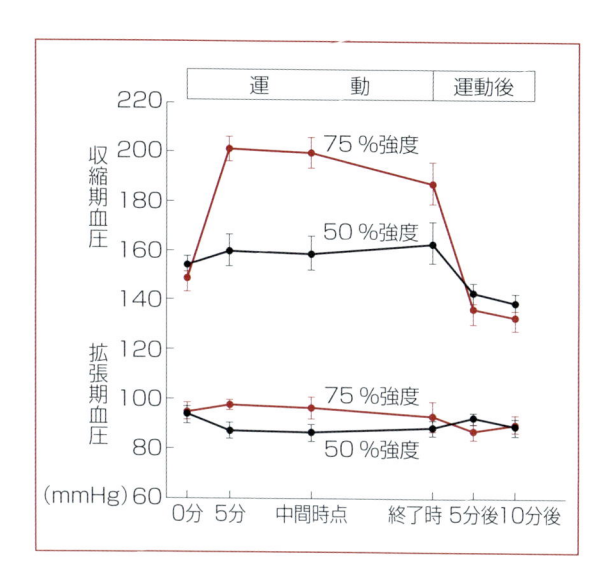

図3 運動中の血圧上昇/運動強度による違い
(Tashiro E et al : J Hypertens, 10(Suppl 4): S87, 1992 より引用)

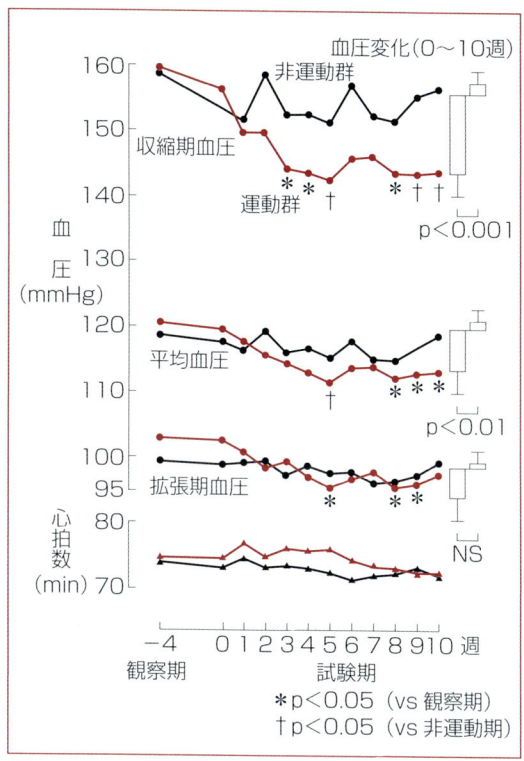

図4 10週間の運動による降圧効果
(Urata H et al : Hypertension, 9:245-252, 1987 より引用)

表7 高血圧症の運動療法の実際

種類：有酸素運動・筋力運動のいずれも可能
強度：高強度となりすぎないようにする（ややきつい）
時間：1回あたり30〜60分
回数：週3〜6日

糖尿病（インスリン非依存型糖尿病）に2大別される．

2型糖尿病の主な病態生理学的特徴の1つに，インスリン抵抗性が知られている．また，インスリン抵抗性は高インスリン血症や一酸化窒素（NO）合成不全を随伴し，高血圧症，脂質異常症（高脂血症），冠動脈硬化症を招く．身体トレーニングの継続がインスリン抵抗性改善に有効であることは古くから知られている．したがって，運動療法によってもたらされるインスリン抵抗性の改善を通して，血糖値の上昇を抑えることで糖尿病の発症を予防（一次予防）し，血糖値を是正して，糖尿病の進展防止，すなわち糖尿病細小血管障害（神経障害，腎症，網膜症）や動脈硬化症の発症を阻止（二次予防）することが重要である．

b 診断

発症当初は無症状である場合が多いが，進行していっそう高血糖になると，多飲・多尿・体重減少がみられるようになる．また，尿糖の有無に関係なく，空腹時血糖が126 mg/dl以上または75 gブドウ糖負荷試験2時間後の血糖が200 mg/dl以上のとき，糖尿病と診断される．

表8 糖尿病の運動療法の実際

種類：有酸素運動を主体とし，筋力運動を加えてもよい
強度：軽～中程度（楽である～ややきつい）
時間：1回あたり15～60分
回数：週3～5日

表9 糖尿病合併症と運動の適否

1. 糖尿病性網膜症：Valsalva型（息をこらえて力む）の運動は禁止
    単純性：中等度の運動まで可（ATレベルよりやや上）
    増殖性
        安定期：有酸素運動レベルまで可（ATレベル）
        活動期：運動禁止（安静）
2. 糖尿病性腎症
    潜在性蛋白尿：通常の運動処方に準じる
    顕性蛋白尿：有酸素運動（ATレベル，Valsalva型運動禁止）
    血清クレアチニン上昇（2 mg/dl 以上）：運動禁止（日常生活のみ）
3. 糖尿病性神経障害
    知覚障害：外傷，壊疽に注意
    自律神経障害：運動禁止

(武者春樹：スポーツ医科学．中野昭一編，杏林書院，p564, 1999より引用)

c 運動療法の実際

糖尿病の運動療法の概要を表8に示す．

なお，糖尿病細小血管障害を合併している場合（網膜症，腎症，神経障害）には，それらの重症度により運動療法の適否，強度の判定を適切に行う必要がある（表9）．

③ 肥満

a 病態

肥満は脂肪組織の過剰な蓄積であり，原発性肥満と二次性肥満に分類され，大部分（約95%）は前者である．

原発性肥満は，食生活，運動不足，環境因子，遺伝的要素などが複雑に絡み合って形成される．一方，二次性肥満は，原因となる疾病があり，それに起因するもので，原因となる疾病の治療が優先される．

身体の脂肪には皮下脂肪と内臓脂肪があるが，健康面において大きな問題となるのは内臓脂肪の増加である．内臓脂肪の増加による肥満は，インスリン抵抗性を介して，脂質異常症（高脂血症），動脈硬化，心筋梗塞，高血圧症，糖尿病などの生活習慣病の発症と密接な関連を示す．

b 診断

国際的に通用する共通の体格指数として body mass index（BMI）がある．これは，身長と体重から計算するものであり，体脂肪量とよく相関するといわれている．BMI＝体重(kg)/身長(m)^{2}で算出され，日本肥満学会の基準では25以上を肥満と判定している．また，日本人での疫学調査にて，疾病数が最も少ないBMIは男女ともほぼ22であることから，理想体重を計算する指標としている．すなわち，理想体重＝身長(m)^2×22となる．

表10 肥満の運動療法の実際

> 種類：有酸素運動および筋力運動（水中運動も推奨される）
> 強度：ややきつい
> 時間：1回あたり30～60分
> 回数：週3～6日

　肥満と判定され，肥満に関連する健康障害がある者は，減量対象の肥満症と診断する．具体的には，糖尿病，脂質異常症（高脂血症），高血圧症，高尿酸血症，虚血性心疾患，脳梗塞，脂肪肝，月経異常，変形性関節症（腰椎症など），睡眠時無呼吸症候群がある場合の肥満である．

　また，最近は体脂肪の分布の相違により種々の合併症の罹患率に差があることが判明してきた．いわゆるハイリスク肥満であり，肥満状態をこのまま放置すると，現在肥満に伴う明らかな健康障害がなくとも，将来には合併症を起こす可能性が高いものである．内臓脂肪型肥満のある場合であり，上記の疾病が出現するか隠れている可能性が大きく，減量対象の肥満症と診断する．

c 運動療法の実際

　肥満の運動療法の概要を表10に示す．

4 脂質異常症（高脂血症）

a 病態

> **word**
> LDL：low density lipoprotein，低比重リポ蛋白．

　脂質異常症（高脂血症）とは，血液中に含まれるLDLコレステロール（LDL-C）と中性脂肪（トリグリセリド：TG）のどちらか一方，あるいは両方が過剰な状態，またはHDLコレステロール（HDL-C）が少ない状態をいう．

> **word**
> TG：triglyceride，トリグリセリド．

　従来より，高脂血症という名称が用いられていたが，低HDLコレステロール血症も動脈硬化危険因子となることがわかり，2007年4月，日本動脈硬化学会は高脂血症を「脂質異常症」という名称に変更し，診断基準も改定された．

> **word**
> HDL：high density lipoprotein，高比重リポ蛋白．

　脂質異常症のほとんどは，過食・過飲，肥満，運動不足といった生活習慣の乱れが原因と考えられるものである．ごく一部に，家族性や特発性に発症して遺伝的な背景の強い原発性脂質異常症と，何らかの基礎疾患（肝・腎疾患，甲状腺機能低下症など）があって脂質異常症が発症する二次性脂質異常症がある．頻度的には，原発性脂質異常症は脂質異常症全体の数％程度であるが，「家族性高コレステロール血症（familial hypercholesterolemia：FH）」，「家族性複合型高脂血症」，「家族性Ⅲ型高脂血症」では動脈硬化性疾患をきたしやすく，とくにFHでは若年期から，より強力な管理，治療が必要である．

b 診断

> **word**
> TC：total cholesterol，総コレステロール．

　「動脈硬化性疾患予防ガイドライン2007年版」に基づいた診断基準を表11に示す．診断基準には血清総コレステロール値（TC）を用いず，LDL-C

表11 脂質異常症の診断基準

高LDLコレステロール血症	140 mg/dl 以上
低HDLコレステロール血症	40 mg/dl 未満
高中性脂肪血症	150 mg/dl 以上
	（いずれも空腹時の値）

表12 脂質異常症の運動療法の実際

種類：有酸素運動および筋力運動
強度：軽～中程度（楽である～ややきつい）
時間：1回あたり15～60分
回数：週3～5日

に1本化されている．

c 運動の効果

運動は，消費エネルギーの増大やインスリン抵抗性の改善を介して脂質代謝を改善させるとともに，脂肪組織や骨格筋の毛細血管内皮細胞に存在するLPLの活性を上昇させ，VLDL中のTGの分解を亢進する（分解されたTGは骨格筋でエネルギー源として利用される）ことでTGの低下をもたらしたり，HDLの肝臓での産生促進やLCAT活性上昇を介してHDL-Cの上昇をもたらす．

さらに，血清脂質値の改善に加え，血圧の低下，インスリン抵抗性や耐糖能障害の是正，血管内皮機能の改善や易血栓傾向の軽減をもたらし，冠動脈疾患の一次・二次予防に有効である．

TGについては，食後の高TG血症を抑制する働きがあり，この効果は急性の代謝反応によるものであり，運動している人でも中断すると，その効果は速やかに消失する．HDL-Cについては，高強度高容量の運動では，トレーニング効果があると考えられている．

d 運動療法の実際

脂質異常症の運動療法の概要を表12に示す．

⑤ 慢性閉塞性肺疾患（chronic obstructive pulmonary disease：COPD）

a 病態

煙草の煙や排気ガスなどの有害な粒子，ガスによる気道の炎症反応などの，生活環境を含めた生活習慣が病気の発症や進行に関連する全身疾患であり，近年増加傾向にある．

臨床的には，労作時に息切れ感の症状が出現すれば肺気腫と，慢性の咳・痰が続く慢性気管支炎が含まれる（図5）．いずれも気流制限が慢性に進行する疾患で，この気流制限が気管支拡張薬によっても改善する程度は，気管支喘息に比べて少ない．

---

word
LPL：lipoprotein lipase, リポ蛋白リパーゼ．

word
VLDL：very low density lipoprotein, 超低比重リポ蛋白．

word
LCAT：lecithin-cholesterol acyltransferase, レシチン・コレステロールアシルタランスフェラーザ．

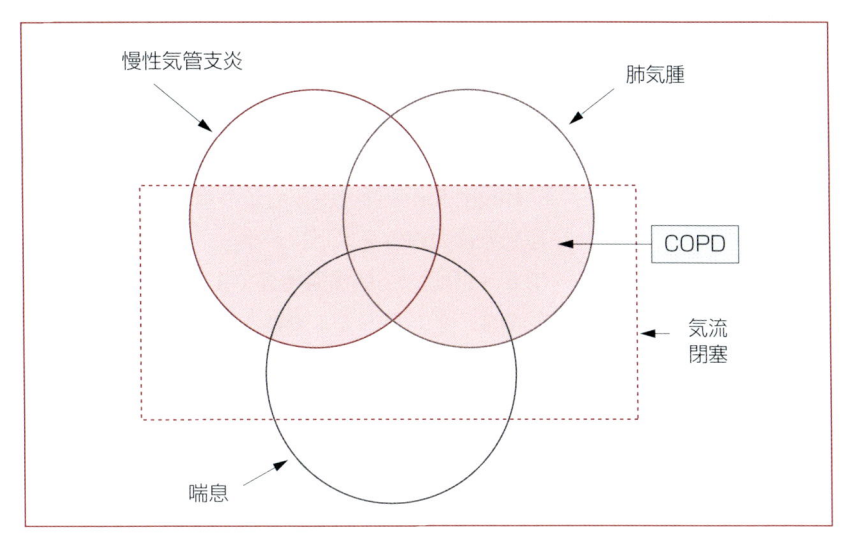

図5 慢性閉塞性肺疾患の概念
(中田紘一郎ほか:身体活動と生活習慣病. 早藤 弘編, 日本臨牀社, p511, 2000より改変)

b 運動時の特徴

1) 肺気腫

運動時では閉塞所見のため吸気が肺内にトラップされ，機能的残気量のレベルが増す．そのため，換気量の増加が障害され，息切れ感が増して運動中断に至る．また，運動中に呼吸が速く，1回換気量が少ない rapid shallow 呼吸が起こると，換気効率がますます悪くなり，呼吸筋疲労が促進される．さらに，肺拡散能が低下している症例では，運動により低酸素血症が増悪し，運動制限に働く．

2) 慢性気管支炎

痰の蓄積や気道粘膜の浮腫による閉塞性所見があるため，安静時ではPaO_2の低下，$PaCO_2$の蓄積を認めやすいが，運動時では低酸素血症の増悪は肺気腫ほど著明ではない．また，運動中に咳・痰が誘発される呼吸パターンが乱れると換気制限が出現し，運動を中断する．

c 運動療法の実際

運動療法は，呼吸リハビリテーションの一環として行われている．高齢者に多い慢性呼吸不全に対し，①患者や家族の教育，②禁煙，栄養，肺性心のための塩分制限などの生活の管理，③体位ドレナージや腹式呼吸，口すぼめ呼吸などの呼吸訓練，④酸素吸入，⑤吸入療法，⑥呼吸筋訓練，などと並行して行われる．

運動療法を行うには，Hugh-Jones呼吸困難分類(表3)のIV度以下が適当であり，IV度では呼吸機能検査および血液ガス測定を行い，運動による血液ガスの状態を確認することが望ましい．運動に伴い動脈血酸素分圧の低下，動脈血二酸化炭素分圧の著しい上昇を認める症例では，運動強度の設定を変更するか，運動時に酸素吸入を併用して行うことが必要である．呼吸器疾患患者での運動療法では，運動耐容能の増加，自覚症状の改善は認められるが，

呼吸機能の改善効果は乏しい．呼吸機能の改善には，運動療法に併せて呼吸訓練および呼吸筋訓練などが効果的である．また，肺性心を呈している者では運動療法は禁忌となり，右心不全傾向があり，運動後に浮腫を呈する者は運動強度の調整または薬物療法の強化が必要である．

Hugh-Jones呼吸困難分類の重症度，自覚症状と機能障害の程度からみた運動療法の内容を以下に示す．

① Ⅱ～Ⅲ度で，肺機能検査で1秒量が1l以上の軽度の機能障害をもつ症例では，トレッドミルやエルゴメータによる15～30分の持続運動が適している．

② Ⅲ～Ⅳ度で，1秒量が1l以下の症例では，インターバル法として2分間の運動（歩行）と休息を5クール行う．

③ Ⅴ度の高度の障害をもつ症例では，上肢の運動を主としたインターバル法で行う．

COPD患者では，呼吸筋力，体幹や四肢などの筋力が低下していることが多いので，運動療法に呼吸筋や下肢筋の筋力トレーニングを加えて行う．

⑥ 虚血性心疾患

a 病態

心臓はポンプである．この心臓の中枢的役割を果たす心筋への酸素，エネルギー基質の供給のための冠動脈の硬化病変によって生じる疾患が虚血性心疾患である．この疾患には2つ，狭心症と心筋梗塞がある．

1）狭心症

冠動脈の狭窄により，心筋への血液の供給が不足した状態，一過性虚血（酸素欠乏）であり，胸痛（狭心痛），胸部圧迫感，胸苦しさの発作などの症状がみられるが，発作の持続時間は1～5分と短く一過性である．

2）心筋梗塞

冠動脈の閉塞により，心筋への血液供給，酸素供給が完全に断たれた状態であり，心筋が壊死に陥る不可逆的変化を伴い，かつ死亡の危険性がある．

b 運動療法の効果

1）狭心症発作の低減・運動耐容能の改善・QOLの改善

心筋の酸素需要サイド，すなわちある一定の運動量で比較すれば，運動後には明らかにその同一レベルでの心拍数，血圧は低下し（すなわち酸素消費量の低下），このため心筋酸素需要量は低下する．また，リモデリングの改善で心室容積が減少すれば，心室内応力（ストレス）は低減して酸素需要は低下する．心筋酸素需要サイドでは，冠動脈硬化あるいは冠血管抵抗は運動により低下する．これには，血管の拡張反応の改善（NO），動脈硬化の退縮，そして側副血行の増加（成長因子）が関与する．さらに，運動により末梢筋の疲労改善が確実に得られ，この効果も運動耐容能の改善に役立つ．

2）虚血性心疾患による心不全・不整脈の管理の可能性

虚血性心疾患の心不全者のQOL，そして予後の改善には運動は重要であり，心室性不整脈は確実に減少する．心室性不整脈の減少には，その発症メ

カニズム，すなわち虚血の改善，リモデリングの改善による壁応力の改善，自律神経支配，特に副交感神経亢進が関わる．そして，心不全の改善については，神経体液因子，炎症・免疫反応の改善が関わる可能性もある．また，リモデリングに関わるミオシン，胎児性蛋白，Caハンドリング，膠原線維などは，運動療法群で明らかに遺伝子発現が変化している．

3）いまだに確実性はないが心筋梗塞の発症予防の可能性

動脈硬化の抑制性サイトカインの上昇，促進性サイトカインの低下，炎症反応のCRPの低下，交感神経活性の低下，脂質低下作用のいずれもが，この予防に効果的である．すなわち，動脈硬化の進行を抑制するのに重要な抗炎症作用，脂質低下作用，インスリン感受性の改善，抗血小板粘着作用，抗シアストレス作用，あるいは抗酸化作用などは運動がもつ効果に含まれるものであり，将来発症予防が示される可能性を秘めている．

4）動脈硬化の危険因子の管理

糖尿病，高血圧症，脂質異常症，肥満，そしてストレス管理に運動は必須である．運動不足は動脈硬化の危険因子である．

C 運動療法の実際

心筋梗塞後の二次予防には運動療法が必須である．特に，発症から退院までの3～4週の急性期，退院から社会復帰までの1～2ヵ月の回復期のリハビリテーションをこなし，二次予防として社会復帰以降生涯継続する維持期運動療法により，QOLの改善と予後の改善を目標とする（表13）．

1）急性期リハビリテーション

心筋梗塞は，急性期に突然死，致死性不整脈，重症心不全，時に心破裂などの重篤な合併症が生じることから，循環器専門施設で管理・治療が行われる．

word
ミオシン：筋肉線維中の蛋白質で，アクチンとともに筋線維の収縮・弛緩をつかさどる．

word
CRP：C-reactive protein, C反応性蛋白．

表13　心臓リハビリテーション

急性期リハビリテーション
　　期間：発症から退院までの3～4週間
　　目的：退院へ向けて体力回復（4 Mets以上）
回復期リハビリテーション
　　期間：退院から社会復帰までの1～2ヵ月
　　目的：社会生活が安全に行える（6.5 Mets以上）
維持期運動療法
　　期間：社会復帰以後生涯継続
　　目的：回復期リハビリテーションまでに得られた体力の維持・向上
　　　　　二次予防としての各種リスクファクターの改善・維持
　　　　　再発防止・予後改善

（武者春樹：スポーツ医科学．中野昭一編，杏林書院，p566, 1999より引用）

表14　心筋梗塞急性期リハビリテーション進行基準

1. 自覚症状：胸痛，呼吸困難，動悸，めまい，ふらつき，疲労感などが出現しないこと．
2. 心拍数：120拍/分以上，または前値より40拍/分以上上昇しないこと．
3. 収縮期血圧：30 mmHg以上上昇しないこと，また10 mmHg以下下降しないこと．
4. 0.2 mV以上のST低下，ないし梗塞部STの著明な上昇がないこと．
5. 重篤な不整脈が出現しないこと．

（武者春樹：スポーツ医科学．中野昭一編，杏林書院，p568, 1999より引用）

心筋梗塞急性期リハビリテーションは，患者の重症度に応じた層別化を行い，発症早期の状態が安定した後に，それぞれの重症度に応じたプログラムにより，リハビリテーションが開始される．急性心筋梗塞では，他の疾患以上に運動による合併症の発生に注意が必要であり，リハビリテーション中は基本的には心電図モニター，血圧測定を行いながら施行する（監視型運動療法）．一般的なプログラムでは，3週間で入院のプログラムを終了し，外来通院による回復期リハビリテーションに移行する．急性期リハビリテーションのステップアップは表14に示す進行基準に沿って行う．

退院時には運動負荷試験を施行し，日常生活レベルでの病的徴候の出現がないこと，運動耐容能の回復を確認し，また回復期リハビリテーションの運動強度を設定する．

2) 回復期リハビリテーション

通院での病院で行う場合には監視型で行われ，同時に非監視の歩行などの運動療法が在宅運動療法として行われる．運動強度は換気閾値（AT）レベルで実施する．

社会復帰に向けての体力の回復と精神的安定性（不安感の解消）を得るために歩行を中心とした運動を継続する．この間に並行して食事指導や禁煙指導などの生活指導を行い，回復期リハビリテーションの最後には復職も併せて行う．この生活指導は，再発防止の二次予防としての維持期運動療法への

表15　心筋梗塞回復期リハビリテーションの適応と禁忌

適応
1. 運動療法に対する十分な理解と意欲が認められる．
2. 疾病に関する知識を有する．
3. 自力で日常生活を送る．
4. 禁忌事項がない．

禁忌
1. 左室機能が非常に悪い（左室駆出分画40％以下）．
2. 狭心症が残り，軽労作においても虚血性心電図変化が認められる．
3. 左主幹部病変を有する．
4. 重篤な心室性不整脈を有する．
5. 運動機能に障害を有する．
6. 疾病の理解が不十分である．

（武者春樹：スポーツ医科学．中野昭一編，杏林書院，p569, 1999より引用）

表16　心筋梗塞維持期運動療法のプログラム

1. ウォーミングアップ（5〜15分）
   ストレッチ・柔軟体操で身体を温める（冬の寒いときは，外へ出る前に行う）．
   当日の体調をチェックする．
2. 主運動（20分〜1時間）
   歩行・速歩・トレッドミル・自転車エルゴメータなどで処方心拍数を維持するように努める（処方心拍数まで5分ぐらい時間をかけて徐々に運動強度を増す）．
   暑い時は，途中で水分補給を行う．
3. クーリングダウン（5〜15分）
   十分なストレッチを行い，徐々に心拍数を低下させる．
   運動後の十分なチェックを行う．

（武者春樹：スポーツ医科学．中野昭一編，杏林書院，p570, 1999より引用）

架け橋として重要である．

なお，病態によっては危険性もあることから，適応と禁忌（表15）を確認する必要がある．

3）維持期運動療法

回復期リハビリテーションと同様に，社会復帰前に行った運動負荷試験により，目標心拍数を定めて行う．ATレベルの運動療法であっても継続することにより，運動耐容能は増加することから，長期間いかにコンプライアンスを維持するかが問題となる．

維持期の運動療法は再発防止や予後の改善が目的となるが，運動療法のみでは再発の抑制はできない．しかし，非運動療法者に比べ，運動療法継続者では明らかに死亡率の減少が認められている．

維持期運動療法のプログラム（表16）は，病的所見が認められない範囲で処方心拍数を維持するように努める．

心臓リハビリテーションの運動療法の概要を表17に示す．

7 癌

a 概念

癌は人間集団の生き様に呼応しながら流行していくので，生活習慣病とよばれるようになった．日本では高齢化現象も加わって，癌の罹患数が著しく増加している．

表17　心臓リハビリテーションの実際

種類：有酸素運動および筋力運動
強度：軽～中程度（楽である～ややきつい）
時間：1回あたり15～60分
回数：週3～5日

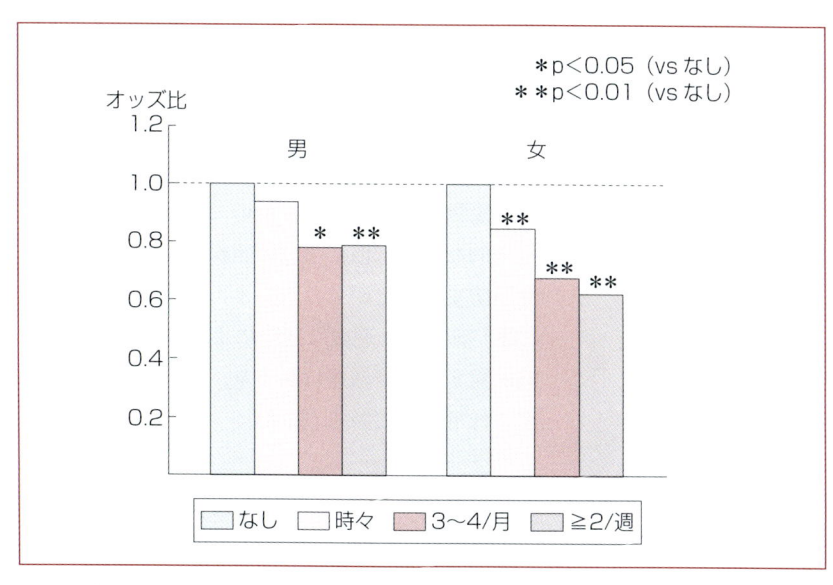

図6　健康運動習慣の頻度と全癌の危険度
（田島和雄ほか：身体活動と生活習慣病．早藤　弘編，日本臨牀社，p317, 2000より引用）

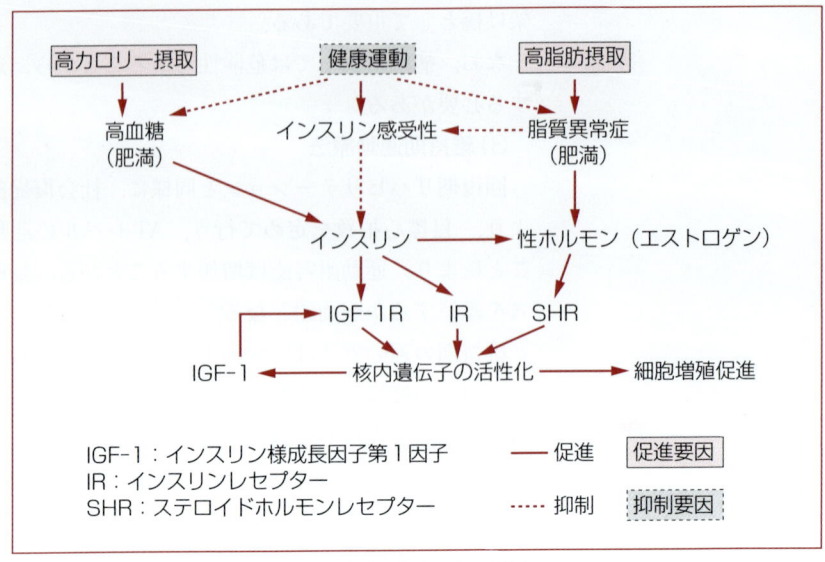

図7　健康運動により癌の罹患危険度が低下する機序
(田島和雄ほか：身体活動と生活習慣病．早藤　弘編，日本臨牀社，p316, 2000 より引用)

　癌の主な発病要因として，偏った食生活習慣，喫煙習慣，慢性感染症などがあげられるが，最近になって注目されつつあるストレスや運動不足も無視できなくなってきた．

b 健康運動と癌の危険度

　男女とも運動習慣のある者ほど全癌の危険度が低下し，特に女性でその傾向が著しい（図6）．癌の発生部位別にみると，男性では肝臓癌や肺癌が著しく低下した．一方，女性では乳癌で低下傾向が著しいが，胃癌，子宮癌，卵巣癌でも低下傾向がみられている．

c 癌危険度の低下の機序

　高カロリー食や高脂肪食を続けていると肥満となる．一方では，運動不足が続くと，膵臓から分泌されるインスリンへの感度が低下し，結果的にインスリン分泌が高まり，それは組織の細胞増殖を亢進させるので，癌細胞が生まれる頻度が高まる．つまり，運動習慣は癌だけでなく糖尿病の予防にも一役買っている．次に，運動不足により体の脂肪組織の量は増加し，その脂肪は発癌物質を蓄積しやすいので，癌の危険度も高まると考えられる．そこで，持続的な運動習慣により体組織の脂肪を燃焼し，肥満を解消するとともに癌を予防することができる．また，細胞性免疫をつかさどるナチュラルキラー(NK)細胞は，適度な運動により増加することが知られている．その結果，癌に対する免疫機能は高まり，運動は免疫機能を介して間接的にも癌の危険度を低下させている（図7）．

Self-Check

1. 当日のセルフチェックで，運動をしてはならない状態を記せ．
2. 運動を中止すべき症状を記せ．

（解答はp.347〜350）

16 女性証明検査

その女性が正常女性であるか否かを調べる検査を「femineity (femininity) control；フェミニティ・コントロール」あるいは「gender verification」という．日本語としては「女性証明」，「性別検査」が用いられ，俗に「セックスチェック」ともいわれている．

A 女性証明検査の目的

体格や体力，筋力が男性的であり異常に強いために他の女性アスリートに対して不公平であると考えられる者は，女性の競技スポーツ社会から除外する必要がある．実際に女性スポーツへの参加を除外するべき者としては，①筋力増強剤（アナボリックステロイドなど）を使用している正常女性，②医学的な異常（疾患）により筋力増強（男性化）をきたしたと考えられる女性，③男性などである．これらのうち，①はドーピング検査によりチェックが可能であり，②は疾病として医療の対象となる．すなわち，女性証明検査の主たる目的は，③男性をチェックして女性の競技スポーツ社会から排除することにある．

人の性の分類は，①染色体の性，②性腺（卵巣あるいは精巣）の性，③形態（外性器や第二次性徴）の性，および④社会的・心理学的性により規定されている．すなわち，種々の性分化異常においては，染色体の性と形態の性や社会的・心理学的な性と異なる場合が生じてくる．そこで，これらの性分化異常を確認するための検査として女性証明検査が実施される[1,2]．

> **word**
> **性同一性障害**：生物学的な性を受け入れて行動することに著しい苦痛を感じ悩む状態．反対の性の化粧，服装をしたり，時には手術により性転換を希望したりする．

B 女性証明検査の実際

性管分化異常を診断するためには外性器の視診および内診あるいは直腸診などの婦人科的診察，および超音波断層法や MRI (magnetic resonance imaging，磁気共鳴撮像) などの画像診断が行われる．また，性腺を類推するためには性ステロイドホルモン (testosterone, estradiol) や性腺刺激ホルモン (FSH, LH) の測定が必要である．

一般には染色体の性をチェックする方法として，口腔頬粘膜細胞塗抹標本を用いる性染色質検査が，あるいは血液を用いる染色体検査（分析）が実施される（表1）．

① 性染色質検査

従来より簡便な女性証明検査として本法が実施されている．

表1　女性証明検査の実際

A　性染色質検査	B　染色体検査
1．X染色質	1．染色体分析
2．Y染色質	2．PCR法

表2　X染色質の数と染色体構成

X染色質	染色体構成
0	45, X, 46, XY, 47, XYY
1	46, XX, 47, XXY
2	47, XXX, 48, XXXY
3	48, XXXX, 49, XXXXY

ⓐ X染色質検査

最も一般的な性染色質検査法である．

細胞塗抹標本を酢酸カーミン（あるいはオルセイン，カルボールフクシン）で染色して検鏡すると，核の薄膜に接近して黒く染まるのがX染色質であり，バール小体ともよばれる．

女性細胞には2個のX染色体があり，その1個は活性で代謝活動を行い，他の1個は不活性で凝縮して性染色質となる．X染色質の数は細胞の有するX染色体の数から1を引いた数で出現する．すなわち，正常女性（46, XX）では陽性（1個）となり，男性（46, XY）ではX染色体が1個でそれが代謝活動にあたるのでX染色質は陰性となる．X染色質の数から考えられる核型（染色体構成）を表2に示す．

本法はX染色体の核型異常や染色体モザイクでは説明困難な結果を示すことがあるが，X染色質の数を決定するには信頼できる検査法である．

ⓑ Y染色質検査

細胞塗抹標本をキナクリンマスタードあるいはキナクリンで染色して蛍光顕微鏡で観察すると，Y染色体の長腕の先端約2/3はきわめて強い蛍光を発する．これがY染色質（Y小体）である．すなわち，Y染色質の数はY染色体と同じ数で出現する．なお，本検査法により，Y染色質よりも蛍光度は弱くやや鮮明さを欠くが，X染色質も同時に検出することができる．

正常女性には存在しないY染色質を検出する検査であり，その存在により男性を診断することが可能であり有効な検査法である．しかし，正常男性における検出率も70〜80％と低く，女性証明検査における正確度においては多少の問題点を残している．

② 染色体検査

ⓐ 染色体分析

性分化異常の確定診断のためには，染色体分析を行わなければならない．染色体の種類，数および構造についての検査が行われる．

ヘパリンを加えた注射器を用いて末梢血（静脈血）を採取し，自然放置により分離した血漿を培養して検査用標本を作成する．

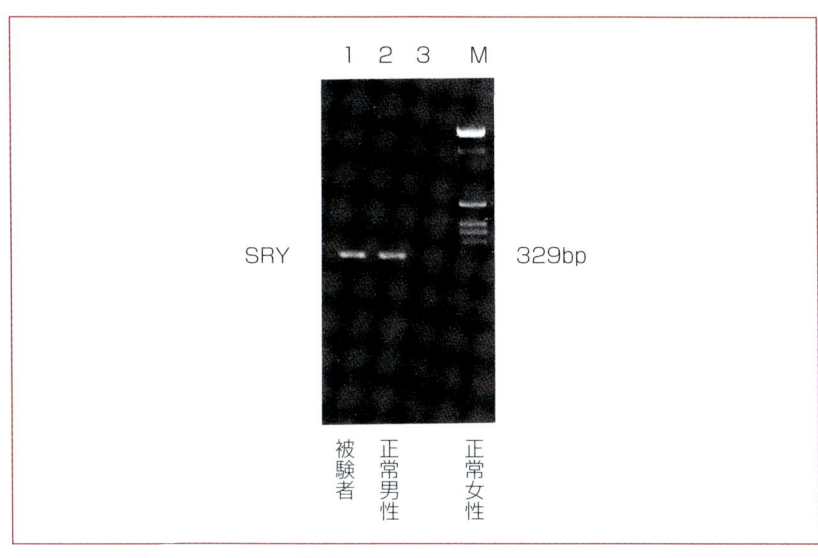

図1　PCR法によるSRYの検出

種々の前処理や特殊な染色法(染色体分染法)により染色体上に縞(バンド)をつくり，精密な分析を行うことができる．代表的な染色体分染法としてはG，Q，RおよびCバンド法などがある．それぞれ，Gはギムザ，Qはキナクリン，Rは反転，Cは構成的ヘテロクロマチンを染め出すことを意味している．

b PCR法

最近，PCR (polymerase chain reaction，ポリメラーゼ連鎖反応) 法を用いるY染色体特異DNA塩基配列 (sex-determining region Y：SRY) を検出する新しい検査手技が開発された[3]．PCR法は女性証明検査にも導入されており[4]，迅速で正確な診断が可能となった(図1)．なお，検体としては，口腔頬粘膜細胞塗抹標本や頭髪毛根が用いられている．

> **word**
> PCR法：特定のDNA領域を挟んだ2種類のプライマーと基質ヌクレオチドおよび耐熱性ポリメラーゼを用い，試験管内で繰り返しDNAの合成を行うことにより，微量の試料中の特定のDNAを数十万倍に増幅する方法．

C 現状における問題点

女性証明検査として実際に施行されている方法においても，種々の問題点を有している．

① 性染色質検査

これまでは，女性証明検査としてはX染色質の検出法が繁用されていた．しかし，本法による結果には多くの問題点をはらんでいる(表3)．

a X染色質陰性の女性

形態的には女性でありながら正常女性ではないと判定されるものには，ターナー症候群(Turner's syndrome)，精巣性女性化症(testicular feminization syndrome：TFS)，さらに性腺形成不全(Sweyer症候群)などがある．

表3 X染色質検査の問題点

陰性の女性	染色体	性腺
ターナー症候群	45, X	索状
精巣性女性化症	46, XY	精巣
性腺形成異常症	46, XY	索状 or 変性精巣 or 卵巣

陽性の男性	染色体	性腺
クラインフェルター症候群	47, XXY	精巣
XX男性症候群	46, XX	精巣

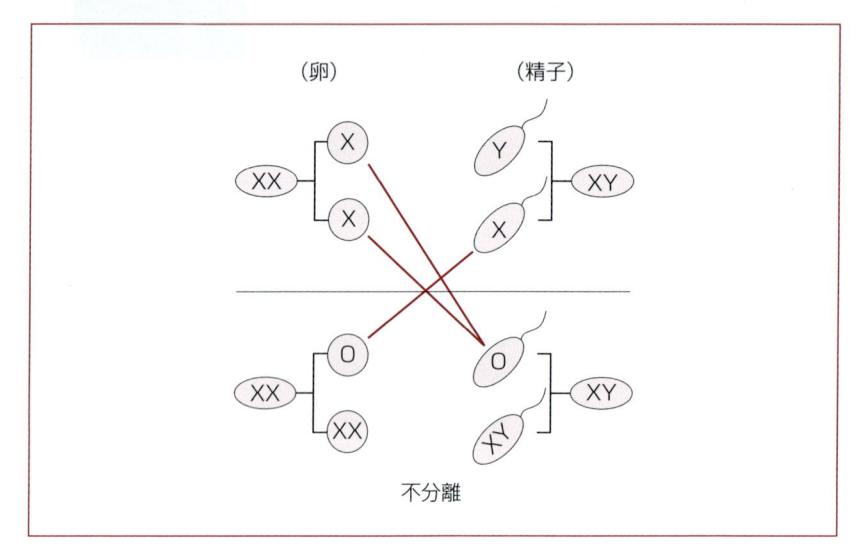

図2 ターナー症候群の発現機序

1) ターナー症候群

　染色体構成は45, Xであり，1個のX染色体の欠如が本症の発症に重要な意義を有している．発現機序は図2に示すごとく，性染色体の不分離により生ずる．亜型としてはXを含むモザイク，XXqi, XXp-, あるいはXXrのごとくX染色体の短腕の一部がモノソミーになっているものもある．

　両側性腺は線維性の結合織（索状性腺）からなり，胚細胞は全く存在しない．内・外性器は女性型であるが，きわめて発育不全である．思春期になっても卵巣ホルモン（エストロゲン）が分泌されないので第二次性徴は発現せず，原発性無月経である．

　体型は短軀ながら均整がとれている．外表奇形として翼状頸，楯状胸および外反肘などが特徴的である．さらに，内臓奇形として先天性心疾患，大動脈狭窄，馬蹄腎および重複腎などが知られている．

　内分泌機能では，思春期以降になってもエストロゲンは低値であり，逆に性腺刺激ホルモン（FSH，LH）は高値を示している．成長ホルモンは正常域にあり，本症の短軀は内分泌学的な要因によるものではない．また，甲状腺機能は正常である．

　すなわち，本症の女性は男性化をきたしてはいない．

2) 精巣性女性化症

染色体構成は46, XYである.

先天的にアンドロゲンレセプター（男性ホルモン受容体）が欠如するために，体細胞がアンドロゲンに反応せず（アンドロゲン不応症），精巣（男性の性腺）が存在するにもかかわらず性分化が男性方向に進行せず女性化したものである.

アンドロゲンレセプターが欠如するためウォルフ管は退化し，外性器は発生初期の段階の形態を維持したまま発育し，女性様の形態が形成される．しかし，ミュラー管抑制因子に対しては反応してミュラー管は退化するために，卵管および子宮は形成されず，腟は盲端となり，原発性無月経である.

性腺はほぼ正常大に発育した精巣で腹腔内あるいは鼠径ヘルニアとして存在する．組織学的には精細管の発育は不良で精子は認められない．ライディッヒ細胞は増殖しており集塊を形作っている．なお，精巣は腫瘍（悪性）化する危険があるので摘出するのが原則である.

思春期以降ではテストステロンはエストロゲンに転換され，女性的な第二次性徴が促進される．乳房発育は認められるが，乳腺組織の発育は悪く，乳頭や乳輪はやや小さい．しかし，テストステロン作用が発現しないので陰毛や腋毛の発生はみられない.

内分泌学的にはテストステロン値は正常男性域に近く，エストロゲン値は正常女性より著明に低い.

すなわち，本症は性腺としては男性である精巣を有しているが，アンドロゲンレセプターを欠如することから男性ホルモン作用は発揮されておらず，男性化は認められない.

3) 性腺形成不全

染色体構成は46, XYである.

胎芽あるいは胎児期の早期において，何らかの原因で精巣が変性，壊死に陥ったものであり，組織学的には精巣は索状，痕跡状あるいは存在しない（表4）[5]．

精巣の変性の時期によりミュラー管やウォルフ管からの発生には差が認められる．しかし，最終的には精巣は変性し，正常な精巣が存在しないことからアンドロゲン分泌が認められず，体型的には外性器は女性型への発生とな

表4 性腺形成不全の分類

疾患名	純型性腺形成異常症	真性無性腺症	精巣痕跡症	完全両側無精巣症
病態名	embryonic TDS	early fetal TDS	mid fetal TDS	late fetal TDS
精巣変性の時期	8週以前	8〜12週	12〜20週	20週以降
精巣形態	索状	索状またはなし	なし	なし
ミュラー管	正常	痕跡状またはなし	なし	なし
ウォルフ管	なし	なし	正常	正常
外性器	正常女性または幼女型	半陰陽 腟は盲端	小陰茎 腟はなし	
陰核	正常，時に肥大	肥大することがある		

TDS : testicular dysgenesis syndrome

る．

すなわち，本症は染色体構成上は男性型であるが，正常精巣は存在せず，またアンドロゲン分泌もなされていないので，体力的には男性化はない．

b X染色質陽性の男性

形態的には男性でありながら，X染色質検査で正常女性と診断されるものにはクラインフェルター症候群（Klinefelter syndrome, 47, XXY）とXX男性症候群（46, XX）がある（表3）．しかし，これらの者の形態は男性型であり，女性として活動することは考えられない．

クラインフェルター症候群の特徴は，体型は男性型で身長が高く，女性化乳房を示すが，乳汁分泌は認められない．精細管の萎縮・硝子化が著明で，精子形成は認められない．ライディッヒ細胞はむしろ増殖し，集塊を作っているが，その機能は低く，テストステロン分泌は正常以下である．外性器はほぼ正常男性型を呈しており，思春期以降の陰茎発育および発毛はほぼ正常に認められる．このような臨床症状から，不妊症として来院し，診断されることが多い．

内分泌機能では，テストステロン値は正常男子の下限以下，17-KS（17-ketosteroid）値も同様である．エストロゲン値は正常男子と同様に低値である．なお，性腺刺激ホルモンの分泌は亢進しており，とくにFSHが高値である．

染色体構成は47, XXYであり，その発現機序は図3に示すごとく，不分離によってXXまたはXYを有する卵あるいは精子が，正常な精子あるいは卵と受精することによって生ずる．しかし，少数例には48, XXXY, 49, XXXXYや47, XYY, 48, XXYYなどの染色体型もあり，さらにモザイク型もある．

> **word**
>
> **XX男性症候群**：本来，Y染色体短腕上に存在する精巣決定遺伝子（SRY）がX染色体上に移動し，精巣が分化発生して起こる．

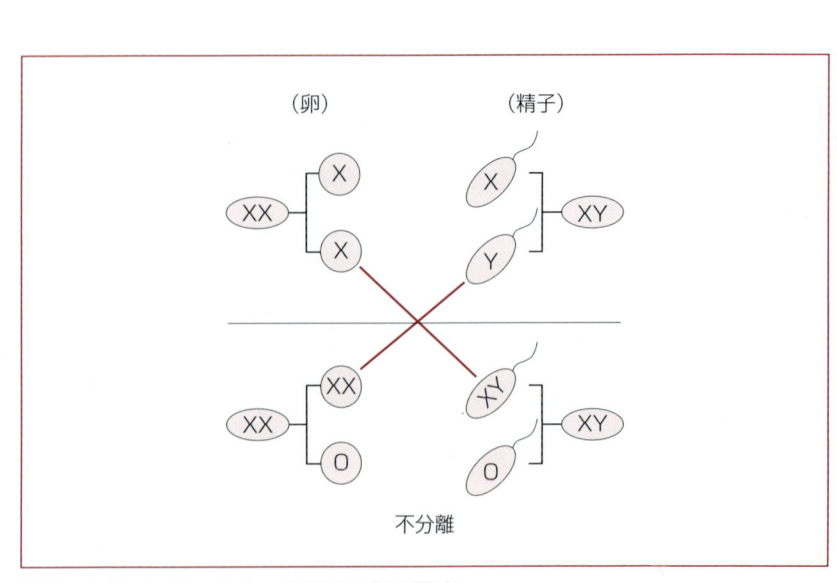

図3 クラインフェルター症候群の発現機序

表5 PCR法によるSRY検出の問題点

陽性の女性	染色体	性腺
精巣性女性化症	46, XY	精巣
性腺形成異常症	46, XY	索状
		or変性精巣
		or卵巣
陰性の女性	染色体	性腺
正常女性	46, XX	卵巣
真性半陰陽	46, XX	卵巣精巣
	or 46, XY	or卵巣＋精巣

② PCR法による SRYの検出

本検査法による問題点を表5に示す．SRYが検出されて陽性と判定される女性には，精巣性女性化症と性腺形成不全がある．先に述べたように，これら2疾患では男性化の徴候は認められない．なお，陰性と判定される女性は正常女性と真性半陰陽である．真性半陰陽の性腺は卵巣精巣（一つの性腺に卵巣と精巣を含む）であり，男性ホルモンの分泌が認められることからも，男性化が起こり，問題となる．

③ 染色体分析

染色体分析は性染色体の数や構造などの診断が正確に行われるという点からは，染色体の性を決定するには非常に有用な検査法である．当然のことながら，性分化異常の診断は確実になされる．

しかし，その検査手技が煩雑であり，さらに長時間を要し，また経費がかかることからもスクリーニング検査としては問題がある．また，本検査法はわが国においては日常臨床において必要に応じて繁用されているが，発展途上国などでの実施は困難であるのが現状であろう．

④ ホルモン測定

血中ホルモンの測定により男性あるいは女性を正確に診断することは必ずしも容易ではない．1991年から国際スキー連盟が主催する競技会においてはホルモン測定結果の提出が義務づけられている．

測定するホルモンとしては，性腺刺激ホルモン（FSH，LH）および性ステロイドホルモン（estradiol，testosterone）などがあげられる．

しかし，これらホルモン測定は成績から得られる効果に比して，測定結果が出るまでに長時間を要すること，さらに経費がかかりすぎるなどの問題点がある．

⑤ 婦人科的診察

対象となる女子選手の大部分が若年女性であることからも羞恥心もあり，内診などの婦人科的診察を行うことには大きな問題がある．しかし，性管分化異常が疑われる場合には，その状況をよく説明し，正確な診察が必要であ

る．なお，外性器の状態のみを把握するのであれば，視診のみで十分である．

D 今後の動向

　現在，女性証明検査として実施されている方法により，「染色体の性」をスクリーニングすることにより，非正常女性を確定することは可能である．しかし，前述したように，必ずしも男性化していない性分化異常の女性をも排除することになり不合理であり，これが現在の女性証明検査の限界である．そこで，より良い女性証明検査法の開発が必要となるが，問題の少ない良い方法はないのが現状である．

① 国際的な動向

　日本オリンピック委員会（Japan Olympic Committee：JOC）に所属する各競技団体に対する調査では，各競技団体の国際競技連盟（International Federation：IF）の規定に女性証明に関する記載があるのは8団体にすぎない．さらに，陸上競技連盟では以前は実施していた女性証明検査を1990年に中止しており，各IFも中止する方向にある．国際オリンピック委員会（International Olympic Committee：IOC）では，1992年の冬季オリンピック競技大会（アルベールビル）より，女性証明検査はPCR法によるSRYの検出による方法に変更した．その後，1996年の夏季オリンピック競技大会（アトランタ）では，口腔頬粘膜細胞塗抹標本によるPCR法にて3,387名を検査し，8名が陽性であったが，その後の精査により7名は精巣性女性化症，1名は5α還元酵素欠損症（5α-reductase deficiency）であった．1999年にIOCは一律の女性証明検査廃止を決定したが，疑問をもたれたアスリートに対しては競技団体の要求により組織委員会が検査を行う権利を保持するとした．これを受けて，2000年の夏季オリンピック競技大会（シドニー）では一律の検査は実施されていない．また，国際バレーボール協会は，2004年に女性証明検査の一律廃止を決定している．

　しかし，発展途上国において幼少時から「女」として養育された「男」が，女性アスリートとして競技会に参加したケースが大きな問題となった．さらに，明らかに男性化が認められる女性アスリートについての詳細な検査が行われることなく金メダルを獲得するなどの問題が，大きな社会的関心を呼んでいる．

② 今後の対応法

　性分化異常症の女性は男性化していないことからも，女性（性分化異常症者も含めて）と男性を鑑別するには，男性の特徴である発声が低音であること，および外性器の状態をチェックすることが最も有効であろうと思われる．
　発声に関しては会話によりその音声の状態をチェックすることは容易である．また，外性器の形態については，触診や内診などの必要はなく，視診のみにて十分であり実施は容易に可能であるが，検査を受ける女性アスリート

> **word**
> 5α還元酵素欠損症：5α還元酵素遺伝子の欠失または突然変異による酵素活性障害によって生ずる疾患であり，受容体以前のアンドロゲン不応症である．

の心情を思うと検者の心境もなかなか複雑にならざるをえない．しかし，正常な女性による競技スポーツを成立させるために，何らかのスクリーニング検査が必要であるならば，簡便にして経費も掛からないことからも，このような方法を選択するべきと思われる．

　被検者である若い女性アスリートに対する同情に流されて，何らの検査も実施しないとすれば，本来の目的を無視したこととなって本末転倒である．そこで，必要であると結論されたならば，心情に流されず，毅然たる態度で実施することが重要である．

　しかし，生まれてからの長年月を「女性」として育ち，心理的にも社会的にも「女性」として生活している女性に対する女性証明検査は，女性アスリートのプライバシーを侵害するものである．また，現時点において，最良の検査法が存在しない現実をも踏まえて，女性証明（検査）の実施については慎重な対応をしなければならないと思われる．

文献

1) 目崎　登，本部正樹，鍋島雄一ほか：フェミニティ・テストの意義と実施時期に関する考察．臨床スポーツ医学，6（別冊）：4-6, 1989
2) 目崎　登：女性スポーツにおけるメディカルチェック．スポーツのためのメディカルチェック（村山正博編），南江堂，東京，pp128-138, 1989
3) Sinclair AH, Berta P, Palmer MS et al：A gene from the human sex-determining region encodes a protein with homology to a conserved DNA-binding motif. Nature, 346: 240-244, 1990
4) 山口昭弘，福士　勝，菊地由生子：新しい gender verification 法－PCR 法による Y 染色体の検出－．臨床スポーツ医学，9：452-454, 1992
5) 目崎　登，岡根真人：性腺形成異常症．産科と婦人科，53：1075-1082, 1986

Self-Check

1 人の性の分類を記せ．
2 X 染色質検査で陰性と診断される女性の疾患を記せ．

（解答は p.347〜350）

第 II 章

からだの構造と機能

1 循環器系

循環器系とは血液やリンパを体内で循環させるシステムをいい，血液を運ぶ心臓血管系と，リンパを運ぶリンパ系からなる．心臓血管系は，心臓と血管（動脈と静脈）により構成される．

A 心臓とは

心臓は数多くの心筋細胞の集合体により構築された筋肉のポンプである．心臓のポンプとしての特徴は，絶えず変化している身体の血液需要に応じてポンプ機能を変化させたり，また入力負荷に応じて出力を変化させることができることである．運動時には，運動の強度に応じて生体の酸素需要が増すので，心臓はそれに見合う血液を末梢組織に送らなければならない．心臓から拍出される血液量（心拍出量）は心臓の収縮力と，心拍数に依存して変化する．このように，生体がおかれた状況に応じて変化する心臓の機能は，自律神経や体液性調節因子によって調節されている．

B 心臓の構造

① 心臓の外形

大きさは年齢とともに増すが，握りこぶしより少し大きく，胸腔内にある縦隔という空間の中で，正中からやや左よりに偏って位置している．

心臓の外周は心嚢に包まれており，心嚢と心臓の間は少量の液体で満たされ心臓の動きをなめらかにしている．

② 心臓の部屋

心臓は左右2つの部分に分けられ，左心と右心はそれぞれ，心房と心室に分けられる．すなわち，右心房，右心室，左心房，左心室の4つの部屋から構成されている（図1）．

左右の心房間の壁を心房中隔，心室間の壁を心室中隔という．

③ 心臓の弁

心臓の4つの部屋の出口には弁がついていて，一方向にのみ開き，血液の逆流を防いでいる．

右心房と右心室の間に三尖弁，左心房と左心室の間に僧帽弁，左心室と大動脈の間に大動脈弁，右心室と肺動脈の間に肺動脈弁がある（図1）．なお，4つの弁は線維輪の平面内に並んで配列しており，これを弁座という（図2）．

> **word**
> 心室中隔欠損：1,000人に1人くらいの頻度で生じる先天性心臓奇形である．小さな欠損では自然閉鎖するが，大きな欠損では肺に負荷がかかり重症となる．

> **word**
> 弁膜症：リウマチ熱により心内膜炎が起こると，弁の閉鎖不全や狭窄など，弁膜症の後遺症を生じやすい．

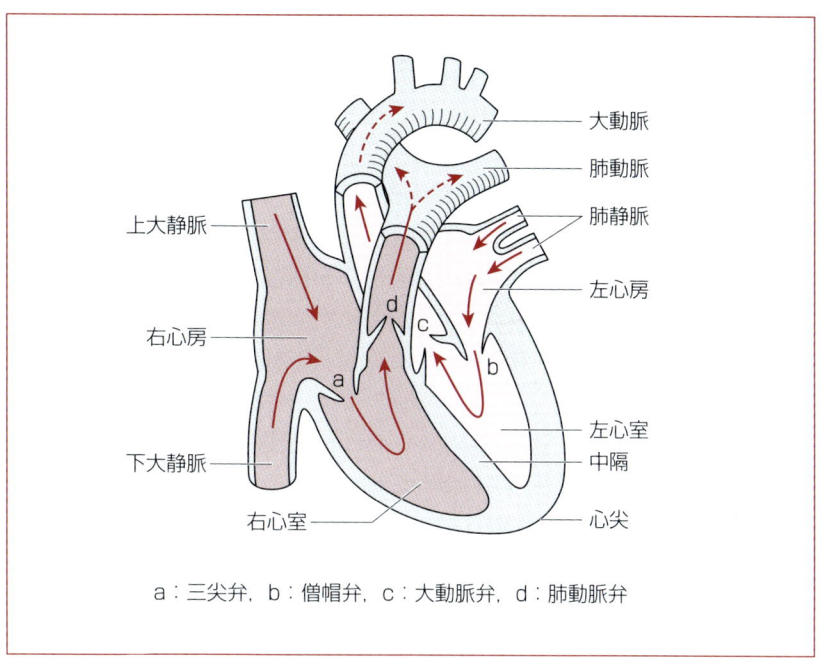

図1 心臓の構造

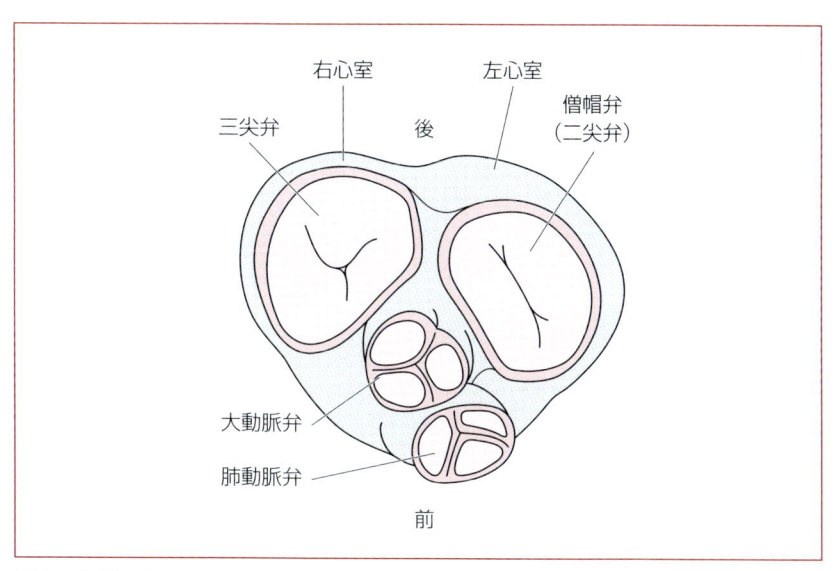

a：三尖弁，b：僧帽弁，c：大動脈弁，d：肺動脈弁

図2 心臓の弁

④ 心臓における血液の流れ

　全身の組織から（上・下）大静脈を経て心臓に戻ってきた静脈血は右心房に入り，三尖弁を通過して右心室に入る．さらに，右心室から肺動脈弁を通過して肺動脈に流出する．肺でガス交換した動脈血は，肺静脈を経て左心房に入り，僧帽弁を通過して左心室に入る．その後，大動脈弁を通過して大動脈に押し出された動脈血は全身に送られる（図1）．

C 血液循環の経路

① 体循環と肺循環

　右心（室）から拍出された血液は，肺動脈，肺毛細血管，肺静脈を経て左心（房）に戻る．この経路を肺循環（小循環）とよぶ．肺循環によって血中の二酸化炭素（CO_2）が肺より呼気中に排出され，吸気中の酸素（O_2）が肺より血中に取り込まれる．左心（室）から拍出された血液は大動脈に入り，各器官へ分配された後，大静脈から右心（房）に戻る．この経路を体循環（大循環）とよぶ．体循環によって組織への O_2 や栄養素の供給，組織から CO_2 や老廃物の除去が行われる（図3）．

　このように循環は心臓に始まり，種々の抵抗をもった血管系を通って再び心臓に戻る，1つの閉鎖系の回路を形成している．心臓から流出した血液が心臓に戻るには，安静時の成人の場合，約1分を要する．

② 動脈と静脈

　心臓から出る血液を運ぶ血管はすべて動脈とよばれ，心臓へ血液を送り込むすべての血管は静脈とよばれる．一方，O_2 に富む鮮紅色の血液は動脈血とよばれ，CO_2 に富む赤黒い血液は静脈血とよばれる．すなわち，体循環の動脈は動脈血を，静脈は静脈血を運ぶ．しかし，肺循環では，肺動脈は静脈血を，肺静脈は動脈血を運ぶ（図4）．動脈と静脈の間には，一般に毛細血管

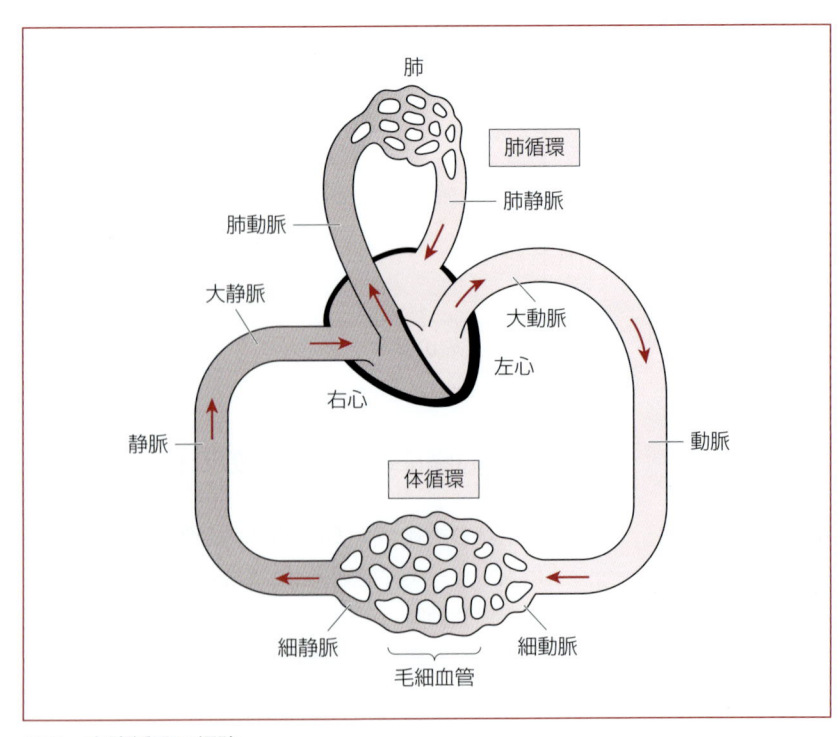

図3　血液循環の経路

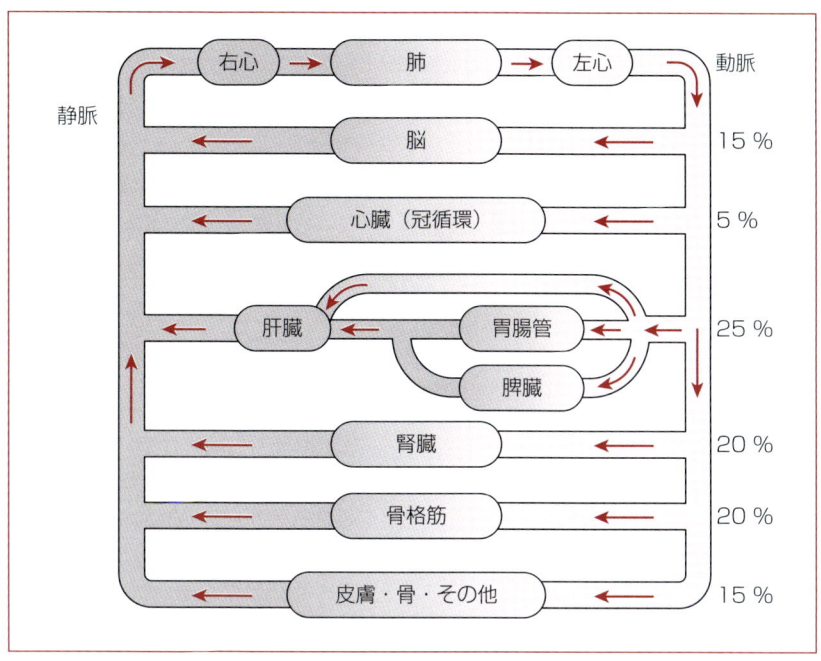

図4 安静時における全身器官への血流配分

の領域が存在する．

D 心（臓）周期

　心臓の収縮・弛緩の1回の経過を心（臓）周期という．心周期は収縮期と弛緩期とに大きく分けることができる．安静時には収縮期より弛緩期が長い．心周期は次の5相に分けられる（図5）．

① 等容性収縮期

　心室の収縮開始から動脈弁が開くまでの時期をいう．心電図のQRS波の後に心室の収縮が開始して心室内圧が高まる．心室内圧が動脈圧を超えると動脈弁（大動脈弁・肺動脈弁）が開いて血液が動脈に駆出される．

② 駆出期

　動脈弁が開放してから閉鎖するまでの間で，心室内圧が動脈圧を超え血液が動脈に拍出される．心室が弛緩して動脈圧よりも低くなると，血液は慣性によりしばらく流れ続けるが，やがて動脈弁は閉鎖する．心室容積は減少して約70 mlの血液が拍出される．

③ 等容性弛緩期

　動脈弁の閉鎖から房室弁（三尖弁・僧帽弁）が開放するまでで，心室内圧は低下し，心房圧は血液が貯留するので上昇する．心房圧が心室圧より高く

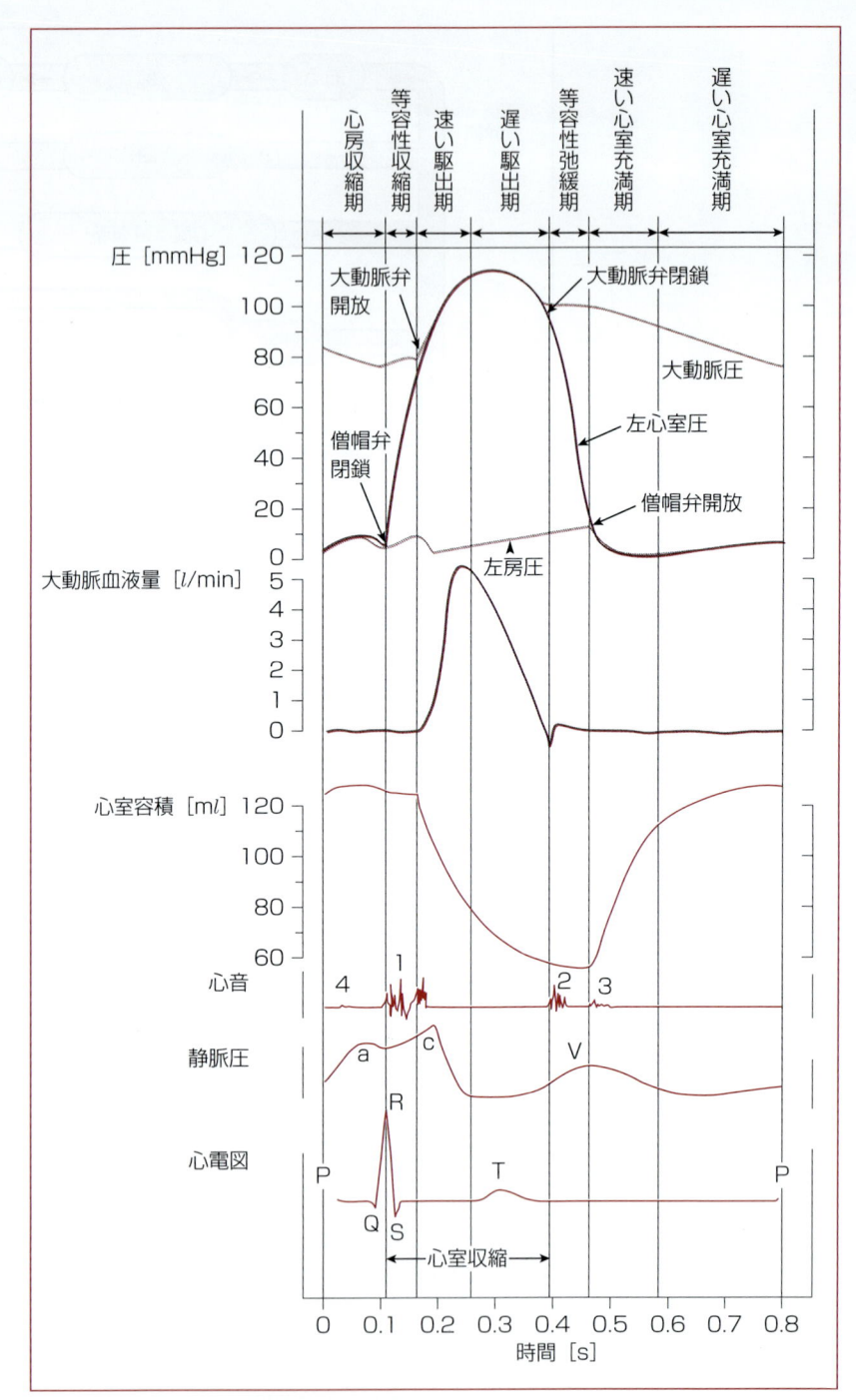

図5 心周期における各事象の相互関係
(田中悦子ほか：スポーツ医科学．中野昭一編，杏林書院，p50, 1999より引用)

なると房室弁が開く．

④ 充満期

　房室弁が開放してから心房の収縮が始まるまでの時期で，房室弁が開くと心房内に貯留していた血液が心室内に流入して，心室容積が増加する．

⑤ 心房収縮期

心房の収縮から心室の収縮開始までで，心房の収縮によりさらに心室内に血液が送り込まれる．この時期までにすでに心室内には大部分の血液が流入している．

E 心拍出量

1回の心臓拍動によって左心室から拍出される血液量を1回拍出量という．正常成人の安静時の1回拍出量は60〜80 ml程度である．

1分間の拍出量を毎分心拍出量といい，1回拍出量×心拍数で求められる．一般に心拍出量といった場合は毎分心拍出量を示す．正常成人の安静時の心拍出量は4.5〜5.5 l/minである．安静時の心拍出量は体表面積にある程度左右される．異なる人の心拍出量を比較するときには，心拍出量を体表面積で割った値である心係数（2.8〜4.2 $l/min/m^2$）を用いる．

激しい運動をすると，1回拍出量と心拍数がともに増加して，その結果，心拍出量は約25 l/min 程度にも達する．

F 心臓拍動の調節

① 刺激伝導系

心臓の自動性の源は大静脈と右心房の境界近くにある洞房結節（洞結節）の細胞で発生する．ここをペースメーカーという．ここで発生した興奮は心

word

心臓のリズム：房室結節も自動性をもつが，洞房結節の興奮のリズムのほうが房室結節のリズムより速いため，正常では心臓全体は洞房結節の作るリズムで興奮する．

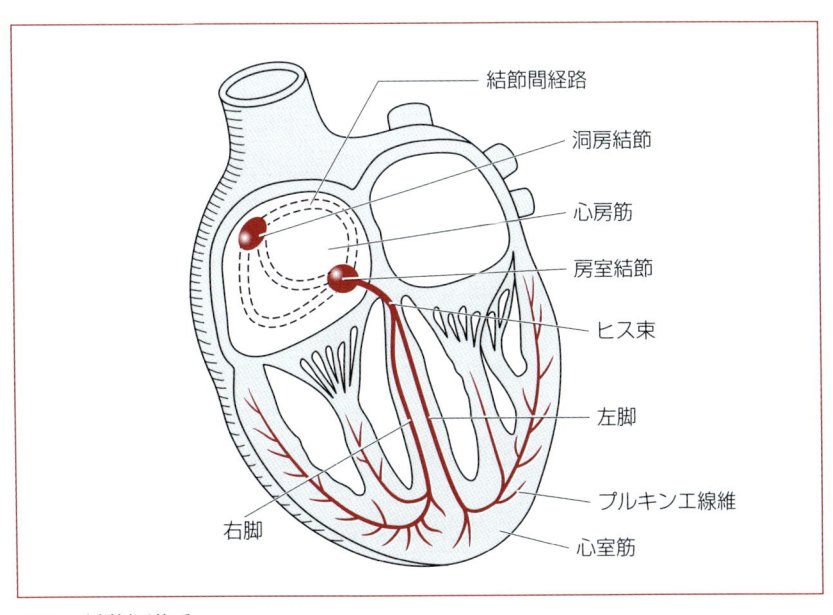

図6　刺激伝導系

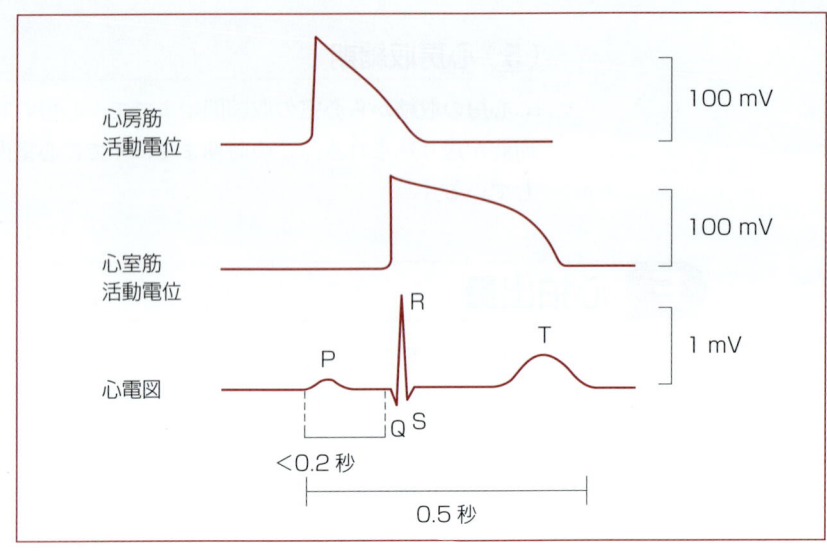

図7 心筋の活動電位と心電図の関係

房を収縮させ，房室結節，ヒス束，左右の脚，プルキンエ線維を介して心室全体に伝わり，心室筋が収縮する（図6）．刺激伝導系の心筋は，興奮の発生や伝導に適するように分化しているため，特殊心筋ともいう．

② 心筋の活動電位

心筋は収縮に先行して活動電位を発生する．心筋の活動電位の総和を体表から記録したものが心電図である．心電図は，興奮の伝導の異常，不整脈，心筋障害などの心臓の異常の診断に広く用いられている．心電図にはP，Q，R，S，T波とよばれる波が心拍動に伴って規則正しく出現する．P波は心房興奮，QRS群は心室興奮の開始，T波は心室興奮の消退の過程を示す（図7）．

> **word**
> 房室ブロック：刺激伝導系が心房と心室の間で障害を受け，心房と心室が病的にそれぞれのリズムで収縮すること．

> **word**
> 心電図の記録方法：標準誘導（3誘導），増幅単極肢誘導（3誘導），単極胸部誘導（6誘導）からなる合計12誘導が用いられる．

G 血圧

心周期に同期して血管内を流れる血液の側圧を血圧という．心臓が収縮したときの圧を収縮期血圧（最高血圧），心臓が拡張したときの圧を拡張期血圧（最低血圧）という．収縮期血圧は心臓の収縮力に伴って変化し，拡張期血圧は末梢血管，特に細動脈の抵抗性に依存して変化する．細動脈が弛緩すると拡張期血圧は低下する．収縮期血圧と拡張期血圧の差を脈圧という．1心周期にみられるすべての圧の平均を平均血圧という．平均血圧は，拡張期血圧に脈圧の1/3の圧を加算した値に近い．

血圧は局所性，神経性，および液性調節機構により調節されている．

① 局所性調節

血圧は筋活動が行われている局所で調節を受けている．この調節は主に活動筋の代謝産物や，局所血管の内皮細胞から産生される因子によるものであ

る．筋の活動に伴い酸素分圧の低下や炭酸ガス分圧の上昇が局所で起こると血管が拡張する．また，多くの生理活性物質は血管平滑筋や，内皮細胞の受容体に働いて，血管の収縮・弛緩と，細胞の肥大・増殖に関与している．

② 神経性調節

a 中枢神経系

延髄に循環調節の中枢があり，心拍数や心収縮力などの心機能や，末梢血管の緊張を調節している．この部位は，さらに高次の大脳皮質，視床下部，および中脳の影響を受けている．また，延髄背側部の弧束核からの入力を受けている．弧束核に動脈の圧受容器や末梢の化学受容器からの情報が伝えられると，この部位を介して，血圧や心拍数，心臓からの拍出量が変化する．

b 圧受容器反射

頸動脈洞や大動脈弓には圧受容器があり，血圧が変化するとこれを感受して延髄の弧束核に伝えている．

c 化学受容器

頸動脈(小)体や大動脈(小)体には，血液中の主に酸素分圧を感受する化学受容器がある．この受容器は酸素分圧の低下を感受する．その情報が呼吸中枢に伝えられると，呼吸が促進されると同時に，心臓血管中枢にもその情報が伝達されて，交感神経を介して心拍数と心収縮力が増加する．

d 筋肉受容器

筋肉内には筋収縮の動きを感じる機械受容器があり，循環調節に影響していると考えられている．また，筋収縮に伴って生じる代謝産物を感じる化学受容器があり，これが刺激されると自律神経を介して末梢血管を収縮させ，血圧を上昇させる．

③ 液性調節

血管平滑筋には種々の液性因子が働いて血圧の調節を行っている．キニン類，ナトリウム利尿ペプチドなどは血管を拡張させ，カテコールアミン，バゾプレッシン，アンギオテンシンなどは血管を収縮させて血圧を上昇させる．

H 心臓自律神経

末梢の自律神経は遠心性線維で構成され，自動的に呼吸，心臓循環，胃腸などの内臓および内分泌器官を調節する．心臓に分布する自律神経は，心臓交感神経および心臓副交感神経と，相反した生理機能をもつ神経から構成され，循環調節に重要な役割を果たしている．心臓交感神経は心拍数増加，心室収縮力増強に作用し，心臓副交感神経は心拍数低下に作用する．

心臓自律神経活動あるいはその調節機能は，意識下の動物では心臓自律神経に埋入電極を移植して直接記録するのが最も正確な方法であるが，ヒトにおいては電極法による直接測定が困難なため，薬理ブロックによる心拍数変化，心拍変動パワースペクトル解析などさまざまな間接法が用いられてき

た．なかでも心臓副交感神経系活動およびその調節機能は副交感神経系の薬理ブロックによる心拍数変化，心拍変動の時間領域解析，パワースペクトル（周波数領域）解析による高周波数成分の大きさや動脈圧受容器反射感受性などを用いて間接的に測定されている．心臓副交感神経系機能は加齢や疾患，閉経などに伴い低下し，ヒトの健康に関わる重要な指標であるため，心臓副交感神経系に及ぼす運動習慣や卵巣ホルモン（エストロゲン）などの影響は重要である．

Self-Check

1 心臓における血流について，部位名を記せ．
大静脈→（①）→（②）弁→（③）→（④）弁→（⑤）→肺→（⑥）→（⑦）→（⑧）弁 →（⑨）→（⑩）弁→大動脈

(解答は p.347〜350)

2 呼吸器系

A 呼吸とは

　生体が生命を維持するために必要な酸素(O_2)を生体内あるいは組織内に取り入れ，そのO_2を利用して代謝を行い，その結果生じた二酸化炭素(CO_2)を生体外あるいは組織外に排出する機能を呼吸という．

　空気中のO_2は吸気として肺に吸い込まれ，肺胞において毛細血管内の血液に拡散し，血液循環によって全身の組織に運ばれ，組織の毛細血管から間質液に拡散し，間質液中から細胞に取り込まれて物質代謝に使われる．物質代謝の結果生じたCO_2は組織→肺循環→肺へと移動して，呼気中に排出される．これらのO_2とCO_2のガス交換のうち，外気と血液との間のガス交換を外呼吸（肺呼吸），血液と細胞との間のガス交換を内呼吸（組織呼吸）という（図1）．一般に呼吸という場合は外呼吸を意味し，内呼吸は代謝という場

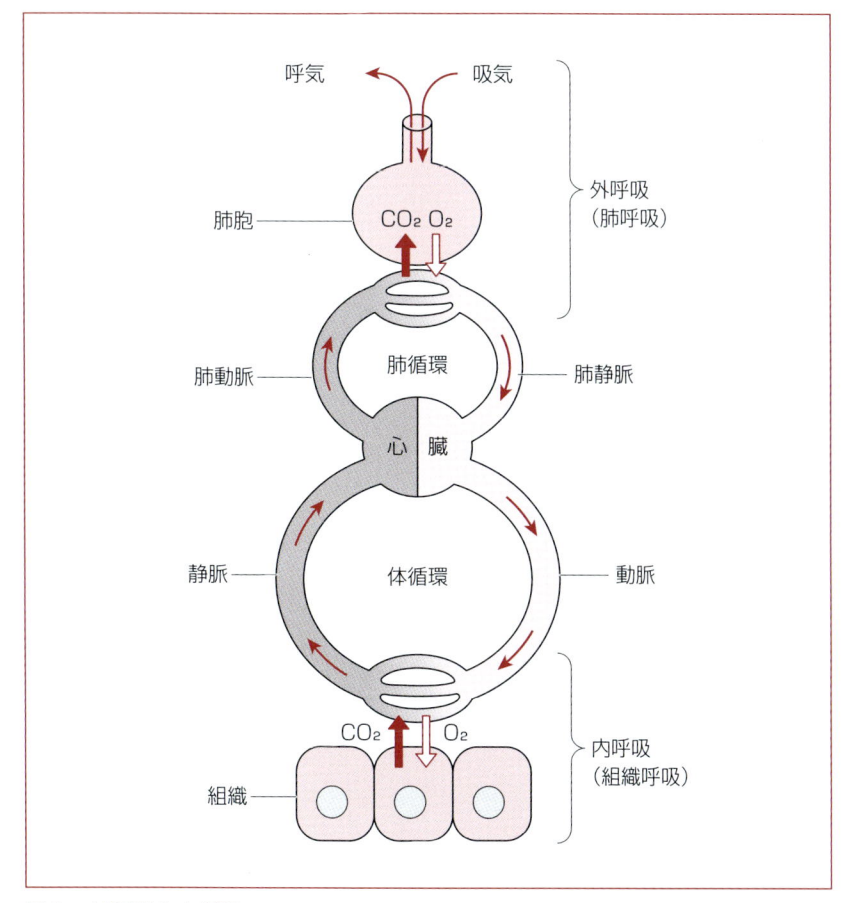

図1　外呼吸と内呼吸

合が多い．

　呼吸運動によって肺におけるO_2とCO_2の入れ換えが起こる現象を換気という．呼吸運動では吸息と呼息が交互に繰り返される．吸息時には胸腔容積が拡大すると外気が肺に流入し，呼息時に胸腔容積が縮小すると，肺のガスが押し出される．換気によってO_2が多い吸気とCO_2の多い呼気との交換がなされる．

B 呼吸器系

　肺におけるガス交換に関わる器官を呼吸器系といい，①気道，②肺，および③胸郭よりなる（図2）．

　気道は外気と肺との間のガスの通路であり，鼻腔，咽頭，喉頭，気管，気管支より構成される．吸気と呼気は，1本の気管内で吸息と呼息の時間差を利用して往復の流れを作っている．吸気は気道を通る間に，異物が取り除かれ，温められ，水蒸気で飽和されて，肺へと達する．肺は空気と血液のガス交換にたずさわる肺胞と，気道の一部である気管支の枝からなる臓器であり，胸膜に覆われている．胸郭は肺を収め，呼吸運動に関わる．

① 気道

a 鼻腔

　鼻は外鼻と鼻腔よりなり，外鼻孔により外界と通じ，後鼻孔により咽頭に

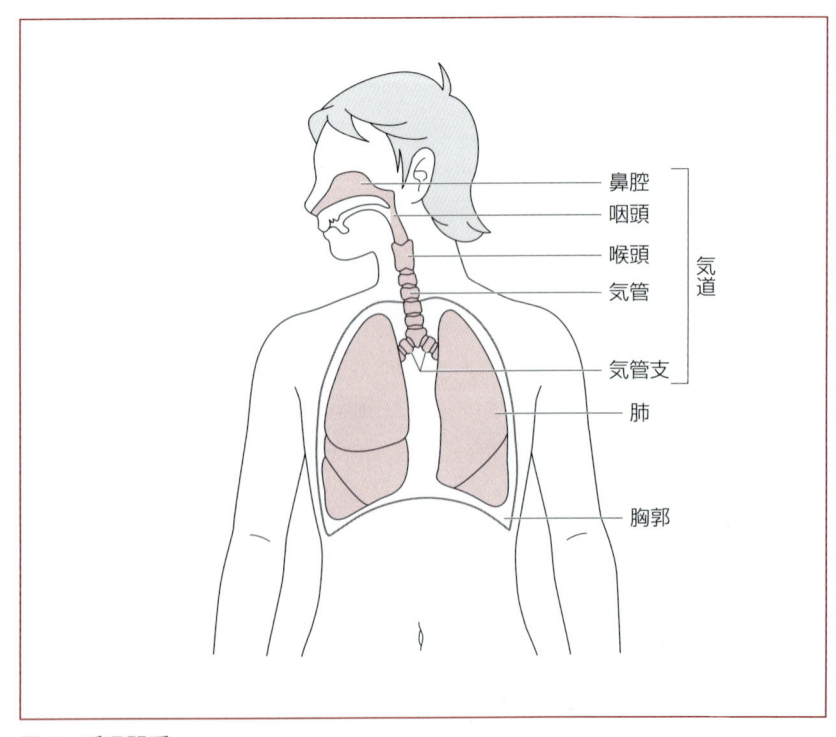

図2　呼吸器系

通じている．鼻腔の大部分は静脈叢や鼻腺の豊富な粘膜によって覆われており，吸気を温め湿気を与える働きをもつ．鼻汁は鼻腺の分泌物である．

b 咽頭と喉頭

咽頭は上方では鼻腔と口腔に，下方では喉頭と食道に通じる，長さ約12 cmの前後に扁平な管である．粘膜，筋層，外膜の3層からなる．

喉頭は前頸部に位置し，咽頭から飲食物が気道に入らないようにする関所の働きと，発声器官としての役割が重要である．多くは軟骨により組み立てられ，これに靱帯や筋が付着し，内部は粘膜で覆われる．

c 気管と気管支

気管は喉頭に続く長さ約10〜12 cm，直径約2 cmの管で，食道に沿って胸腔を下った後，大動脈弓の高さで左右2つに分かれて気管支となり，左右の肺に入る．気管・気管支の外壁は，気管軟骨・気管支軟骨とよばれる分節状のU字型の硝子軟骨よりなり，後方（肺側）の軟骨の欠けた部分には平滑筋が存在する．内腔は粘膜組織に覆われ，多列線毛上皮や分泌腺があり，異物を排出する機能がある．

気管は左右の気管支に分かれた後，2分枝を繰り返し，16の分枝を経て，終末細気管支となり，呼吸細気管支を経て，平均23分枝し，肺胞となる（図3）．16分枝までは空気が運ばれるのみの気道部であり，解剖学的な死腔となり，ガス交換が行われるのは主に肺胞部分である

> **word**
> 気管支喘息：発作時には，気管平滑筋が過度に収縮するとともに分泌も亢進し呼吸困難となる．

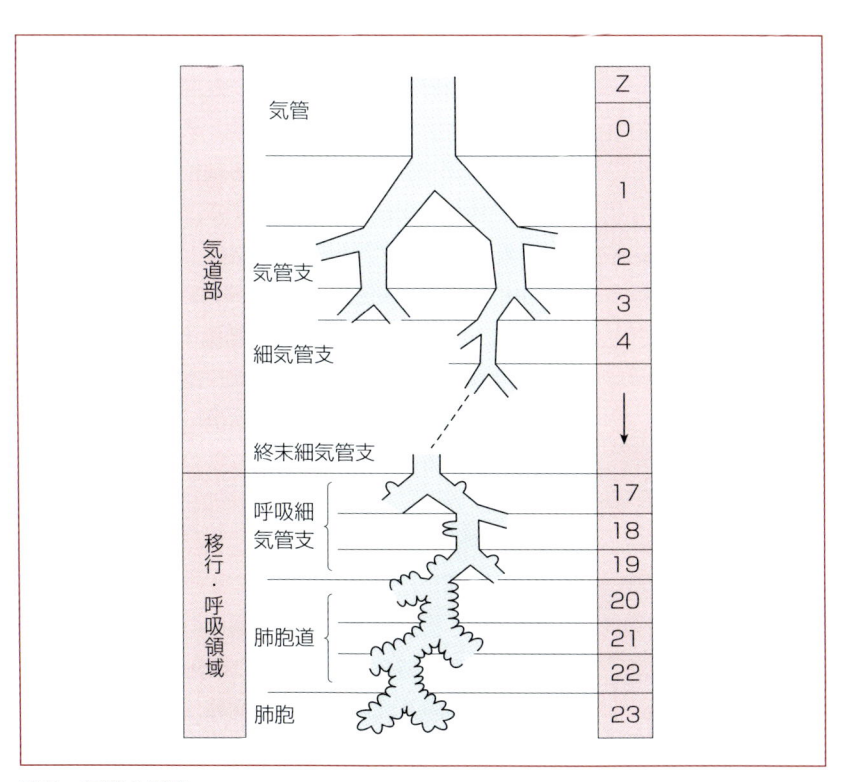

図3　気道の構造

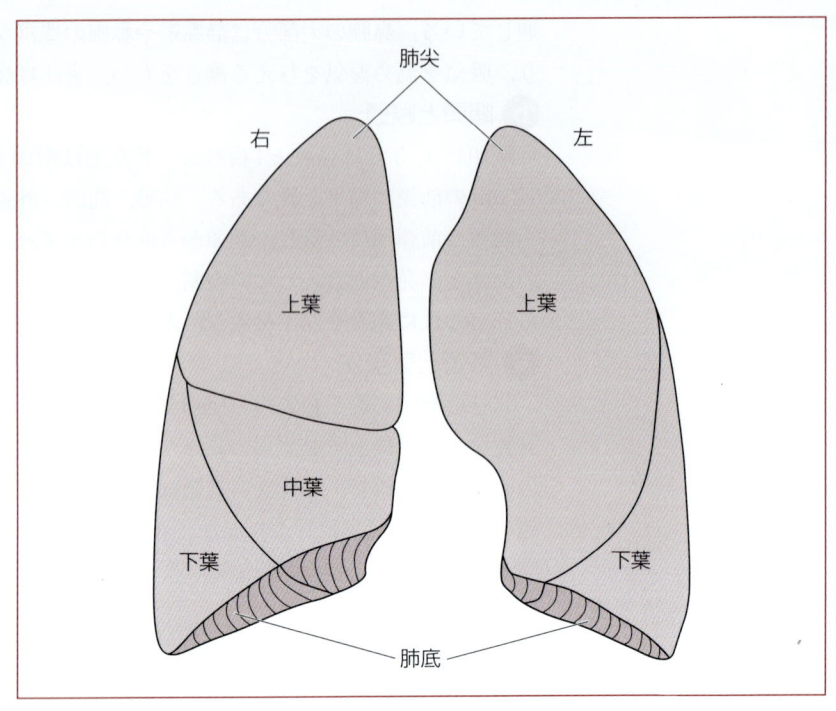

図4 肺の構造

② 肺

　胸郭の内腔（胸腔）の大部分を占める半円錐状の器官で，左肺と右肺よりなる．右肺は上・中・下葉，左肺は上・下葉よりなる（図4）．右肺は左肺よりやや大きい．先端部を肺尖，底面を肺底という．両肺の中央部で気管支および肺動・静脈が出入りする部位を肺門という．肺の表面は胸膜に覆われ，中では気管支枝が肺胞に達する．

　肺胞において，肺胞内の気体と周囲の毛細血管内の血液との間のガス交換が行われる．肺胞は，1層の呼吸上皮細胞（肺胞上皮細胞）に囲まれた球状の小胞であり，内部の気体を肺胞気という．肺胞の直径は$0.1〜0.2$ mm，総数は両肺で約3億個といわれ，ガス交換の行われる総呼吸面積は約70 m^2にも達し非常に広い．ガスの拡散の度合いは，交換面積に比例し，拡散距離に反比例するため，肺胞におけるO_2とCO_2の拡散は非常に効率がよい．

③ 胸郭と呼吸運動

a 胸郭

　胸壁と横隔膜よりなる．胸壁の前部には胸骨，後部には脊椎があり，これらを肋骨が結合し，下部には横隔膜がある．肋骨間を肋間筋が覆っている．胸郭の内腔を胸腔とよぶ．胸郭は，胸腔を拡大・縮小させる吸息と呼息により成り立つ呼吸運動に関与する．

---

word

表面活性物質（サーファクタント）：脂質からなり，肺胞の内側の表面張力を弱めて肺胞がつぶれるのを防ぐ．未熟児では十分に分泌されずに呼吸不全を起こす．

word

横隔膜：胸郭と腹腔の境となる円蓋状の筋性の厚い膜．胸郭の下部を形成している上位腰椎の前面，肋骨弓・胸骨から起こり胸腔中央部に向かう．最高部は第5肋軟骨の高さにある．

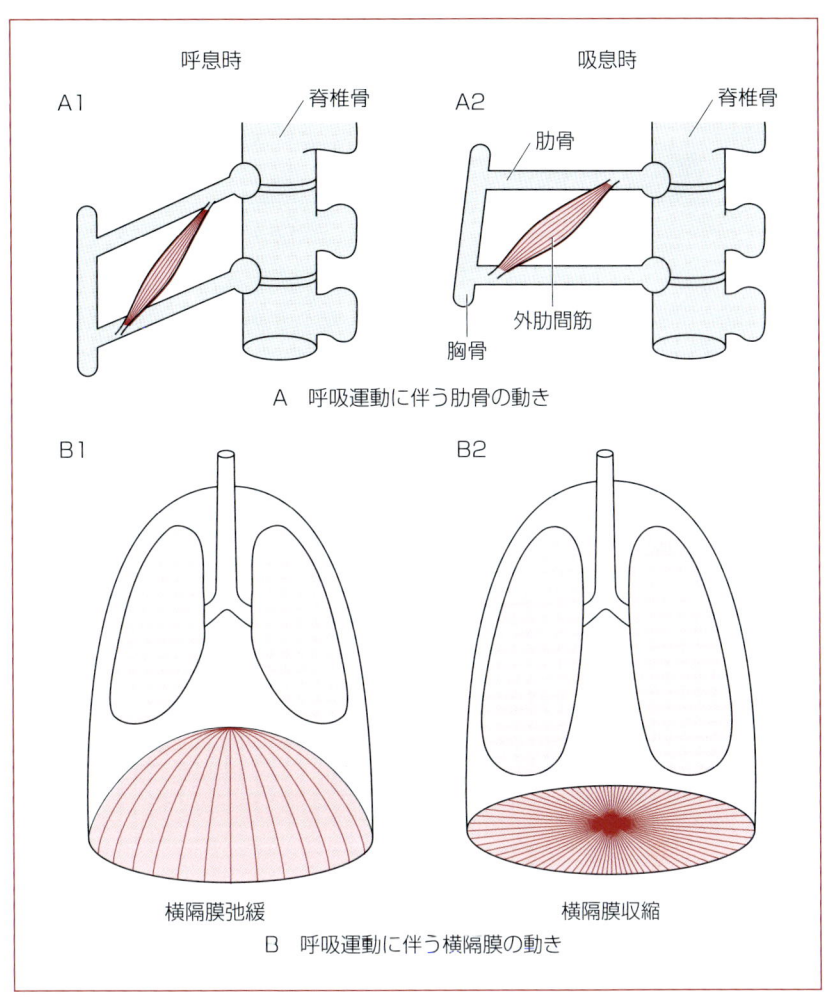

図5 呼吸運動による胸郭の動き
(佐藤昭夫ほか編：人体の構造と機能．医歯薬出版，p90, 2006 より引用)

b 呼吸運動

1) 吸息

外肋間筋と横隔膜が収縮する．外肋間筋の収縮により肋骨は挙上する（図5, A2)．横隔膜が収縮すると，横隔膜の面積が減り，ドーム状に盛り上がっていた膜は沈下し水平になる（図5, B2)．その結果，胸郭が広がり胸腔内圧が下がって外界の空気が受動的に肺に流入する．肋間筋は肋間神経，横隔膜は横隔神経の興奮により収縮する．

2) 呼息

横隔膜と外肋間筋は弛緩する．横隔膜の面積は広がってドーム状に盛り上がり，肋骨は下がる（図5, A1, B1)．その結果，胸郭が狭くなり，肺の空気が呼出される．積極的な呼息時には，内肋間筋や腹壁筋が収縮し，胸郭がさらに狭くなる．

3) 腹式呼吸と胸式呼吸

主に横隔膜の運動によって行われる呼吸を腹式呼吸（横隔膜呼吸），主に

肋間筋の運動によって行われる呼吸を胸式呼吸という．通常は，両者の共同による呼吸である．

C 肺機能の測定

① 肺気量

呼吸の際に出入りする空気の量（肺気量）は次のように定義され，肺の機能検査に用いられる（図6）．

a 1回換気量

安静呼吸時に1回の吸息あるいは呼息で出入りする空気の量（成人；約500 ml）．

b 予備吸気量

安静吸息の上に，さらに吸い込める最大の吸気量（成人；約2～3l）．

c 予備呼気量

安静呼息の後に，さらに吐き出せる呼気量（成人；約1l）．

d 残気量

最大に吐き出した後に，肺内に残っている気体容量（成人；約1～1.5l）．

e 機能的残気量

予備呼気量と残気量の和．

f 肺活量

1回の呼吸で可能な最大の換気量で，安静時1回換気量，予備吸気量と予備呼気量の和に相当する（成人男子；3～5l）．

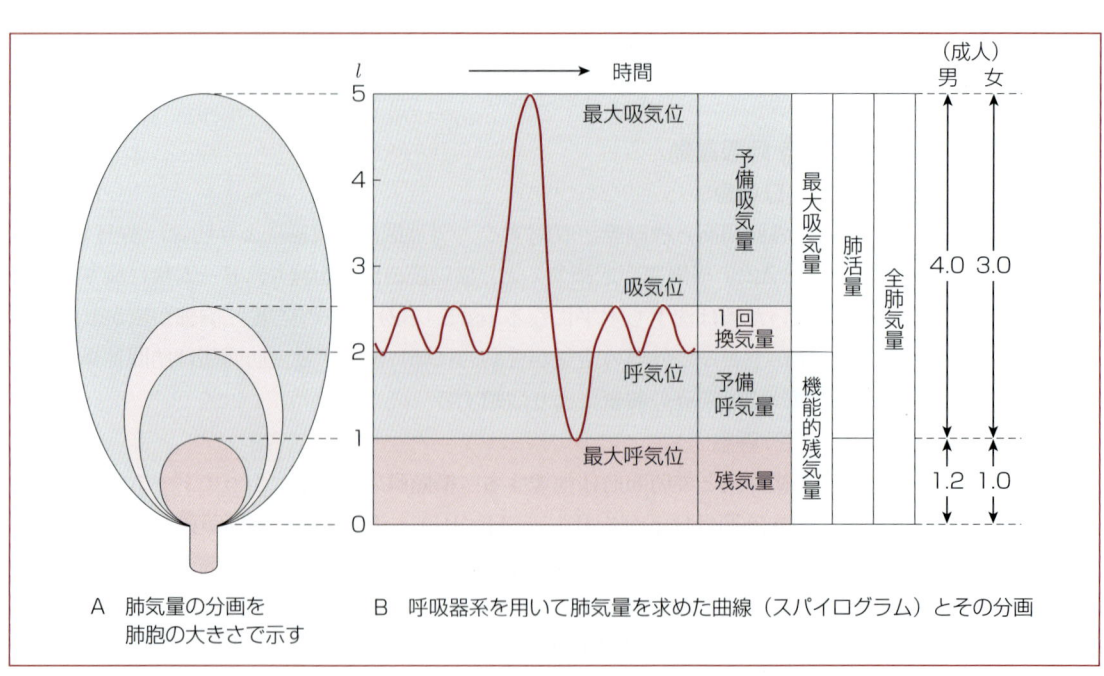

A 肺気量の分画を肺胞の大きさで示す

B 呼吸器系を用いて肺気量を求めた曲線（スパイログラム）とその分画

図6 肺気量（スパイログラム）　　（佐藤昭夫ほか編：人体の構造と機能．医歯薬出版，p92, 2006より引用）

g 努力性肺活量（強制呼気量）

最大吸気位から最大の速度で吐き出した最大の呼気量で、はじめの1秒間で吐き出される量は1秒量とよばれ、その努力性肺活量に対する割合を1秒率という．

② 呼吸数

安静時の呼吸数は、新生児では多く、成熟に伴って減少する．成人の呼吸数は毎分12〜20回である．

安静時の1回換気量を500 ml，呼吸数を16回とすると、1分当たりの換気量（分時換気量）は、500 ml × 16 ＝ 8l となる．運動時の分時換気量は安静時の10倍にも達する．

③ 肺胞換気量

1回の呼吸によって吸い込まれた空気のうち、死腔量を差し引いた量が肺内のガス交換にあずかる．この量を肺胞換気量という．1分間当たりの肺胞換気量、すなわち分時肺胞換気量は次式で求められる．

分時肺胞換気量＝（1回換気量－死腔量）×呼吸数

D ガス交換とガスの運搬

① ガス分圧とガス交換

a 吸気・呼気の組成

吸気は空気であり、O_2 約21 %，CO_2 0.03 %，および窒素（N_2）約78 %からなる混合気体である．吸気は気道内で水蒸気によって飽和され、死腔の気体と混ざって肺胞に達する．肺胞では、O_2 13〜14 %，CO_2 5〜6 %となる．肺胞気と血液の間でガス交換した後に、O_2 16 %，CO_2 4 %の呼気となって吐き出される．

b 肺におけるガス交換

肺胞気と肺の毛細血管の静脈血との間のガス分圧の差によって行われる．肺胞気全体のガス圧は外気圧760 mmHg（1気圧の場合）に等しい．肺胞気には水蒸気が飽和状態で47 mmHgで存在する．したがって、O_2分圧は、肺胞気圧から水蒸気圧を引いた値に肺胞気のO_2濃度をかけることによって求められ、(760 － 47) × 0.14 ≒ 100 mmHgである．また、CO_2分圧は (760 － 47) × 0.06 ≒ 46 mmHgである．一方、肺に流入してくる静脈血のガス分圧は、O_2が40 mmHg，CO_2が46 mmHgである．したがって、O_2は100 － 40 ＝ 60 mmHgの分圧差により、肺胞気から静脈血中に拡散する．CO_2は46 － 40 ＝ 6 mmHgの分圧差により、血中から肺胞気に拡散する（図7）．肺胞上皮細胞壁とそれを囲んでいる毛細血管はいずれも非常に薄く、肺胞気と血液との間のガス拡散は速やかに行われる．その結果、血液はO_2分圧（PaO_2）95 mmHg，CO_2分圧（$PaCO_2$）40 mmHgの動脈血となって肺から出ていく．

図7 肺・組織におけるガス交換
(佐藤昭夫ほか編:人体の構造と機能. 医歯薬出版, p95, 2006より引用)

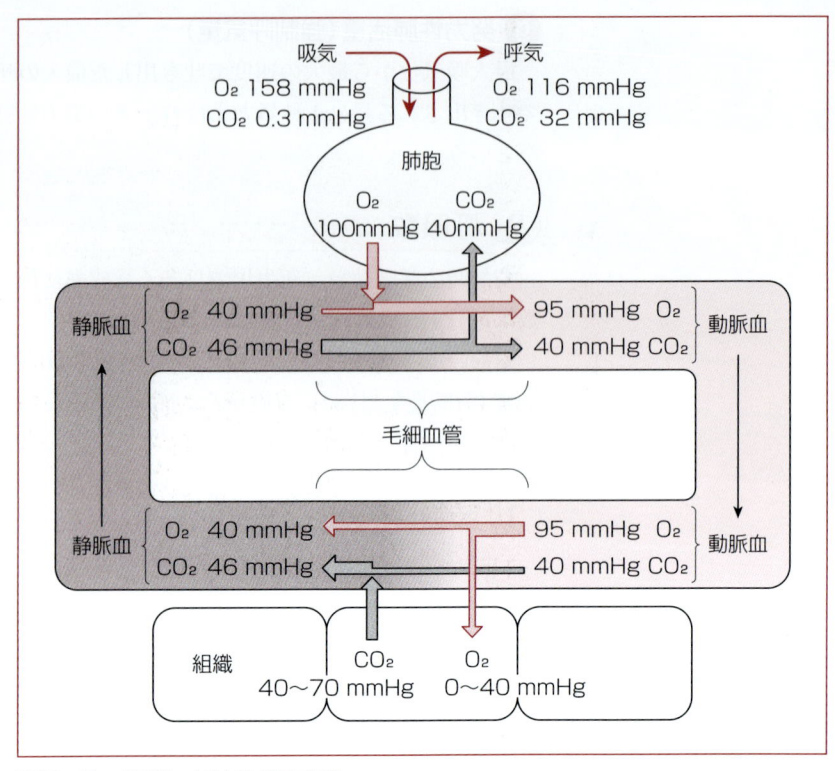

c 組織におけるガス交換

組織におけるガス交換も，血液と組織との間のガス分圧差によって行われる．組織では動脈血に比べO_2分圧が低くCO_2分圧は高いので，O_2は血液から組織へ，CO_2は組織から血液へ拡散によって容易に移動する．

② 血液のガス運搬

a 血流によるO_2運搬

肺胞から血中に溶け込んだO_2は血流に乗り，末梢組織へと運ばれる．しかし，血液中に物理的に溶け込んでいるO_2だけで組織全体が必要とするO_2をまかなおうとすると，1分間に数10 l の血液を流さなければならない．安静時1分間に流れている血液は約5 l であることから，物理的に溶け込んでいるO_2だけでは必要量をまかなうことができない．血中に物理的に溶け込んだO_2は赤血球の膜を拡散して中に入り，ヘモグロビン (Hb) と化学的結合をする (酸素化ヘモグロビン，Hb O_2)．1gのヘモグロビンは最大1.34 ml の酸素を結合することが可能である．酸素が最大にヘモグロビンに結合した状態を最大酸素容量という．安静時正常成人では1分間に約250 ml の酸素を消費している．

ヘモグロビンに酸素がどのくらい結合し，どのくらい離れるかは物理的に溶け込んでいる酸素の分圧によって決まる．酸素分圧と，酸素のヘモグロビンとの飽和度の関係はS字状曲線を描き，これをヘモグロビンの酸素飽和曲

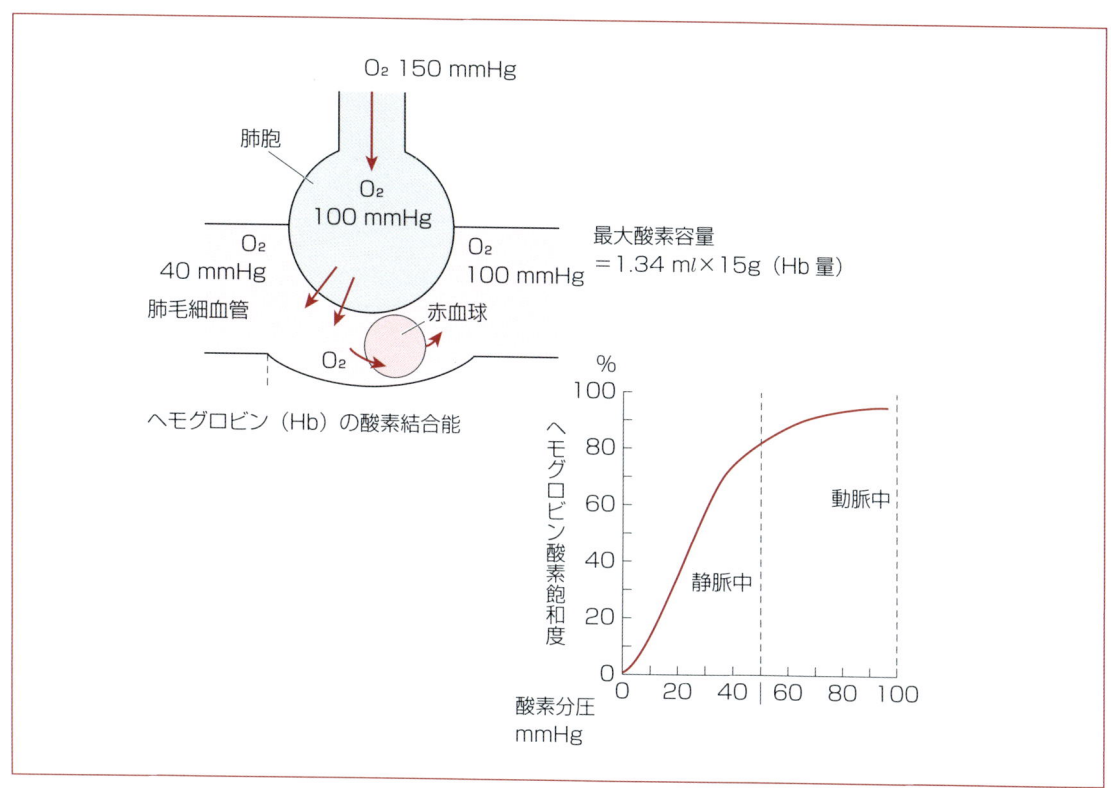

図8 酸素解離曲線（酸素飽和曲線） （本間生夫：スポーツ医科学．中野昭一編，杏林書院，p66, 1999より引用）

線，あるいは酸素解離曲線という（図8）．正常なヒトの動脈血酸素分圧は約100 mmHgで，この酸素分圧の酸素飽和度は約97 %であり，ほとんど最大酸素容量だけ結合している．このO_2を多量に含んだ動脈血が心臓から末梢の各組織に送られ，そこで血液と組織の間で再びガス交換が行われる．組織ではO_2分圧が低いので，O_2と結合しうる血中のヘモグロビンの割合はさらに少なくなるため，O_2がヘモグロビンから遊離しやすい．すなわち，運動などで末梢でのO_2の消費量が高まると，酸素分圧が下がり，酸素飽和度が落ち，より多くのO_2がヘモグロビンから離れる．

ⓑ CO_2の運搬

100 ml の血液中にCO_2は動脈血では40～50 ml，静脈血では45～55 ml 溶解している．このうち遊離CO_2として物理的に溶解している量は約10 %にすぎず，大部分はO_2の場合と同様に，化学的に溶解している．すなわち，全CO_2の約80 %は血漿中に重炭酸イオン（HCO_3^-）として存在し，約10 %は赤血球内のヘモグロビンと結合している．

組織でCO_2が産生されるので，組織のCO_2分圧は血液中のCO_2分圧より高い．組織中のCO_2は拡散によって静脈血中に移動する．静脈血中に移動したCO_2の多くは速やかに水和され炭酸（H_2CO_3）となり，直ちにHCO_3^-とH^+に解離する（図9）．この反応は，赤血球内にある炭酸脱水酵素の働きで素早く起こる．

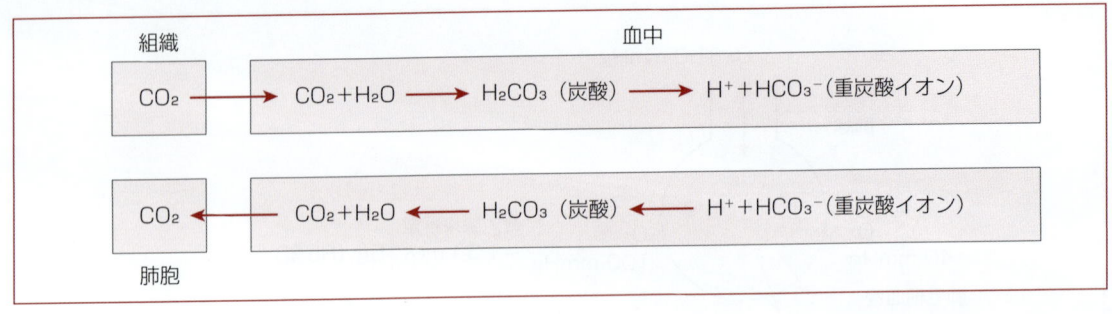

図9　CO_2の運搬

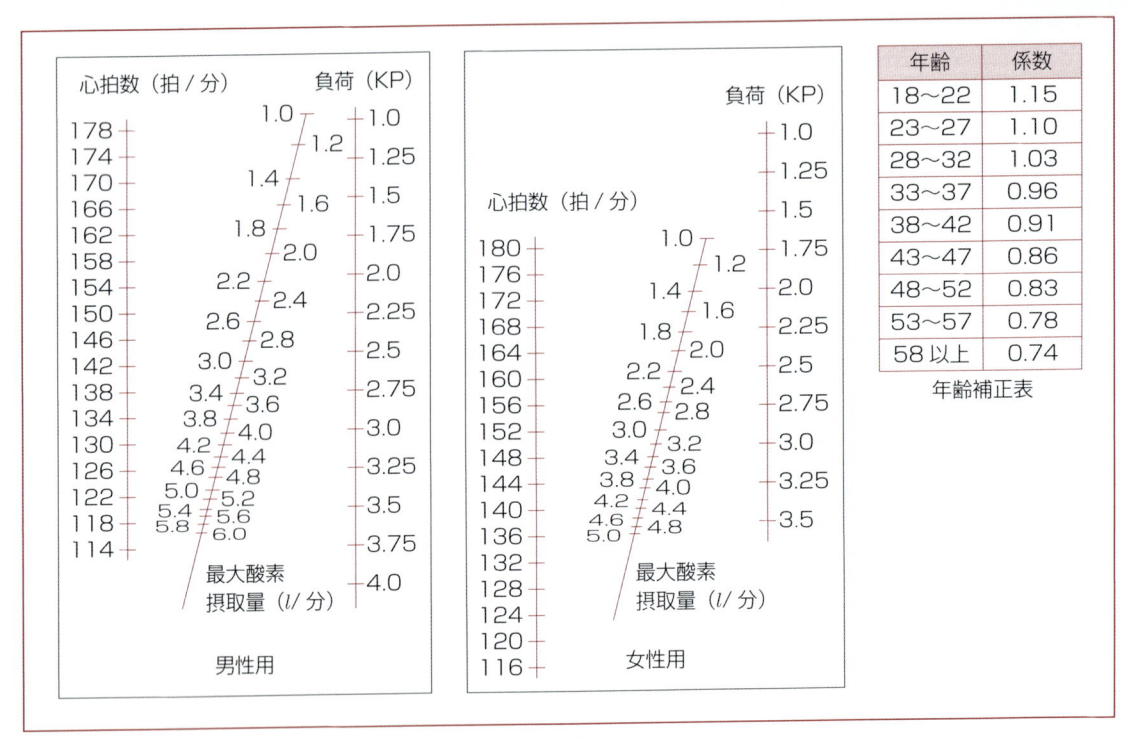

図10　最大酸素摂取量を推定するノモグラフ（Astrand）

(Astrand PO et al：J Appl Physiol, 7:218-221, 1954より引用)

年齢	係数
18～22	1.15
23～27	1.10
28～32	1.03
33～37	0.96
38～42	0.91
43～47	0.86
48～52	0.83
53～57	0.78
58以上	0.74

年齢補正表

E　酸素摂取量（$\dot{V}O_2$）

　1分間に消費される酸素量（ml/min）であるが，体格が異なれば酸素摂取量も異なってくるので，一般には体重1kg当たり（ml/kg/min）で表すことが多い．

　安静時の酸素摂取量は，安静時のヘモグロビン酸素飽和度は動脈血中で約98％，静脈血中で約75％であるため，1lの血液では約200mlの酸素が運搬されるところから，利用されている酸素の量は約46mlとなる．1分間の心拍出量は安静時4～5lであることから，分時酸素摂取量は約180～230mlとなる．成人男子で4.0～4.5ml/kg/min，成人女性で3.5～4.0ml/kg/minが正常値となる．

　運動強度の増大とともに酸素摂取量も増大してくる．しかし，運動強度が

高まると酸素摂取量がそれ以上増大しなくなる．この酸素摂取量を最大酸素摂取量（$\dot{V}O_{2max}$）という．最大酸素摂取量が大きいほど持久性運動能力に優れている．

　最大酸素摂取量の測定は，運動強度を高めているにもかかわらず，酸素摂取量がほとんど変わってこない状態での酸素摂取量を最大酸素摂取量としている．通常，激しい運動を4分以上続ける必要がある．運動負荷は，自転車エルゴメータやトレッドミルが用いられ，運動中に呼気ガスを採取し，酸素・二酸化炭素濃度を分析する．しかし，最大の運動負荷を特に一般の人に加えるのはかなり大変である．そこで一般的には，ある程度の運動負荷とそれに伴って変化する心拍数から最大酸素摂取量（l/min）を推定している（図10）．

　最大酸素摂取量は，思春期まで発育に伴って増大するが，そのピークは18〜20歳であり，それ以降は減少してくる．一般成人男子の最大酸素摂取量は約45 l/kg/min，女子では約35 l/kg/minであり，安静時の酸素摂取量の10倍に達する．最大酸素摂取量が高いほど持久的運動能力が優れる．

Self-Check

1. 気管と気管支について，以下の文章を完成せよ．
　気管は左右の気管支に分かれ，2分枝を繰り返し，①の分枝を経て②となり，③を経て，平均④分枝して⑤となる．
2. 肺機能検査としての肺気量を記せ．

（解答はp.347〜350）

3 血液系

血液は液体成分の血漿と，その中に浮遊する細胞成分（血球：赤血球，白血球，血小板）よりなる．

A 血液の成分と機能

① 物理化学的特性

血液は体重の約8％を占めている．粘稠性をもった比重1.04〜1.06，弱アルカリ性（pH 7.40±0.05）の液体である．

② 血液の働き

血液の主な働きには以下のものがある．
①物質運搬：全身の組織に酸素（O_2）や栄養素ならびにホルモンを運び，組織で生じた二酸化炭素（CO_2）や老廃物を組織から運び去る．
②内部環境の恒常性の維持：体液の浸透圧やpHを調節する．体温を均一にする．
③身体の防御：生体内に入ってきた細菌などの異物を除く．
④止血作用：出血などの場合，血栓の形成や血液凝固を起こすことによって血液の損失を防ぐ．

③ 血液の成分

血液は液体成分の血漿と，その中に浮遊する細胞成分よりなる．
血液凝固阻止剤を加えた試験管に血液をとって遠心分離すると赤血球が沈

word
造血因子：血液幹細胞の増殖，分化を促進する因子で，現在コロニー刺激因子とほぼ同義語として使用されている．顆粒球マクロファージコロニー刺激因子，顆粒球コロニー刺激因子，マクロファージコロニー刺激因子，エリスロポエチン，トロンボポエチンなどがある．

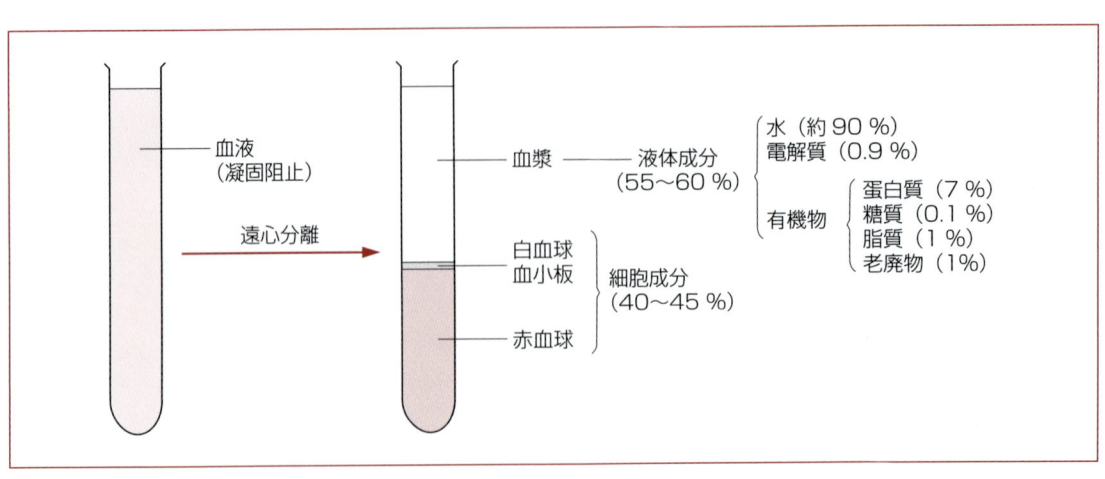

図1 血液の成分

殿し，その上層に白血球と血小板からなる白い薄層が形成され，上澄みに血漿が分離する（図1）．

赤血球，白血球および血小板を細胞成分という．細胞成分は血液の40〜45％を占める．白血球は，顆粒球（好中球，好酸球，好塩基球）と単核球（単球，リンパ球）に分類される．

血漿の大部分（約90％）は水で，その中に蛋白質，糖質，脂質や老廃物などの有機物質が，またナトリウムイオン（Na^+）や塩素イオン（Cl^-）などの電解質が溶解している．溶解している蛋白質には，免疫グロブリン，各種凝固因子（フィブリノーゲンなど），種々の造血因子やサイトカインなどがある．

> **word**
> サイトカイン：抗原に曝されたとき，ある細胞群から放出され，免疫応答の細胞間伝達物質として働く非抗原性蛋白質細胞制御因子の総称．

B 血球の産生と動態

胎生期と生後では造血の部位は大きく異なる．胎生期初期には卵黄嚢にて赤血球の産生が始まる．その後，卵黄嚢での造血機能が減弱し，肝臓および脾臓へと造血の場が移り，赤血球に加えて白血球，血小板の産生が開始される．胎生期の中頃より肝臓，脾臓での造血能が低下し，骨髄で造血が行われるようになる．出生後は肝臓，脾臓では造血は行われず，骨髄での造血が中心となり，一部はリンパ節においても行われる（図2）．

すべての血球は幹細胞（造血幹細胞）とよばれる未分化な細胞から作られる．幹細胞には骨髄系幹細胞とリンパ系幹細胞がある．リンパ球のみがリンパ系幹細胞から産生され，それ以外の血球は骨髄系幹細胞から産生される（図3）．

> **word**
> 卵黄嚢：卵黄は胚子が独自に栄養を摂取するまでの栄養源で，この卵黄を包むのが卵黄嚢である．

> **word**
> 造血幹細胞：増殖，分化して各種血液細胞を作り出す細胞．

① 赤血球

a 形状

直径約7〜8μm，厚さ約1〜2μmの円盤状で，両面の中央部がくぼんだ

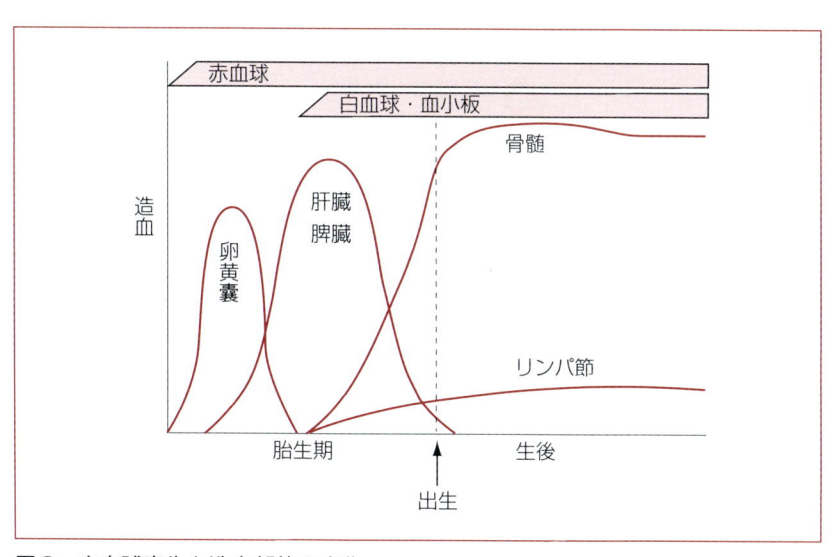

図2 赤血球産生と造血部位の変化
（大井元晴ほか編：わかりやすい内科学．文光堂，p247, 2006より引用）

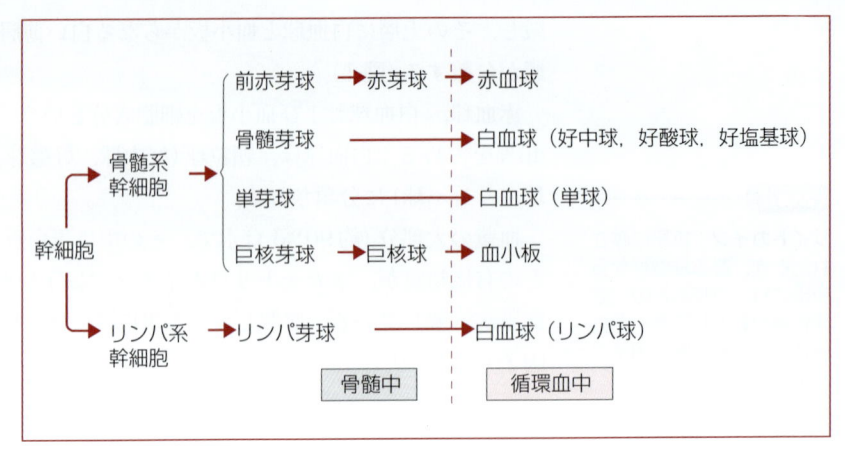

図3 血球の生成

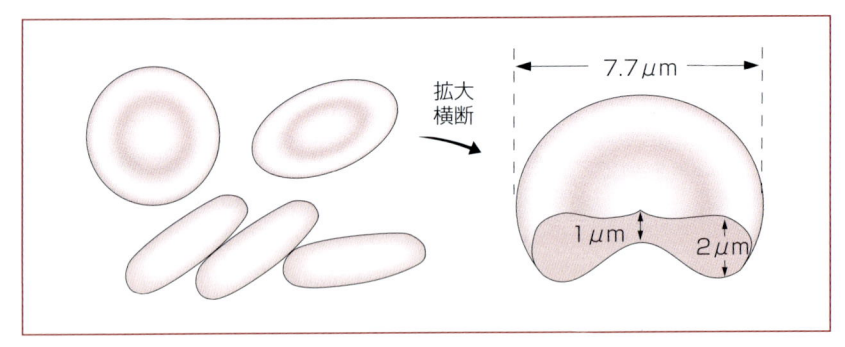

図4 赤血球の形と大きさ

形をしている（図4）．赤血球の膜は弾性に富んでおり，容易に変形して細い毛細血管を通り抜けることができる．核やミトコンドリアをもたない細胞であり，自己増殖することができない．多量のヘモグロビン（血色素）を含有しており，赤色を呈する．ヘモグロビン（hemoglobin：Hb）は赤血球の主成分である色素蛋白で，鉄（ヘム）とポルフィリン，グロビン（蛋白質）から合成される．

b 検査値

1）赤血球数（red blood cell：RBC）

成人男性で約500万/μl（430〜570万），成人女性で約450万/μl（380〜500万）存在する．身体全体の細胞数の約1/3を赤血球が占めている．赤血球数が正常より増加した状態を赤血球増多症，正常より減少した状態を貧血または赤血球減少症という．

2）ヘマトクリット（hematocrit：Ht）（赤血球容積比）

全血液容積に占める赤血球容積の割合をいう．

正常値は，成人男性で約45％，成人女性で約40％である．ヘマトクリットは貧血で減少し，脱水状態のときは上昇する．

3）ヘモグロビン量（Hb）

正常値は，成人男性で約16 g/dl（13.5〜17.6），成人女性で約14 g/dl（11.3〜15.2）である．

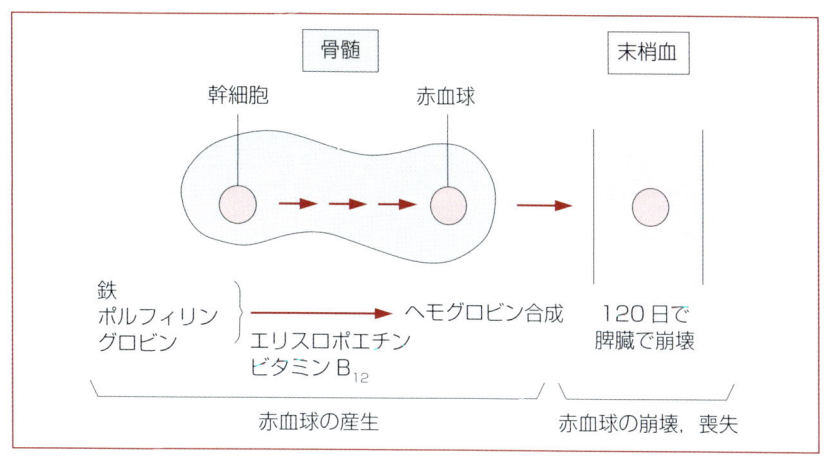

図5　赤血球の産生と崩壊
（大井元晴ほか編：わかりやすい内科学．文光堂，p249，2006より引用）

c 産生と崩壊

　骨髄系幹細胞から赤血球系細胞へと分化する．骨髄系幹細胞から前赤芽球に分化し，続いて赤芽球となりHbを含むようになり，やがて核が消失して網状赤血球となる．これが成熟して正常な赤血球となる．骨髄で赤血球系細胞として十分に成熟するまで5〜6日を要する．赤血球の生成には，蛋白質，脂質，糖質などの栄養素に加えて，エリスロポエチン，ビタミンB_{12}や葉酸が不可欠である（図5）．

　産生された赤血球は，骨髄から循環血液中へと流出し，寿命の120日間循環血液中に存在する．1日に全赤血球の約1％が破壊され，新しい赤血球に置き換えられている．すなわち，1日に1/120の赤血球が，血液量として成人では30〜40 mlが新しく産生される．

　寿命を迎えた赤血球は，大部分が脾臓の細網内皮系細胞の食作用によって破壊される．赤血球の破壊によって放出されたHbは鉄・ポルフィリン・グロビンに分解され，鉄とグロビンはHbの合成に再利用される．ポルフィリンは脾臓で間接ビリルビンとなり，肝臓で水溶性の直接ビリルビンとなる．これは胆汁成分として胆管を経て十二指腸へ排出される．腸内に出た直接ビリルビンは細菌の作用により還元されてウロビリノゲンとなり，その大部分（約80％）は糞便中に排泄される．残りのウロビリノゲンは腸から吸収されて循環血中に入り，一部は腎臓から尿中に排泄される．また，一部は肝臓を経て再び腸管に排泄される（図6）．

② 白血球

a 種類と形状

　白血球は一般に赤血球より大きく，しかも核を有している．白血球は顆粒球（好中球，好酸球，好塩基球）と単核球（単球，リンパ球）に大別される（図7）．顆粒球の細胞質には豊富な顆粒が存在する．このうち，顆粒がエオジン（赤い色の色素）によって染まるものを好酸球，メチレンブルー（青色）に

---

word

エリスロポエチン：腎臓から分泌されるホルモンで，骨髄に作用して赤血球の増殖と成熟を促進する．

word

溶血：赤血球膜が壊れ内部のHbが細胞外に流出する現象をいう．

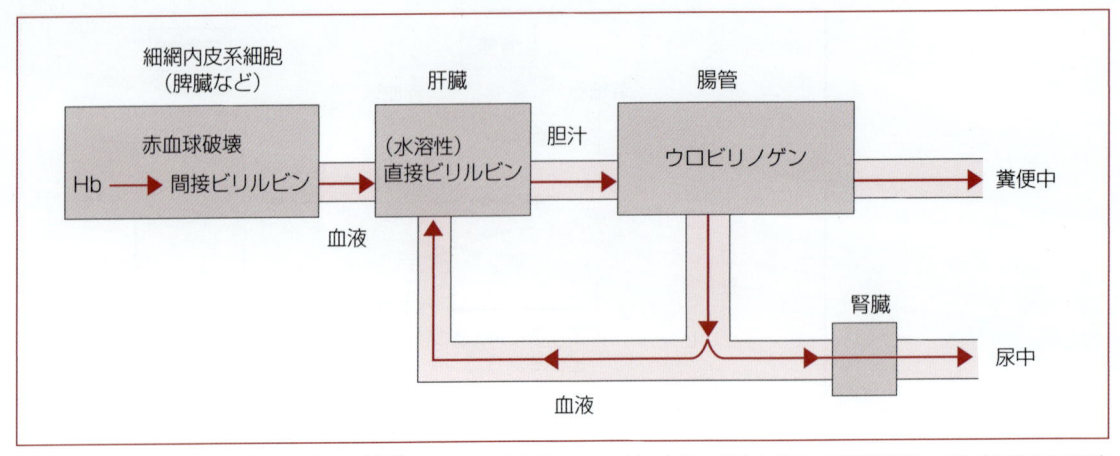

図6 赤血球の破壊とビリルビンの排泄　　（佐藤昭夫ほか編：人体の構造と機能．医歯薬出版，p28, 2006より引用）

	赤血球	白血球					血小板
		顆粒球			単核球		
		好中球	好酸球	好塩基球	単球	リンパ球	
		50〜70%	1〜2%	<1%	約5%	約30%	
直径	7〜8μm	10〜16μm	10〜16μm	12〜18μm	15〜20μm	6〜16μm	2〜5μm
数	500万(男) 450万(女)	5,000〜9,000					15〜40万

図7 白血球の分類

染まるものを好塩基球，中性色素に染まるものを好中球とよぶ．単球は顆粒球より若干大きく，細胞質には比較的少量の顆粒をもつ．リンパ球は核の大きさに比べて細胞質が少ない．血中では好中球が最も多く，次いでリンパ球が多い．

b 検査値

血中の白血球数は，平均5,000〜9,000/μlである．白血球数が正常よりも増えている白血球増多症は，種々の感染症の際に起こる．白血球減少症は，放射線照射や薬物投与などにより骨髄の造血機能が障害された際に起こる．

c 産生と寿命

顆粒球の代表である好中球は骨髄系幹細胞から分化・成熟した骨髄芽球を経て，さらに分裂を繰り返して成熟する．この間，形態的な変化とともに名称が変わる（図8）．骨髄の中で成熟するために10日間を要する．大部分は骨髄内に貯留しており，必要に応じて血中へ流出する．1日に10^{11}個というおびただしい数が循環血液中へと流出する．好中球は血流中に約10時間し

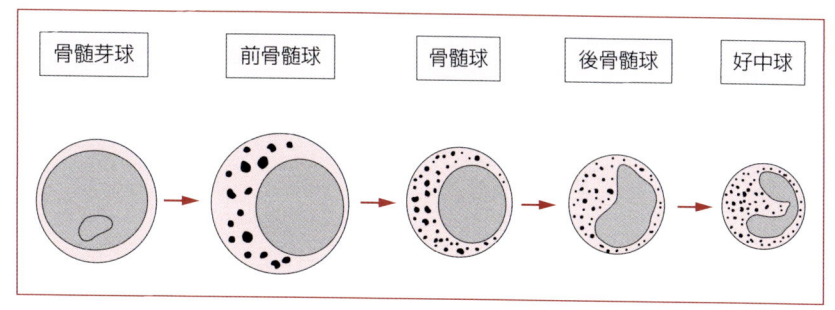

図8 好中球の成熟に伴う名称と形態変化
(大井元晴ほか編：わかりやすい内科学．文光堂，p250，2006より引用)

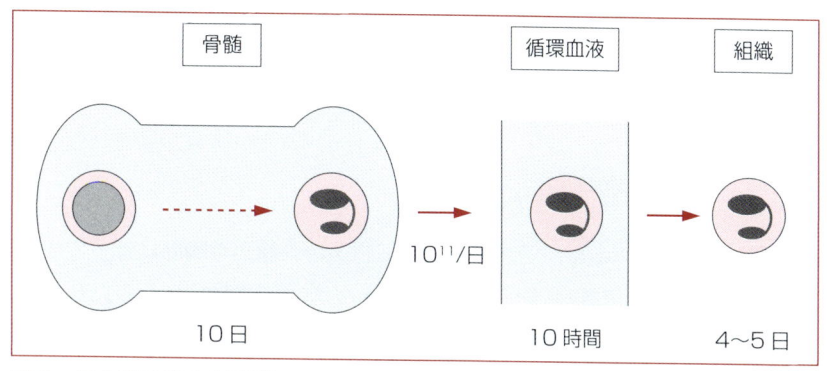

図9 好中球の産生と動態
(大井元晴ほか編：わかりやすい内科学．文光堂，p250，2006より引用)

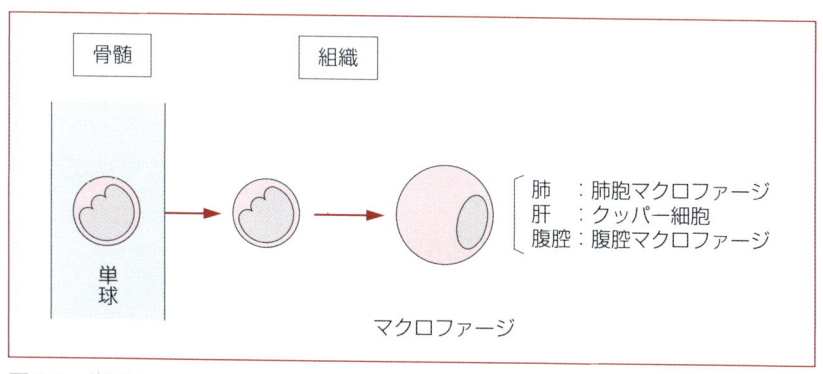

図10 単球からマクロファージへの分化
(大井元晴ほか編：わかりやすい内科学．文光堂，p251，2006より引用)

> **word**
>
> アポトーシス：細胞が自ら死に至る機構．すなわち遺伝子による細胞死のプログラムが活性化され，制御されて死に至ること．

か滞留せず，すべて組織へと移行する．血管から組織に移動した好中球は4〜5日の寿命をここで過ごす．寿命を迎えた好中球はアポトーシスにより崩壊する(図9)．

単球は骨髄系幹細胞から単芽球を経て成熟し，血流中へと流出する．血流中へと流出した単球は，まもなく組織へと移行する．組織に移った単球はそれぞれの組織に適合したマクロファージになる(図10)．肺では肺胞マクロファージ，肝臓ではクッパー細胞，腹腔では腹腔マクロファージとなる．寿命はかなり長い(数ヵ月)とされている．

リンパ球は，リンパ系幹細胞からT細胞系，B細胞系およびNK細胞系に

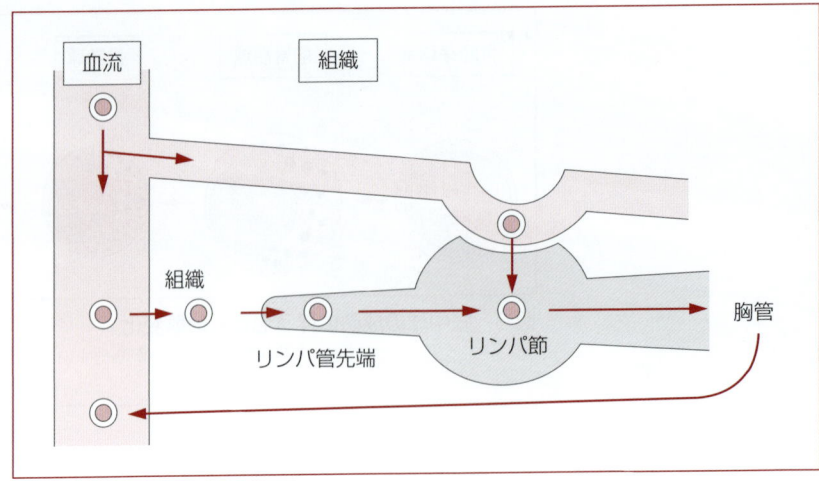

図11　リンパ球の動態
（大井元晴ほか編：わかりやすい内科学．文光堂，p251, 2006 より引用）

分化する．T細胞系は骨髄から胸腺に移って成熟し，最終的にヘルパーT細胞とサプレッサー/キラーT細胞となる．成熟したT細胞はリンパ節や末梢血流中へ移る．一方，B細胞系は骨髄内で分裂・増殖し成熟を遂げ，成熟B細胞となり，リンパ節や末梢血流中に移る．成熟B細胞は抗原に対応した抗体を産生する．NK細胞については不明である．血流中のリンパ球はリンパ節を経てリンパ管へ，あるいは組織に流出した後，リンパ管へ流入し，胸管を経て再び血液中に還ってくる．これをリンパ球の再循環という（図11）．リンパ球の寿命は数日間のものから数年あるいは数十年に及ぶものまでと幅が広い．寿命を迎えた（機能を終えた）リンパ球はアポトーシスによって死滅する．

③ 血小板

a 形状

直径2～5μmの円盤状をした無核の細胞であり，血液中に15～40万/μl存在する．

血小板が減少したり，血小板の数が正常でもその機能が障害されている場合には，出血傾向が現れやすく，逆に血小板が増加する疾患では血栓症が認められることがある．

b 産生と崩壊

骨髄で骨髄系幹細胞から巨核球系細胞に分化し，巨核芽球から成熟巨核球となって血小板を産生する．1つの巨核球から数千個の血小板が産生される．骨髄で産生された血小板は血流中へと流出し，約10日間の寿命をもつ．寿命を迎えた血小板は主に脾臓で崩壊する．

---

word
T細胞（Tリンパ球）：骨髄で形成され，胸腺で成熟した後，血流および脾臓やリンパ節などのリンパに分布する．CD4細胞とCD8細胞との2種類があり，生体防御システムの中心的機能をもつ．

word
B細胞（Bリンパ球）：抗体産生に関与するリンパ球．骨髄で形成され，血流や脾臓およびリンパ節中のリンパの中にみられる．Tリンパ球が分泌する種々のインターロイキンによって成熟する．

word
NK (natural killer) 細胞：癌細胞やウイルスに感染した細胞に対して傷害活性を発揮するリンパ系の細胞．

C 血球の機能

① 赤血球

　肺から組織のすみずみまで酸素（O_2）を運搬し，酸素を組織で放出する．一方，組織において代謝によって生じた二酸化炭素（CO_2）を取り込み，これを肺へと運搬する．この重要な機能を担うのがヘモグロビン（Hb）である．Hb は肺で酸素化ヘモグロビン（Hb O_2）となり，これが組織で O_2 を放出した後，CO_2 と結合して Hb CO_2 となる．これを肺に運んで循環する．Hb と O_2 あるいは CO_2 の結合・遊離に，血液の pH が重要な役割を果たしている（図12）．なお，大部分の CO_2 は Hb と無関係の重炭酸イオン（HCO_3^-）として運ばれる．Hb 1 g は 1.34 ml の O_2 と結合可能である．すなわち，100 ml の動脈血は約 20 ml の O_2 を運ぶことができる．成人の心臓は 1 分間に約 5 l の血液を拍出するので，1 分間に約 1 l の O_2 を運ぶことができる．

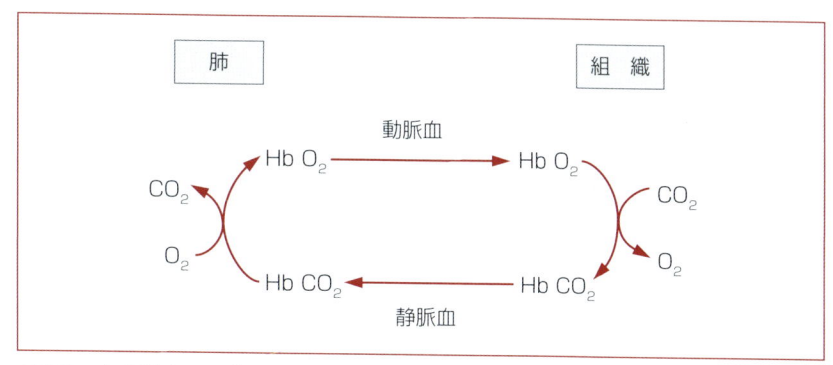

図12　赤血球（ヘモグロビン）の CO_2-O_2 ガス交換

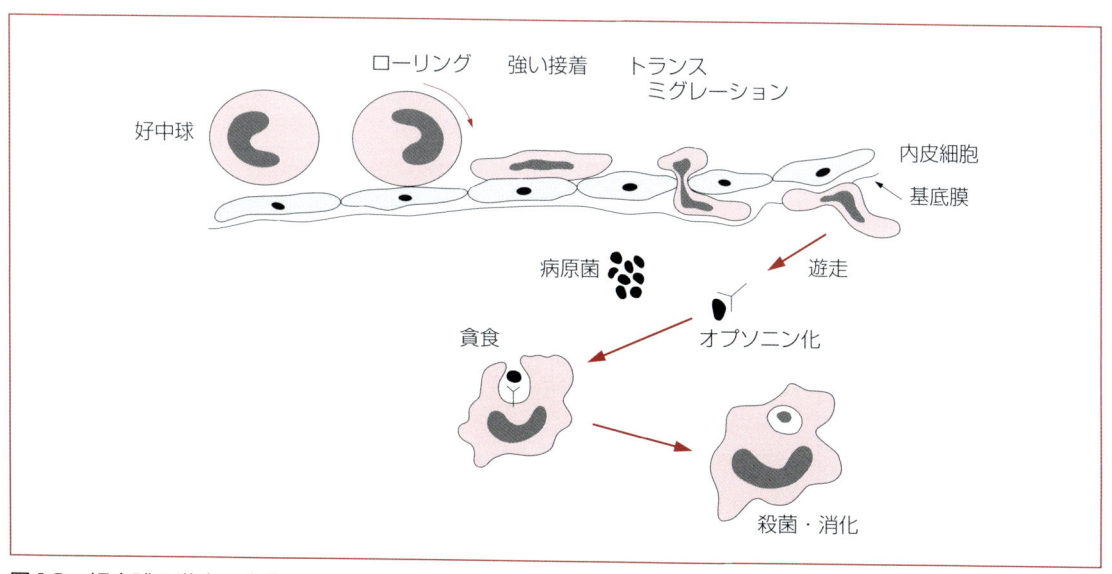

図13　好中球の遊走，貪食，殺菌過程

（大井元晴ほか編：わかりやすい内科学．文光堂，p253，2006より引用）

❷ 白血球

ａ 好中球

異物が侵入すると，血管内皮を回転しながら（ローリング）やがて血管内皮に強く接着し，そして血管内皮をすり抜けて組織の炎症部位へと集積する．そして，異物をオプソニンの助けを得て貪食し，これを殺菌する（図13）．すなわち，好中球の機能は，運動走化（遊走）能，貪食能，殺菌能である（表1）．

ｂ 単球

単球は流血中から組織に出た後，組織に適合したマクロファージになり，生体にとっては重要な働きをしている．好中球と同様に，運動走化（遊走）能，貪食能，殺菌能を有するが，好中球と比較して食作用は旺盛であるが，殺菌は緩慢である．ただし，対象とする菌種によってはそれらの機能にはかなりの差異がある．マクロファージの重要な機能に抗原の処理と提示能がある．組織に侵入した抗原を貪食し，これを細胞質内で処理し，その抗原をTリンパ球に提示する．したがって，マクロファージは特異免疫機構の初期過程を担うことになる．マクロファージは種々のサイトカインを分泌する．また，自らもサイトカインの作用を受けて活性化され機能亢進をし，また抗腫瘍効果などを発現する．

ｃ リンパ球

体内にくまなく分布し，かつ再循環することによって免疫機構の中心を担っている．リンパ球の機能は，その種類によって異なる．B細胞はある抗

> **word**
> オプソニン：細胞や微生物に結合して，多形核白血球やマクロファージの貪食作用への感受性を高める．

表1　好中球の機能

運動走化能：	自ら動く能力とともに細菌などが産生する化学物質に対して遊走し向かう能力（走化能）をもっている．
貪　食　能：	異物を細胞膜で包むようにして細胞質内に取り込む．
殺　菌　能：	酸素からきわめて毒性の強い活性酸素を産生・放出し，また保有する酸や酵素と共に殺菌する．

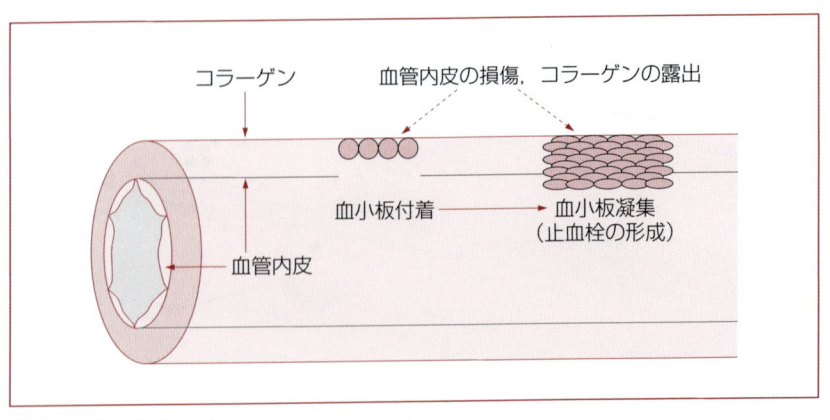

図14　血小板と止血

（大井元晴ほか編：わかりやすい内科学．文光堂，p254，2006より引用）

> **word**
> 液性免疫（体液性免疫）：血中抗体による免疫.

> **word**
> 細胞性免疫：生体における免疫反応のうちで，感作されたリンパ球を介する反応.

原刺激を受けると形質細胞に分化し，その抗原に対する特異抗体を産生する．したがって，液性免疫の担当とよばれる．T細胞は抗原刺激を受けると活性化され，種々の機能を発揮する（細胞性免疫）．

③ 血小板

止血において重要な役割を果たす．止血機構の初期過程として血小板は，血管内皮が損傷，コラーゲンが露出するとその部位に付着し，凝集する（図14）．正常時，血小板は血管の機能維持に働いている．また，免疫複合体やウイルスを吸着することによって生体保護に役立っている．

D 血漿

① 成分と機能

a 成分

淡黄色・透明の液体で，約90％の水と以下の物質が溶けている．

①電解質：大部分は Na^+ と Cl^- であるが，そのほかに K^+，Ca^{2+}，Mg^{2+}，Fe^{2+}，H^+，HPO_4^{2-}（リン酸一水素イオン），SO_4^{2-}（硫酸イオン），HCO_3^-（重炭酸イオン）なども少量含まれる．

②蛋白質：血漿中の蛋白質を血漿タンパクといい，血漿の約7％を占める．主にアルブミン（albumin：A），グロブリン（globulin：G），フィブリン（fibrin）の3種類に分類される．アルブミンとグロブリンの比（A/G比）は1.5〜2.0である．血漿タンパクのほとんどは肝臓で合成される．

③糖，脂質，アミノ酸．

④老廃物：尿素（蛋白質から），クレアチニン（クレアチンから），尿酸（核酸から）などの窒素化合物や，ビリルビン（ヘムから）が大部分を占める．

> **word**
> A/G比：γ-グロブリンの増加（慢性感染症など），アルブミンの減少（肝疾患など）などで低下する．

血漿中よりフィブリノゲン（線維素原）をはじめ血液凝固に関わるいくつかの物質を除いたものを，血清とよぶ．血液を凝固させることにより血清と血餅に分けることができる．血餅とは血球とフィブリノゲンが一緒になった成分である．

b 機能

1）水

細胞が必要とする物質や細胞が不要になった老廃物を運搬する．

2）電解質

細胞が必要とするミネラルを補給する．体液の浸透圧や体液の緩衝作用に関与する．

3）血漿タンパク

多様な作用をもっている．

①細胞のアミノ酸供給源．

②膠質浸透圧の維持と血管内の水分保持，特にアルブミンの関与が70％と大きい．

③ホルモン，ビタミンなどの運搬．
④血液のpH，緩衝作用に寄与．
⑤γ-グロブリンは抗体として免疫反応に関与．
⑥フィブリノゲンは血液凝固作用に関与．

② 膠質浸透圧

　血漿タンパクの作る浸透圧を膠質浸透圧という．膠質浸透圧は約25 mmHgである．特にアルブミンは血漿タンパクに占める割合が最も多く，膠質浸透圧の維持に大きく関与する．血管内の血漿と血管外の間質液は，毛細血管の壁により隔てられている．水分や小さいイオンは毛細血管壁を自由に通過できるが，血漿タンパクは通過できないために毛細血管に溜まる．したがって，血漿と間質液内の蛋白質の濃度にはかなり差がある．毛細血管内の血漿タンパクによって作られる膠質浸透圧は，間質液から毛細血管内へ水分を吸引する力となる．

　一方，血圧は水分を毛細血管内から間質液へ押し出す力として働く．血圧と膠質浸透圧の圧力の差によって，血液中の水分や水に溶けている小さなイオンなどは毛細血管動脈側で血圧によって間質液中に押し出される．間質液中に出た水分は，静脈側で膠質浸透圧によって毛細血管内に再び吸引される．毛細血管圧は動脈側で高く（約35 mmHg），静脈側で低い（約15 mmHg）．また，血漿膠質浸透圧は平均25 mmHgである．その結果，動脈側では水分が血管内から組織に向かって，35 − 25=10 mmHgの力で押し出される．静脈側では，間質液中の水分は25 − 15=10 mmHgの力で毛細血管へ吸収される（図15）．毛細血管に吸収されなかった一部の間質液はリンパ毛細管に吸収され，リンパ系を通って太い静脈に合流する．

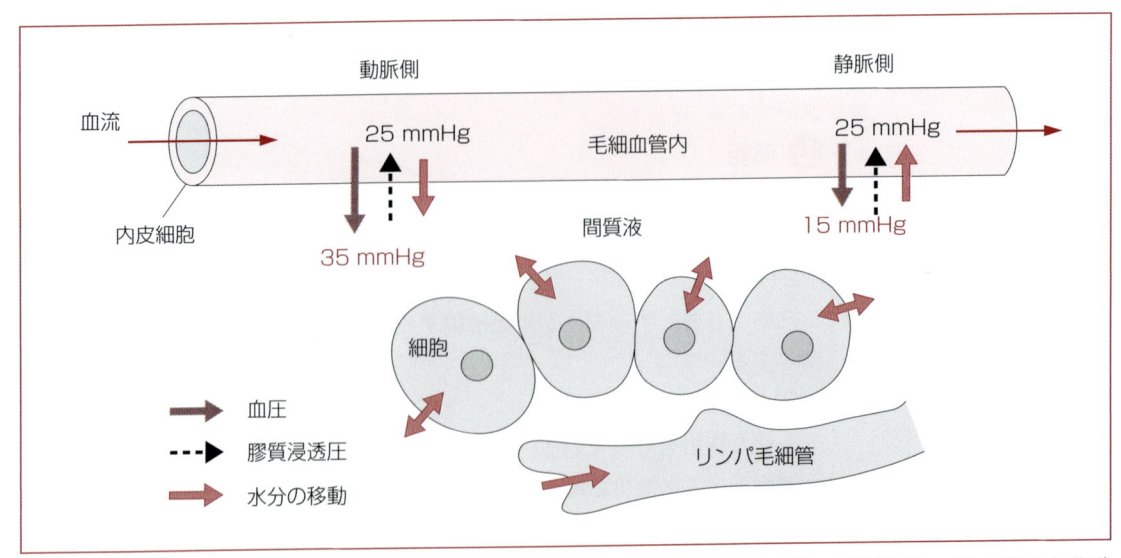

図15　毛細血管における水分の出入り　　　（佐藤昭夫ほか編：人体の構造と機能．医歯薬出版，p33, 2006より引用）

③ 緩衝作用

血液のpHは通常7.40程度（7.35〜7.45）で，わずかにアルカリ側に傾いた状態で一定に保たれている．多くの食品は代謝分解されて酸性物質H^+を生じる．そのため，血液は酸性に傾きやすい．しかし，酸性物質は血液中のHCO_3^-（重炭酸イオン）などの働きで中和される．血液内での中和に加えて，CO_2は肺から，H^+は腎臓から排泄され，その結果，血液のpHは一定に保たれる．

血液のpHが正常範囲を超えて酸性側に向かう状態をアシドーシス（実際にはアルカリ性であっても），pHがアルカリ側に向かう状態をアルカローシスとよび，どちらも病的状態である．どちらも，呼吸性の機序によるもの（呼吸性アシドーシスまたはアルカローシス）と，代謝性の機序によるもの（代謝性アシドーシスまたはアルカローシス）がある．

a 重炭酸緩衝系

血液中でCO_2と重炭酸イオン（HCO_3^-）との間に次の平衡が成り立つ．

$$CO_2 + H_2O \Leftrightarrow \underset{炭酸（弱酸）}{H_2CO_3} \Leftrightarrow H^+ + \underset{重炭酸イオン（緩衝塩基）}{HCO_3^-}$$

b リン酸緩衝系

正常の血液のpHの付近で，無機リン酸は次の形で存在し，リン酸二水素イオン（$H_2PO_4^-$）とリン酸一水素イオン（HPO_4^{2-}）の間に緩衝系が作られる．

$$\underset{（弱酸）}{H_2PO_4^-} \Leftrightarrow H^+ + \underset{（緩衝塩基）}{HPO_4^{2-}}$$

c 血漿タンパク緩衝系

血漿タンパクは血漿中で多価の弱酸として働き，その塩とともに緩衝系を作る．この系の緩衝作用は上記の2系より強い．

d Hb 緩衝系

Hbは血漿タンパクと同様に弱酸として働く．さらに，HbはH^+と結合しやすい性質をもつため，H^+が存在するとHbO_2はO_2を放してHbとなり，H^+と結合して酸を中和する．Hb緩衝系は血液のなかで最も強い緩衝系である．

Self-Check

1. 血液について，以下の文章を完成せよ．

血液の細胞成分は，①，②，③よりなり，③は顆粒球の④，⑤，⑥，および⑦，⑧に分類される．顆粒球と⑦は⑨系幹細胞にて生成され，⑧は⑩系幹細胞にて生成される．

（解答はp.347〜350）

4 泌尿器系

　腎臓と尿路（尿管，膀胱，尿道）を泌尿器系という（図1）．腎臓は，尿を生成し，細胞外液量や細胞外液中の電解質，その他の種々の物質の濃度を調節する．腎臓で生成された尿は，尿管を通って膀胱に送られ，膀胱に一時貯められた後，尿道を通って排泄される．

A 腎臓と尿の生成

① 腎臓の働き

　腎臓には主に以下のような働きがある．
①水分の排泄調節：体液量を一定に保つのに役立つ．
②電解質の排泄調節：体液の浸透圧を一定に保つのに役立つ．

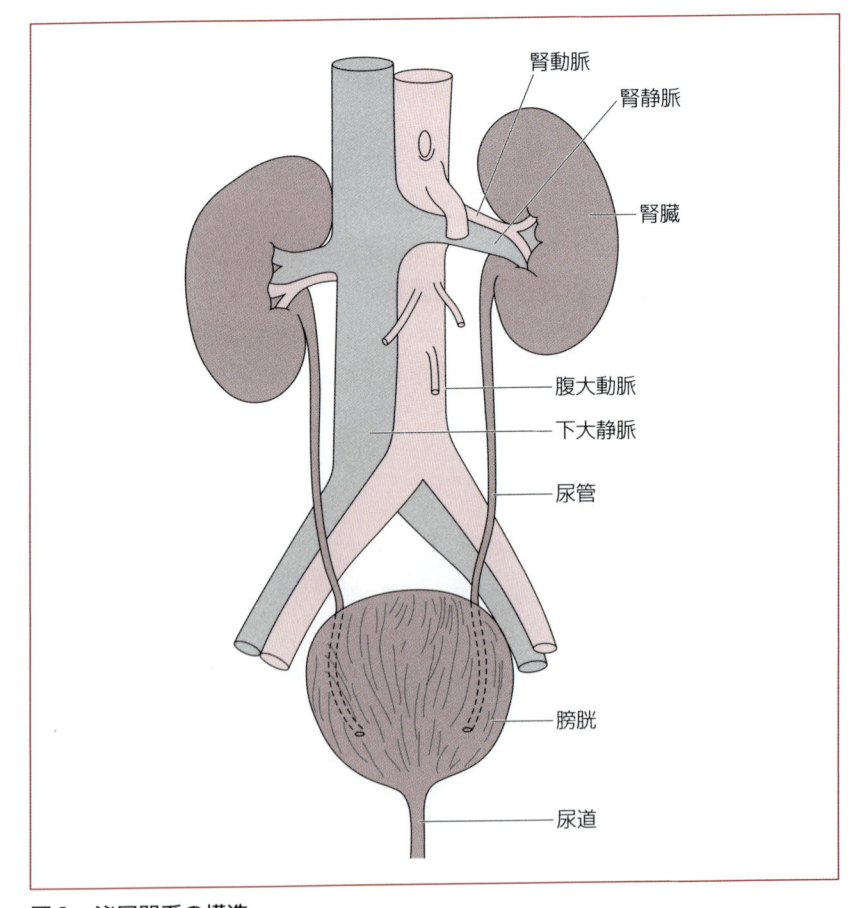

図1　泌尿器系の構造

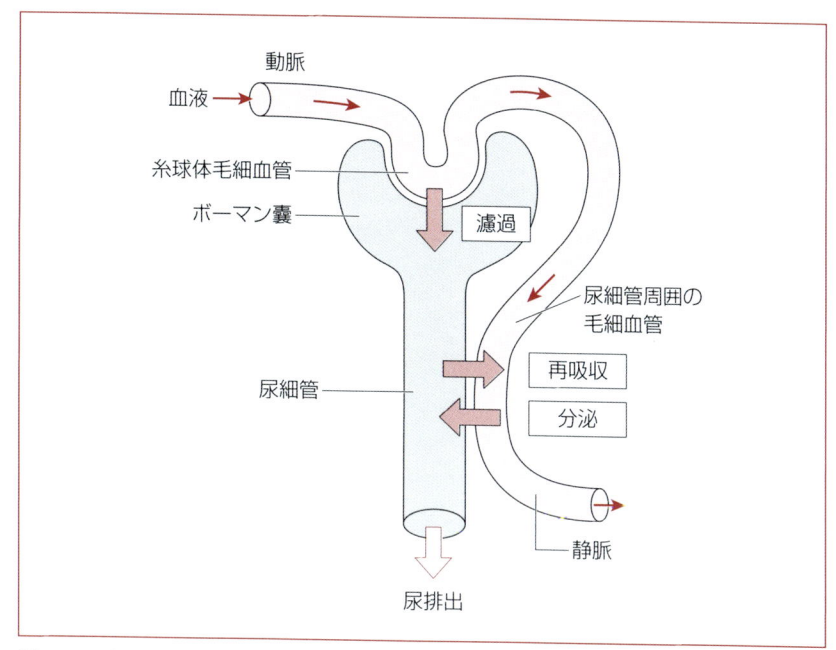

図2 尿生成の3つの過程

③H$^+$の排泄調節：体液のpHを一定に保つのに役立つ．
④不要物質（尿素や尿酸などの不揮発性の代謝産物）や体外から取り入れた薬物などの除去．
⑤有用物質（グルコース，アミノ酸など）の保持．
⑥ホルモン（エリスロポエチン，レニンなど）の産生・分泌．

② 尿の生成過程

　腎動脈を通って腎臓に入った血液は糸球体で濾過され原尿となる．原尿から血液中に必要な物質が水とともに再吸収され，身体に不必要な物質は血液中からさらに分泌される．この再吸収と分泌は尿細管で行われる（図2）．このようにして生成された尿は尿管を通って膀胱へと送られ，また浄化された血液は腎静脈から体循環へと戻る．

B 腎臓の構造と機能

① 腎臓の構造

　腎臓は腰部脊柱の左右両側で腹膜の後ろにあるそら豆状の1対の器官である（図1）．右腎は肝臓の下にあるため，左腎より少し低い位置にある．成人の腎臓は，長さおよそ10 cm，幅5 cm，厚さ3 cmである．表面は線維性の被膜に覆われ，腎臓の実質は外層の皮質と内層の髄質に分けられる（図3）．
　髄質は放射状に配列する数個の腎錐体からなる．腎錐体とそれに相当する皮質部分を含めて腎葉という．皮質には腎小体と尿細管の迂曲する部分があ

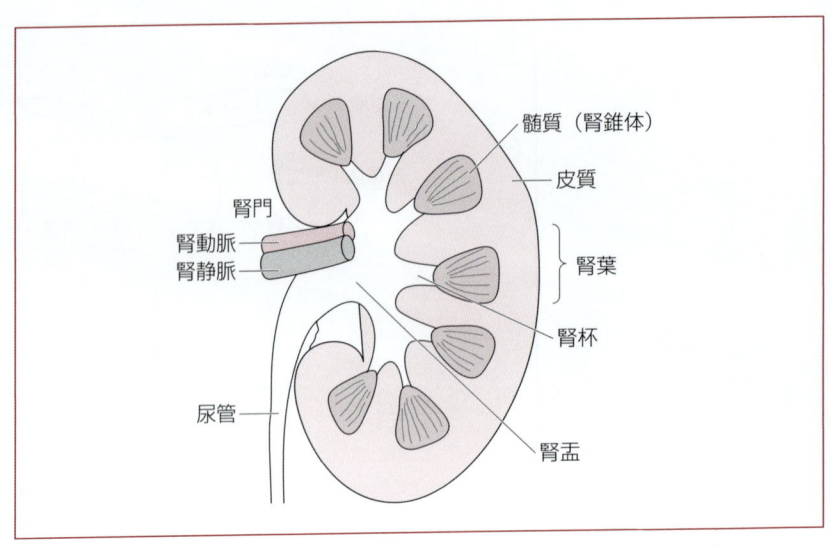

図3　腎臓の断面図

り，髄質には尿細管の直行する部分がある．

　腎臓の内側中央部からは腎動静脈や尿管などが出入りし，腎門とよばれる．尿管への出口は腎盂とよばれる．腎盂は枝分かれして，その先は10個くらいの腎杯を作り，尿の受け口となる．

② ネフロンの構造と機能

　腎臓はネフロン（腎単位）とよばれる尿生成の機能単位からなる．1個の腎臓に約100万個のネフロンが規則正しく配列している．

　それぞれのネフロンは，腎小体1個とそれに続く尿細管からなる．腎小体は皮質に散在する直径0.1〜0.2 mmの小体で，毛細血管が毛マリ状に集まった糸球体と，それを囲むボーマン嚢（糸球体嚢）よりなる．糸球体には血液が輸入細動脈から流入し，糸球体の毛細血管をへて輸出細動脈となって流出する．輸出細動脈はその後，再び分枝して毛細血管網を形成して尿細管を取り巻き，次いで細静脈となる．ボーマン嚢は糸球体を包んでから尿細管へと連なる（図4）．

　糸球体において生成された原尿はボーマン嚢から尿細管に入り，次いで尿細管においてそこを取り巻く毛細血管との間で種々の物質の再吸収と分泌が行われ，尿となる．尿細管ははじめ曲がりくねった近位尿細管を作り，次いで髄質までまっすぐ下行してからヘアピン状にUターンして（ヘンレループ，ヘンレ係蹄），皮質に戻る．それからまた曲がりくねった遠位尿細管を作り，集合管という太い直行する管に合流する．集合管には多数の遠位尿細管が合流し，次第に太くなって腎杯に開口する．

③ 糸球体における濾過

　血液が糸球体の毛細血管を流れる間に，血球および血漿中の蛋白質や脂肪球などの大きな粒子以外の成分，すなわち水分，Na^+，Cl^-，HCO_3^-（重炭

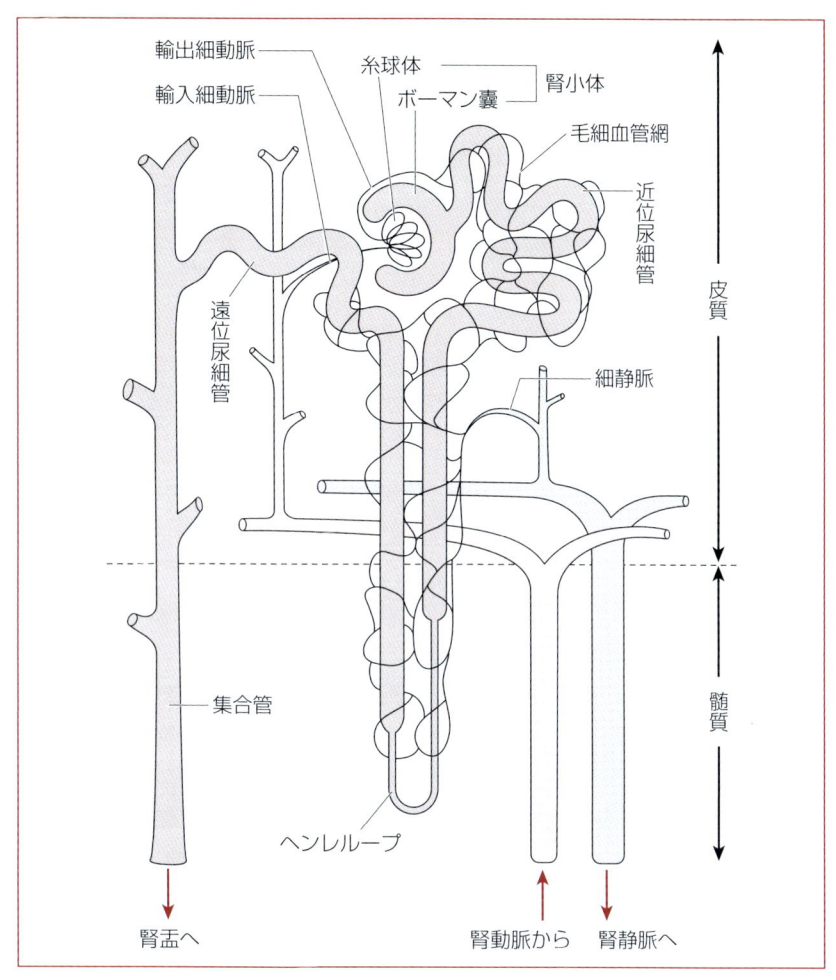

図4 ネフロンの構造
(佐藤昭夫ほか編：人体の構造と機能．医歯薬出版, p184, 2006より引用)

酸イオン），尿素，グルコース，アミノ酸，クレアチニンなどの小さな分子の成分が毛細血管壁で濾過されて，ボーマン嚢に入る．このようにして濾過されてボーマン嚢に入った濾液は原尿とよばれる．濾過には圧力が必要であるが，この濾過の原動力は主として糸球体の毛細血管における血圧（約 45 mmHg）である．一方，毛細血管内の血漿の膠質浸透圧（約 25 mmHg）とボーマン嚢自体がもつ内圧（約 10 mmHg）が濾過に拮抗する方向に働くので，濾過の際に働く有効濾過圧は 10 mmHg となる（図5）．この有効濾過圧で，血漿中の成分は糸球体毛細血管からボーマン嚢へ押し出される．

> **word**
> 糸球体の炎症などの病的状態：血球や蛋白質のように大きな分子も糸球体で濾過されて尿中に出てくる.

④ 尿細管における再吸収と分泌

糸球体で濾過された原尿は，近位尿細管，ヘンレループ，遠位尿細管，集合管へと流れる間に組成が変化する．これは尿細管周囲の毛細血管中の血漿中の物質が尿細管細胞を介して濾過液中に分泌されたり（尿細管分泌），逆に原尿中の物質が吸収されたり（尿細管再吸収）するからである．尿細管における物質の分泌や再吸収は，物質の電気化学的勾配に従った受動輸送と，

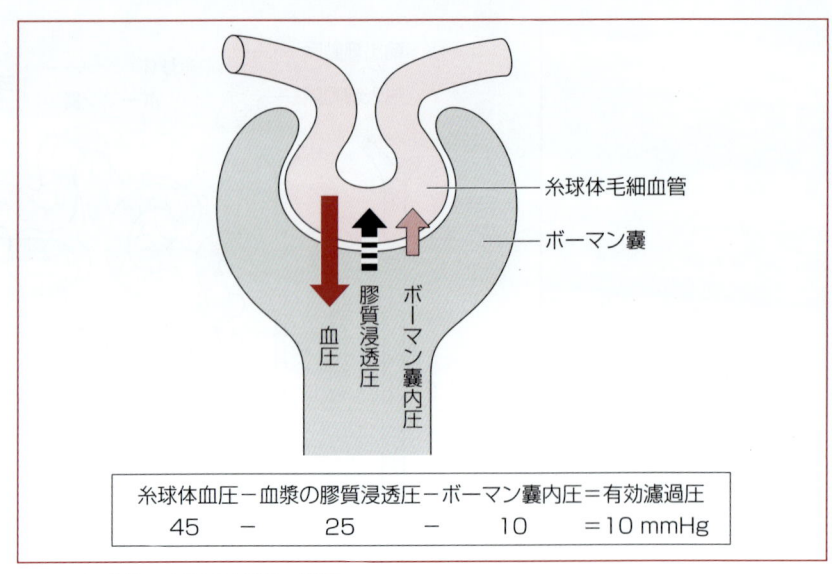

図5 糸球体における濾過の機構

糸球体血圧 － 血漿の膠質浸透圧 － ボーマン嚢内圧 ＝ 有効濾過圧
　45　　－　　　25　　　－　　　10　　＝ 10 mmHg

（佐藤昭夫ほか編：人体の構造と機能．医歯薬出版，p186，2006 より引用）

電気化学的勾配に逆らった能動輸送の双方によって行われる．

　原尿の中には身体にとって不要な物質だけでなく，水，Na^+，Cl^-，HCO_3^-，アミノ酸，グルコースなど，身体にとって有用な成分も多く含まれている．尿細管ではこれらの身体にとって有用な物質が再吸収される．一方，身体にとって不要な物質（たとえば尿酸・尿素・硫酸塩など）はあまり再吸収されない．アンモニアや H^+ などの体内の物質，あるいはパラアミノ馬尿酸（p-aminohippuric acid：PAH）のような外来物質などは，むしろ尿細管でさらに分泌されて効率的に尿中に排泄される（図6）．

ⓐ 水と Na^+，Cl^- の再吸収

　糸球体で濾過される血漿の濾液の量は1日に150 l にも及ぶが，尿細管を流れる間に濾液の水分の約99 %は再吸収されて血液中に回収される（表1）．残る約1%の水分約1.5 l が尿として排泄される．水の再吸収の機序は，まず濾液中の Na^+ が能動的に尿細管に再吸収され，次いで Cl^- も電気的勾配に従って再吸収される．その結果，これに伴う浸透圧変化によって水が受動的に再吸収される．濾液中の水分の60〜70 %以上は近位尿細管で，残りの大部分は遠位尿細管と集合管で再吸収される．集合管における水の再吸収は，バゾプレッシン（抗利尿ホルモン，antidiuretic hormone：ADH）の作用によって促進される．

ⓑ グルコースの再吸収

　通常，近位尿細管で能動輸送によって100 %近く再吸収され，尿中には出ない（表1）．しかし，血糖値が著しく高くなるとグルコースの再吸収量の限界を超え，尿中にグルコースが出てくる（尿糖）．

ⓒ 尿細管分泌

　尿細管はある特定の物質を尿細管腔中に分泌して，尿中に排出する働きをもつ．体液の酸塩基平衡の調節と関連して，アンモニアや H^+，K^+ が分泌さ

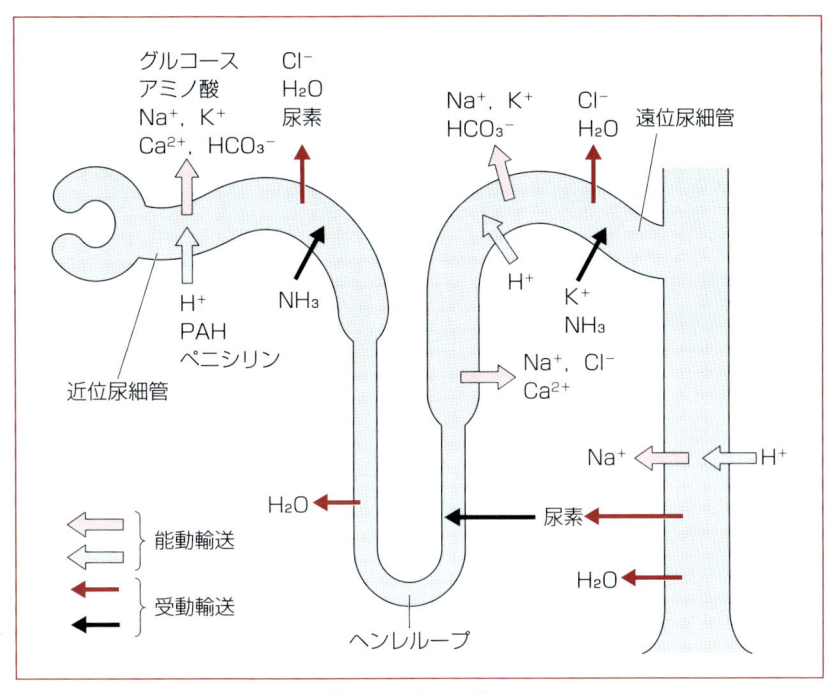

図6 尿細管における種々の物質の再吸収と分泌
(佐藤昭夫ほか編:人体の構造と機能.医歯薬出版,p187,2006より引用)

表1 主な物質の糸球体濾過量と尿細管再吸収

物質	1日の糸球体濾過量	1日の尿内の量	1日の尿細管の再吸収量
水	150 l	1.5 l	99 %
Na^+	630 g	3.2 g	99.5%
グルコース	180 g	0 g	100 %
尿素	54 g	30 g	44 %

(佐藤昭夫ほか編:人体の構造と機能.医歯薬出版,p188,2006より引用)

れる.また,尿素などの代謝産物,生理的には生体内に存在しない種々の薬物(PAHなど)も分泌される.

C 腎機能の測定

① 腎血流量(renal blood flow:RBF)

両側の腎臓に流入する血液量を腎血流量(RBF)という.安静時には約1.2～1.3 l/分であり,心拍出量の約1/4にも相当する.腎血流量は,動脈血圧が80～200 mmHgの範囲で変動しても,血圧にかかわらず,ほぼ一定に保たれる(図7).これは,血圧が上昇して血流が増えようとすると輸入細動脈の血管平滑筋が収縮して血流を減らそうとするためと考えられており,この機構は腎血流量の自己調節とよばれる.

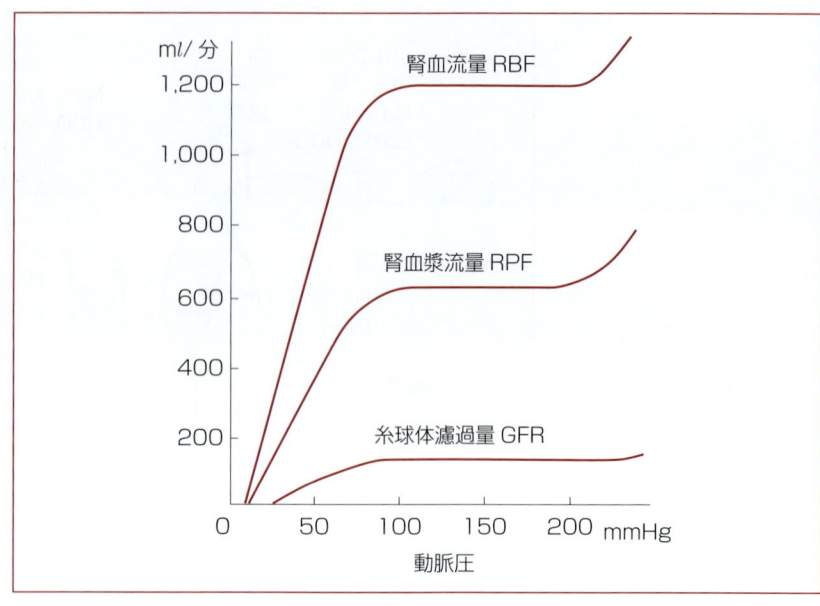

図7　腎血流量，腎血漿流量，糸球体濾過量の自己調節
（佐藤昭夫ほか編：人体の構造と機能．医歯薬出版，p189, 2006より引用）

② 腎血漿流量（renal plasma flow：RPF）

　腎血流量から血球成分を除いた流量を腎血漿流量（RPF）という．1分間に両側の腎臓に流入する腎血漿流量は，約500〜700 mlである．このうち約20%の100〜150 ml/分が糸球体で濾過される．

③ 糸球体濾過量（値）（glomerular filtration rate：GFR）

　糸球体で濾過されてボーマン嚢へ押し出される毎分の濾過量を糸球体濾過量（値）（GFR）という．GFRを100 ml/分程度とすると，1日当たりの糸球体の濾過量は100×60×24≒150,000 ml（=150 l）にも達する．腎血流量が一定に保たれる範囲内では，糸球体濾過量もほぼ一定に保たれる（図7）．腎血流量は尿量を決定する一因であるため，もし身体の動脈血圧の上昇に比例して腎血流量も増加すると，尿量が増えてしまい，多量の体液損失を招くこととなる．したがって，腎血流量の自己調節は糸球体濾過量を可能な限り一定に保ち，体液の損失を防ぐ機構として重要である．

　糸球体濾過量は，腎血流量，全身血圧，糸球体血圧，ボーマン嚢内圧，血漿の膠質浸透圧，糸球体毛細血管透過性の変化によって影響を受ける．たとえば，出血やショックなどで全身血圧が著しく低下して糸球体血圧も低下するとGFRは減少する．腎臓結石や膀胱結石などで，腎盂内圧や尿管内圧が上昇すると，ボーマン嚢内圧が上昇し，GFRは減少する．補液などで血液中の水分が増加して血漿の膠質浸透圧が低下すると，GFRは増加する．

④ クリアランス（clearance）

　腎臓の排泄能力を表す指標としてクリアランスがある．クリアランスは次

word
腎臓結石：腎盂結石，腎杯結石，腎杯憩室結石に分けられる．砂状の小さな結石から，腎盂，腎杯に広がる珊瑚状結石までさまざまである．尿中に溶解している物質が析出し，凝集成長して結石となる．

word
膀胱結石：上部尿路から下降したものと，膀胱内に原発性に発生したものがある．

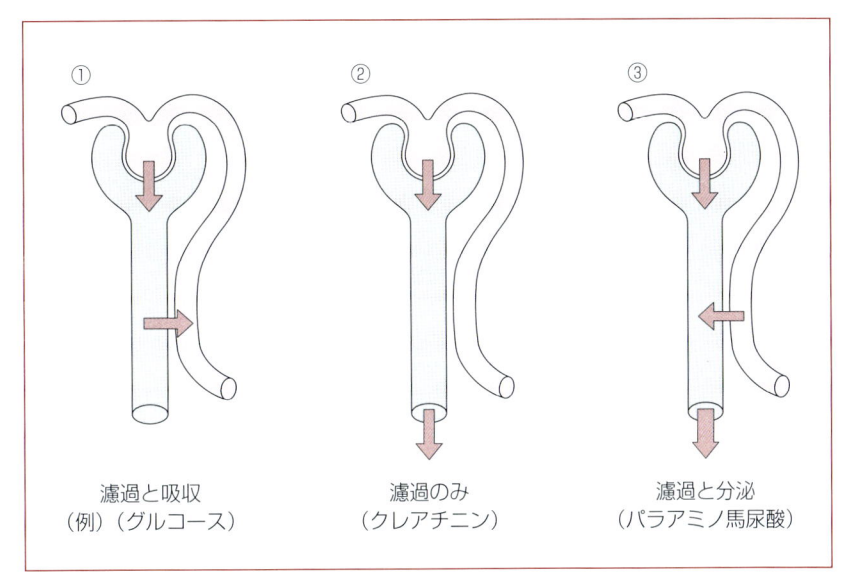

図8 種々の物質のクリアランス
(佐藤昭夫ほか編:人体の構造と機能. 医歯薬出版, p190, 2006より引用)

濾過と吸収（例）（グルコース）　濾過のみ（クレアチニン）　濾過と分泌（パラアミノ馬尿酸）

の式で示される.

$$\text{物質Sのクリアランス（m}l\text{/分）} = \frac{\text{Sの尿中濃度} \times \text{尿量（m}l\text{/分）}}{\text{Sの血中濃度}}$$

① グルコースのように，濾過されるが尿細管でほとんど再吸収されてしまう物質のクリアランスがほぼ0となる（図8①）．
② クレアチニンのように，濾過のみ行われ，尿細管においてほとんど再吸収も分泌もされない物質のクリアランスは，GFRの指標として用いられる（図8②）．クレアチニンは筋の中に存在するクレアチンの代謝産物である．
③ パラアミノ馬尿酸（PHA）のように，血液が1回腎臓内を流れるだけで血漿から完全に除去されて，ほとんど尿中に排泄される物質のクリアランスは，RPFとほぼ等しい（図8③）．

D 尿生成の調節

　腎臓は，尿の生成を通して血漿成分を調節・浄化する装置であり，体液の恒常性維持に重要である．尿量は健常人で1日約800〜1,600 ml である．尿量の異常としては，1日400〜500 ml 以下を乏尿，100 ml 以下を無尿，3,000 ml 以上を多尿とよぶ．

① 浸透圧（osmotic pressure）の調節

　多量の発汗などによって体液の浸透圧が高まると，視床下部にある浸透圧受容器が刺激され，下垂体後葉からバゾプレッシン（抗利尿ホルモン：ADH）が分泌される．抗利尿ホルモンは腎臓の集合管に作用して水の再吸収を高めて尿量を減らす．同時に，渇きの感覚も起こり，水分摂取量が増す．
　逆に，多量の飲水などによって体液の浸透圧が低下すると，抗利尿ホルモ

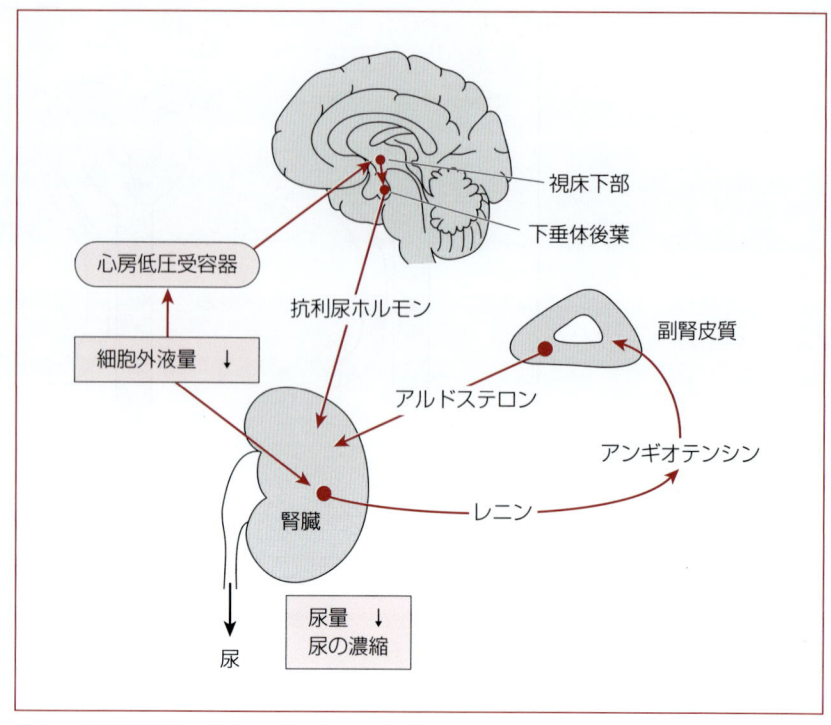

図9　細胞外液量の変化に伴う尿量の調節
(佐藤昭夫ほか編：人体の構造と機能．医歯薬出版，p191, 2006より引用)

ン分泌が減少し，その結果，尿量は増加し（水利尿），浸透圧を元に戻す方向に働く．

② 細胞外液量の調節

出血や激しい下痢などによって細胞外液量が減少すると，以下の機構が作動して水分減少を補う方向に働く（図9）．

①右心房にある低圧受容器で感受され，その情報が視床下部に伝えられる．その結果，抗利尿ホルモンの分泌が増加し，尿量は減少して水の損失が抑えられる．

②腎臓の輸入細動脈の血管壁にある糸球体近接細胞で感受し，ここからレニンが分泌される．その結果，レニン-アンギオテンシン系が作動して副腎皮質からアルドステロンの分泌が亢進する．アルドステロンは腎臓の主に集合管に作用して尿中へのNa^+と水の排泄を減らす．

word
レニン：アンギオテンシノゲンをアンギオテンシンⅠに変える酵素で，分子量は約4万である．

word
レニン-アンギオテンシン系：レニンから始まりアンギオテンシンⅡの生成と作用に至る系（過程）をいう．

③ 体液pHの調節

健康人の細胞外液のpHは7.40±0.05の狭い範囲に保たれるのに対し，尿のpHは身体の状態に応じて最大pH4.5〜8.0の範囲で変化する．体液のpH調節には腎臓が重要な役割を果たす．

④ 尿の組成

尿は淡黄色を呈した液で約95％を水が占める．比重は約1.003〜1.030

表2 尿および血漿に含まれる物質

物質	濃度		単位
	尿（U）	血漿（P）	
グルコース	0	100	mg/dl
Na^+	128	142	mEq/l
尿酸	50	3	mg/dl
尿素	2,000	30	mg/dl
クレアチニン	100	1	mg/dl
アンモニア	30	0.03	mEq/l

（佐藤昭夫ほか編：人体の構造と機能．医歯薬出版，p192，2006より引用）

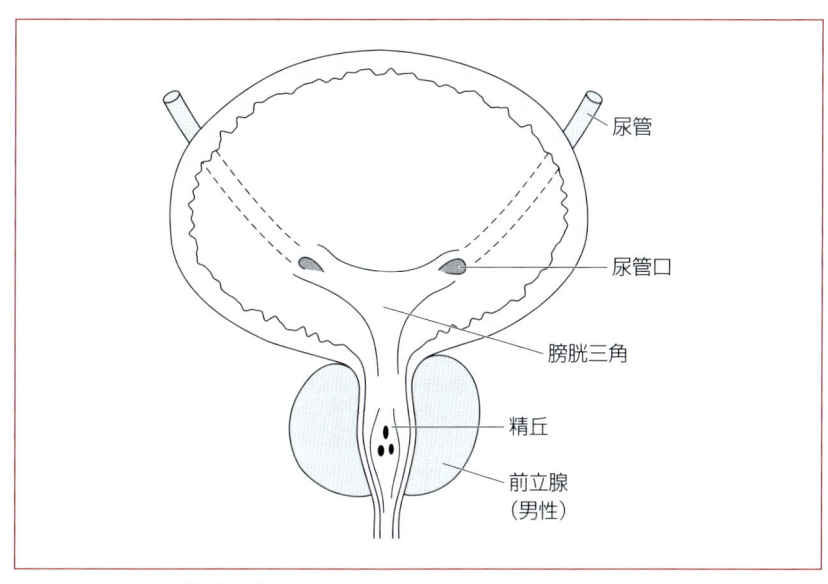

図10 膀胱と尿道（男性）

である．尿は血液の性状が一定になるように排泄されるので，その組成は種々の条件（食事，水分や塩分の摂取量，運動量，気温など）によって変化するが，一般に尿酸や尿素などの窒素代謝の最終産物を多く含む（表2）．

尿量は発汗や水分摂取量などによって増減する．尿のpHは通常4.5～8で，平均6程度であり，やや酸性を示す．肉食や糖尿病の際には，尿のpHが下がる（酸性尿）．一方，過呼吸や重炭酸塩の過剰では，尿のpHが上がる（アルカリ尿）．

E 蓄尿と排尿

① 尿路の構造

ⓐ 尿管

腎盂と膀胱をつなぐ平滑筋よりなる長さ約25～30 cm，直径約6 mmの管で，膀胱の下部後壁に開口する（図10）．尿管壁は縦走筋（内層）と輪走筋（外層）の2層の平滑筋層より構成され，それらの律動的な蠕動運動によって

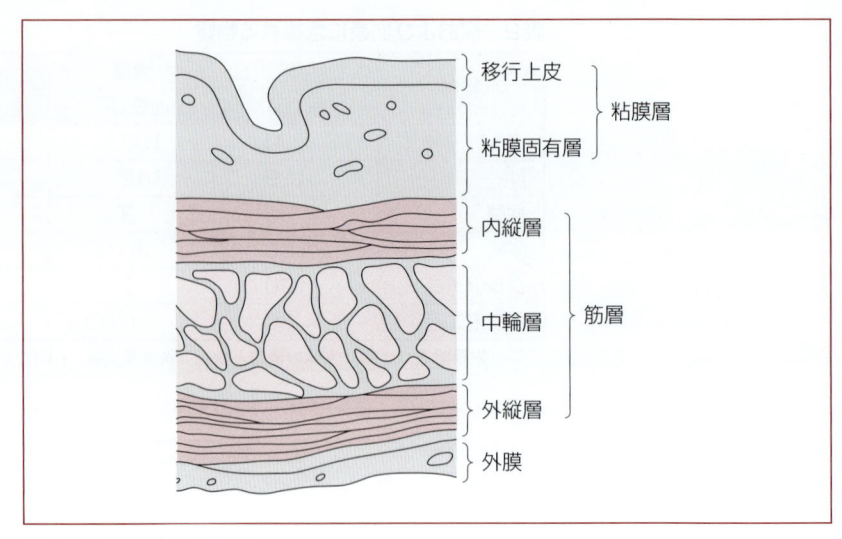

図11 膀胱壁の縦断像

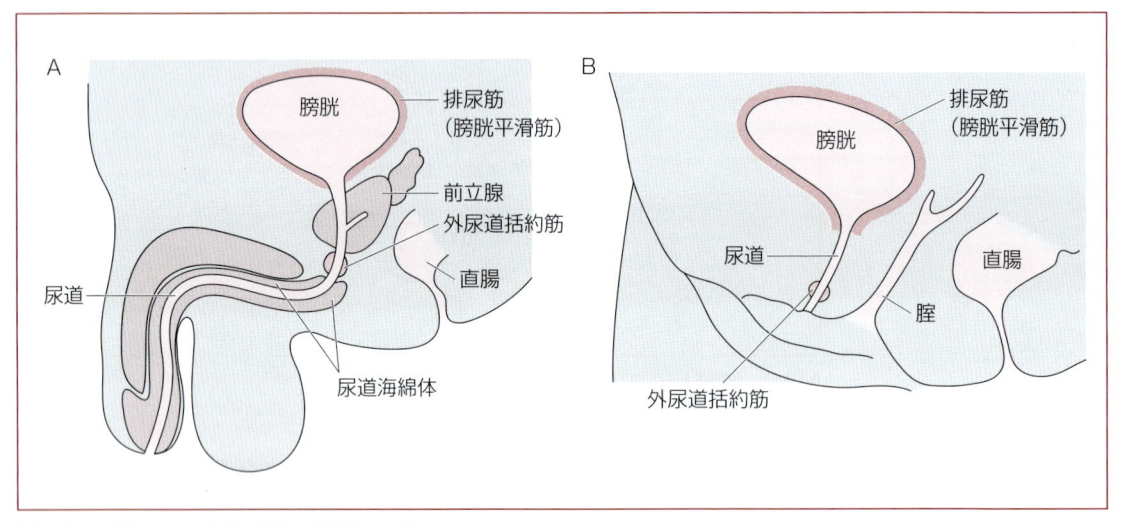

図12 男性（A）と女性（B）の膀胱と尿道

腎盂から膀胱へ尿が毎分約1mlずつ送られる．

b 膀胱

腎臓で生成された尿を蓄え，排出するための伸縮性に富む筋性の袋である．その形状は，尿の量によって風船がふくらむように変わる．膀胱壁は内縦層，中輪層，外縦層の3層の平滑筋（排尿筋）よりなり，内側の粘膜は移行上皮で覆われ，膀胱の容積変化に応じて自由に伸び縮みすることができる（図11）．尿管の開口部と尿道の開口部で囲まれた三角形の部位を膀胱三角とよぶ．

c 尿道

膀胱底から体外につながる管である．女性の尿道は長さ約3～4cmで，開口部は陰核（クリトリス）と膣開口部の間に位置する（図12B）．男性の尿

道は長さ約20 cmで，周囲を前立腺や尿道海綿体が取り囲んでいる．陰茎亀頭の外尿道口に開口する（図12A）．前立腺に取り囲まれている部分は，高齢者でよくみられる前立腺肥大症の際に圧迫されやすく，排尿機能に異常をきたす．

尿道の起始部の平滑筋は肥厚して内尿道括約筋（膀胱括約筋）を形成する．尿道の末梢側には，横紋筋よりなる外尿道括約筋（尿道括約筋）がある．

d 膀胱と尿道の神経支配

排尿筋と内尿道括約筋は，下腹神経（交感神経）と骨盤神経（副交感神経）の二重支配を受ける．下腹神経と骨盤神経のどちらの神経にも遠心性と求心性神経線維がある．骨盤神経の遠心路は，排尿筋を収縮させる．下腹神経の遠心路は，排尿筋を弛緩させ，内尿道括約筋を収縮させる．外尿道括約筋は陰部神経（体性運動神経）によって支配され，その収縮は随意的に調節される．

② 蓄尿・排尿反射

a 蓄尿

膀胱には腎臓から尿管を通って絶えず尿が送り込まれるが，膀胱内にある量に達するまで貯めることができる．これを蓄尿という．膀胱に尿が貯留し始めると，膀胱壁が伸展し，その情報は主として骨盤神経の求心路を通って脊髄の排尿中枢に伝えられ，反射性に下腹神経を介して膀胱を弛緩させ，内尿道括約筋を収縮させる．そのため，膀胱内圧があまり上昇せずにある程度の尿を貯めることができる．同時に，陰部神経（体性神経）が興奮して，外

word

前立腺肥大症：前立腺の内腺が肥大し，尿道を圧迫する．尿道前立腺部の粘液腺の増殖によるもので，排尿障害・膀胱拡張・腎機能障害などを起こす．

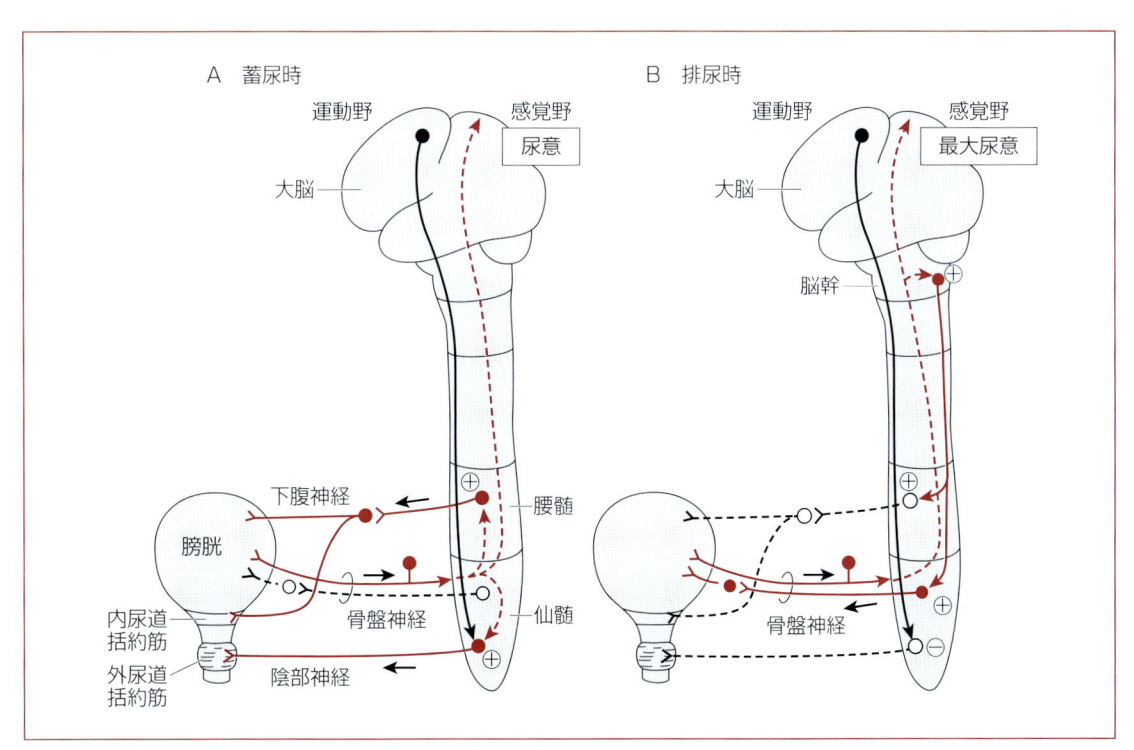

図13 膀胱と尿道の神経性調節　　（佐藤昭夫ほか編：人体の構造と機能．医歯薬出版，p195, 2006より引用）

尿道括約筋を収縮させ，尿がもれ出るのを抑えている（図13A）．膀胱内の尿量が150〜300 mlくらいになると尿意を感じるようになるが，通常は，大脳皮質からの指令で陰部神経が働き外尿道括約筋の収縮が強まり，排尿を抑える．

ⓑ 排尿

膀胱内容量が400 mlを超えると尿意が高まり，その結果，脳幹の排尿中枢が興奮して骨盤神経（副交感神経）の遠心性活動を亢進させ，膀胱は強力に収縮する．同時に，下腹神経と陰部神経の遠心路の活動は低下し，内および外尿道括約筋が弛緩して排尿が起こる（図13B）．

蓄尿も排尿も反射性に調節されている部分が多い．乳児期を過ぎる頃から，意志の力で外尿道括約筋支配の陰部神経の活動を随意的に高め，排尿を我慢したり，排尿をしようとしたときに，陰部神経の活動を随意的に低下させて，外尿道括約筋を緩めて排尿するようになる．この調節は大脳皮質よりの指令によって行われる．蓄尿と排尿の随意的制御が行われない場合には，失禁が起こる．

▌Self-Check▐

1 腎臓の働きを記せ．

（解答はp.347〜350）

5 体液・体温の調節機構

A 体液の調節機構

身体を構成している水分を体液という．体液の量は個人差があるが，体重の約60％を占める．

① 体液の分布

ヒトの全体液量は，体重のほぼ50～70％を占め，水分含量の少ない脂肪細胞の量などによって変動するが，体構成成分のなかで最も大量に含まれるものである．全体液量は細胞膜および血管により，3つの区分に分けられる（図1）．

細胞膜により細胞内液と細胞外液に分けられ，細胞内液は体重の40～45％で，細胞内での化学反応の場を提供する．細胞外液は体重の約20％を占め，血管内の血漿（5％）および血管と細胞の間を満たす間質液（15％）からなり，細胞の機能に必要な内部環境の恒常性を維持する．一般に体液というときには，細胞外液をさす場合が多い（狭義の体液）．

細胞内液と細胞外液を隔てている細胞膜や，間質液と血漿を隔てている血管（毛細血管）壁は半透性を備えている．このため，水や体液に溶けている物質のあるものは，これらの膜を通って移動することができる．循環血液中を流れている酸素や栄養素は必要に応じて毛細血管から間質液中に移動し，ついで細胞膜を通じて細胞内に取り込まれる．また，細胞の不要な物質は間質液中に排出され，毛細血管を通って血漿中に入る．

② 体液のpHと電解質組成

a 体液のpH

体液のpHは7.35～7.45（7.40±0.05）と非常に狭い範囲に一定に保たれ

> **word**
> pH (potential hydrogen)：水素イオン指数．

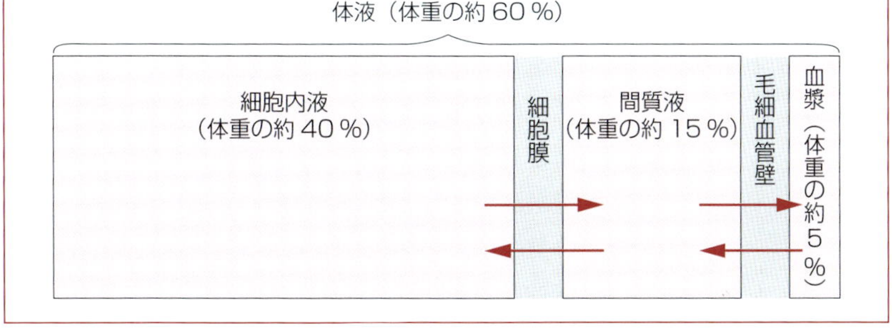

図1 体液区分と体液量

(佐藤昭夫ほか編：人体の構造と機能．医歯薬出版，p16, 2006より引用)

ている.

　pHは，水素イオン(H^+)濃度の逆数の対数である．pH 7.0の溶液は中性で，その液は同じ数の水素イオン(酸，H^+)と水酸化物イオン(塩基，OH^-)を含む．

　体内で酸性物質やアルカリ性物質が作り出されたり，またそうした物質が体外から入ることがある．この場合，体液(主に血液)中の緩衝系が働いて，体液のpHを7.4付近に維持する精妙な機構がある．この仕組みを酸塩基平衡とよぶ．

b 体液の電解質組成

　体液には，海水と同じように多数の陽イオンと陰イオンが溶けている．陽イオンにはNa^+，K^+，Ca^{2+}，Mg^{2+}など，陰イオンにはCl^-，HCO_3^-(重炭酸イオン)，HPO_4^{2-}(リン酸一水素イオン)，蛋白イオンなどがある．細胞内外においてイオンの組成は異なり，細胞内にはK^+やHPO_4^{2-}，蛋白イオンが多く，細胞外にはNa^+やCl^-が多い．

③ 体液量と水分の出納バランス

　体液の量および組成を一定に保つには，身体からの水分の喪失と摂取のバランスをとる必要がある．

　健康成人の体液量は常に一定である．これは，脳が身体に指令を出して体内に取り込んだ水分量と，それに見合う同量の水分を体外に排泄して体液量の平衡を保っている．健康成人の1日の水交換量は，普通2,500 mlである．体内に新しく加わる水分の大部分は，飲料水(1,300 ml)と食品中(900 ml)に含まれる水分である．その他，栄養素の体内酸化による酸化水が1日当り約300 mlである．一方，水分の排泄には，腎臓が非常に重要な役割を果たしており，1日に約1,500 mlの尿が排泄される．水分は尿以外にも糞便(100 ml)，呼気中(300 ml)の水分として，さらに皮膚からの汗や不感蒸散(不感蒸泄)(600 ml)によって排泄される(図2)．気温が上昇した場合や運動時には汗として水分が失われ，その量は1時間に2,000 mlに及ぶこともあり，体液に大きな影響を与える．

　水分出納のバランスをとるためには，生体は体液の量および体液のイオン組成の変化に応じ，口渇や塩分に対する食欲によって水および塩分の補給を行う．さらに，腎臓において尿量およびその組成を変化させて，体内の水分量および塩分濃度の調節を行う．腎における水分塩分排泄量の調節には，糸球体濾過量(glomerular filtration rate：GFR)の変化による調節と，ホルモンを介する尿細管での再吸収の調節とがある．すなわち，血液量の変化や交感神経の作用による腎血圧の変化を介して糸球体濾過量が変化し，尿量が調節される．ホルモンによる調節としては，生体より水分が失われると，体液量が減少するとともに体液の浸透圧が上昇し，これらの変化がそれぞれ固有の受容器，すなわち体液量の減少は心房や腎の圧受容器，浸透圧の上昇は中枢神経系や肝臓の浸透圧受容器によって感知され，下垂体後葉からの抗利尿ホルモン(antidiuretic hormone：ADH)の分泌を促し，腎臓における水分の再吸収を増加させる．また，腎循環系の受容器を介して血中アルドステロ

---

word

ナトリウムポンプ：細胞膜において，常時エネルギーを使って細胞内のNa^+を細胞外へ汲みだしている．

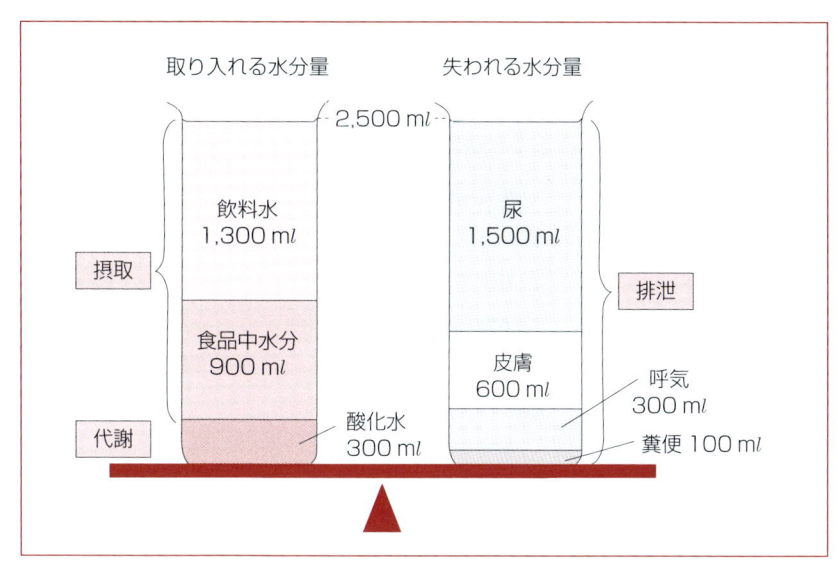

図2 1日の水分の出納バランス
(佐藤昭夫ほか編:人体の構造と機能.医歯薬出版,p18,2006より引用)

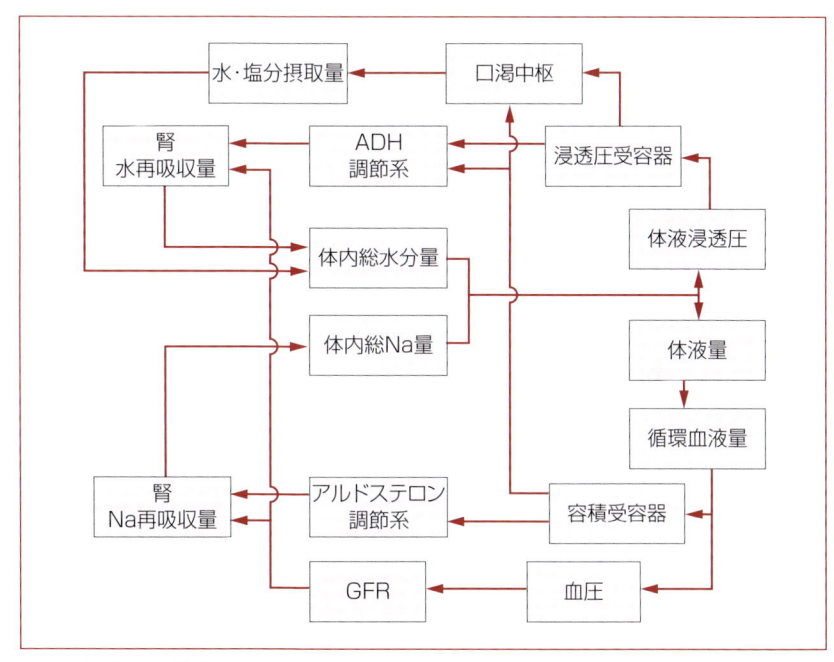

図3 体液調節機構
(古河太郎ほか編:現代の生理学 第3版.金原出版,p744,1994より引用)

> **word**
>
> **心房性ナトリウム利尿ペプチド**(心房性ナトリウム利尿ホルモン,atrial natriuretic hormone:ANH):主に腎臓,血管に作用し,強力な利尿,血管拡張,降圧作用を示すが,レニン-アンギオテンシン-アルドステロン系の作用にも拮抗的に作用する.

ンが上昇し,腎臓における Na^+ イオンの再吸収を促し,Na^+ イオンの貯留ひいては体液の増加に働く.一方,水分が過剰に摂取された場合には,抗利尿ホルモンの低下により腎臓における水分の再吸収量が低下し,また心房より心房性ナトリウム利尿ペプチド(atrial natriuretic peptide:ANP)が分泌されて尿量が増加し,体液の量および体液のイオン濃度を正常値に戻すように働く(図3).

B 体温の調節機構

① 体温

外気温が変化しても体温はある狭い範囲内に保たれる．酵素反応をはじめ種々の生体反応は，ある温度範囲内でのみ働くので，体温を保つ仕組みは人間が生きていくうえで不可欠といえる．体温調節は，外気温の変化を感受して熱の産生と放散を調節することによって行われる．このような体温調節の過程は神経系と内分泌系を介して制御される．

a 体温の部位差

体の深部の温度が環境温の影響を受けにくいのに対し，体の表面の温度は外気温の影響を非常に受けやすい．各々を核心温度，外殻温度とよんで区別している．核心温度は一般に最も環境温の影響を受けにくい直腸温で，外殻温度は皮膚温で代表される．最近では，核心温度として鼓膜温が使用され始めている．腋窩温は皮膚温であるが，腋窩で5分間以上測定することによって，外気温に影響されにくくなり，核心温度の目安として用いることができる．

健康成人の体温は腋窩温で 36.0 〜 36.7 ℃であり，口腔温は 36.5 〜 37.0 ℃，直腸温は 37.0 〜 37.5 ℃である．皮膚温は身体部位によっても非常に異なる．一般に，皮膚温は軀幹部から四肢に向かって末梢に移行するにつれて低温となる（図4）．

b 体温の変動

体温は規則正しい日内リズムを示す（図5A）．夜間から早朝にかけては低

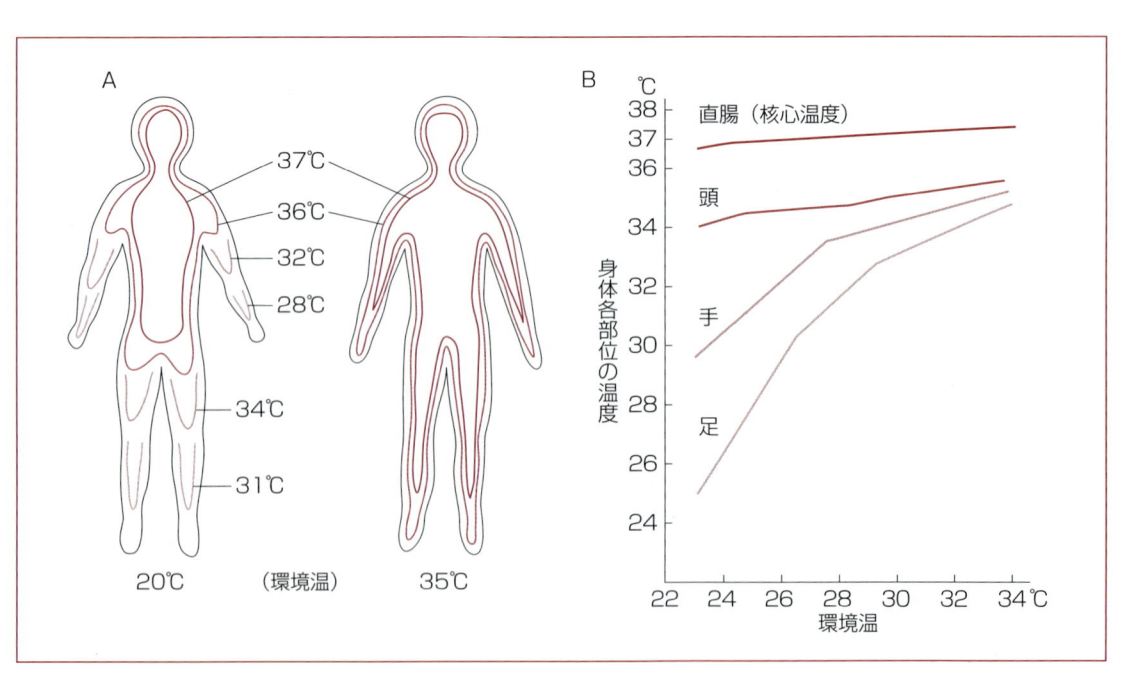

図4 体温の部位差

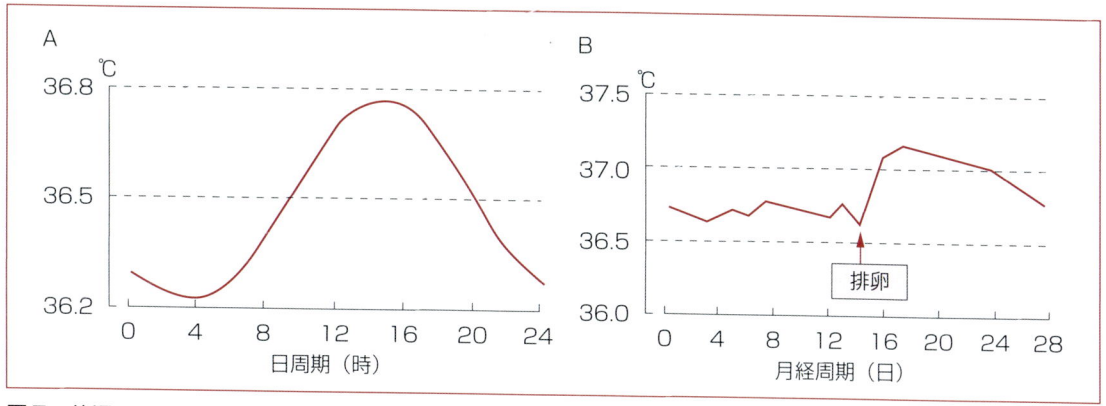

図5 体温の日内リズム（A）と女性の基礎体温の月経周期による変動（B）

く，日中に高い．その差は0.5～0.7℃である．夜間睡眠し，日中覚醒している限り，1日中ベッドで安静にしていても，このような体温の変動が認められる．ただし，ある程度以上の身体活動により時間と関係なく体温が上昇する．

女性では，月経周期に対応して，体温が変動する（図5B）．早朝覚醒直後に安静状態で，婦人体温計で測定した口腔温を基礎体温という．基礎体温は月経時から排卵前まで低温期が続き，排卵を境にして高温期となり，次の月経で再び低温期に入る．低温期（相）と高温期（相）の間には約0.5℃の差がある．これは体温上昇作用をもつ黄体ホルモン（プロゲステロン）の作用による．低温期から高温期に移る時期に排卵があるので，基礎体温を毎日続けて測定することによって，排卵日を知ることができる．

② 体熱の産生と放散

身体を構成する細胞の行うさまざまな活動にはグルコースなどを分解して得られるエネルギーが利用される．身体が必要とするエネルギーを体内で作ったり，利用したりする過程で熱が発生する．代謝の高い骨格筋や肝臓は熱産生が特に高い．産生された熱の一部は体から放散される．人間をはじめ恒温動物には，体内の熱を一定に維持して，核心温度を一定に保つ働きがある．核心温度は体内の熱の産生と放散のバランスによって維持される（図6）．

a 体熱の産生（産熱）

1）基礎代謝量（basal metabolic rate：BMR）

細胞は絶えず物質を取り入れ，細胞内で新しい物質を合成している．また，物質の分解も盛んに行われている．これら生体内で起こる物質の変化を代謝という．代謝の際にエネルギーが放出される．目の覚めている状態で，生命を維持するのに必要な最小限の代謝量を基礎代謝量という．基礎代謝によって放出されるエネルギーは体温維持に重要な役割を果たす．

2）ホルモンの作用

甲状腺ホルモン（サイロキシン）には代謝促進作用があり，長時間にわた

word
代謝と熱：代謝によって1モルのグルコース（180 g）が分解されると，686 kcalのエネルギーが出る．そのうちの約420 kcalは熱に変わる．

word
甲状腺ホルモン：サイロキシン（T4）とトリヨードサイロニン（T3）の2種があり，ヨウ素を含有したアミノ酸の一種である．

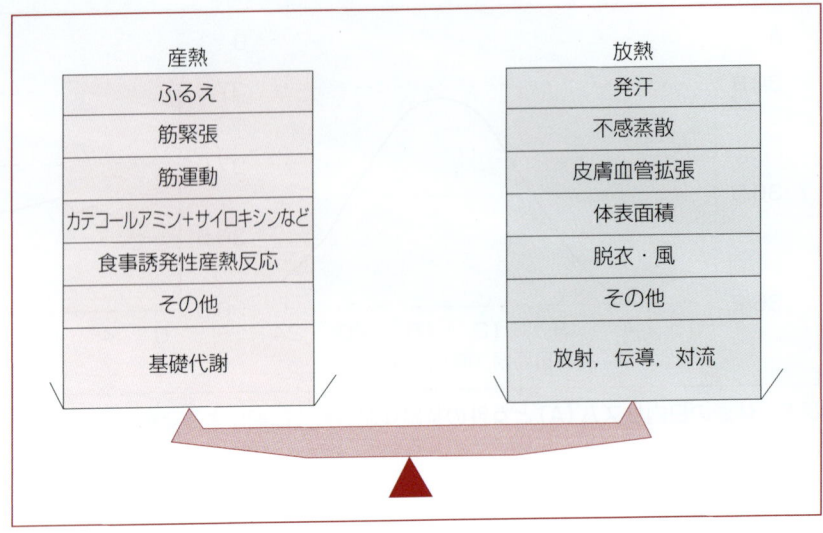

図6 体熱の産生と放散のバランス
(佐藤昭夫ほか編：人体の構造と機能．医歯薬出版，p166，2006より引用)

り熱産生を増大する．カテコールアミンはグリコーゲンを分解して血糖を高め，産熱を促す．黄体ホルモンには代謝促進作用，体温上昇作用があり，排卵直後から月経に至るまでの間の基礎体温を上昇させる．

3）ふるえ（shivering）
寒冷時には，骨格筋が不随意的に細かく律動的に収縮して，ふるえによって産熱を増やす．

4）自律神経の作用
寒冷時には，皮膚血管を支配する交感神経の活動が高まり，その結果，皮膚血管は収縮し，放熱の防止に役立つ．また，立毛筋支配の交感神経活動が高まり，俗にいう「鳥肌」という状態になる．

5）その他
運動時などに，筋の収縮に伴って熱の発生が起こる．姿勢保持などに関与する筋緊張も産熱を促す．また，食物摂取後にも熱が発生する（食事誘発性産熱反応）．

b 体熱の放散（放熱）
体熱は，放射，伝導と対流，蒸発などの物理的機序によって放散される（図7）．熱放散は主として体表面から行われる．熱放散の機序は環境温により異なる．たとえば，環境温25℃では，放射によるものが約50％，伝導と対流によるものが30％，蒸発によるものが20％程度である．一方，環境温が体温と同程度になると，発汗による蒸発が100％となる．

1）放射
人体から人体と接触していない他の物体へ熱が伝達されることを放射という．放射で失われる熱量は，皮膚温と物体の温度差が大きいほど，放射の起こる体表面積が大きいほど増加する．

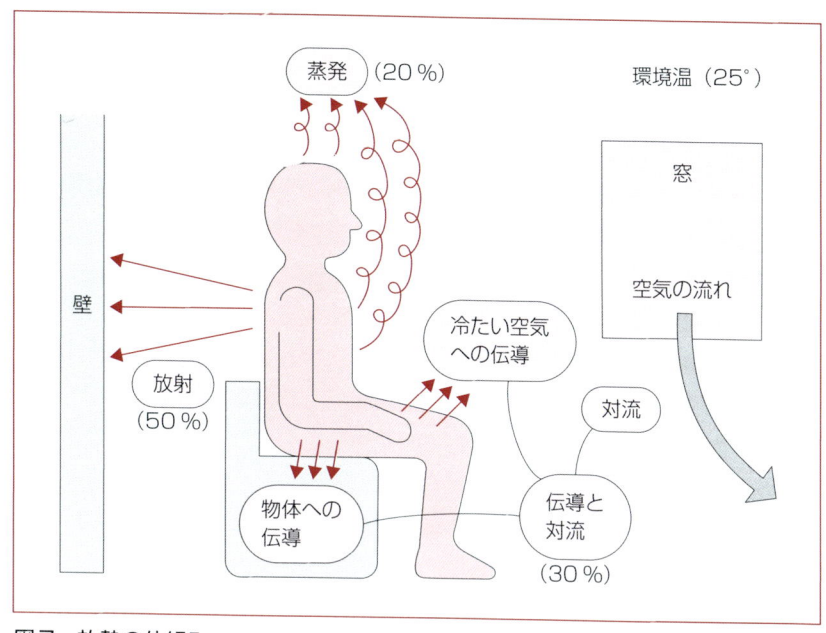

図7　放熱の仕組み

（佐藤昭夫ほか編：人体の構造と機能．医歯薬出版，p167，2006より引用）

2）伝導と対流

伝導とは，人体から人体と接している他の物質に熱が流れることである．たとえば，冷たい空気に接すると，体熱は身体から周囲の空気中に伝導によって失われる．空気の対流があると，放熱はさらに効果的に行われる．

3）蒸発（蒸散と発汗）

水が体表面から蒸発する際に，気化熱が体熱から奪われる．体表面からの蒸発は不感蒸散（不感蒸泄）と発汗によって行われる．不感蒸散とは，常時起こっている体からの水分の蒸発現象で，一般に意識にのぼらないものをさす．不感蒸散は1日当たり，皮膚から600〜700 ml，肺から150〜450 mlあり，合計約1 lに及ぶ．発汗は汗腺からの分泌現象で，汗の蒸発により放熱を起こす．発汗による放熱は，外気温が30℃を超えると急激に増大しはじめ，35℃以上になるともっぱら発汗による蒸発によって体温の上昇を防ぐ．これを温熱性発汗という．汗の大部分は水であるが，NaClなどの電解質を含んでいる．汗のNaCl量は発汗量に左右される．

4）皮膚血管拡張

外気温が高いときは，皮膚血管を支配する交感神経活動が低下して皮膚血管は拡張し，皮膚からの放熱が盛んになる．

③ 体温の調節

生体は外気温の変化に反応して熱産生と熱放散を調節し，核心温度を一定に保とうとする（図8）．

ⓐ 温度受容器と体温調節中枢

体熱の産生と放熱の平衡を保つ中枢は体温調節中枢とよばれ，視床下部に

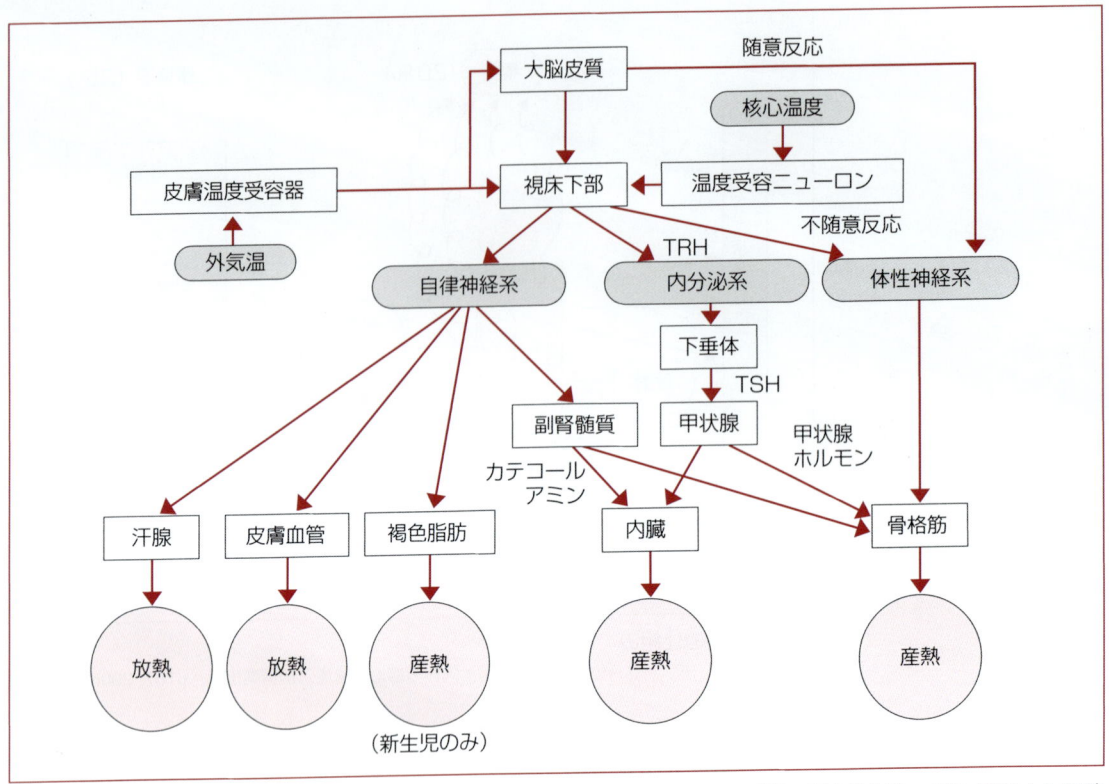

図8 体温調節機序　　（佐藤昭夫ほか編：人体の構造と機能．医歯薬出版，p169, 2006より引用）

ある．外気温の変化は皮膚の温度受容器で感受される．また，視床下部には深部温の変化（すなわち血液の温度変化）を感受する温度受容器が存在する．体温調節中枢は，これらの温度受容器からの情報を受け取って，自律神経系，内分泌系，体性神経系を介して，体温の変化を防ぐ全身的反応を起こす．

❻ 体温調節反応

①外気温29℃前後の温度付近では，裸体の人間の産熱は最小であり，放熱も調節されて，暑さも寒さも感じない．

②外気温低下時：外気温がある程度以上に低下すると，代謝が増加し始める．甲状腺ホルモンやカテコールアミン分泌亢進による熱産生の増大，および骨格筋のふるえの増大が起こる．同時に，交感神経の活動が亢進して皮膚血管が収縮し，体表からの放熱を防いで，核心温度は正常に維持される．さらに，外気温が低下し，生理的調節の限界の範囲を越えると低体温になる．核心温度が33〜34℃になると意識が失われ，25〜30℃では心筋に細動が起こり，死に至る．

③外気温上昇時：外気温が上昇すると，皮膚血管の拡張と発汗が起こり，放熱が盛んになって核心温度は正常に維持される．高温環境では，発汗（温熱性発汗）による水分の排泄が盛んになるが，下垂体後葉からのバゾプレッシン（抗利尿ホルモン，ADH）分泌が増加して，腎臓からの水分排泄が抑制され，体内からの水分喪失を防ぐ．高温環境下では，そのほかにも，

熱産生を減少させるために，食欲不振になったり，運動量が減少したりする傾向がある．また，呼吸数が増加し，呼気を介しての放熱が増える．外気温がさらに高まり生理的調節の限界を越えると，高体温となり，生命は危険にさらされる．特に，41℃を超える体温は脳の神経細胞が，障害を受けやすいので注意が必要である．

Self-Check

1 体温の調節機構について，以下の文章を完成せよ．

体温は①と②により調節されるが，②の機構には③，④および⑤がある．

（解答はp.347～350）

6 女性のからだ

A からだの性差

女性とスポーツ，さらには女性のスポーツ活動のメリット，デメリットを知るには，女性のからだの基本的な構造と機能，さらに男性との違い，すなわち男女の体型，体格，体力などの性差を知ることは非常に重要である．

① 身体的特性

a 身長の発育

からだの発育経過を身体計測値により検討する場合，最も一般的な方法は身体計測値の年齢による変化を発育曲線としてみることである．

男女の各年齢における1年ごとの身長の発育，増加量（身長発育速度曲線）を図1に示す．8歳頃までは明らかな男女差はみられないが，その後の身長の発育速度には大きな違いがある．女子の場合，8歳頃から身長発育速度が大きくなり，12歳頃をピークとしてその後は減少する．これに対し男子では，10歳頃から発育速度は大きくなり，14歳頃をピークとしてその後は減少する．このように身長が急に大きくなる時期を発育急進期（思春期スパート）という．すなわち，女子のほうが早く発育急進期を迎える．しかし，発育速度のピークは男子のほうが高いことから，成人における最終身長は男性のほうが女性より約12 cm高くなる．

なお，体重の増加においても，身長とほぼ同様の発育の傾向が示される．この思春期における発育加速の時期における女子の体重増加の大部分は腰部

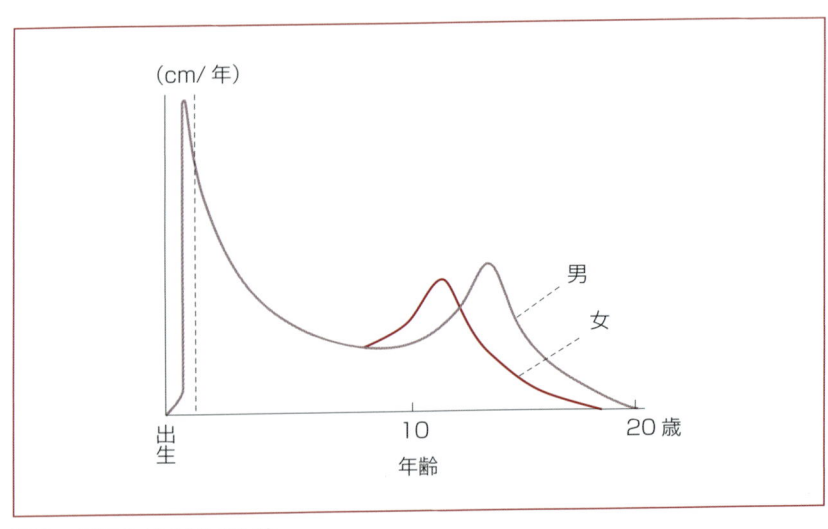

図1 身長の発育速度曲線
（高石昌弘：小児思春期婦人学．加藤宏一編，診断と治療社，p8，1989より引用）

表1 成人男女の上肢，下肢長

	男	女	女/男×100
上肢長	70.0 cm	65.6 cm	92.9
上腕長	30.1	27.8	92.3
前腕長	23.9	21.3	89.4
手長	17.4	16.2	92.8
下肢長	84.3	78.5	93.1
大腿長	44.4	41.5	93.5
下腿長	34.9	31.0	89.0
足長	7.3	6.7	91.8
比上肢長	43.0	43.1	100.2
比下肢長	51.3	51.6	100.6

(Wells CL (ed)：Women, Sport & Performance–A Physiological Perspective. Human Kinetic Books, Champaign, 1991 より引用)

から殿部にかけての脂肪の沈着であり，女性らしい体型を作り出している．また，この脂肪の増加は女性の性機能の発達，発現（初経発来），さらに機能的成熟において非常に重要である．なお，男子では15歳を過ぎるころから筋量および骨重量の増加に伴い体重が多くなり，最終的には男性の体重は女性より約10 kg重くなる．

　すなわち，小学校高学年では女子のほうが男子より体格が良くなり，男女で相撲をとらせると女子が勝つこともある．しかし，その後は男女の体格および体力が逆転し，男性が優位となる．

b 形態の特徴

　肩幅は，15歳頃までは女子のほうが広いが，その後は男子のほうが広くなる．胸囲についてみると，12〜13歳頃には男子のほうが大きいが，その後は女子の乳房の急激な発育によりこれが逆転する．しかし，16歳頃になると男子の胸幅が女子よりも広くなるため，最終的には男性のほうが胸囲は大きくなる．

　女子の上肢長および下肢長は男子の約93％である．それらの身長に対する割合は，男女とも上肢長は約43％，下肢長では約51％であり，男女差は認められない．上肢長を肘から上（上腕長）と下（前腕長）に分けて比較すると，女子では上腕長より前腕長のほうが上肢長に対する割合が小さい．また，下肢長についても膝を中心に上（大腿長）と下（下腿長）に分けて検討すると，女子では大腿長より下腿長のほうが下肢長に対する割合が小さい（**表1**）．

　身体の全体的な形態の体型による分類法としては，内胚葉型（脂肪が多く，まるまるした体型），中胚葉型（筋肉，骨，結合織が多く角張った体型），外胚葉型（直線的で弱々しい体型）に分ける方法がある．この方法により分類すると，幼児期の女子は内胚葉型で男子は外胚葉型である．思春期になると，男子は中胚葉型の要素が著しく発達し，内胚葉型の要素が低下する．これに対し女子では，内胚葉型の要素がさらに増加し，外胚葉型要素が低下する．すなわち成人する頃には，男性は中胚葉型，女性は内胚葉型の体型が多くなる．

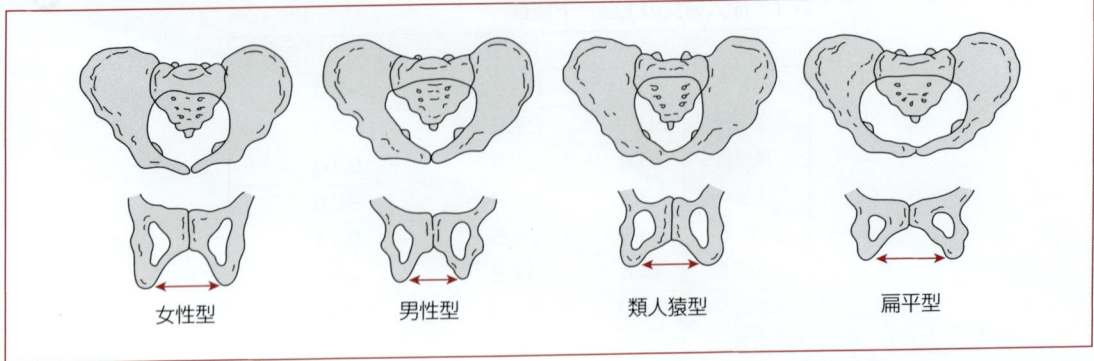

図2 骨盤の形態

女性型　男性型　類人猿型　扁平型

（杉山陽一ほか：小婦人科書，金芳堂，1980より引用）

② 骨格の特性

前項の上肢長，下肢長で示したように，骨格の状態には明らかな性差がある．

a 骨盤

骨盤の形態は，一般に図2に示すように女性型，男性型，類人猿型および扁平型の4型に分類される．

男性は縦長の漏斗型であるが，女性は横長の円筒型である．なお，骨盤腔の広さは女性のほうが大きい．骨盤入口の形は，男性はハート型であるが女性は円形である．また，恥骨弓は女性のほうが大きい（男性60〜70°，女性80〜110°）．

このように骨盤の形態には明らかな性差が認められるが，女性の骨盤形態の特徴は分娩を容易とするために重要である．

b 下肢

下肢長に男女差があることは前述したが，さらに解剖学的な構造にも性差がある．

大腿骨頸と大腿骨体とがなす角度は男性では約125°である．しかし，女性では骨盤が広く大腿骨が短いことなどから，この角度は125°以下である（図3）．このような大腿骨の特徴から膝における大腿骨と下腿骨のなす角度にも男女差が認められる．

骨盤の前上腸骨棘から膝蓋骨の中心を結ぶ線（A）と，脛骨粗面から膝蓋骨の中心を結ぶ線（B）のなす角度をQアングル（図4）という．この角度は正常で男性では10〜15°であるが，女性は15〜20°である．

すなわち，女性では左右の大腿骨体が互いに内側に曲がり，膝どうしが近づくX脚になりやすい．

c 重心位置

身体の重心位置は身長の53〜59％の範囲内の高さにある．17歳頃までは男女差はないが，その後女子のほうが低くなる．成人の重心高は，男性では56.2％であるが，女子で55.2％である．この重心位置の性差は，女性では腰部への脂肪の沈着が男性より多いことから，相対的に腰囲が大きいこと

> **word**
> X脚（外反膝）：下肢全体が内方凸に彎曲したもので，外反大腿・外反膝・外反脚が含まれるが，主として外反膝を示す．

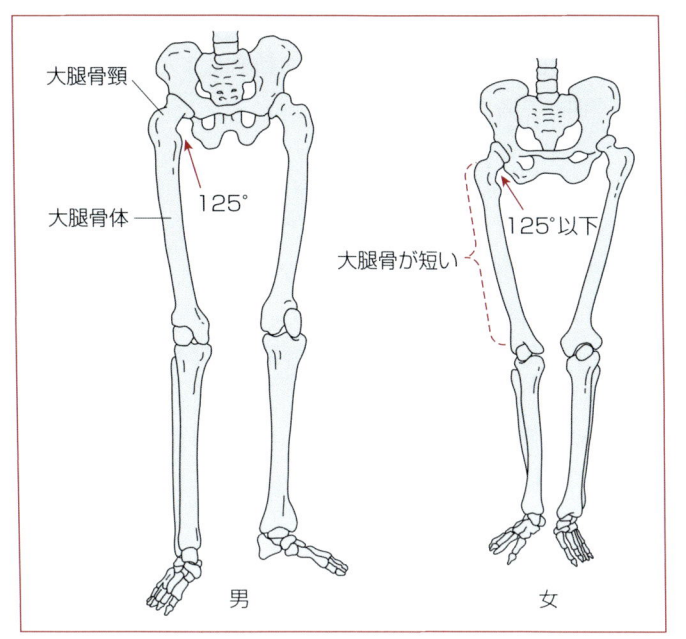

図3 下肢骨格の男女差
(Wells CL (ed)：Women, Sport & Performance– A Physiological Perspective. Human Kinetic Books, Champaign, 1991 より引用)

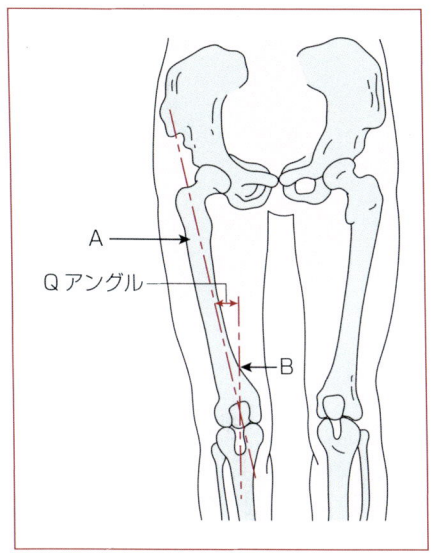

図4 Qアングル
(Wells CL (ed)：Women, Sport & Performance – A Physiological Perspective. Human Kinetic Books, Champaign, 1991 より引用)

表2 器官，臓器の重量比

	男	女	女/男×100
全重量	100	100	
骨	20	15	75.0
筋肉	40	36	90.0
脂肪	20	30	150.0
皮膚，内臓	12	13	108.3
血液	8	7	87.5

(Wells CL (ed)：Women, Sport & Performance– A Physiological Perspective. Human Kinetic Books, Champaign, 1991 より引用)

に起因している．

すなわち，重心が低いことは，女性のほうが身体の安定度を高めバランス能力が良くなるが，跳躍などの重心を高く持ち上げるスポーツ活動には不利である．

③ 身体組成

男女の身体発育の違いから，成人男女の身体組成には大きな違いがある．

a 器官，臓器の重量比

体重に占める骨や筋肉などの重量の割合を表2に示す．

女性の特徴としては，骨，血液や筋肉の占める割合は男性よりも少ないが，脂肪が占める割合が非常に高いことである．

b 骨

四肢骨についてみると，女性のほうが細く，重量は男性の約65％程度である．また，女性の骨は水分や脂肪の含有量が多く，無機質に乏しく，細く

て折れやすい．

　しかし，女性では結合組織が弱いために関節の可動範囲は大きく，特に肘関節では外側までよく曲がる者が多い．

c 筋肉

　女性の筋重量は男性の約80％であり，筋力は60〜70％程度である．

　女性の筋肉の特徴は脂肪や水分の含有量が多いことであり，筋線維の水分含有量は男性では59.5％であるが，女性は74.7％である．

d 皮下脂肪

　体脂肪の大部分は皮下脂肪であり，女性の身体各部の皮下脂肪厚は男性の約2.7倍である．

　一般成人の体重に占める脂肪の量（体脂肪率）は，男性では約13％であるが，女性では約24％に達する．なお，この体脂肪は女性の性機能の発現や維持において非常に重要である．

e 血液

　女性の血液量は，体重に対する総量では男性より約10％少ない（表2）．

　血液成分に分けてみると，女性の赤血球数，血色素量（ヘモグロビン），赤血球容積（ヘマトクリット）は男性より約10％少ない．これは酸素運搬能力にも関係しており，女性の酸素運搬能力は男性より10％程度低いことになる．なお，白血球数には男女差は認められない．

④ 体力と運動能力

　骨格や身体組成に明らかな男女差があることから，体力や運動能力にも年齢とともに大きな性差が認められる．

a 筋機能

　筋力の大きさは筋量に比例しており，成人における女性の筋力は男性の60〜65％である．筋量の増加には男性ホルモン（テストステロン）が関与していることから，この筋力の男女差は思春期の14〜15歳頃から明らかとなってくる．しかし，相対的負荷強度で比較した筋持久力には性差は認められない．また，年齢による差もほとんどない．

1）背筋力

　背筋ばかりでなく，上肢，下肢，腰部などほとんど全身が関与する筋力である．成人の場合，女性は70〜90 kgであるが，男性は120〜130 kgであり，女性は男性の約2/3程度である．

　加齢に伴う推移をみると，13歳までは大きな男女差はないがその後急速に性差が生じてくる．最大値に達するのは，女性では17〜18歳（約85 kg）であるが，男性では24〜25歳（約150 kg）である．なお，男女とも30歳頃から急激に低下する（図5）．

2）垂直跳

　筋の瞬発的な収縮によってスピーディーに発揮する能力であり，神経と筋の両機能が同時に関与する．

　年齢による推移をみると，12〜13歳頃まではほとんど男女差は認められ

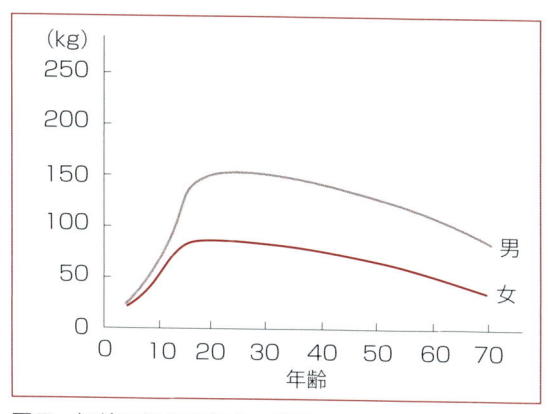

図5 加齢に伴う背筋力の推移
(東京都立大学身体適性学研究室編:日本人の体力水準.不昧堂,1970より引用)

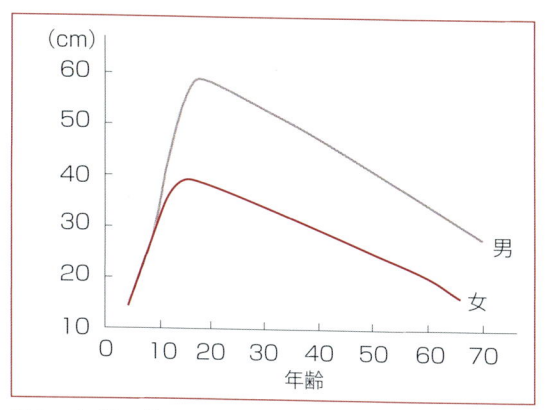

図6 加齢に伴う垂直跳の推移
(東京都立大学身体適性学研究室編:日本人の体力水準.不昧堂,1970より引用)

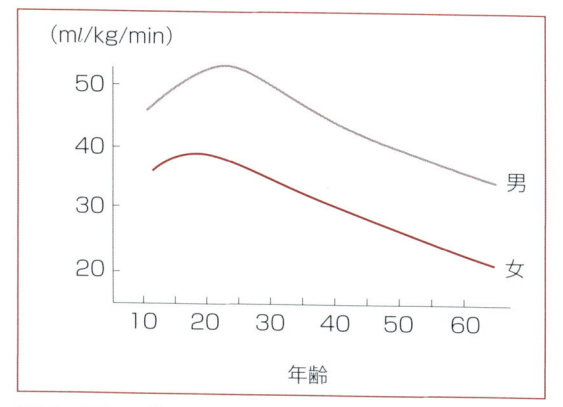

図7 加齢に伴う体重当たりの最大酸素摂取量の推移
(金子公宥:体力科学からの健康問題.杏林書院, p9-29, 1975より引用)

表3 成人男女の心拍出量

		男	女	女/男×100
分時駆血量 (l/分)		3.58	3.20	89.4
	毎m²当たり	2.38	2.34	98.3
拍出量 (ml/分)		56.6	48.4	85.5
	毎m²当たり	37.8	35.5	93.9

(宮下恭子:女性の健康と体力.三和書房,1987より引用)

ない.その後は男女ともに急激に増加するが,非常に大きな性差が出現する(図6).最大値に達するのは,女性では14〜15歳(約40 cm)であるが,男性では17〜18歳(約60 cm)であり,その値には大きな開きがある.最大値に達した後は,男女とも加齢に伴い著しく低下する.

b 呼吸・循環器系機能

スポーツを行うための呼吸・循環器系機能は,運動能力を示す指標として非常に重要である.

1) 最大酸素摂取量

単位時間内における酸素摂取能力の限界を示す最大酸素摂取量は,体力における全身持久力を決定づける.この値は身体の大きさに大きく関係するので,絶対値で表すよりも,体重で除した体重当たりの値で表して,個人の比較を行う方法が一般に用いられる.

最大酸素摂取量に大きく影響を及ぼす因子としては,①筋の酸素消費量,②ヘモグロビンの循環量,③肺換気量,④肺拡散容量(酸素の肺胞膜,肺毛細血管の透過量),⑤心拍出量,などである.

加齢に伴う体重当たりの最大酸素摂取量の推移を図7に示す.性差は15

〜16歳頃から顕著となる．男性では22〜23歳頃まで増加して最大値（約53 ml/kg/min）となり，以後は加齢に伴って減少する．女性においては17〜18歳頃が最大値（約39 ml/kg/min）となり，以後は男性と同様に加齢とともに減少する．

すなわち，女性の体重当たりの最大酸素摂取量は男性の約75％である．なお，女性の除脂肪体重当たりの最大酸素摂取量は男性の約90％であり，筋肉量当たりの最大酸素摂取量は男性の約95％である．

2）心機能

女性の心臓の大きさは，男性と比較して身体の大きさの割には小さく，それは心臓の機能にも影響を及ぼしている（表3）．

女性の分時駆血量（毎分心臓を通過する血液の量）は男性の89.4％であり，1回の拍出量は85.5％である．つまり，女性では1回の心臓の収縮により送り出される血液量は，男性より約15％少ないことを示している．しかし，女性の心拍数は男性より10％多いことから，そのために分時駆出量は男性より10％少ない程度になる．すなわち，女性では男性に比べて心臓の効率が悪いといえる．

しかし，体表面積当たりでみると，分時駆血量にはほとんど性差はなく，拍出量も約6％女性が少ない程度である．

c 競技スポーツ選手の体力の男女差

基本的な体力に性差があることから，十分なトレーニングを行っている競技スポーツ選手においても明らかな男女差がある．

そこで，オリンピック競技大会や世界選手権などを頂点とする国際競技大会では，女性の競技スポーツ界から体力において勝る男性を排除するためにgender verification（女性証明検査）が実施されることもある．

B 女性性器の構造

性器は身体の外側にある外性器と，内側にある内性器に大きく分類される．

1 外性器

外陰ともよばれ，図8に示すような各部分からなる．

a 恥丘

恥骨結合上に膨隆した3〜4 cmの厚さをもった軟部組織で，皮下脂肪組織に富み，思春期以降には陰毛が発生する．

b 大陰唇

陰裂を囲む脂肪組織に富んだ結合組織のヒダで，前後端は前後の陰唇交連である．前陰唇交連は恥丘に続く．外側には疎に陰毛がみられ，色素，汗腺と皮脂腺に富むが，内側には発毛がなく粘膜様の外観を呈し，微細な皮脂腺に富む強固な結合織である．

大陰唇は男性の陰嚢に相当する．

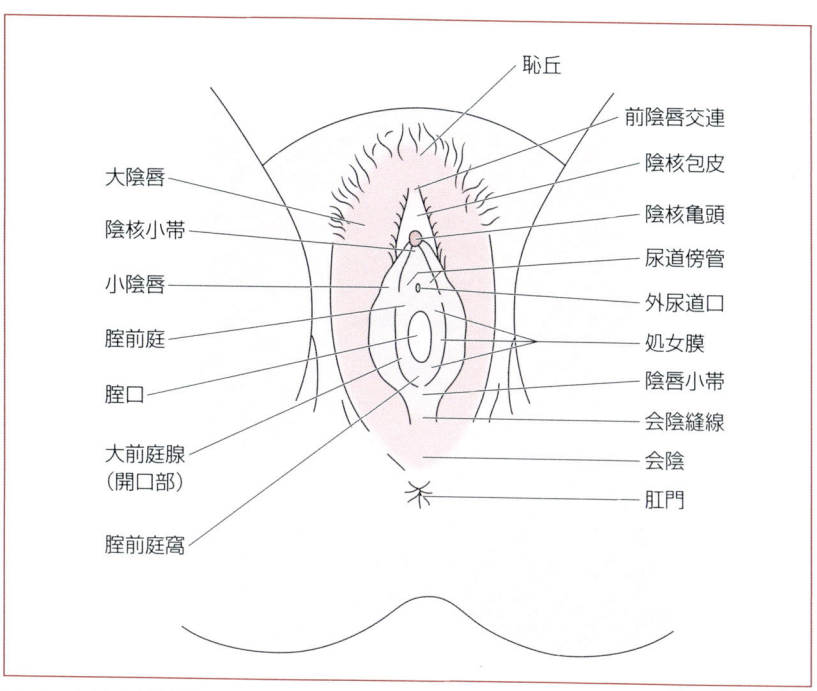

図8 女性の外性器

c 小陰唇

大陰唇の内側で腟前庭を囲んでおり，脂肪は少ないが皮脂腺に富んでいる．前方は陰核を包み，後方は陰唇小帯に移行する．

d 陰核

小陰唇尖端にある．男性の陰茎に相当する．陰核体，陰核亀頭および陰核脚よりなる．

e 腟前庭

小陰唇で囲まれた粘膜部で，前方は陰核，後方は陰唇小帯に囲まれている．前部に外尿道口，その後方に腟入口が存在する．外尿道口の側方に小前庭腺（スキーン腺）が，腟口の側方には大前庭腺（バルトリン腺）が開口している．

f 処女膜

腟と腟前庭の境（腟口）にある膜状の薄いヒダで，小裂孔を有しているが，その形状には個人差がある．

一般に初回性交により破綻し，この状態を破綻処女膜という．分娩後には痕跡的となり，処女膜痕とよばれる．

② 内性器

身体の内部にある性器で，腟，子宮，卵管および卵巣からなる（図9）．

a 腟

子宮頸よりはじまり，腟口に開く長さ6～8 cmの筋性の管状器官で，内面は重層扁平上皮で覆われている．

静止状態では前後壁が相接触しており，腟腔は前後に扁平である．腟腔の

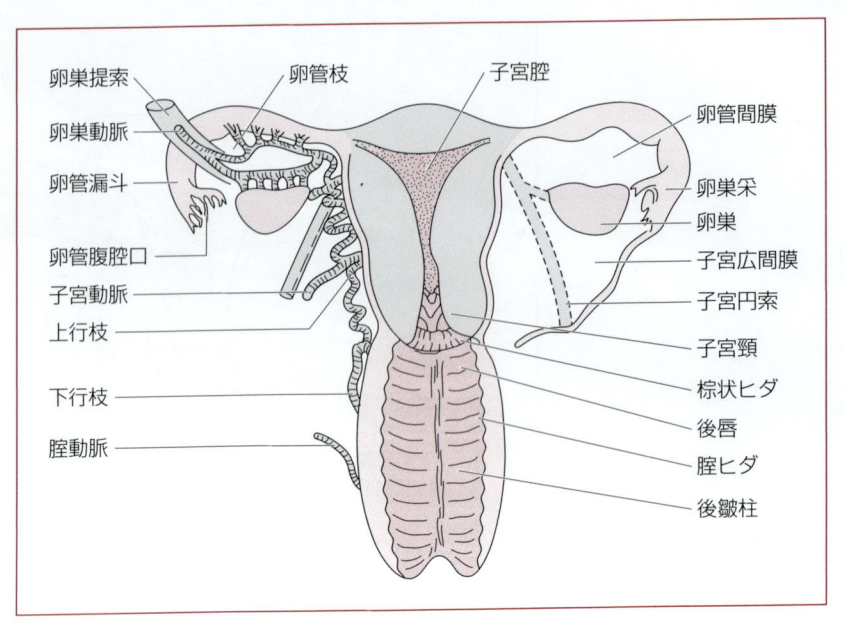

図9　女性の内性器

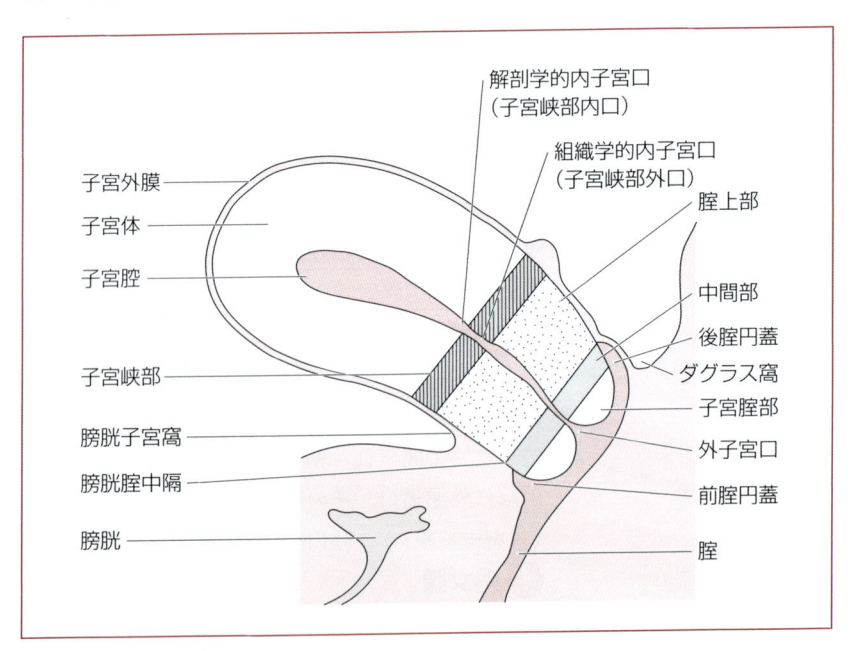

図10　子宮の構造

上端には子宮腟部が存在し，その周囲の腟腔は円蓋状に広がり，腟円蓋を形成する．

b 子宮

小骨盤腔のほぼ中央で，膀胱と直腸の間に位置する筋性（平滑筋）の臓器で，前後にやや扁平な西洋梨形を呈している．成熟婦人の子宮の大きさはほぼ小鶏卵大である．

上方約 2/3 の膨大部を子宮体，下方約 1/3 の円柱状部を子宮頸，その中

間部を子宮峡とよぶ(図10)．子宮頸部の腟内に存在する部は子宮腟部とよばれる．子宮壁は子宮外膜，子宮筋層および子宮内膜の3層に区分される．子宮内膜は子宮筋層の内面を覆う粘膜であって，子宮壁の最も内層をなしている．子宮体内膜は，後述するように，月経に関連して周期的変化を営んでいる．

c 卵管

子宮底左右端の子宮角から卵巣に近く外側に伸びた10～12 cmの管状の器官である．

卵管は間質部，峡部および膨大部よりなり，膨大部の先端には卵管采があり，卵の捕獲に関与する(図11)．卵の輸送は卵管の蠕動運動と上皮の線毛運動による．

d 卵巣

女性の性腺で，小骨盤腔の両外側で広間膜後葉の卵管直下の卵巣窩に位置する．前後に扁平な扁桃状の灰白色臓器である．成熟婦人の卵巣は，長さ2.5～5 cm，幅1.5～3 cm，厚さ1.5 cm程度，重さ4～8 gである．

卵巣の表面は1層の円柱上皮により覆われているが，その内層は卵巣実質

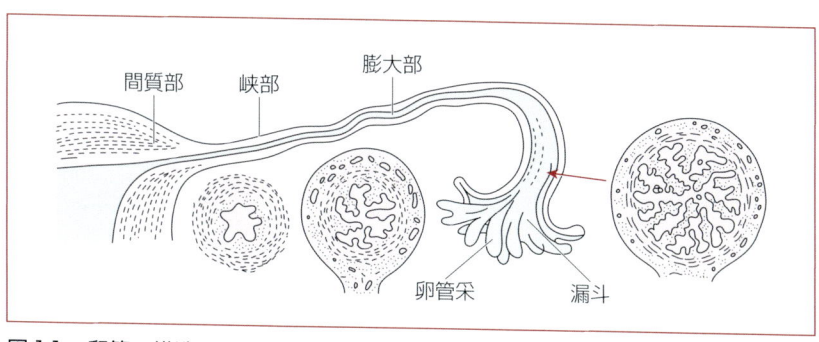

図11 卵管の構造

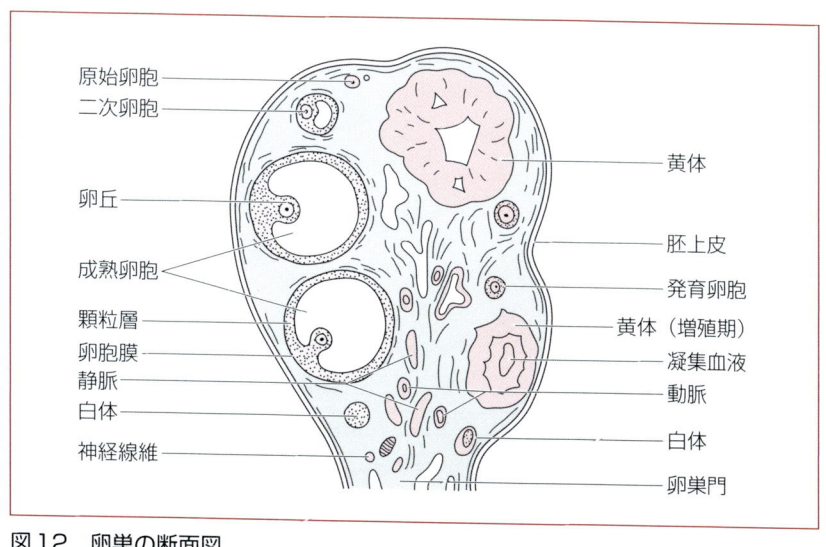

図12 卵巣の断面図

層と卵巣髄質層に分けられる．卵巣実質層には多数の種々の発育過程にある大小の卵胞および黄体が含まれている．

これら卵胞には原始卵胞（初期の卵胞），発育卵胞（発育途上の卵胞），成熟卵胞などの状態がみられる．成熟卵胞は内に卵胞液および卵子を含み，やがて卵巣表面に膨隆突出，破裂して排卵に至る．排卵後は黄体を形成するが，機能の退化後は線維性変化をきたし白体となる（図12）．

C 月経現象

一般用語としては"生理"，"メンス"などの用語が用いられているが，本書では基本的に医学用語である"月経"を用いる．

月経は，1ヵ月に1週間足らずの性器出血として捉えられるが，実際にはその1ヵ月の間に全身的な各種ホルモンの分泌調節により，その機能が調節されている．

① 月経とは

日本産科婦人科学会では，「約1ヵ月の間隔で起こり，限られた日数で自然に止まる子宮内膜からの周期的出血」と定義している．すなわち，周期性がなく，あるいは一定期間で自然に止血しない性器出血は月経ではない．

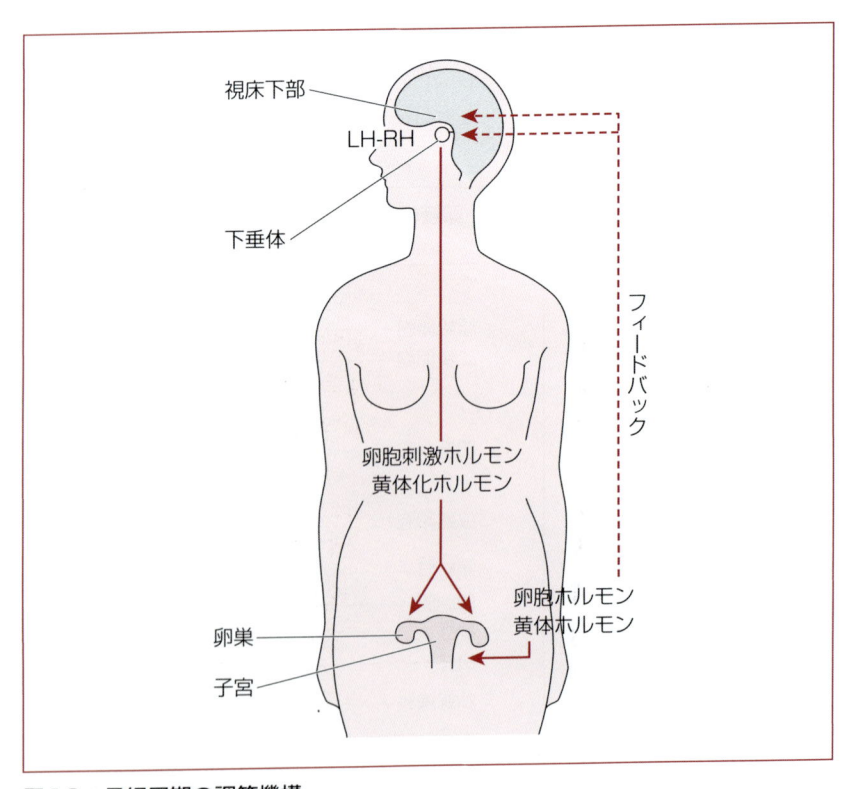

図13 月経周期の調節機構

❷ 月経周期の調節機構

月経は，約1ヵ月の周期で繰り返される1週間足らずの子宮出血であるが，その調節機構は一元的に捉えられるほど単純ではない．

月経周期に伴う変動は，視床下部-下垂体-卵巣-子宮-腟などに，さらに全身的レベルで機能的に認められる．視床下部-下垂体-卵巣系は，それぞれの器官が分泌する物質（ホルモン）が密接に他の器官の機能を相互に調節し合っている（フィードバック機構）ので，1つの機能単位として扱われることが多い（図13）．

月経出血は子宮内膜の剥離により起こるが，この子宮内膜の状態を調節するのが卵巣から分泌される卵巣ホルモン（卵胞ホルモン，黄体ホルモン）である．卵巣からのホルモン分泌動態は，卵胞発育，排卵，黄体形成の各時期により大きく異なるが，この卵巣における組織学的，さらに機能的なホルモン分泌動態の大きな変動は，下垂体前葉から分泌される性腺刺激ホルモ

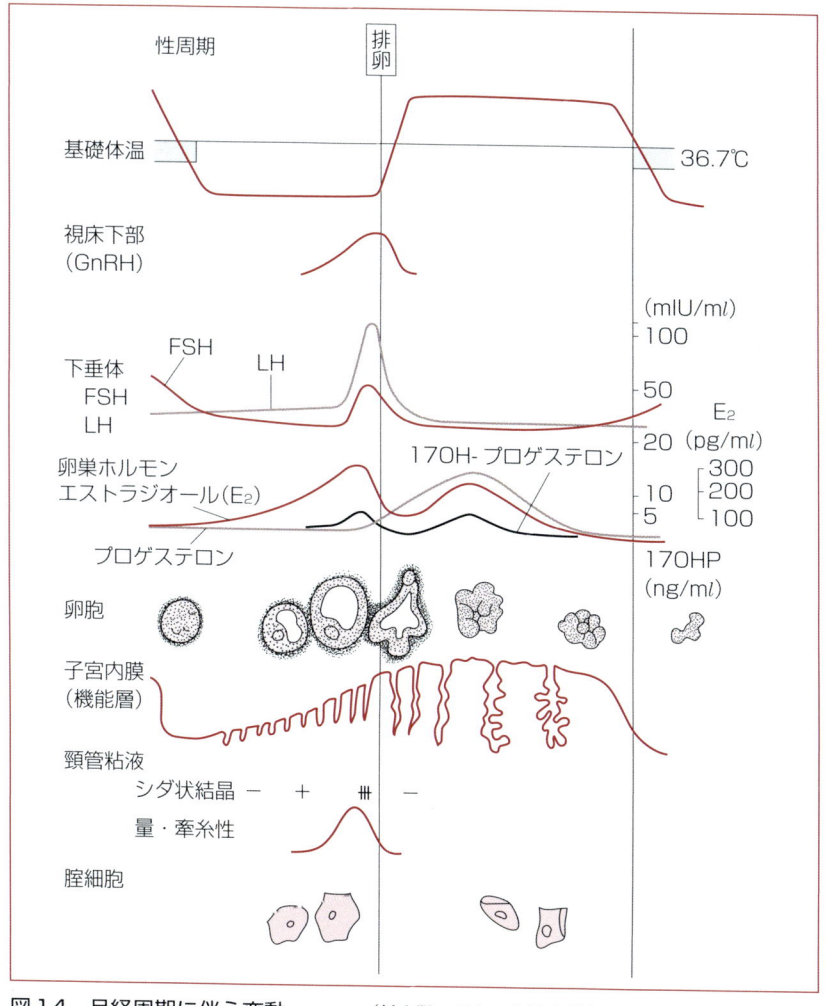

図14 月経周期に伴う変動　　　（杉山陽一ほか：小婦人科書．金芳堂，1980より引用）

ン（卵胞刺激ホルモン follicle-stimulating hormone：FSH，黄体化ホルモン luteinizing hormone：LH）により調節されている．さらに，性腺刺激ホルモンの分泌動態は，視床下部から分泌される性腺刺激ホルモン放出ホルモン（gonadotropin releasing hormone：GnRH，あるいは黄体化ホルモン放出ホルモン：LH-RH）による調節を受けている．なお，これら中枢からのホルモン分泌は卵巣ホルモンによる調節や中枢ホルモンによる調節を受けている．

このように，月経周期における変動は，ホルモンの分泌動態をみただけでも微細に調節されているが，非常にダイナミックな現象であり，さらにこれらホルモンにより全身的にも大きな変動をきたしている（図14）．

a 中枢（視床下部-下垂体）の周期

視床下部で産生された性腺刺激ホルモン放出ホルモンは下垂体門脈を通って下垂体前葉に到達し，それを刺激して性腺刺激ホルモン（FSH, LH）を産生・放出させる．性腺刺激ホルモンは，一般循環を通って卵巣にいたり，卵胞の成熟ならびに排卵を起こす．一方，成熟した卵胞から産生される性ステロイドホルモン（エストロゲン）は視床下部-下垂体に作用して，その機能を抑制（ネガティブフィードバック）あるいは刺激（ポジティブフィードバック）する．さらに，視床下部のGnRHの産生ならびに分泌は，その上位の大脳皮質などに対する外部からの刺激や，非ステロイド性物質（インヒビンなど）によっても調節されている．

> **word**
> インヒビン：卵胞内の顆粒膜細胞で産生され下垂体前葉からのFSH分泌を抑制する．

月経周期における性腺刺激ホルモンの分泌において最も顕著な変化は，排卵期における衝撃的な大量分泌（LHサージ）である．

b 卵巣の周期

卵巣は月経周期の進行に伴って，組織学的ならびに機能的にも時々刻々と変化する．その変化の過程を要約すると，卵胞発育→排卵→黄体形成→黄体退化（白体形成）である（図12）．

卵巣には成熟以前の卵胞（原始卵胞）が多数存在しているが，成熟期に達するまでに大多数は変性に陥るために，成長するにつれて卵胞数は次第に減少する．その数は新生児では約200万個であるが，幼女期では約30万個となり，16〜24歳では16万個，25〜35歳では6万個，36〜45歳では3万個と減少の一途をたどるといわれている．

1）卵胞期

性腺刺激ホルモンの作用で未熟な卵胞および卵細胞が発育成熟する時期である．

月経周期ごとに数個の卵胞が成熟を始めるが，そのうちの1個が急速に発育し（主席卵胞），直径約2〜2.5 cmの成熟卵胞（グラーフ卵胞）となる．この卵胞が排卵予定の卵胞であるが，他の卵胞群は変性（卵胞閉鎖）し，卵は死滅する．

この卵胞の発育は，性腺刺激ホルモンのうち，主として卵胞刺激ホルモン（FSH）が作用するが，卵胞期後期では黄体化ホルモン（LH）の協同作用も必要である．

成熟した卵胞の顆粒膜細胞および内莢膜細胞は，FSHおよびLHの刺激を

受けてだんだん多量の卵胞ホルモン（エストロゲン，estradiol）を産生・分泌する．

2）排卵期

成熟した卵胞は，卵巣の表面に膨隆し，卵胞膜の一部が透見できる部分が出現し，これを卵胞斑とよぶ．

卵胞期後期に成熟卵胞から大量に分泌されたエストロゲンが視床下部-下垂体を刺激して（ポジティブフィードバック），下垂体前葉から衝撃的な性腺刺激ホルモンの大量分泌（LHサージ）が起きる．その刺激で成熟卵胞の卵胞壁が破れ卵が放出（排卵）される．この卵子は，卵管采から卵管内に捕獲され，卵管の蠕動や線毛運動により子宮方向へ移動する．

なお，妊娠成立のための受精，卵子内への精子の進入は卵管膨大部においてなされ，受精卵は分割しながら子宮内に移動する．

3）黄体期

排卵後，卵胞内に出血が起こり，いわゆる血体となるが，間もなくこの血液は吸収されて，卵胞内面を覆う顆粒膜細胞が肥大増殖する．顆粒膜細胞および内莢膜細胞はルテイン化して黄色を呈する黄体が形成される．排卵後24〜96時間で黄体が完成され，10日間で直径約1 cmに達し，黄体ホルモン（プロゲステロン，progesterone）およびエストロゲンを産生・分泌する．

排出された卵子が受精しなかったとき，その黄体は月経黄体とよび，約2週間の寿命で以後急速に退行変性をきたして退色，萎縮し，線維素性白色の白体となる．なお，卵子が受精し着床したときには妊娠黄体となり，ますます増大して妊娠13〜14週頃にその機能は最高となるが，以後次第に退行萎縮して妊娠末期まで存続する．

黄体が退行変性に陥ると，はじめて次の卵胞の発育が開始される．

● C 子宮の周期

卵巣周期と同一周期をもって子宮内膜にも一定の周期性変化が認められる（図14）．

子宮内膜は子宮筋層に接する基底層と，その上部にあり子宮内腔に接する機能層からなっている．基底層には周期性変化は認められない．月経周期に伴う変化は機能層において顕著であり，月経期に脱落するのはこの機能層である．その月経周期における変化の大要は，増殖期→分泌期→月経期（剥脱期および再生期）である．

1）増殖期

月経第1日から起算して，第5〜15日の間の時期で，卵巣周期の卵胞期に相当する．

子宮腺および間質の増殖発育により子宮内膜は次第に肥厚する．

2）分泌期

増殖期の後の第15〜30日の間で，卵巣周期の黄体期に相当する．

子宮内膜はますます肥厚し，子宮腺は迂曲蛇行し，腺腔は広く，腺細胞の分泌現象がみられる．

3）月経期（剥脱期および再生期）

子宮内膜が剥離・脱落して出血が起こる剥脱期（月経の第1～2日）と，内膜の再生が始まり創面が再生上皮で覆われる再生期に区分される．

d その他の性器における周期

1）腟の周期性変化

腟壁は重層扁平上皮であり，基底細胞，傍基底細胞，中層細胞，表層細胞の4層に区別される．

エストロゲンが増加すると表層細胞は水分を含んで厚くなり，細胞は細胞質が多く，核が小さくなり薄くなる．羽を幾重にも重ねたようになるが，この変化も生殖には必須で，性交を容易にする周期的変化である．

腟分泌物の細胞診をみると，卵胞期初期には好塩基性表層細胞が，卵胞期後期には好酸性表層細胞が，そして黄体期には中層細胞が多くみられる．黄体期の細胞は辺縁の折れ曲がりや，細胞の密集傾向などを示す．

2）子宮頸管の周期性変化

子宮頸管内膜の周期性変化は子宮体内膜ほど著明ではない．しかし，頸管腺の分泌状態は卵巣機能，エストロゲンの支配を受けて周期性変化を示す．

卵胞期の後半から排卵直前の時期になると，それまで完全に閉鎖し，濃厚な粘液栓で満たされていた子宮頸管は，外子宮口がやや開大し，水様の透明な頸管粘液を分泌するようになる．

頸管粘液は，正常排卵直前には0.3 ml に達し，牽糸性は10 cm を超え，乾燥するとシダ状結晶（図15）が著明となる．これらの変化は，エストロゲン量に比例しており，排卵後に黄体からのプロゲステロン分泌が始まると直ちに消失する．

この変化は，精子が子宮頸管を上行するのに必須の条件である．精子のrheotaxis（流れに逆らって運動する性質）およびchemotaxis（頸管粘液の中性～アルカリ性に向かって運動する性質，腟は著明な酸性）にとって必要で，子宮頸管の受け入れ態勢ともいうべき周期性変化である．

図15 頸管粘液のシダ状の結晶

e 性器外周期

月経周期に伴う変化は性器のみでなく，全身においてもダイナミックな変化がみられる．

1) 乳房

乳房の周期性変化は著明ではない．しかし，黄体期には乳腺の腺管上皮の増殖，小腺葉の発育と充血などのため，乳房の硬結，圧痛などが起こる（症状が強く，日常生活に支障をきたすものを月経前症候群という）．なお，これら変化は月経の発来とともに自然に消失する．

2) 基礎体温

健康成熟期婦人の基礎体温 (basal body temperature : BBT) をみると，月経周期の前半は低温相，後半は高温相を示し，二相性である．この両相の平均温度差はおおよそ 0.3〜0.5℃ くらいである．月経期に入ると体温は下降する．なお，低温相から高温相に移行する際に体温陥落を認めることが多いが，この時期は排卵期に相当する（図14）．

卵巣周期（ホルモン分泌状態）の面からみると，低温相は卵胞期（エストロゲン期）に，高温期は黄体期（プロゲステロン期）に相当する．すなわち，基礎体温の上昇はプロゲステロンの作用によるものであり，基礎体温の二相性は排卵の確認に用いることができる．

3) その他の周期的変化

婦人の生体現象は，すべて卵巣周期に従って一定の周期的変化を営んでいる．

すなわち，基礎代謝，体内各物質の代謝，血液組成，心・血管系機能，肝・腎機能，体内酵素系，自律神経系，反射機能，作業能力，精神反応などに周期的変化がみられるといわれている．

③ 正常月経の範囲

月経の定義から，正常月経の範囲が決められている（表4）．また，初経および閉経についても記す．

a 初経

初めて月経が発来することを初経（一般用語では初潮）という．初経発来年齢は人種，社会環境，生活環境，栄養状態，気候などにより異なるが，近年世界的に早期化の傾向にある．現在のわが国女子の初経発来の平均年齢は

表4 正常月経の範囲

月経周期日数	25〜38日
前後の月経周期日数の変動	±6日以内
卵胞期日数	17.9±6.2日*
黄体期日数	12.7±1.6日*
月経持続日数	3〜7日
経血量	20〜140 ml

*基礎体温による判定

満12歳である．

b 月経周期
月経の初日から次回月経の前日までの日数をいう．正常月経周期日数は25〜38日の範囲内で，周期ごとの日数の変動が6日以内のものである．

c 持続日数
月経出血の持続日数は3〜7日（平均4.6日）が正常範囲とされている．

d 経血量
いわゆる月経時の出血の量としては，20〜140 ml程度を正常範囲としている．

月経血の性状は血液成分のほか，子宮体内膜創面よりの滲出液，内膜上皮細胞，頸管粘膜，外陰の分泌液および細菌などを含んでいる．凝固性は少なく，暗赤色，弱アルカリ性である．

e 随伴症状
月経時には，下腹痛や腰痛などの疼痛を主体とした各種の症状が認められることが多い．これら症状により日常生活に何らの支障もきたさない状態を正常とする．

f 閉経
卵巣機能の周期性活動が消失し，永久に月経が停止した状態をいう．現在のわが国婦人ではだいたい満50歳である．

④ 月経異常の種類

正常月経の範囲を逸脱した月経が月経異常である．

a 初経の異常

1) 早発月経

満10歳未満で初経の発来したもの．

2) 思春期早発症

早発月経があるか，乳房発育が7歳未満または陰毛発生が9歳未満で開始したもの．

3) 遅発月経

満15歳以上で初経が発来したもの．

4) 思春期遅発症

適正な年齢を過ぎても乳房発育，陰毛発生および初経発来のすべてをみないものをいう．その年齢は，現状では乳房発育11歳，陰毛発生13歳，初経発来14歳である．

5) 原発性無月経

満18歳に達しても初経が発来しないもの．

原因には体質的な初経発来遅延ばかりでなく，身体発育不良や性管分化異常症，さらには染色体異常などの性分化異常症もある．

b 月経周期の異常

1) 不整周期症

月経周期が不規則（月経不順）であり，次回月経の発来日の予測が全くつ

かないもの．すなわち，周期ごとの周期日数の変動が7日以上あるもの．

2) 頻発月経
月経周期日数が短く，24日以内で月経が発来するもの．

3) 稀発月経
月経周期日数が長く，39日以上で月経が発来するもの．

4) 続発性無月経
初経発来後において，月経が90日以上の間，周期的に発来しないものをいう．なお，初経発来前，妊娠中，産褥期，授乳期，閉経後などの無月経は生理的な無月経であり，異常としては取り扱わない．

卵胞ホルモン（エストロゲン）の分泌がある程度に保たれているものを軽症の第Ⅰ度続発性無月経といい，エストロゲン分泌が非常に少ないか欠如するものは重症の第Ⅱ度続発性無月経である．

c 持続日数の異常

1) 過短月経
月経の持続日数が2日以内と短いもの．

2) 過長月経
月経の持続日数が8日以上に及ぶもの．

d 経血量の異常
月経時の出血量の多寡による異常である．

1) 過少月経
経血量がきわめて少量のもの．稀発過少月経の型をとることが多い．

2) 過多月経
経血量が異常に多量で，多くは凝血塊の排出をみ，また「生理用品」の頻繁な交換が必要なものであり，通常貧血に陥る．頻発過多月経の型をとることが多い．

e その他の月経異常

1) 無排卵周期症（無排卵性月経）
月経現象は生殖生理機能として妊娠することを目的とした機能であることから，無排卵周期症は月経異常と考えられる．なお，機能が未熟な思春期や，機能が衰退する更年期における無排卵周期症は，必ずしも月経異常とはいえない．

2) 排卵性卵巣機能不全症
排卵はあるが，排卵以外の卵巣機能（卵胞成熟，黄体成熟），すなわちエストロゲン分泌やプロゲステロン分泌などに多少の機能不全がある状態である．

a) 卵胞機能不全症
卵胞期における下垂体前葉からの卵胞刺激ホルモン（FSH）の分泌不全により卵胞発育が障害され，エストロゲン分泌が少ない状態である．本症は稀発月経，卵胞期中期機能不全症，排卵期機能不全症の3型に分類される．

b) 黄体機能不全症
基礎体温の高温相が10日以内の持続しかない黄体期短縮症と高温相の持

続は正常であるがプロゲステロンの分泌量が少ない黄体ホルモン分泌低下症に分けられる．その原因としては諸説があるが，卵胞期における FSH の分泌不全による卵胞発育不全によると考えられる．

3）機能性子宮出血

子宮体内膜からの出血のうち，月経と器質性出血（妊娠，炎症，腫瘍，外傷など）を除外した出血をいう．原因は卵巣ホルモン分泌調節機能の失調によるものである．多くは排卵障害のために卵胞が存続し，エストロゲンの分泌が持続し，子宮内膜の異常増殖をきたし，その結果として性器出血をきたしている．しかし，個々人によりその病態には違いがあるので，一元的には説明できない．

f 随伴症状の異常

月経に関連しての随伴症状が異常に強く，日常生活に支障をきたすものをいう．

1）月経困難症

月経時の随伴症状が異常に強いもので，下腹痛，腰痛，腹部膨満感，嘔気，頭痛，疲労・脱力感，食欲不振，いらいら，下痢および憂うつの順に多くみられる．一般に下腹痛や腰痛などの疼痛（月経痛）が強く，鎮痛剤の服用や臥床を必要とするものをいう．

月経困難症は，その原因により器質性月経困難症と機能性月経困難症に分類される（表5）．

a）器質性月経困難症（続発性月経困難症）

子宮内膜症や子宮筋腫などの器質的な疾患に伴うもの．一般に成熟期婦人にみられることが多い．

b）機能性月経困難症（原発性月経困難症）

何らの器質的疾患を有しないものをいう．初経発来後 2～3 年より始まり，排卵性月経周期の場合にみられることが多い．その原因はプロスタグランジン過剰による子宮の過剰収縮と考えられている．

2）月経前症候群（月経前緊張症）

月経開始の3～10日くらい前から始まる精神的あるいは身体的な症状で，日常生活を著しく障害するが，月経発来とともに減退ないし消失するものを

表5　月経困難症の分類

```
1. 器質性（続発性）月経困難症
    子宮内膜症
    子宮筋腫
    骨盤内炎症性疾患
2. 機能性（原発性）月経困難症
    内分泌失調説
    子宮発育不全説
    子宮筋過度収縮説
    心因性説
    体質説
    プロスタグランジン説
```

いう．症状としては，精神症状（いらいらなど），乳房症状（緊満感，乳房痛など）および水分貯留症状（浮腫，体重増加）が多い．

g 閉経の異常

1）早発閉経

満43歳未満で永続的無月経（閉経）となったもの．

2）遅発閉経

満55歳以降に閉経となったもの．

D 女性の一生と性機能

女性の月経現象，性機能の状態は，その一生を通して一定ではなく，大きく変動する．そこで，性機能の発達，成熟状態により「女性の一生」をみると，図16のごとくに区分することができる．

性機能が成熟し妊娠・分娩が可能な時期が成熟期であり，年齢的には17〜18歳から40歳代前半の時期に相当する．それより後の時期は，徐々に機能が衰退する更年期であり（48〜50歳まで），この時期に月経の停止（閉経）をきたす．更年期の後の時期は，機能が全く失われた老年期である．成熟期より前の時期は，性機能がいまだ認められない新生児期，乳児期，幼小児期を経て，8〜9歳からが思春期となる．思春期は性機能の発達が徐々に認められる時期であり，この時期に初めての月経（初経）が発来する．

そこで，各年代，時期における性機能の状態，特徴，問題点について簡単に解説する．

① 新生児期

新生児期の女児は，子宮内にいる間に胎児・胎盤系で産生される大量の性ステロイドホルモン，特にエストロゲンの影響を受けて性器は極端に肥大しており，子宮ならびに腟粘膜も肥大し，乳腺も大きくなっており，月経様出血や乳汁分泌をみることもある．

しかし，間もなくこれらホルモンは排泄され，自身の卵巣はいまだ働かな

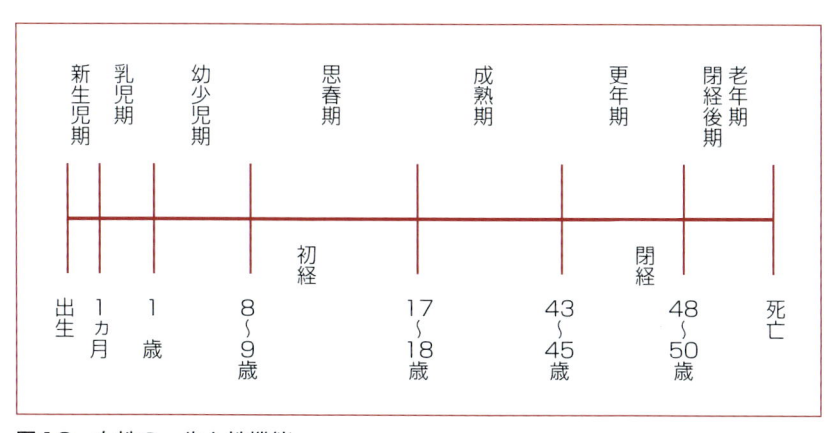

図16 女性の一生と性機能

表6 思春期早発症の分類

1. 真性思春期早発症
   ①特発性(体質性)思春期早発症
   ②脳内病変
      視床下部および近傍の腫瘍その他の病変，松果体腫瘍，先天性脳奇形，水頭症，頭部外傷後遺症，脳炎，髄膜炎，脳膿瘍など
   ③若年性甲状腺機能低下症
      先天性甲状腺機能低下症(クレチン症)
      下垂体性甲状腺機能低下症
      視床下部性甲状腺機能低下症
   ④特殊型
      McCune-Albright症候群
      Silver-Russell症候群
      妖精症

2. 仮性思春期早発症
   ①卵巣腫瘍
      顆粒膜細胞腫，莢膜細胞腫，黄体腫，卵巣嚢腫，奇形腫など
   ②副腎疾患
      副腎皮質腫瘍，副腎皮質過形成，副腎性器症候群
   ③肝腫瘍
      hepatoblastomaなど
   ④医原性思春期早発症
   ⑤異所性ゴナドトロピン産生腫瘍
      hepatoblastoma，絨毛上皮腫など

3. 部分的思春期早発症
   ①早発乳房発育症(premature thelarche)
   ②早発陰毛発生症(premature pubarche)

いのでホルモン的には休止期に入り，肥大していた性器は萎縮する．

② 乳児期・幼小児期

乳児期・幼小児期における身体の発育状態は，外観の「子どもっぽさ(未熟性)」ばかりでなく，内性器(卵巣，子宮など)および外性器(外陰部)の発育，発達はなく，その機能はいまだ発現しておらず，女性としての性機能は全く認められない．

下垂体からの性腺刺激ホルモン(FSH, LH)の分泌はきわめて少なく，そのために卵巣からのエストロゲン分泌はほとんど検出不能の状態である．

この時期に第二次性徴(乳房発育と陰毛発生)の発達とともに定期的な性器出血(月経)を認める場合には思春期早発症であり，種々の原因(表6)により発症する[1]．本症の問題点は，エストロゲンの作用により骨端線の早期閉鎖をきたして身長の発育が停止し，結果として小人(侏儒症)となることが最重要である．また，心身ともに未熟な少女が性器出血に対処できないなどの問題もあるので，早急に詳細な検査と治療が必要である．

③ 思春期

a 性器の発育

直接，生殖にあずかる性器系(卵巣，子宮，卵管，外陰)における発育，いわゆる第一次性徴である．

1)卵巣

卵巣の重量と大きさの発育は，幼・小児期にも徐々に認められるが，8〜10歳の頃から著明な増加を示し(図17)，形状も紡錘型から円形あるいはアーモンド型(成人型)となる．

原始卵胞の数は新生児では約200万個であるが，幼女期では約30万個となり，16〜24歳では16万個，25〜35歳では6万個，36

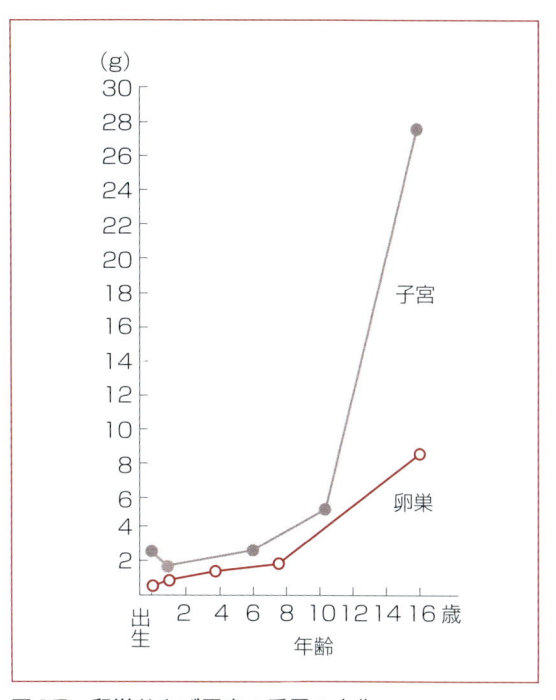

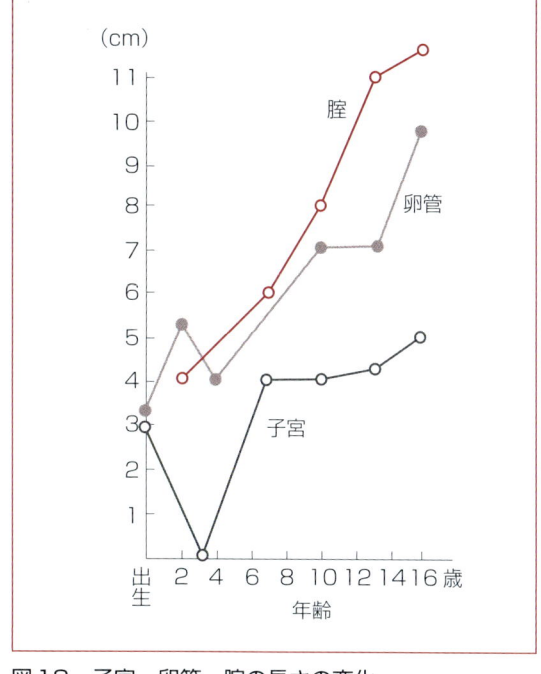

図17 卵巣および子宮の重量の変化
(Huffman JW et al, 1981より引用)

図18 子宮, 卵管, 腟の長さの変化
(Huffman JW et al, 1981より引用)

〜45歳では3万個となる．これら原始卵胞も小児期にも発育するが，その大きさは直径0.5 mm程度であり，機能しないまま閉鎖卵胞となり消失してしまう．10歳を過ぎると発育卵胞は2〜3 mmを超えて成熟卵胞に近づき，エストロゲン産生も開始されるようになるが，この時期ではほとんど排卵することはない．

2）子宮

子宮の重量は10歳の頃から急速に増加する（図17）．大きさ（長さ）は新生児期に比して4歳頃までは縮小傾向を示すが，6歳頃より増加し，12歳を過ぎるころより増大傾向がさらに加速されるようになる（図18）．

形状の変化は乳児期では子宮体部と頸部比は1：3であるが，6歳頃から体部の発育が増し，10歳頃には1：1となり，さらに思春期が進むにつれて成人形の3：1に近づいてくる．子宮内膜も年齢とともに肥厚し，また頸管上皮の働きも活発となり粘液を産生するようになる．

3）卵管

卵管長は年齢の経過，身体の発育とともに延長する（図18）．形態的にも迂曲の減少，卵管内膜の線毛や皺襞の出現，線毛運動や蠕動も認められるようになる．

4）腟

長さの増大は身体発育に並行して起こり，思春期発現以前から開始されている（図18）．10歳の頃になると粘膜は肥厚，湿潤し，内腔も増大する．初経発来の頃には粘膜の皺襞が出現し，腟円蓋も形成されるようになる．

腟スメア像（maturation index：MI，深層細胞／中層細胞／表層細胞の比）

はエストロゲン活性を示す指標となる．小児期には深層細胞のみであるが，7～10歳の頃になると多少のエストロゲン分泌により中層細胞が出現し (75/20/0～75/20/5)，10～13歳になると表層細胞の増加がみられるようになり (0/70/30)，成人に近い像を呈するようになる．

5) 外陰部

7歳の頃までの未熟な外陰部も8～9歳頃になると恥丘の膨隆がみられ，大陰唇や小陰唇は厚みと丸みを増し，陰核もやや大きくなり，処女膜も肥厚する．腟口は小児期では直径0.5 cm程度であるが，7～10歳では0.7 cm，10～13歳では1.0 cmに達する．

b 身体発育と第二次性徴

体型的には身体全体，特に腰部から殿部にかけての脂肪の沈着が顕著となり，男子とは異なる女性らしい丸みを帯びた身体となる．また，女性としての体型 (第二次性徴) が徐々に発達し，外見的にも成熟した女性に近づいてくる．

1) 身体発育

思春期における身体発育は，この時期における最も顕著な変化である初経発来とも関連している．そこで，わが国女子の初経発来時の身長および体重を示す[2]．

a) 身長

初経年齢別に初経発来時の身長をみると，9歳では149 cmであるが，15歳では158 cmとなり，この6年の間に9 cmの伸びが認められる (図19)．すなわち，初経年齢が高くなるにつれて身長が増大しており，初経発来にはその時期における身長はそれほど重要な要因として関わっていないと考えられる．

b) 体重

初経年齢別の初経発来時の体重は，いずれの年齢においても43 kg前後であり，初経発来年齢による差は認められない (図20)．すなわち，初経発来にはその時期における体重が重要な要因であることが示されている．

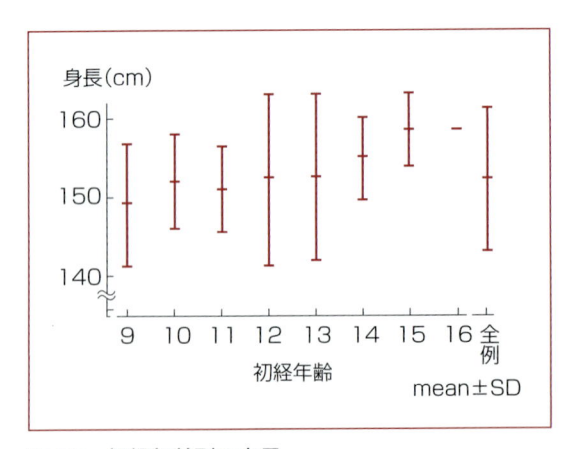

図19　初経年齢別の身長

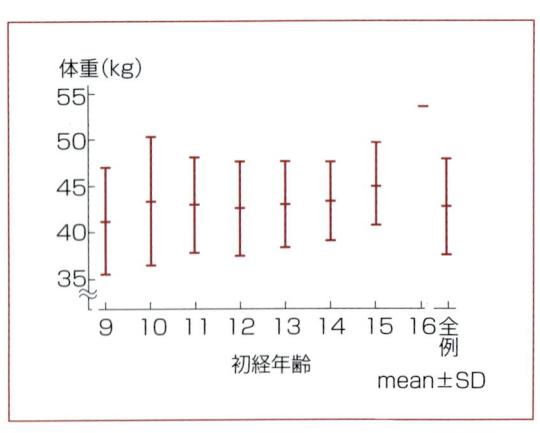

図20　初経年齢別の体重

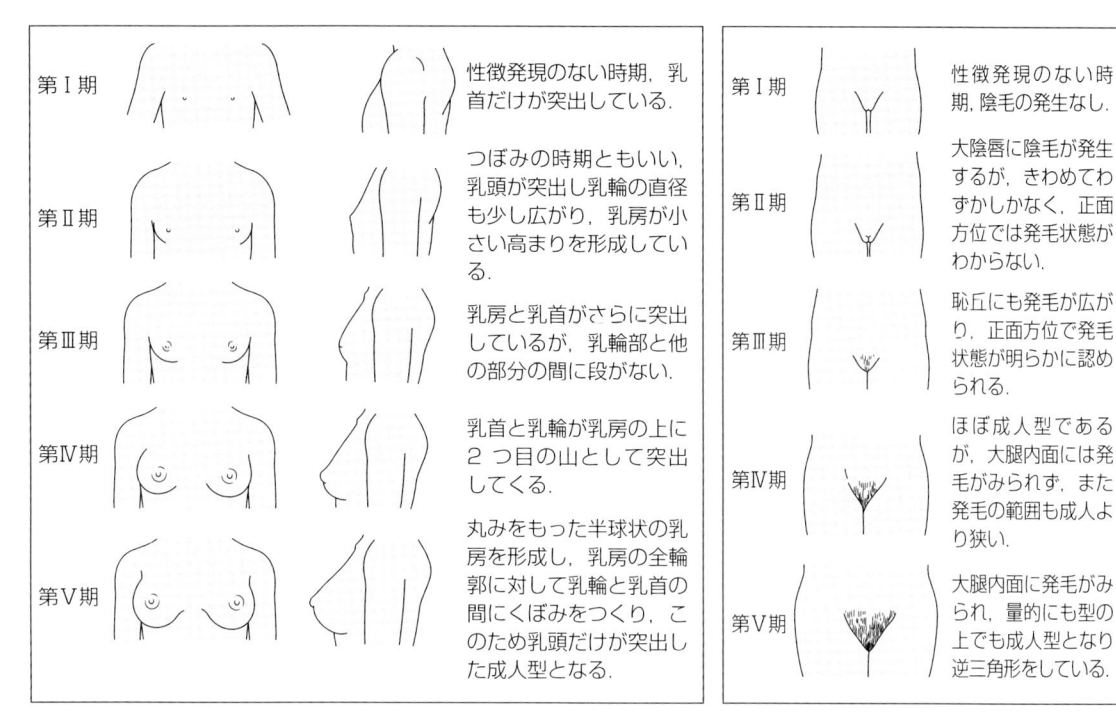

図21 乳房の発育度の分類

	図	説明
第Ⅰ期		性徴発現のない時期，乳首だけが突出している．
第Ⅱ期		つぼみの時期ともいい，乳頭が突出し乳輪の直径も少し広がり，乳房が小さい高まりを形成している．
第Ⅲ期		乳房と乳首がさらに突出しているが，乳輪部と他の部分の間に段がない．
第Ⅳ期		乳首と乳輪が乳房の上に2つ目の山として突出してくる．
第Ⅴ期		丸みをもった半球状の乳房を形成し，乳房の全輪郭に対して乳輪と乳首の間にくぼみをつくり，このため乳頭だけが突出した成人型となる．

図22 陰毛の発生度の分類

	図	説明
第Ⅰ期		性徴発現のない時期，陰毛の発生なし．
第Ⅱ期		大陰唇に陰毛が発生するが，きわめてわずかしかなく，正面方位では発毛状態がわからない．
第Ⅲ期		恥丘にも発毛が広がり，正面方位で発毛状態が明らかに認められる．
第Ⅳ期		ほぼ成人型であるが，大腿内面には発毛がみられず，また発毛の範囲も成人より狭い．
第Ⅴ期		大腿内面に発毛がみられ，量的にも型の上でも成人型となり逆三角形をしている．

思春期における体重増加の大部分は，腰部などを中心に沈着する体脂肪の増加であることからも，初経発来には一定以上の体脂肪が必要であることが明らかである．そこで，初経発来と体脂肪の関係をみると，体脂肪率として17％以上が初経発来には必要であるとされている[3]．

2) 第二次性徴

思春期は乳房の発育や陰毛の発生などの第二次性徴が認められる時期である．その発育度の分類としてはTannerによる5段階の分類がよく知られている[4]．

a) 乳房

乳房の発達の初めは，乳頭がその大きさを増し平坦な胸壁の上に突出する変化である．その後，段階的に乳頭，乳輪，乳腺実質の発育が進行し成人型に達する(図21)．

しかし，すべての者が乳房発育度(breast：B)：Ⅴ，すなわち乳輪・乳房移行部が消失した成人型に進行するわけではなく，一部の者は妊娠まであるいはそれ以降でもB：Ⅳの状態であったり，B：Ⅳを経ずにB：Ⅲから直接にB：Ⅴに進むこともある．

b) 陰毛

陰毛(pubic hair：PH)の発生は一般に乳房の発達より遅れるとされている(図22)．

最初は大陰唇あるいは恥丘の柔らかい直毛であり，次第に範囲を広げながら縮剛毛へ変化するが，男性とは異なりその分布が臍部へ進展することはほとんどなく，逆三角形の分布にとどまる．なお，腋毛の発生は一般に陰毛の

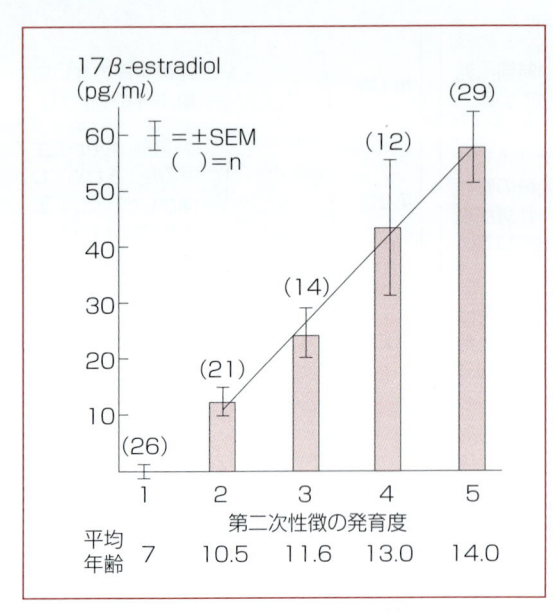

図23 第二次性徴と血清estradiol値
(Jenner MR et al : J Clin Endcrinol Metab, 34:521-530, 1972より引用)

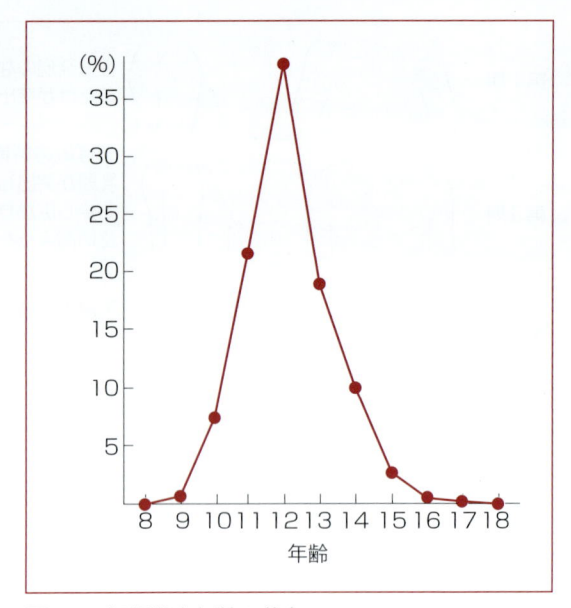

図24 初経発来年齢の分布

発生より遅れるとされている.

3) 性機能と第二次性徴

思春期における性機能，特に初経発来周辺期における内分泌機能について，第二次性徴の発達段階との関係から簡単に解説する.

a) ホルモン環境

第二次性徴の程度により血清estradiolの値をみると，図23に示すように発達に伴い漸増する[5].すなわち，下垂体からの性腺刺激ホルモン(FSH)の分泌増加が卵巣からのestradiol分泌を刺激し，それが第二次性徴を促進するものと考えられる.

b) 初経発来

思春期における性機能発達の最も明らかな徴候は初経発来である.

初経発来年齢の分布をみると，12歳での発来者が最も多く，その前後の年齢で漸減する正規分布を示しており(図24)，その平均年齢は12.5歳である.

初経発来前後における第二次性徴の発達状態は，まず最初に乳房の発育が先行してB：Ⅱの平均年齢は10.7歳，B：Ⅲは12.0歳であり，ついで初経発来(12.5歳)後に陰毛発生が起こり，PH：Ⅱが12.6歳，PH：Ⅲとなるのは14.5歳である.その後，乳房および陰毛とも成人型への発育がなされる(図25)[6].

すなわち，思春期少女の外見的な身体発育，第二次性徴は女性としての性機能の発達状態を如実に反映している.

c 性機能の発達過程

初経発来後の数年間は性機能としてはいまだ未熟であり，無排卵性周期が大部分である.また，しばしば稀発月経や続発性無月経をきたすことがある

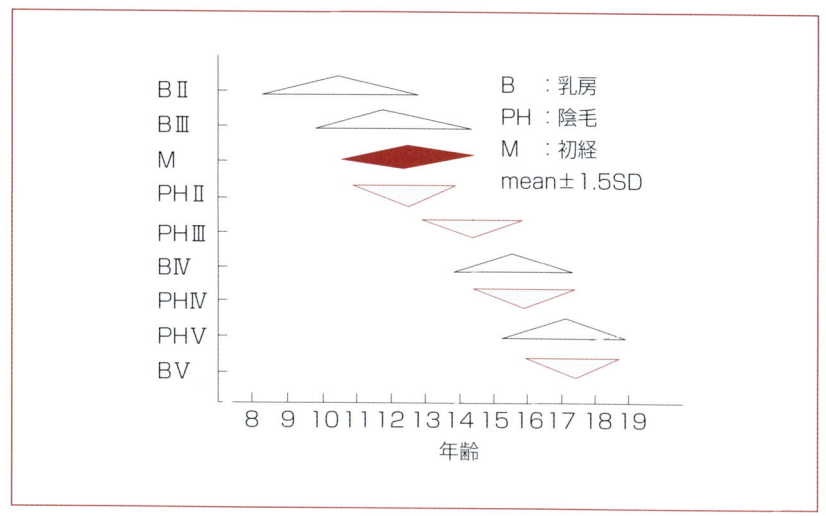

図25 第二次性徴と初経発来

が，必ずしも異常とはいえないが十分な管理が必要である．

なお，内分泌機能の失調（ホルモンのアンバランス）による異常性器出血（機能性子宮出血）をきたすことがある．本症は疾患としての重大性は少ないが，少量でも長期間の出血や大量の出血により貧血となること，また持続する性器出血は少女にとって精神的には大きな負担となるので，積極的な治療が必要である[7,8]．

このように思春期ではその性機能は未成熟であり，非常に不安定であるために，各種のストレスによっても容易にその機能は障害される．

④ 成熟期

第二次性徴は成人型となり，性機能としても成熟した時期であり，月経周期は整順となり，排卵性の月経周期が確立される．

すなわち，身体的にも機能的にも女性として完成した時期であり，妊娠・分娩が可能な時期である．

⑤ 更年期

加齢とともに一定の時期に達すると卵巣での卵胞発育，エストロゲン生成および排卵機能の低下が始まり，月経は不規則となる．この時期が更年期であり，ある期間続いた後に排卵，エストロゲン生成，卵胞発育が停止し，月経は完全に停止（閉経）する．この期間の長さには個人差が大きいが，2～2.5年の者が多いとされている．

すなわち，更年期は生殖期（成熟期）から生殖不能期（老年期）への移行期である．

ⓐ 内分泌機能
1）卵巣機能

卵巣は20歳までに最大重量約20 gに達し，30歳代前半頃より萎縮し始

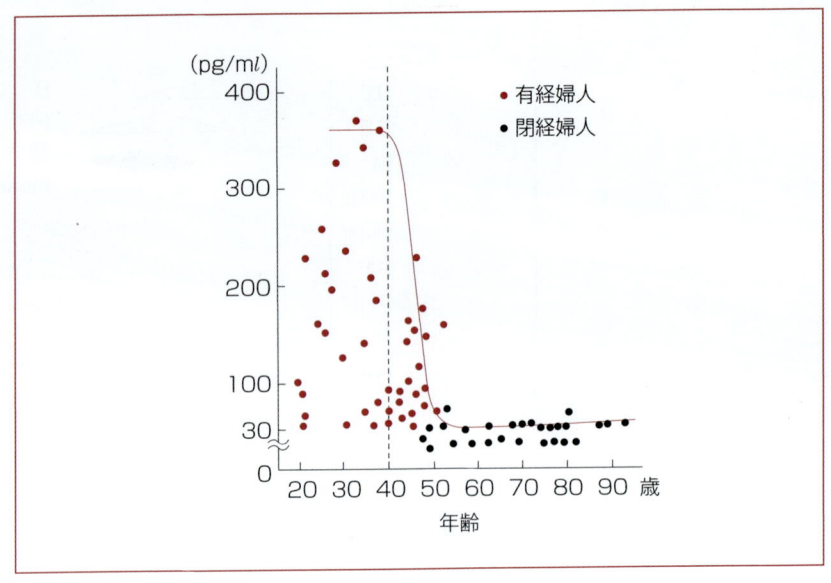

図26　加齢に伴う血清estradiol値の変化
(一戸喜兵衛ほか：臨婦産，41：215-226，1987より引用)

め，閉経期の50歳頃では20歳代の約1/2に減少する．組織学的には皮質の菲薄化，結合織の増加，間質細胞の増加などの老化に伴う変化が認められ，徐々に進行する．

　卵巣機能が徐々に衰退し，閉経が近づくほど卵巣重量は減少し，また原始卵胞が減少・消失する．さらに，ステロイドホルモン生成の面では男性ホルモン（アンドロゲン：androgen）の生成はあるが，エストロゲン（estrogen）の生成が認められなくなり，エストロゲンの周期的な分泌が起きなくなり，その結果として分泌量も減少してくる（図26）．さらに，閉経後にはエストロゲンの分泌は非常に少なくなる[9]．

2）視床下部-下垂体系機能

　卵巣の老化のためにエストロゲン分泌量が減少し，性腺刺激ホルモン，特にFSHに対するネガティブフィードバック作用が低下することによりFSH分泌が増加する（図27）．過剰なFSH分泌増加は卵胞成熟を障害し，閉経前の無排卵性月経や稀発月経の原因の1つと考えられる．

b 生理学的特徴

　閉経前後の生理学的特徴は卵巣（卵胞）の抵抗性が増大し，卵巣からのエストロゲン分泌が低下し，さらに排卵が認められなくなる．その結果として，下垂体からは性腺刺激ホルモン（ゴナドトロピン：FSH，LH）が持続的に大量に分泌される．このような状態を経て閉経をむかえる．すなわち，更年期は内分泌学的には高ゴナドトロピン・低エストロゲンの状態である（図28）．

　この時期の性機能は非常に不安定であり，エストロゲンが持続的に作用することにより子宮内膜の肥厚をきたして不正性器出血（機能性子宮出血）をきたすことが多い．

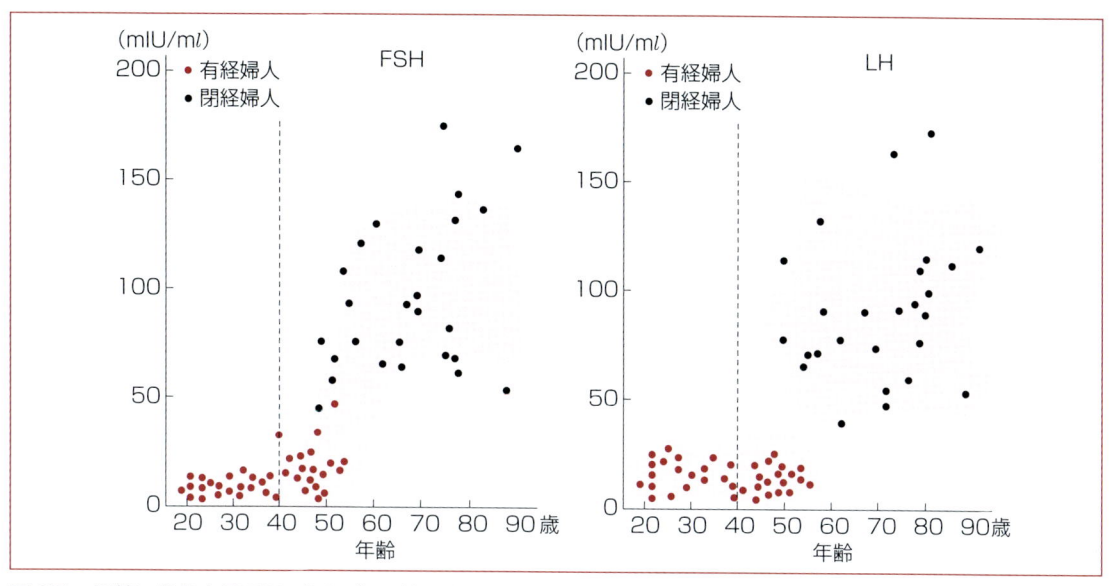

図27　加齢に伴う血清FSHおよびLH値の変化　　　　　　　　（一戸喜兵衛ほか：臨婦産，41:215-226, 1987より引用）

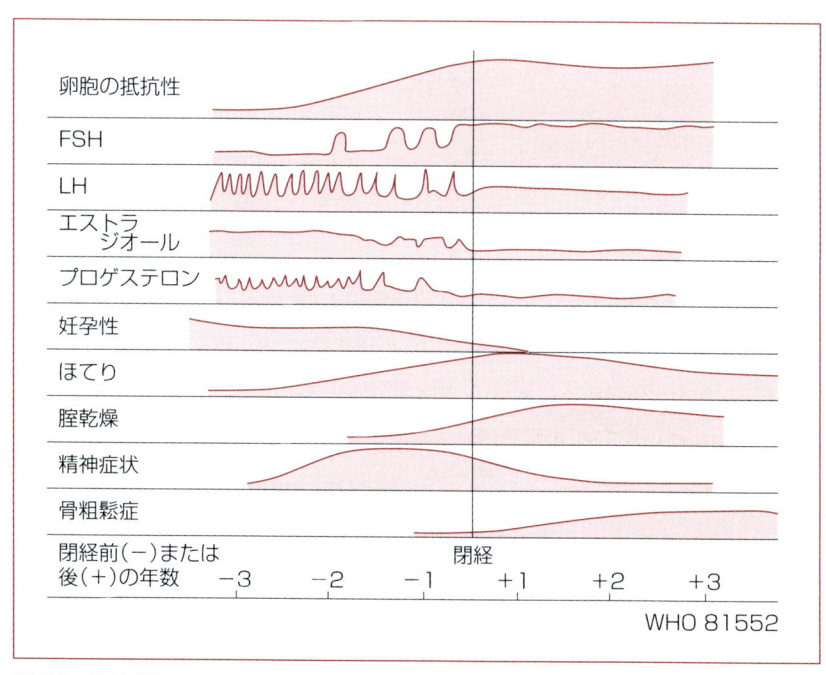

図28　更年期における臨床的，生物学的，内分泌学的変化

c 更年期障害

加齢に伴う全身機能の変化によって引き起こされる症状と捉えるべきであり，それらの症状の背景についても系統的な把握が重要である[10].

1）病態

更年期における内分泌環境の急激な変化，すなわち低エストロゲン状態は腟・泌尿器系の症状，そして骨や脂質代謝にも変化を引き起こしている．これら症状の原因となる身体機能の変化は，すでに数年前から潜伏した形で開

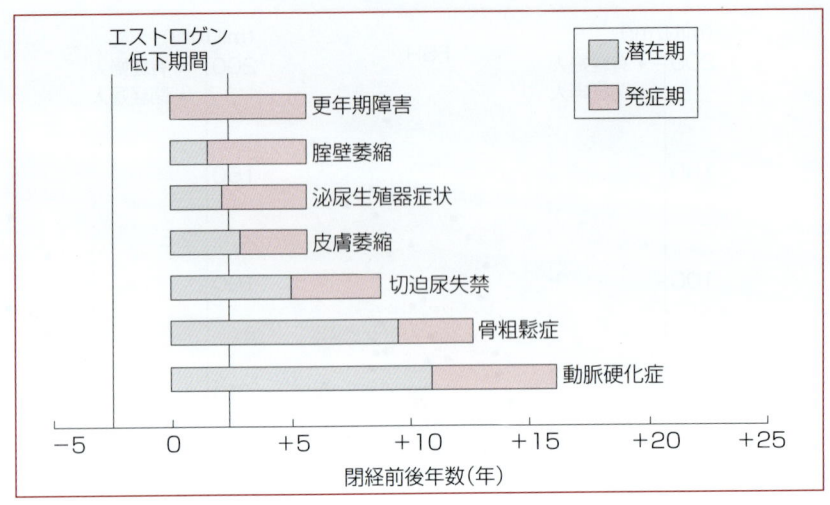

図29 更年期・閉経前後の各種症状の発症状況　(Van Keep PA et al, 1973より引用)

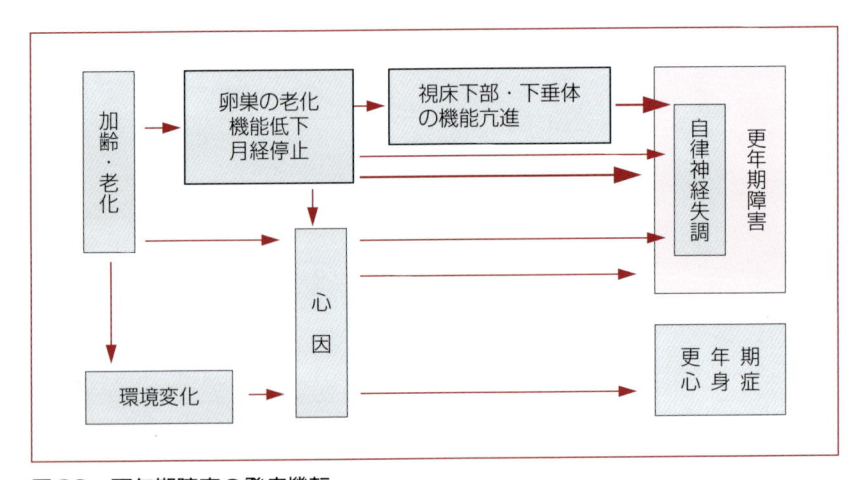

図30 更年期障害の発症機転

始している(図29).原因としては内分泌失調(エストロゲン欠乏),自律神経系の失調,社会的・心理的要因などが複雑に絡んでいる(図30).

エストロゲン欠乏症状で最も問題となるのは血管運動神経失調症状であり,典型的な症状はのぼせ・ほてり(hot flush)である(表7).また,自律神経失調・心身症様症状としては,不眠や憂うつなどが問題となるが,神経症や仮面うつ病との鑑別が重要である.

2) 症状の評価

更年期障害の症状,不定愁訴を生化学的あるいは生理学的なパラメーターにより客観的に捉えることは困難である.そこで,患者の訴える各種症状の質と重症度を系統的に分析,整理し,時間的な因子の影響も考慮して,症状の経時的な推移にも注目して総合的に評価される.

更年期障害の不定愁訴を重症度によりそれぞれスコア化,計量化して評価する方法として Kuppermanの更年期指数(menopausal index)が広く使用されており(表8),スコアが高いほど重症である.なお,本指数は日本婦

表7 更年期障害の症状

1. エストロゲン欠乏症状
   ①性器に現れる症状
      月経不順・無月経，外陰・腟の萎縮・乾燥による性交障害，乳房萎縮など
   ②血管運動神経失調症状
      熱感（ほてり），のぼせ，発汗など
   ③代謝異常によるもの
      骨粗鬆症による腰痛，退行性関節疾患，動脈硬化，皮膚の萎縮，色素沈着，多毛症など
2. 自律神経失調・心身症様症状
      憂うつ，焦燥感，不安感
      めまい，嘔気
      不眠
      しびれ，知覚過敏・鈍麻，蟻走感
      頻尿，排尿痛
      肩こり，腰痛，関節痛
      息切れ，動悸

表8 Kuppermanの更年期指数

症状	症状の程度	評価（factor）	＝指数
顔が熱くなる（ほてり）		×4	
汗をかきやすい			
腰や手足が冷える			
息切れがする			
手足がしびれる		×2	
手足の感覚が鈍い			
夜なかなか寝つけない		×2	
夜眠っても眼をさましやすい			
興奮しやすい		×2	
神経質である			
つまらないことにくよくよする		×1	
めまいや吐き気がある		×1	
疲れやすい		×1	
肩こり，腰痛，関節痛がある		×1	
頭が痛い		×1	
動悸がある		×1	
皮膚を蟻が這うような感じがある		×1	
		更年期指数合計	

[症状の程度] 症状なし＝0，軽度＝1，中等度＝2，重度＝3
各症状群の点数は各症状群に属する症状の重症度の最高点×factorであり，全症状群の点数の総数が更年期指数となる．
(坂元正一ほか監修：[改訂版]プリンシプル産科婦人科学 1，メジカルビュー社，p693，1997より引用)

人で訴えの多い肩こり，腰痛などの評点が低く，皮膚の蟻走感は日本婦人では少ないことなどから，日本人向きではなく，またチェック項目が多すぎるなどの欠点が指摘されている．そこで，これらを改善した簡略更年期指数(simplified menopausal index：SMI) が提唱されている (表9)[11]．

表9 簡略更年期指数

症状	症状の程度				点数	症状群	割合(%)
	強	中	弱	無			
1. 顔がほてる	10	6	3	0		血管運動神経系症状	46
2. 汗をかきやすい	10	6	3	0			
3. 腰や手足が冷えやすい	14	9	5	0			
4. 息切れ・動悸がする	12	8	4	0			
5. 寝つきが悪い，または眠りが浅い	14	9	5	0		精神・神経系症状	40
6. 怒りやすく，すぐいらいらする	12	8	4	0			
7. くよくよしたり，憂うつになることがある	7	5	3	0			
8. 頭痛・めまい・吐き気がよくある	7	5	3	0			
9. 疲れやすい	7	4	2	0		運動・神経系症状	14
10. 肩こり，腰痛，手足の痛みがある	7	5	3	0			

評価法
0〜25点＝問題なし
26〜50点＝食事・運動に気をつけ，無理をしないように
51〜65点＝更年期-閉経外来で生活指導カウンセリング，薬物療法を受けたほうがよい
66〜80点＝長期（半年以上）の治療が必要
81〜100点＝各科の精密検査を受け，更年期障害のみである場合は，更年期閉経外来での長期の治療が必要
(坂元正一ほか監修：[改訂版]プリンシプル産科婦人科学1, メジカルビュー社, p693, 1997より引用)

3) 治療

更年期障害の症状，発症の背景はきわめて多様であることからも，その治療法は多岐にわたり，①薬物療法，②心理・精神療法，③運動療法などがある．

薬物療法は症状，発症機転を考慮して選択され，(1) ホルモン補充療法，(2) 向精神薬療法，(3) 漢方療法などがある．ホルモン補充療法は不足したホルモン（エストロゲン）を補充する療法 (hormone replacement therapy：HRT) であり，特に血管運動神経失調症状に対してきわめて有効である．近年，長期間の使用により子宮体癌や乳癌の発生などの問題点も指摘されている．向精神薬療法は憂うつ，不眠などの自律神経失調・心身症様症状に対して用いられる．また，漢方療法は不定愁訴や自律神経失調症の場合に奏効することが多く，しかも副作用が軽微であることからも長期連用にも適している．

⑥ 老年期

卵巣機能が完全に停止した状態であり，性機能は全く失われており，妊孕性はない．エストロゲンが欠如した状態となり，そのための障害として骨粗鬆症や老人性腟炎などがしばしば認められる．

a 骨粗鬆症

1) 女性の骨代謝の特徴

骨組織は破骨細胞 (osteoclast) と骨芽細胞 (osteoblast) の機能により骨の破壊・吸収・形成 (remodeling) を繰り返している．この過程は内分泌因子，成長因子，免疫因子などにより直接的あるいは間接的に調節され，バランス

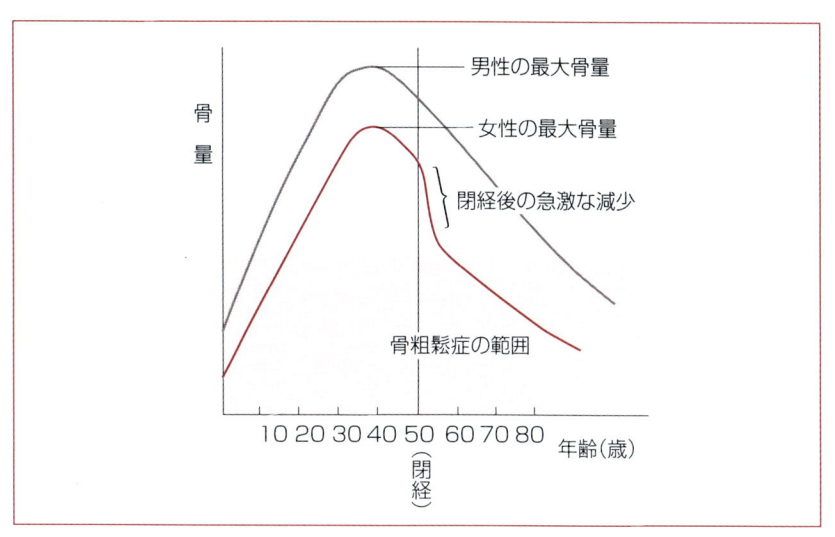

図31 加齢による骨量の変化
(藤田拓男：骨粗鬆症による寝たきり防止マニュアル．厚生労働省老人保健福祉局老人保健課監修，
(財)骨粗鬆症財団，p19，1994より引用)

のとれた状態(coupling)であることが骨量の維持に必要である．

　女性の一生における骨量の変動パターンは，卵巣でのエストロゲン産生が亢進し，運動量が増加する思春期の頃から著明に増加し，20歳代後半から30歳代の中頃までに最大値(peak bone mass：PBM)に達して骨成熟状態となり，更年期・閉経後はエストロゲン産生の低下に伴い減少する(図31)．なお，最近の研究では，PBMは20歳代の前半であるとされている．PBMには性差があり，男性のほうが女性より20％程度高い．しかも，男性では骨量は50〜60歳頃まで比較的維持されており，その後は漸減するが，その喪失率は25％程度である．これに対し，女性においては閉経前より減少傾向がみられ，年間2〜5％にも及び，75歳までには50％近くを喪失する．骨量がPBMと比較して，10％減少するごとに骨折の危険率が50〜100％上昇するといわれており，女性における，特に閉経後の急激な低下が骨粗鬆症が女性に好発する主因となっている．

　なお，破骨細胞と骨芽細胞の作用にはエストロゲンが重要な働きをすることからも，若年女性においても長期間の無月経により骨量の減少をきたす．

2) 病態

　骨の有機質と無機質の比は正常値を保ったまま骨質全体が減少する状態で，骨皮質は薄く骨梁も粗となる．骨改変の旺盛な海綿骨の多い脊椎や骨盤において著明である．

　本症に関与する危険因子としては，内的因子および外的因子として多くの因子があげられている(図32)．

3) 症状

　骨粗鬆症の症状は骨折に伴うものが中心である．骨折の好発部位は，脊椎，大腿骨，橈骨である．

　脊椎骨折は上下からの圧力による変形で，圧迫骨折である．X線写真で

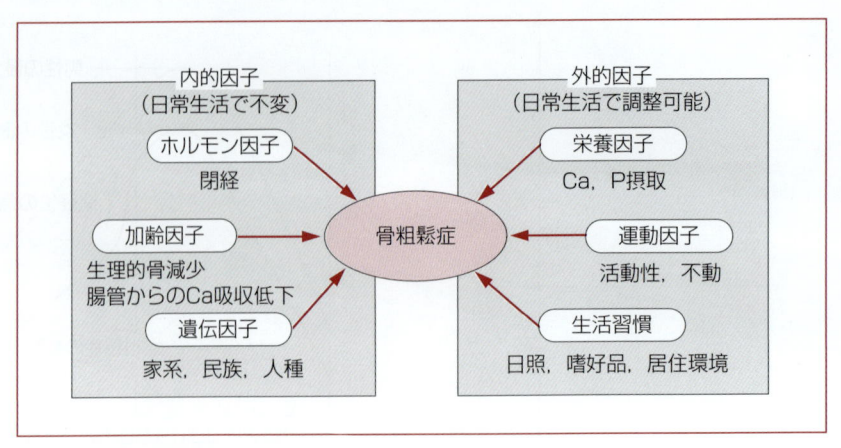

図32 骨粗鬆症発症に関与する危険因子

は，その外観から，①くさび状椎，②逆くさび状椎，③扁平椎，④魚椎に分類される．骨折の結果として，脊柱の変形（円背，凹円背，全後彎，亀背）をきたす．また，急性の腰背痛，慢性の腰痛を訴えることが多い．

4）予防および治療

骨粗鬆症に引き続いて起こる骨折は女性のQOL（quality of life）を著しく損なうので，その予防が重要である[12]．

a) 運動習慣

運動は骨の喪失を防ぐばかりでなく，骨形成を刺激する効果がある．

b) 食事・栄養指導

骨の主成分であるカルシウムを十分に摂取し，カルシウムの吸収を阻害する食事を摂らないように指導する．

c) 薬物療法

カルシウム補給療法，エストロゲン療法，ビタミンD療法，カルシトニン療法などがある．

b 老人性腟炎（エストロゲン欠乏性腟炎）

エストロゲンの低下のために腟粘膜は萎縮し，表層細胞はほとんど認められなくなる．また，エストロゲンが重要な役割をはたしている腟の自浄作用が低下する．そのために腟炎（老人性腟炎）を起こしやすい．また，性交障害の要因ともなる．

word
自浄作用：汚染された環境が，生物による化学的分解や物理的分解によって，時間の経過とともに元に戻る現象．腟ではデーデルライン桿菌が作用する．

E 妊娠・分娩の生理

妊娠はヒト（動物）の種の保存のための生殖生理機能であり，母体と胎児の有機的な結合により成り立っている．胎児は受精・着床・胚発生，器官分化などの過程を経て順次形態的に発育し，あわせて自律的な機能を獲得していく．新しい生命として新生児が出生（分娩）するまでの期間，胎児の発育は母体に完全に依存しており，母体の健康維持が胎児の正常な発育には不可欠である．

正常な妊娠が成立するための条件は，①健全な卵子が排卵され，それが卵管内に進入する，②健全な多数の精子が子宮腔より卵管内に進入する，③卵管膨大部において受精が可能である，④受精卵が子宮腔内に着床しうるなどである．これら条件の1つでも満たされないと，正常な妊娠は成立しない．

① 妊娠の生理

卵子と精子が結合してできた妊卵（受精卵）を婦人が体内に保有している状態を妊娠といい，その婦人を妊婦という．

ⓐ 受精と着床

排卵によって卵巣から排出された卵は，卵管腹腔口（卵管采）から卵管膨大部に取り込まれるが，卵の寿命は排卵後24時間以内である．性交により射精された精子は，腟・頸管・子宮腔・卵管を通って数時間から10数時間で卵管膨大部に達する．なお，子宮腔内に進入した精子の受精能力保有期間は，個体差が大きいが，30時間から3日以内である（図33）．

1）受精

卵管膨大部で受精した卵子は，受精卵となって卵管から子宮腔へと移動し，その間2，4，8，16…細胞期から桑実胚となり，初期胞胚として子宮腔内に入る．

2）着床

胞胚となった受精卵は外層の細胞層と，一部に偏在する細胞集団とから成り，受精後5～6日にはこの外層細胞は突起を出し，後に子宮内膜に付着する栄養膜（栄養胚葉）と，一部に偏在した後に胎芽となる細胞集団（胎芽胚葉）とに分かれる．

胞胚は受精後4日間までに子宮腔に到達し，受精後6～7日に着床を開始し，受精12日で，受精卵は完全に子宮内膜で取り囲まれる．

ⓑ 母体の変化

急速に分化・発育する胎児を保護し，栄養や酸素を供給し続ける母体には，

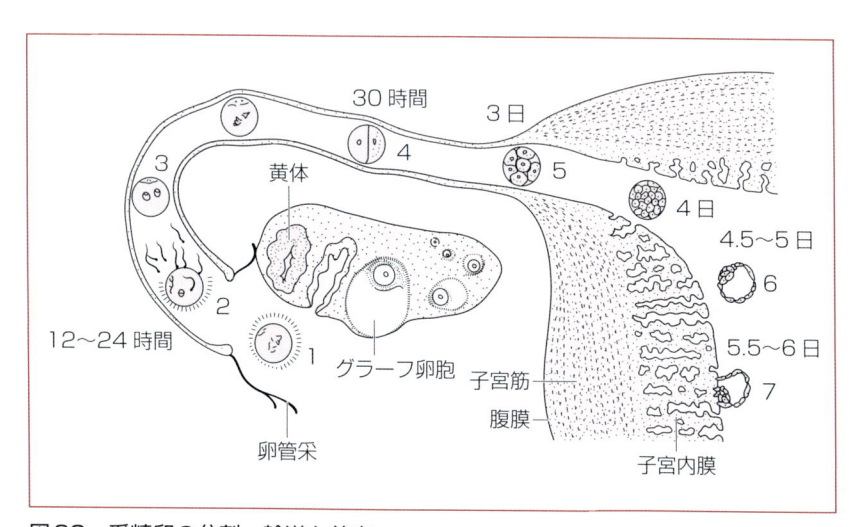

図33 受精卵の分割，輸送と着床

妊娠維持のために，機能的にも形態的にも非妊時に比較して著しい変化が現れる．なお，妊娠性変化は原則として生理的変化であり，そのうちのいくつかは妊娠の診断根拠になりうる．

1）生殖器系の変化

a）子宮の変化

(1) 大きさ

子宮は胎児の発育につれて増大する．すなわち，子宮体の大きさは非妊時には7（長さ）×5（幅）×3（厚さ）cm程度であるが，妊娠末期には35×25×22 cmにもなる．子宮そのものの重量は非妊時の約50 gから1 kg程度に達する．容量は非妊時の約5 mlに対し4,000 mlに達する．

この変化は，主としてホルモン作用による平滑筋の肥大と筋層結合織の肥大，増殖によるもので，これにより子宮体は胎児および胎児附属物を保持し，また収縮（陣痛）によって胎児を娩出する機能を発揮できるようになる．

妊娠月数別の子宮体の大きさは，胎児の発育程度を示す重要な指標であり，妊娠第4月までは内診により大きさを診断し，それ以降は子宮底長の測定値を子宮の大きさの表現とする（**表10，図34**）．

(2) 位置・形・硬度

子宮の位置は妊娠初期には前傾前屈で小骨盤腔内にあるが，妊娠16～17週になると前屈は軽度となり子宮底は腹腔に向かって上昇する．一般に，右方に傾斜して，左方に捻転するので子宮左縁は左前方に，右縁は右後方に偏する．

子宮の形は非妊時には扁平（西洋梨状）であるが，妊娠初期は着床部位（多くは子宮底の一部）が外方に膨隆し，左右非対称となり，きわめて柔らかな突出部として触れる（Piskacek徴候）．その後，妊娠の進行に従って，子宮

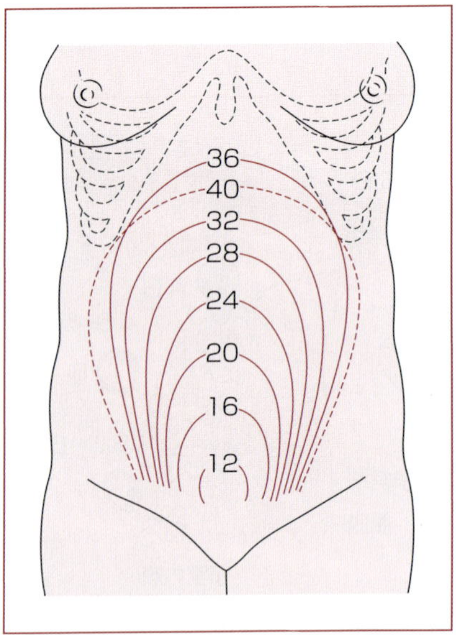

> **word**
> **子宮底長**：恥骨結合上縁中央から，妊婦の腹壁正中線に沿った子宮底に至るまでの距離をいう．

図34　妊娠経過（週数）に伴う子宮底の変動

表10　妊娠経過に伴う子宮の大きさの変化

妊娠月数	子宮の大きさ（双合診）	子宮底長（cm）	触診による子宮底の高さ
妊娠2月末	鶏卵大		
3月末	鵞卵大		
	手拳大		恥骨結合直上
4月末	新生児頭大	11	恥骨結合と臍の中間
5月末		16	臍から2, 3横指下
6月末		20	臍高
7月末		23	臍上3横指
8月末		27	臍と剣状突起との中間
9月末		30	剣状突起下2, 3横指
10月末		32	臍と剣状突起の中間

は球状から卵円形へと変化する．

(3) 収縮性

子宮筋の収縮感受性は，妊娠の経過に伴い次第に亢進して容易に収縮するようになり，外力，子宮収縮剤に対して敏感になる．

b) 腟の変化

腟粘膜は妊娠初期から血管の増生により潤軟し，リビド着色を呈する．また，妊娠の経過に伴い肥大，増殖し，妊娠末期には厚さ500μmにも達する．腟内のデーデルライン桿菌の残存により白色の帯下が増量し，腟細胞のグリコーゲン含量が多いことから，腟分泌物は酸性(pH 4〜5)となる．

c) 外陰・会陰の変化

外陰部，骨盤底，会陰および肛門周囲には妊娠により，漿液浸潤，柔軟化，血管およびリンパ管の拡張が起こり，拡張性および変形が容易になる．

また，外陰部に静脈瘤を形成しやすく，肛門の近くでも静脈拡張のために痔核をみるようになる．

d) 乳房の変化

妊娠8週頃から腫大が開始し，第一次乳輪として深い着色性変化を形成し，やがてその周囲に比較的淡い着色性の第二次乳輪を作る．第一次乳輪内の皮脂腺は肥大し，モントゴメリー腺を形成する．乳頭も次第に増大していき，およそ妊娠10週で水様透明な初乳を分泌する．

乳房の腫大は主として乳腺の発育と，分葉と皮膚との間の脂肪蓄積によるものであり，時に妊娠線を認める．また，乳房の腫大，緊満には胎盤由来のエストロゲンおよびプロゲステロンが協調的に働いている．

乳房は産褥期の乳汁分泌に対応するため，機能的条件を妊娠中期にほぼ完了する．血管系も発達し，皮膚表面に緊張して見受けられる．

2) 全身性の変化

a) 循環器系

(1) 心臓

胎児・胎盤循環，増大する子宮，母体の体重増加および血液量増加などの負荷により心臓の負荷が増大し，肥大，転位，心雑音などの変化が起こる．

(2) 静脈

子宮増大による腹腔内圧の上昇，下大静脈および腸骨静脈の圧迫，さらに循環血液量の増加などの生理的変化が，下半身の静脈拡張の原因となる．静脈還流障害の程度が強くなると，静脈の拡大は強まり，静脈瘤の形成をみる．

(3) 血圧

収縮期血圧は妊娠中期に多少下降傾向を示すが，末期にはほぼ正常域に復帰する．拡張期血圧は末梢抵抗の減少により，妊娠全経過中を通して低く，その結果脈圧は高まる．

妊娠後期に仰臥位をとると，血圧が低下して失神発作に陥ることがある．この現象を仰臥位低血圧症候群といい，仰臥位により増大子宮が下大静脈を圧迫し，下半身からの心臓への還流量が減少して，その結果として心拍出量も低下して低血圧を起こすものである．

---

word
リビド着色：妊娠に伴って起こる母体性器の変化の1つであり，妊娠初期には紅紫色，末期には暗い藍紫色を呈する．

word
デーデルライン桿菌(腟乳酸桿菌，腟桿菌)：性成熟期で正常の腟内に常在菌として存在する乳酸菌．腟内を弱酸性に保ち，外部からの細菌の侵入を防いでいる．

word
静脈瘤：静脈血のうっ滞による内圧亢進のために静脈管腔が拡張蛇行した状態．

word
痔核：肛門および直腸静脈叢の静脈がうっ血して静脈が瘤状に拡張したもの．

word
モントゴメリー腺：乳輪内にある15〜20個の痕跡的乳腺で，妊娠により肥大隆起し，小結節状となる．

(4) 心拍出量

妊娠12週頃から上昇し，28～32週で最大となり，その後は徐々に減少する（図35）．妊娠中の酸素消費量は非妊時より10～20％増となるが，酸素需要はこの心拍出量の増加でまかなわれる．

(5) 血液

血液量は妊娠時に著明に増量するが，妊娠34週頃はその増加率は最高となり，非妊時の30％以上の増加をみる．血漿量も約50％増す．妊娠末期には全血液量22～30％，血漿量25～35％増しとなっている（図35）．

妊娠中は赤血球数は約20％，総ヘモグロビン量は約10％増量する（表11）．

すなわち，血漿量の増加が赤血球数や血色素量の増加より多いので，妊娠中は水血症の状態であり，妊婦貧血の一因となる．

word
水血症：血漿中の水分が異常増加した状態．

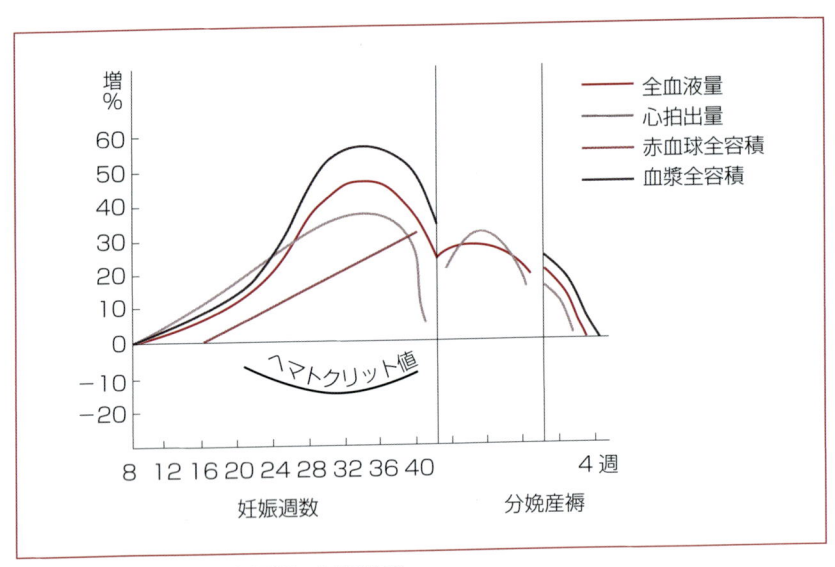

図35　妊娠，分娩，産褥期の循環動態

表11　妊娠中の血液性状の生理的変動

	妊娠初期（～13週）	妊娠中期（14～26週）	妊娠末期（27週～）	産褥
血色素量（g/dl）	13.5～14.5	12.5～14.5	11.0～13.0	13.5～14.5
ヘマトクリット	正常	やや↓	↓	↓→正常
白血球数	正常（5,000～10,000）	正常	やや↑	↑（15,000～20,000）
血小板	正常	正常	やや↑	正常かやや↓
プロトロンビン	正常	やや↓	↑	正常
線維素溶解能	正常	正常	正常	分娩時↑
フィブリノーゲン（mg/dl）	200～400（正常）	200～400	↑400～450	200～400
血清鉄（μg/dl）	70～150（正常）	正常	正常	正常
鉄結合能	正常	やや↑	↑	正常
血漿量	正常	やや↑	40％	正常
赤沈	10～12週から↑	↑	↑	3～4週で正常

b) 呼吸器系

腹腔内圧が上昇する妊娠後期では胸郭はやや挙上され，その下方は側方へ拡張する．横隔膜は挙上され，中央部が平坦となるので，呼吸運動は腹式から胸式に変わりやすい．

肺活量はほとんど不変か，わずかに上昇する．呼吸数は増加する．過呼吸はPCO_2の異常低下をきたし，低炭酸ガス血症は胎児側から母体側への炭酸ガス拡散を有利に導くが，呼吸性アルカローシスに陥りやすく，めまいや痙攣を起こしやすい．

c) 消化器系

妊娠6週頃から出現する妊娠嘔吐（つわり）は悪心，嘔吐，食欲不振を三大症状とし，特に早朝空腹時に多いことからmorning sicknessともいわれる．妊娠による生理的な変化であり，妊娠12～16週で自然に症状は消失する．つわりの程度には精神的因子も大きく影響するが，症状が強く，頻回の嘔吐のため食事摂取の障害，脱水が起こって栄養障害，代謝障害などを呈することがある．このような状態を妊娠悪阻といい，病的な状態として治療の対象となる．

妊娠初期には嗅覚，味覚，聴覚，視覚の感受性が高く，異常になるために嗜好の変化を起こし，酸味を好むようになることが多い．

唾液分泌もつわりの時期には亢進し，異常に分泌量が多い場合は妊娠流涎という．

d) 泌尿器系

(1) 腎臓

腹腔内が圧排されるので非妊時に比して1/2～1椎体挙上され，妊娠末期には腎の下極は左がL2椎体下縁，右はL3椎体の上縁にある．

非妊時に比して，糸球体濾過率(glomerular filtration rate：GFR)は30～50％上昇し，また腎血漿流量(renal plasma flow：RPF)は妊娠中期に25％増加するが，分娩時にはほぼ正常値にまで低下する．

妊婦の10％に尿糖を認めるが，その大部分は腎の糖排泄閾値低下による腎性尿糖である．

(2) 腎盂・尿管

腎盂の容積は非妊時の2～3 mlから20～70 mlに拡大する．

尿管は拡張，延長により緊張や蠕動が低下するので，尿の流出が障害されやすい．妊娠後期には増大子宮による圧迫により，さらにこの傾向が強くなる．尿管の拡張は直腸やS状結腸がクッションとして働くことや，子宮の右側転位などで右側のほうが程度が強い．このために，尿路系の感染が起こるとしばしば難治性となる．

(3) 膀胱

妊娠初期には子宮により圧迫され，膀胱頸の牽引や膀胱三角部の充血は尿意頻数の原因となる．残尿しやすい条件のため，膀胱炎に陥りやすい．

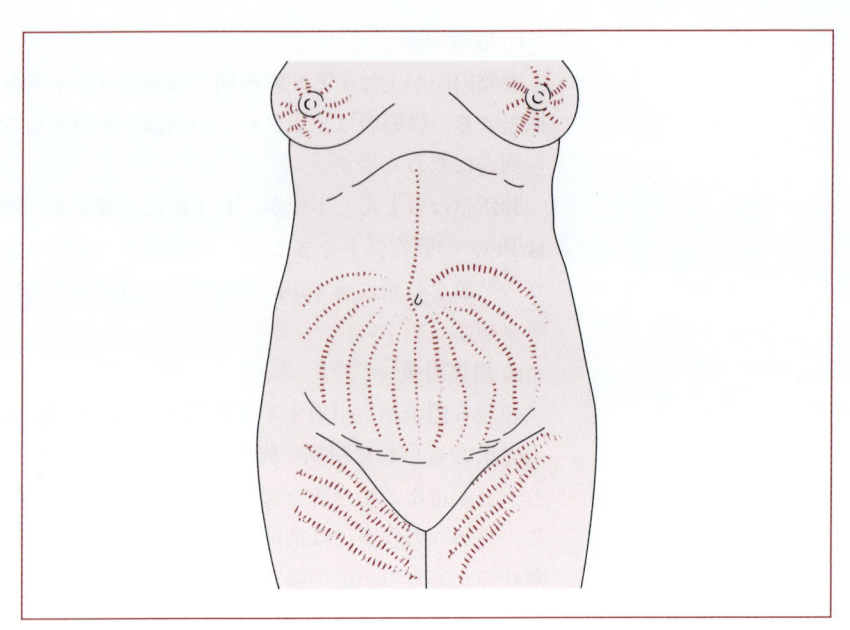

図36 妊娠線

e) 皮膚
(1) 色素沈着

妊娠第2～3月頃から全身の皮膚，ことに顔面，乳房，腹部，腋窩，会陰，外陰部，術創瘢痕部などに著明である．色素沈着は妊娠によるメラニン細胞刺激ホルモンの増加，副腎皮質機能障害により生ずるとされている．

(2) 妊娠線

妊娠によって起こる局所の急激な膨満，脂肪沈着により真皮線維層の断裂が表皮から紫紅色を呈し透見できるため，「鞭で打たれた痕」のようにみえる（図36）．腹壁，乳房，腰部，下肢に好発する．

分娩後には退色して白色となり，旧妊娠線とよばれる．なお，妊娠時に新生したものを新妊娠線という．

(3) 皮下脂肪沈着

乳房，顔面，腹壁，大腿，臀部に著明である．

(4) 浮腫

生理的に妊娠末期に浮腫を認めるが，妊娠高血圧症候群の一症状としての浮腫との鑑別が重要である．

(5) 静脈怒張

妊娠後半に乳房，前腹壁，外陰部，内股部，大腿，下腿に静脈の怒張と蛇行がみられる．結節状になれば静脈瘤を形成し，破裂すれば大出血をきたす．

f) 骨および関節

妊娠の進行に伴い骨盤関節の結合織が軟化し，特に仙腸関節や恥骨結合は拡張し，やや可動性を増す．

妊娠子宮の重量が次第に前方にかかり，身体の重心の平衡をとるために，妊婦は頭・肩を後ろにひき，胸椎の後彎の度合が強くなり，腰椎の前彎の度

合を少なくするような直立姿勢をとるようになる．

g）精神・神経系

一般に，妊娠初期において，感情・気分は外界の刺激に対する過敏性亢進に伴って，変化が著しい．

神経症状としては，頭痛・腰痛・坐骨神経痛などのほかに，上肢・下肢の知覚異常の訴えが多い．自律神経系は多くは副交感神経系の緊張状態にある．

h）内分泌系

妊娠時には，母体内分泌腺は組織学的にも機能的にも著明に変化する．しかも，母体血中や尿中ホルモンとして臨床的に把握されるものには，胎盤由来や胎児由来のものも含まれる．妊娠時の内分泌系の重要な点は，母体・胎盤・胎児の各内分泌機能が，それぞれの独自性を保ちながらも，相互に影響し合い，機能的な連合を構成し，ホルモンの産生を行っていることにある．

i）代謝系

分化・発育・成熟する胎児とその附属物の機能保持に対応して，妊娠時の母体の代謝は亢進する．基礎代謝率は＋5～35％と増し，体温も上昇する．

（1）糖質代謝

母体・胎盤・胎児のエネルギー源として，糖質の需要度は著しく高まる．なお，糖質欠乏時には脂質がエネルギー源として利用される．

血糖値は非妊時よりもやや低下しているが，糖負荷反応では高血糖が非妊時よりも長時間続く．母体血中には糖質中間代謝産物であるピルビン酸，乳酸が増加しているが，これは母体の糖質代謝亢進の結果でもあるが，胎児の嫌気性解糖系亢進の結果でもある．

> **word**
> ピルビン酸：嫌気的解糖と好気的解糖の継ぎ目に位置し，解糖において中心的役割を演ずる．

（2）蛋白質代謝

妊娠時に蛋白質代謝は著しい同化過程を示し，蛋白質の新生および蓄積状態を示す．

（3）脂質代謝

血中脂質，特にFFA，リン脂質，コレステロール，ケトンが増加し，また脂質の蓄積もみられる．

> **word**
> FFA：free fatty acid．遊離脂肪酸．

（4）電解質代謝

総量は増加しているが，Na，K，Cl値は相対的な低下を示す．これらは，さらに内分泌系とも関連して母体の水分蓄積に働き，妊娠時体重増加の60％は水分といわれるまでに水分代謝に影響する．

カルシウム代謝は，副甲状腺ホルモンが関係するが，胎児発育の面からも亢進している．すなわち，Ca値は妊娠の経過に伴い漸減する．

（5）ビタミン

全身の新陳代謝が亢進しており，胎児発育が旺盛な妊娠時のビタミン需要量は高まっている．糖質代謝に関係するビタミンB_1をはじめ，各種ビタミンの補給が必要である．

j）体重

つわりで体重減少をきたすことがあるが，つわりの改善後は漸増する．

生理的妊娠性変化としての体重増加は，全妊娠経過を通じて10kg以内で

あり，妊娠後半では500g/週以内である．これは，妊娠経過に伴う妊婦管理の目安となる．

c 胎児の発育

ヒト胎児としての外形的な特徴を明確に示さない妊娠8週未満のものを胎芽(embryo)といい，それ以降のものを胎児(fetus)という．

1) 形態的発育

器官形成期(受精後4〜8週)が終わると，胎児の外観には著明な変化はなく，大きさが増し，各器官の成長と組織構成の成熟がみられる．

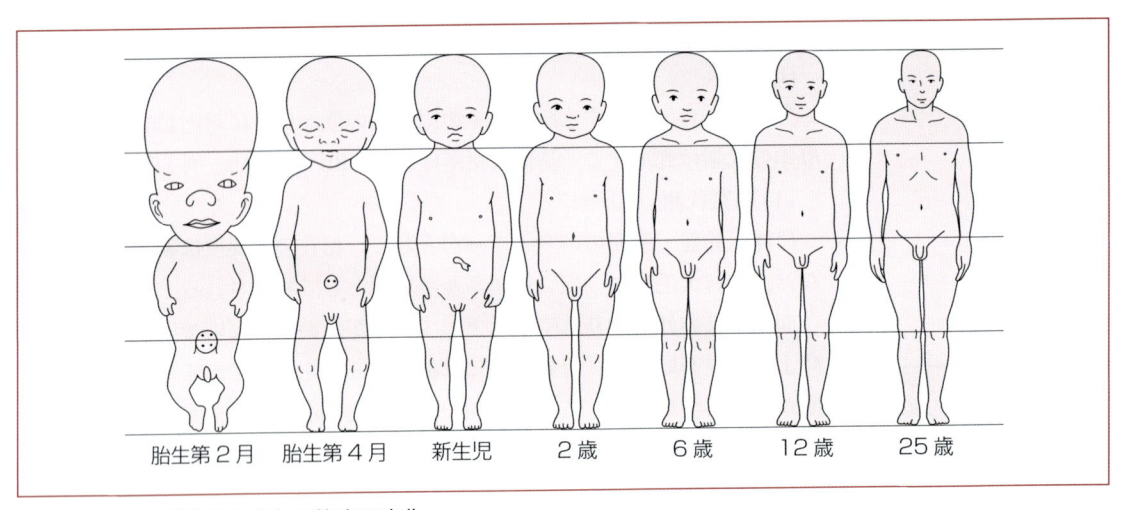

図37 成長に伴う身体各部の比率の変化

表12 胎児の身長，体重の概算式

1. 身長の概算（Haaseの公式）
   妊娠第5月まで：月数の2乗(n^2)
   妊娠第6月以降：月数×5($n \times 5$)

2. 体重の概算（榊の公式）
   妊娠第5月まで：月数の3乗×2($n^3 \times 2$)
   妊娠第6月以降：月数の3乗×3($n^3 \times 3$)

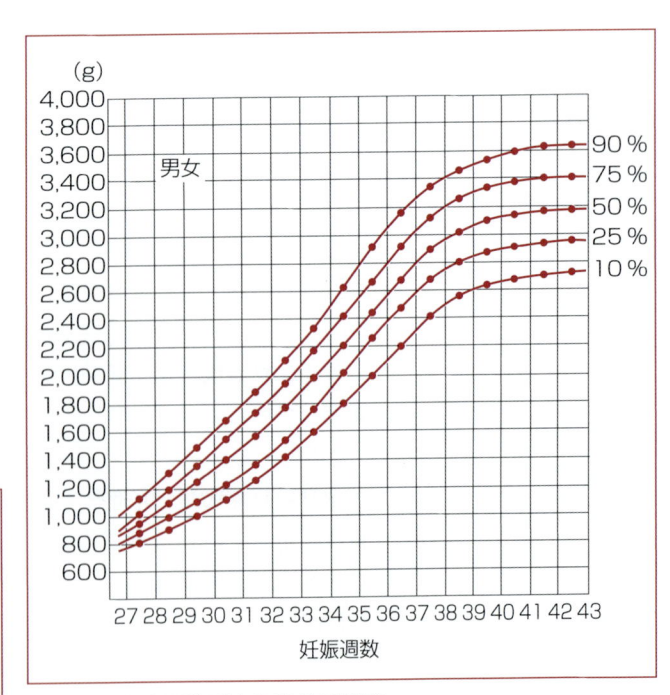

図38 在胎週数別出生時体重基準

a) 身長

身体各部の比率をみると，胎齢が進むにつれて頭部は相対的に小さくなる（図37）．すなわち，妊娠第2月では2頭身，第4月では3頭身，第10月では4頭身となる．

妊娠時期による身長の概算は「Haaseの公式」により求められる（表12）．

b) 体重

胎児の体重増加に関しては，在胎週数別の出生児の体重から推定される．図38にわが国の在胎週数別出生時体重基準を示す．妊娠30〜36週までが最も急速な増加を示し，その前後の時期では比較的緩やかな増加で，妊娠40週以降ではプラトーになる．

妊娠時期による体重の概算は「榊の公式」により求められる（表12）．

2) 生理的発育

胎児の生理的発育のなかで最も顕著な変化を示すのは循環系である．胎児循環は発生過程に従って，尿膜嚢循環，卵黄嚢循環，胎盤循環と変化し，妊娠第4月後半に至って胎盤循環が完成する．

a) 胎児循環

胎児循環における最大の特徴は，静脈管，卵円孔，動脈管などの短絡路を有することである（図39）．

胎盤からの動脈血は1本の臍静脈により臍輪を経て胎児体内に入り，肝臓内で分枝して，多くはArantius静脈管を通って下大静脈に流入し，他の枝は門脈に合流する．下大静脈の右心房注入口のEustachi弁によって，下大静脈から流入する血液の大部分は心房中隔にある卵円孔を通って左心房に流入し，左心室に入り大動脈に達する．上大動脈と下大動脈となり全身を循環する．

上大静脈から還流する血液は右心房内で下大静脈からの血液を一部混じえて右心室を経て肺動脈に入るが，肺呼吸がないので大部分がBotallo動脈管を経て大動脈弓下部に入り，下大動脈と合流する．したがって，動脈管を通った下大動脈血は上大動脈血より酸素飽和度は低い．下大動脈から総腸骨動脈を経て外・内腸骨動脈に分かれる．内腸骨動脈経路で膀胱外側を通り臍輪に達し，2本の臍動脈から胎盤に戻る．

なお，児出生直後に肺循環が起こり，右心室から肺動脈に血液が圧出するため，Botallo動脈管内流入血液量は減少し，閉鎖後は動脈管索となる．また，臍静脈は吸引され，右心房圧低下と左心系の上昇により卵円孔は閉鎖する．臍静脈は閉鎖して肝円索に，臍動脈は萎縮・閉鎖して臍動脈索になる．

b) 胎児血液

胎児血の酸素分圧は27 mmHgときわめて低いが，胎児血ヘモグロビンは酸素解離曲線が左方に移動しており，酸素親和性が強いばかりでなく，母体血とのガス交換に際しては，解離曲線の違いから二重のbohr効果が働き，酸素供給が円滑化される．

胎児循環における心拍出量はおよそ200 ml/kg/minである．血流分布は上半身に40，下半身に50 ml/kg/minが供給されるのに対し，胎盤循環に

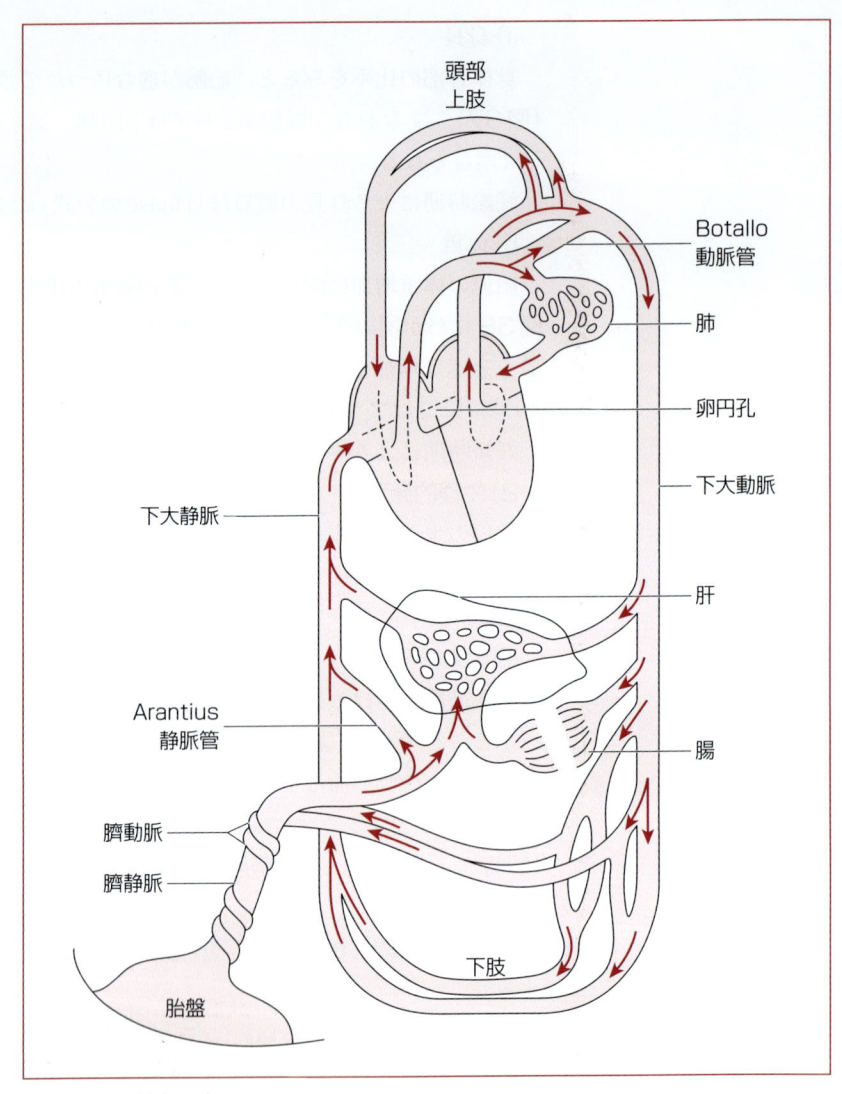

図39 胎児循環系

は80〜90 ml/kg/minと，心拍出量のほぼ50％に相当する血流が還流する．

d 胎児附属物

胎児が子宮に着床して発育を遂げるために必要な胎児以外の組織器官を胎児附属物といい，卵膜，胎盤，臍帯，羊水などがある．

1）卵膜

子宮内で胎児，臍帯および羊水を包んでいる薄い膜で，羊膜，絨毛膜，脱落膜の3層で構成される．

最外層の脱落膜は母体由来で子宮内膜が変化したものであり，羊膜と絨毛膜は受精卵から分化したものである．

2）胎盤

胎児と母体の間に介在して相互の物質交換に重要な意義をもつとともに，ホルモンをはじめ特殊な物質を産出して妊娠の経過に大きな生物学的役割を

果たしている．

　胎盤の子宮に接する面を母体面，羊水腔に接する面を胎児面という．

a) 胎盤の発育

妊娠末期にはほぼ円盤状であって，重量は約500gである．胎盤重量と胎児体重との比はほぼ1：6である．

b) 胎盤の機能

胎盤の機能としては，ガス交換，物質輸送，ホルモン産生がある．母体血液中より胎児血液中へ，ガス，物質が輸送あるいは排泄される機序には，拡散，能動輸送，貪食作用などがある．

(1) ガス交換

母体赤血球の酸素が胎児赤血球に取り込まれるが，酸素分圧が比較的低くても交換されるためには胎児ヘモグロビン (Hb F) が関与している．これに対し，CO_2排泄は比較的容易に行われる．

(2) 物質輸送

水，Na，Kの輸送は拡散による．また，特異な現象として母体血中のヒスタミン，セロトニン，アンギオテンシンなどの単純な物質は，胎盤中の酵素によって脱アミノ化を受け，胎児へはほとんど移行しない．

　胎児の栄養に関係するブドウ糖，アミノ酸，ビタミン，遊離脂肪酸も胎盤を通過し，その機序には拡散もあるが能動輸送が存在している．

　母体血中の蛋白，抗体などの高分子物質も胎盤を通過しうるが，これは細胞膜表面が物質分子を取り囲み，細胞質中に取り込むpinocytosisの機序によると考えられている．このpinocytosisはリポ蛋白やリン脂質の輸送にもあずかっている．

(3) ホルモン産生

ヒト絨毛性ゴナドトロピン (human chorionic gonadotropin：hCG)，ヒト胎盤性ラクトーゲン (human placental lactogen：hPL) などの蛋白ホルモン，およびエストロゲンやプロゲステロンなどのステロイドホルモンを産生・分泌する．

　蛋白ホルモンに関してはある程度胎盤の独自性がみられるが，ステロイドホルモン合成は胎児-胎盤-母体系 (feto-placental-maternal system) のもとで行われる (図40)．

3) 臍帯

胎盤の母体面と胎児の臍を結ぶ索状物で，2本の臍動脈と1本の臍静脈，およびその間を埋める中胚葉結合組織性のWarton膠質よりなるが，退化した尿嚢，卵黄管の痕跡を認めることもある．臍帯の表面は羊膜の延長である羊膜鞘で包まれている．また，臍帯血管は分岐せず，栄養血管はない．

　妊娠末期では長さ50〜60cm，直径1.5cmとなり，捻転を示す．ときに，膠質結節または血管結節による偽結節がみられるが，まれに臍帯が結ばれた状態になる真結節もみられる．

　臍帯の胎盤への付着は側方が多く，中央，辺縁の順となり，卵膜付着はまれである．

> **word**
> **膠質結節**：膠質が局部に集積したもの．

> **word**
> **血管結節**：臍静脈と臍動脈との長さの差を調節するために静脈が動脈の周囲に係蹄を作ってきたもの．

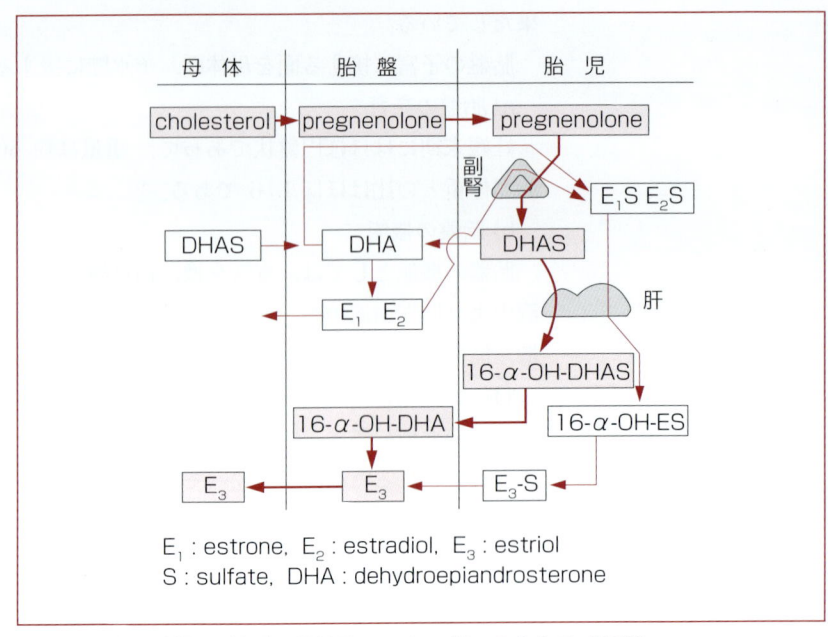

図40 胎児-胎盤-母体系におけるエストロゲンの主な生成経路

4）羊水

羊水腔を満たす液でpH 8〜9，比重は1.006〜1.012で，僅少の蛋白質，尿素，無機塩などを含む．妊娠初期は透明であるが，末期には胎児皮膚からの剥離物を混じて乳白色になる．量は胎盤完成期から急増し，妊娠第7〜8月で最大（約700 ml）に達し，以後減少する．

産生部位としては，妊娠初期には羊膜からの分泌が主であるが，後期になると胎児腎機能がこれに加わり，排泄された尿も含まれる．一方，吸収も羊膜において行われるが，胎児の嚥下により腸管で吸収され胎盤を通じて母体血行に帰る経路もある．

胎児情報としての羊水の意義は重要である．

ⓔ 妊娠中の母児管理

妊娠中の母児管理としての妊婦健診の要点は，母体では妊娠経過の異常（産科異常）の有無，偶発合併症発症の有無のチェックが主体であり，胎児においてはその発育状態（大きさ，体重）が重要である．

一般に，妊婦健診は妊娠26週未満では4週ごとに，26〜36週未満では2週ごとに，36週以降では毎週の頻度で受診し，異常の有無のチェックあるいは正常経過の観察などが行われる．

1）妊娠中の異常

本来，妊娠は生殖生理機能として，何らの異常もなく経過するものであるが，しばしば種々の異常を呈することがある．

a）妊娠前半期の異常

妊娠悪阻（つわり），流産・切迫流産，胞状奇胎，子宮外妊娠などが主な異常である．

> **word**
> 流産：妊娠22週未満の妊娠中絶をいう．妊娠12週未満の流産を早期流産，12週以降22週未満の流産を後期流産と分類する．

妊娠前半期に注意する症状としては，①出血・褐色帯下(流産・切迫流産，胞状奇胎，子宮外妊娠など)，②下腹痛・腰痛(切迫流産，子宮外妊娠など)であり，これらの症状を認めた場合には，直ちに医療機関(産婦人科)を受診，あるいは安静を保持しなければならない．

b) 妊娠後半期の異常

早産・切迫早産，妊娠中毒症(高血圧，蛋白尿，浮腫)，妊娠貧血，前置胎盤，常位胎盤早期剥離，多胎妊娠，骨盤位妊娠などが主な異常である．

妊娠後半期に注意する症状としては，①性器出血(早産・切迫早産，前置胎盤，常位胎盤早期剥離など)，②下腹痛(早産・切迫早産，常位胎盤早期剥離など)，③破水，④むくみ(妊娠中毒症)，⑤息切れ・動悸(妊娠中毒症，妊娠貧血など)である．このような症状が認められる場合には，直ちに医療機関においての精密検査などが必要である．

c) 偶発合併症

高血圧症，腎疾患，糖尿病，心疾患，喘息，甲状腺機能異常，血液疾患などで，妊娠とは関係なく，妊婦が従来からもっている疾患，あるいは妊娠中に発症することもある．

これら疾患の状態に妊娠が大きな影響を及ぼすことがあり，また逆にこれら疾患が妊娠経過や胎児発育に重大な影響を及ぼすこともある．さらに，疾患に対する治療薬による妊娠経過，特に胎児への影響(催奇性)も問題となる．

2) 日常生活における注意点

妊娠中の特別な異常症状が認められない場合には，日常生活に特別な注意を払う必要は少ない．

しかし，胎児の発育に伴う母体の姿勢変化などを考慮し，また切迫流・早産防止のために心がけなければならないこともある．すなわち，①(重たい)物を持ち挙げるときには片膝をついて行う，②階段を昇るときには足底はかかとまでしっかりと付ける，③臥床から起き上がるときには身体を横向きにしてからゆっくりと起き上がる，④正しい姿勢で，足元に注意して歩行するなどである．

② 分娩の生理

分娩とは，胎児およびその附属物が母体外に完全に排出される現象をいう．

分娩となる妊娠の時期により，流産(22週未満)，早産(22〜37週未満)，正期産(37〜42週未満)および過期産(42週以降)に分類される．また，分娩方法により自然分娩・人工分娩，分娩経過により正常分娩・異常分娩，胎児数により単胎分娩・多胎分娩などに分類される．

a 分娩の3要素

分娩現象は，産道，娩出力，娩出物の3要素からなっており，分娩の難易は基本的にはこれら要素の相互関係により決まる．

1) 産道

分娩時に胎児およびその附属物が通過する経路を産道といい，骨産道と軟産道に分類される．

---

word
早産：妊娠22週から37週未満での分娩(妊娠中絶)をいう．

word
妊娠中毒症：近年，妊娠高血圧症候群との表現が用いられるようになった．

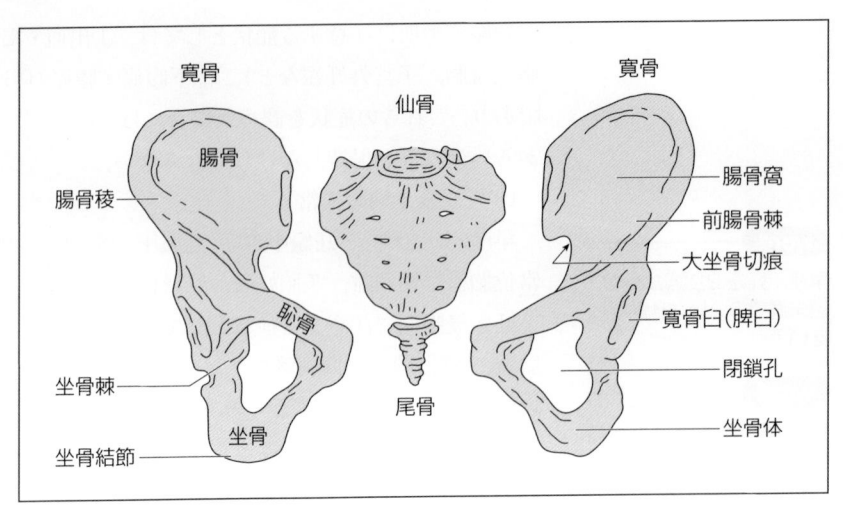

図41　骨盤を形成する骨

　a) 骨産道

　腸骨，坐骨，仙骨および尾骨で形成される骨盤のうち，骨盤分界線で大骨盤と境される小骨盤を骨産道という．

　骨産道の前方は恥骨上枝，恥骨結合部分，恥骨下枝，坐骨下枝で，側方は腸骨体，坐骨体，恥骨体で，後方は仙骨，尾骨で形成される（図41）．

　分娩に際して胎児が通過するいわゆる産道の最外側に当たるが，実際にはその内側にある軟産道は分娩時には伸展して菲薄となるので，産道の最外側とはいえ骨産道の大きさ・形は分娩経過に強く影響する．

　b) 軟産道

　骨産道の内側に当たり2層からなる．軟産道の外側は骨盤内面に付着する筋および骨盤底を形成する筋肉群の一部である．内側は分娩時に胎児が直接接触して通過する子宮下部（非妊時の子宮峡），子宮頸部，腟，外陰の一部であって，産科学的には後者のほうが重要である．

　分娩時，子宮下部は胎児通過の抵抗となることは少ない．また，腟も妊娠により軟化して著しく伸展力を増し，胎児通過の抵抗となることは少ない．しかし，子宮頸管や腟入口は大きな抵抗となり，とくに頸管伸展の良否は分娩経過に強く影響する．

　子宮下部，子宮頸部，腟は通過管を形成する．

　2) 娩出力

　胎児および附属物を産道を通して母体外に娩出させる生理的な力で，主として陣痛と腹圧からなる．

　a) 陣痛

　妊娠・分娩・産褥時に自覚的ならびに他覚的に認められる子宮収縮をいい，胎児を娩出する原動力となる．

　(1) 陣痛の特性

　(a) 反復性（周期性）

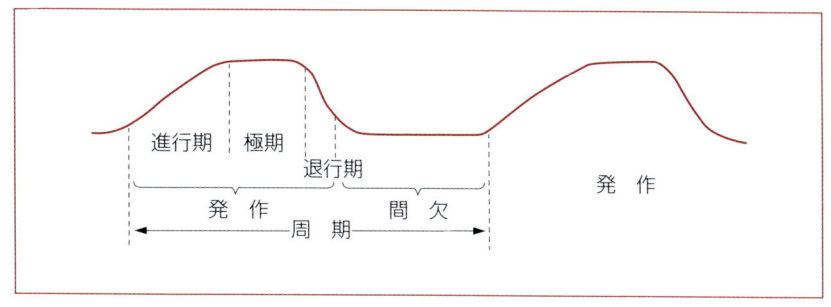

図42 陣痛経過の区分

陣痛は持続的な子宮収縮ではなく，収縮と休止とを交互に反復する．この収縮を陣痛発作とよび，発作から発作までの休止期を陣痛間欠という．

陣痛発作と休止期の時間的関係および発作の強さは分娩の時期によって異なる．

陣痛発作は子宮収縮が次第に強くなる進行期，収縮が極度に達する極期，そして次第に弱まって間欠期に移行する退行期の3期に分類される（図42）．

(b) 疼痛性

陣痛発作時には疼痛を伴う．初めは背部に軽く起こり，次いで仙骨部，腰部の圧迫感，緊張痛となり，ついには下腹部全体にわたる強い圧迫または緊張痛となる．

子宮収縮による疼痛と軟産道の圧迫による疼痛を含めて産痛という．

(c) 不随意性

子宮は平滑筋で構成され，その収縮は不随意に起こるものとされている．しかし，薬物的作用（子宮収縮剤），機械的刺激（摩擦，冷却），精神的刺激などにより増強または誘発される．

(2) 陣痛発来の機序

古来，多数の学説が報告されているが，いまだ定説はない．

(a) 物理的機械的原因説

子宮の過度伸展の結果，あるいは胎児下向部による子宮頸神経節の圧迫による．

(b) 化学的原因

胎盤循環中の酸素の減少，炭酸ガスの増加が刺激となる．

(c) 生物学的原因

胎盤が老化して代謝産物が刺激となる，あるいは脱落膜が変性して刺激となる．

(d) 内分泌原因説

エストロゲン・プロゲステロン拮抗説，オキシトシン（oxytocin）説，プロスタグランジン（prostaglandin）説，胎児副腎皮質ホルモン説などがある．

b) 腹圧

腹筋，横隔膜の収縮による腹腔内圧の上昇を腹圧という．本来は随意的で

あるが，分娩進行につれて陣痛発作によって反射的に起こり，児娩出直前には不随意に腹圧を加えるようになる．これを共圧陣痛あるいは怒責(いきみ)効果という．

3) 娩出物
産道を通過する胎児および胎児附属物をいう．

分娩時に特に重要なのは胎児の大きさであり，とりわけ児頭の構造とその産科的特性が問題になる．

a) 胎児の位置
子宮内における胎児の位置は，胎勢，胎位，胎向の3つにより表現される．

(1) 胎勢
胎児の姿勢を示すもので，屈曲と反屈の2種がある．

(2) 胎位
胎児の長軸と母体の縦軸との位置的関係を示すものであり，縦位，横位，斜位の3つがある．

(a) 縦位
胎児長軸と母体縦軸が平行しているもので，全分娩の99％であり，頭位と骨盤位がある．

(b) 横位
胎児軸と母体軸が直角に交叉する状態のもの．

(c) 斜位
胎児軸と母体軸が斜めに交叉する状態のもの．

(3) 胎向
縦位では児背，横位では児頭と母体側との関係をいう．児背あるいは児頭が母体左側に向うものを第1胎向といい，右側に向うものを第2胎向という．

b) 児頭
胎児の頭蓋には，前頭骨(左右1対)，頭頂骨(左右1対)，側頭骨(左右1対)，後頭骨(1個)，蝶形骨(1個)，篩骨(1個)の9個の骨が関与している(図43)．

胎児の頭蓋骨は化骨が不十分で柔軟であり，骨縁相互間は膜様に連結されて縫合および泉門をつくる．これは皮膚上から明らかに触知できる．泉門と縫合には産科学上2つの意義がある．すなわち，①分娩時に児頭は産道の抵抗を受けるために縫合および泉門の部で合い重なり(骨重積)，あるいは変形して(応形機能)産道内通過を容易にする，②分娩時に内診で泉門と縫合を触知し，児頭の下降度と回旋を知ることにより分娩進行状態を判定することができる．大・小泉門と矢状縫合が最も重要である．

b 分娩の経過
1) 分娩の前兆
分娩の開始に先行して起こる種々の微候で，胎児下降感，胎動の減弱，頻尿，血性粘液の排出(産徴，しるし)，前駆陣痛(前陣痛，偽陣痛)を妊婦は自覚し，また内診により頸管の成熟(子宮下部の伸展，腟部の短縮と潤軟化，子宮口開大など)が認められる．

---

word
大泉門：前頭・矢状・両側冠状縫合の会合部に生じた菱形の間隙．

word
小泉門：矢状・両側後頭縫合の会合部で，成熟児は閉鎖する．

word
矢状縫合：両側の頭頂骨が頭蓋冠の正中線に作る鋸状の縫合．

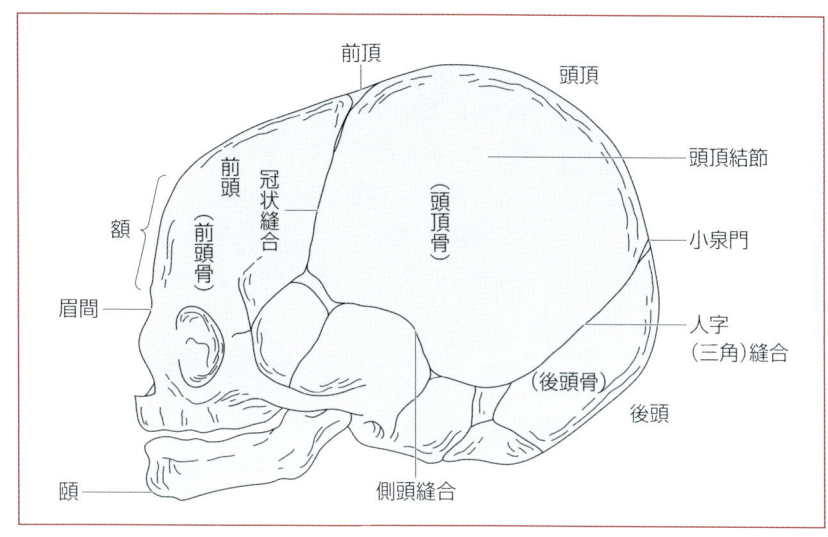

図43 児頭の区分

表13 分娩所要時間

	分娩第Ⅰ期	分娩第Ⅱ期	分娩第Ⅲ期
初産婦	10〜12時間	2〜3時間	15〜30分
経産婦	4〜6時間	1〜1.5時間	10〜20分

2) 分娩開始

陣痛周期10分以内あるいは陣痛頻度1時間6回以上の陣痛開始をもって，臨床的な分娩開始とする．

3) 分娩所要時間

一般に，初産婦のほうが分娩所要時間は長く，経産婦の約2倍の時間を要する(表13)．

分娩所要時間は，高年初産，巨大児，胎児位置・回旋異常，陣痛微弱などの要因により延長することがある．初産婦で30時間，経産婦で15時間以上経過しても児娩出に至らないものを遷延分娩という．

4) 分娩経過の区分

分娩が開始すると子宮頸部は開大し，全開大となり，まず胎児，次いで胎盤が娩出して終了する．この全経過は3期に分類される．

a) 分娩第Ⅰ期(開口期)

分娩開始から子宮口全開大までの期間をいう．

分娩開始時期と前後して，血性の分泌物が観察される．

陣痛は初期には長い周期と短い発作時間が特徴的であるが，次第に増強し，周期は短縮し発作時間は長くなる．通常，分娩第Ⅰ期の終わりには，2〜4分の周期，40〜60秒の発作時間にまで変化する．

分娩時の子宮頸管の変化は，初産婦と経産婦では異なる．初産婦では，まず展退が進行し，子宮腟部がほとんど消失した状態になってから子宮口の開大が進む．これに対し，経産婦では頸管の展退と子宮口の開大とが同時に進

word
初産婦：初めて分娩する女性．

word
経産婦：妊娠22週以降の分娩を1回でも経験した女性．

word
高年初産：35歳以上の初産婦をいい，軟産道は老化のために伸展性が乏しくなり，難産が多い．

word
巨大児：出生時体重4,000g以上の新生児をいう．

行することが多い(図44).

　子宮口がある程度開大すると,子宮口付近の卵膜は頸管から剥離する.子宮収縮により子宮内圧が上昇すると,羊水はこの卵膜と児頭の間に流入し,卵膜は羊水をたたえて子宮口から膨隆し,胎胞を形成する.胎胞は陣痛発作時には緊満し,間欠時には弛緩するが,子宮口が全開大に近く,児頭が下降して頸管壁に密着すると常に緊満するようになる.胎胞は子宮内圧を均等に子宮頸管に及ぼして楔作用によって子宮口の開大を促進する.

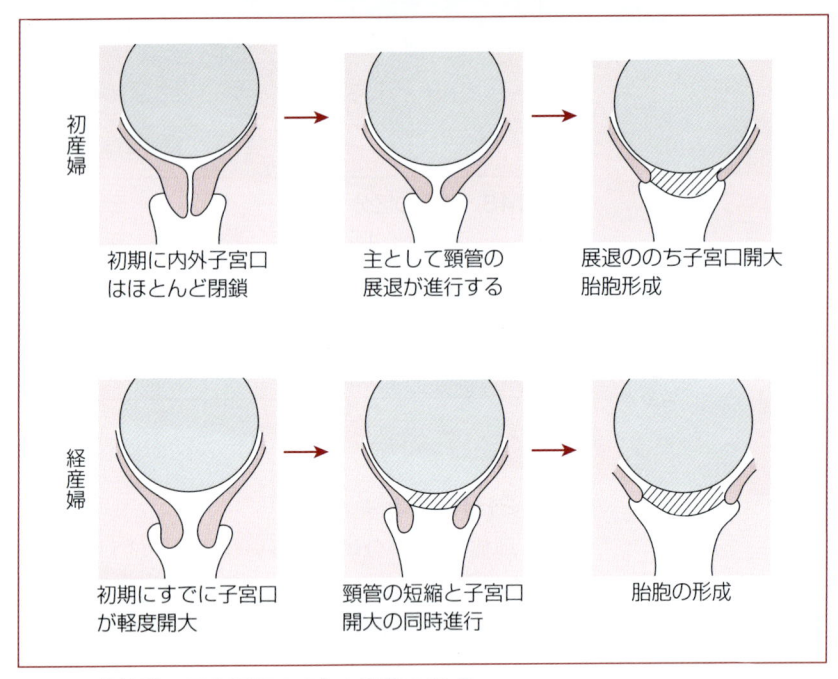

図44　分娩時の子宮頸管の変化と胎胞の形成
（坂元正一ほか監修：プリンシプル産科婦人科学 産科編．メジカルビュー社，1991より引用）

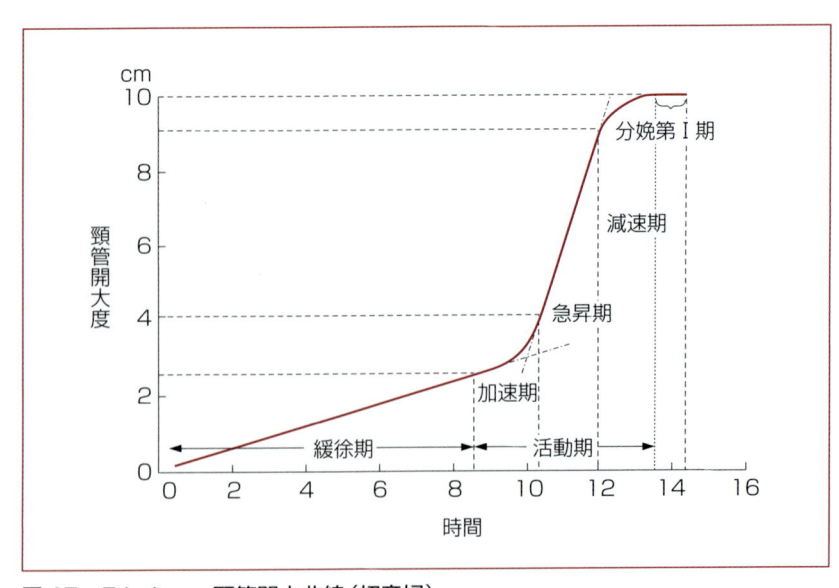

図45　Friedman 頸管開大曲線(初産婦)

分娩開始からの時間経過に伴う子宮口の開大の関係は，Friedman頸管開大曲線によりみられる．正常分娩では典型的な"S"字状の曲線になる（図45）．分娩開始から曲線が急上昇するまでの時期を緩徐期，曲線が急上昇して子宮口が全開大になり，分娩第II期に入るまでを活動期という．

b）分娩第II期（娩出期）

子宮口全開大から胎児の娩出までの期間をいう．

子宮口の全開大と前後して，児頭の下降による下部軟産道の圧迫と，増強した陣痛による疼痛のため，産婦は陣痛発作に一致して反射的に腹圧を加えようとする（怒責，いきみ）．

分娩第I期に形成された胎胞は，増強した内圧により緊満する．陣痛発作時に，高まった内圧に耐えられずに卵膜は破綻し，羊水が流出する（破水）．

娩出力としての腹圧が子宮収縮に加わり（共圧陣痛），破水によりさらに陣痛が促進されることから，児頭は加速的に産道を下降する．肛門挙筋の伸展により肛門は哆開し，会陰は下降した児頭により膨張・伸展して紙のように薄くなり光沢を呈する．ついに，児頭は陣痛発作時に陰裂間に現れるが，発作終了とともに後退して見えなくなる（排臨）．排臨の繰り返しに続き，ついに児頭は陣痛に関わりなく常に陰裂間に現れ観察できるようになる（発露）．通常，発露から1〜数回の陣痛により児頭は娩出される．児頭の娩出に続いて，軀幹，四肢も娩出される．

c）分娩第III期（後産期）

胎児娩出から胎盤娩出までの期間をいう．

胎児娩出後から子宮は強く収縮する（後産期陣痛）．産婦はこれを自覚しないことが多い．この子宮収縮により胎盤は子宮壁から剥離し，卵膜・臍帯とともに娩出される．

5）児頭の変形

分娩に際して，児頭には産道通過に適応するための変形が認められる．

a）応形機能

児頭は産道の抵抗を受けてその容積を縮小し，また変形して産道通過を容易にする．すなわち，児頭は通過面に対して縮小し，骨盤軸の方向に延長す

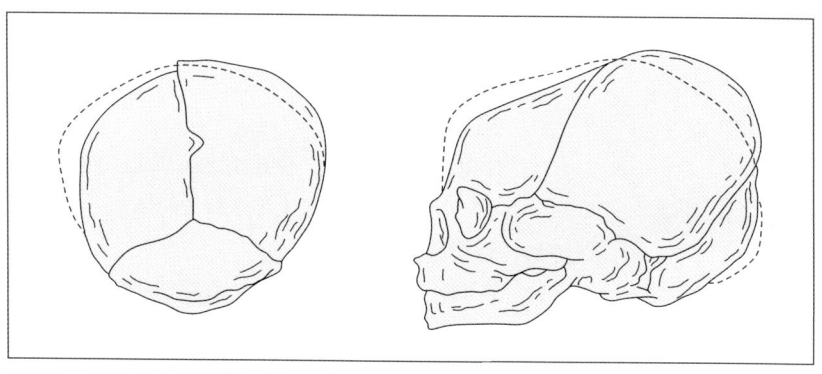

図46　第1前方後頭位における児頭の応形

（杉山陽一ほか：小産科書．金芳堂，1980より引用）

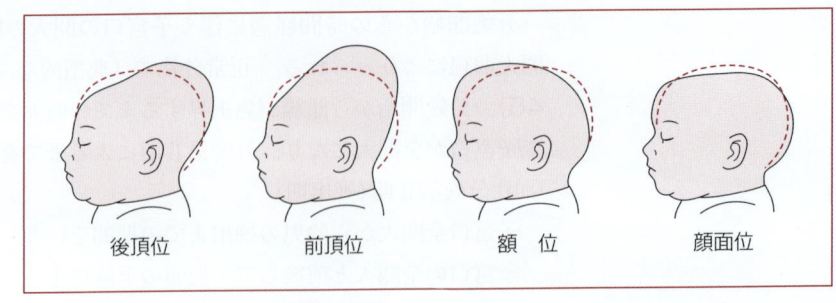

図47 頭位分娩における児頭の応形

後頂位　　前頂位　　額位　　顔面位

(杉山陽一ほか：小産科書. 金芳堂, 1980より引用)

る. この現象を児頭の応形能という.

　この変形（応形機能）を可能にしている背景は2つある. すなわち，①児頭の頭蓋骨の化骨が未熟なために，柔らかく弾力性を有する，②胎児の各頭蓋骨間の縫合が固定していないため，各縫合部で骨重積が起こりうることである. 一般に，骨重積は，前在側の頭頂骨の下に後在側の頭頂骨が，さらにその下に後頭骨が入り込む形で起こり（図46），時に前頭骨も入り込むことがある.

　児頭の変形は，産道内での抵抗が大きく，また通過に時間を要したほど，その程度は強くなる. また，頭位では，その胎勢によりそれぞれ特有の形態を示す（図47）.

　応形能による児頭の変形は，生後2～3日，遅くとも1週間で消失する.

　b）産瘤

　頭位分娩では，子宮頸管開大部の頭皮は軟産道との間の密着がないために，皮下組織に滲出液が貯留し，浮腫状に膨隆する. これを産瘤という.

　この産瘤自体は児頭応形能のように分娩進行に有利に働くものではなく，受動的に生じて児頭に変形をきたすだけのものであり，児頭先進部前在側に形成される.

③ 新生児の生理

　分娩を境として，子宮内の生活から子宮外での自立した生活への生理的適応が行われる時期を新生児期といい，出生後28日までの時期にある児を新生児という.

a 成熟児の徴候

　1）身体計測値

　体重2,500 g以上，身長45 cm以上，頭囲33 cm以上，胸囲31 cm以上であり，頭髪は1 cm以上とされている.

　2）形態学的徴候

　a）皮膚

　皮膚は厚くなり腹部などの血管透視性もなく，皮下脂肪が発達して浮腫はない. 胎脂は減少して腋窩・鼠径部などのみに残存し，毳毛も背部などに部分的に存在するのみである.

b）耳介

上部耳介や耳介軟骨もよく形成されている．

c）外陰

男児では精巣は両側とも陰嚢内に下降している．女児では大陰唇がよく発達している．

d）爪

指尖に達するか，または越えている．

e）目

瞳孔膜は消失している．

f）足蹠

しわの形成が著明である．

g）剣上突起

胸骨と同一平面にあり，スプーン状に突出することはない．

ｂ 生理学的特徴

1）呼吸器系

胎児は子宮内では無呼吸であるが，羊水が肺に吸引されて肺呼吸，すなわち胸郭の呼吸様運動を1分間30～70回の頻度で認められる．

新生児は出生直後あるいは数秒後に，深く息を吸い（吸気），肺が拡張して，次に息を吐く（呼気）とともに強い声で泣く，これが産声である．

初期の呼吸数は1分間50回で胸式呼吸であるが，その後は1分間35～40回となり，漸次腹式呼吸となる．

2）循環器系

臍帯の結紮により胎盤循環は完全に停止し，同時に肺呼吸の開始によって肺血管抵抗が低下して，肺血流量は心拍出量の12％（胎児）から54％（新生児）へと増加する．卵円孔は数分で機能的閉鎖が起こり，動脈管（Botallo管）もやや遅れて十数時間で機能的に閉鎖する．この間に動脈管を流れる血流は胎児期と異なり，大動脈から肺動脈へ向う左-右シャントである．

新生児の血圧は，出生直後は65/40mmHgくらいであるが，その後一時的に低下するが，24時間以内に出生時に戻り，さらに徐々に上昇する．

3）血液

循環血液量は80～100 ml/kgで血漿量は45～50 ml/kgであるが，生後4時間でおよそ20％減少する．その大部分は血漿量の減少であり，ヘマトクリット値は60％に達する．その後，組織間液との再分布の結果，24時間後には元の値に戻る．

胎児期にはPO$_2$が40～50 mmHgと低い子宮内環境に適応しているが，出生後はより高い酸素濃度の環境に適応していくために過剰な赤血球が壊れ，大量のビリルビンが産生される．新生児の抱合能はまだ不十分なためにビリルビンを代謝しきれず，間接ビリルビンが上昇して新生児黄疸を示す．

4）水代謝・腎機能

新生児の体重の70～80％は水分であり，その50～60％は細胞外液である．

成熟児の不感蒸泄は 16.8 ～ 38.4 ml/kg/ 日（成人では 12 ml/kg/ 日）に達する．また，腎のネフロンの形成は妊娠 35 週には完成しているが，機能的には未熟で，特に濃縮力は低く，最大濃縮力は 700 mOsm/l（成人では 1,200 mOsm/l）であるために，脱水を起こしやすい．

これらが相俟って，出生後数日間は体重が減少し，出生体重の 5 ～ 10 ％ までは生理的体重減少といわれる．生後 3 日を過ぎると哺乳量も増加し，生後 7 ～ 10 日には出生時の体重に復帰する．

5）消化器系

胎児期から嚥下運動や消化管の蠕動運動は認められるが，出生後空気の嚥下によって蠕動は促進されて，生後 24 時間までに 94 ％以上の新生児で胎便の排泄が認められる．また，嚥下された空気は 5 時間後には結腸に達し，6 ～ 7 時間後には排ガスが認められる．

胃の容量は 30 ～ 40 ml で，出生時には 5 ～ 10 ml の胃内容液（嚥下された羊水と胃液）がある．

6）免疫機能

免疫グロブリンのうち，IgA と IgM は胎盤を通過しないために，新生児の血中濃度は低い．しかし，母乳中には高濃度に存在しており，哺乳による腸管を介しての感染防御に大きな役割を果たしている．なお，IgG は胎盤を通過するので，新生児血中でも高値を示す．

7）神経系および反射

外界および刺激から保護されていた胎児が，突然外界の空気に触れ，呼吸を行い，循環を開始し，また体温を保持しなければならない．これらの生体としての反応は中枢神経支配のもとに総括されている．

新生児は出生直後は一種のショック状態にあり，随意運動を欠き，大脳皮質機能はほとんどなく，単なる脊髄反射や脳幹を中心とする機能のみに頼っている．また，ほとんどの新生児は吸啜反射，嚥下反射，対光反射をもち，活発に泣き，筋緊張も正常である．

刺激に対して上肢を大きく振るふわせるモロー（Moro）反射は出現し，欠如すれば脳障害が疑われる．また，バビンスキー（Babinski）現象は陽性で，眼振も生理的である．

味覚，嗅覚および光覚は出生時に備わっているが，色覚は欠けている．触覚，温覚は不完全で，痛覚も遅れる．一般に，新生児は音に対して鈍感である．

8）代謝

胎児期は，低酸素環境にあることから，ブドウ糖がエネルギー源として重要な役割を果たしている．

出生後の体温維持や循環適応に必要なエネルギーを供給するために，胎児期末期に急増した肝のグリコーゲンが消費される．このグリコーゲンは 24 時間ほどで消失するために，生後 4 ～ 6 時間頃には血糖値は 40 ～ 50 mg/dl に低下する．

脂質・蛋白質代謝は，胎児期にはいずれも同化作用優位であり，出生後は低血糖，寒冷刺激などのため脂質の異化によるエネルギー産生が盛んとなる

ことが多い．

9）性器

女児の1％前後に，生後1週間頃に性器出血（月経様出血）をみることがある．これは，胎児期に母体から移行したホルモン（エストロゲン）の消退による現象であり，特に治療は必要としない．

男女の別なく，乳房の腫脹が認められ，初乳に類似する白色半透明の液が圧出されることがある．これを奇乳といい，分泌，腫脹は5〜7日頃が最高で，約2週間で消退する．これは，胎児期に母体のホルモンが移行し，乳腺発育と乳汁分泌を起こしたものである．

文献

1) 目崎　登, 岩崎寛和：思春期早発症．産婦人科の実際, 31：907-914, 1982
2) 目崎　登, 佐々木純一, 庄司　誠ほか：初経発来時の身体発育状態．思春期学, 5：15-20, 1987
3) Reid RL, Van Vugt DA：Weight-related changes in reproductive function. Fretil Steril, 48：905-913, 1987
4) Marshall WA, Tanner JM：Variations in pattern of pubertal changes in girls. Arch Dis Child, 44：291-303, 1969
5) Jenner MR, Kelch RP, Kaplan SL et al：Hormonal changes in puberty：IV Plasma etradiol, LH and FSH in prepubertal children, pubertal females, and in precocious puberty, premature thelarche, hypoganadism, and in a child with a feminizing ovarian tumor. J Clin Endocrinol Metab, 34：521-530, 1972
6) 目崎　登, 佐々木純一, 本部正樹ほか：小児・思春期の身体発育と婦人科疾患．産婦人科の実際, 41：1025-1029, 1992
7) 目崎　登, 佐々木純一, 庄司　誠ほか：思春期機能性子宮出血の内分泌学的背景．思春期学, 3：41-46, 1985
8) 目崎　登, 岩崎寛和：機能性子宮出血．産婦人科 Mook No.40 思春期の産婦人科（廣井正彦編），金原出版, 東京, pp134-140, 1988
9) 一戸喜兵衛, 田中俊誠：加齢と間脳−下垂体−卵巣系機能．臨婦産, 41：215-226, 1987
10) 目崎　登：スポーツと内科−更年期障害, 貧血−．スポーツ医学マニュアル（福田市蔵ほか編），診断と治療社, 東京, pp399-412, 1995
11) 麻生武志：更年期障害．産婦の実際, 42：1007-1011, 1993
12) 厚生省老人保健福祉局老人保健課監修：骨粗鬆症による寝たきり防止マニュアル．骨粗鬆症財団, 1994

Self-Check

[1] 月経の調節に関わるホルモンなどについて，以下の文章を完成せよ．

視床下部から①が分泌され，その作用により②から性腺刺激ホルモンの③，④が分泌される．これらホルモンの作用により，卵巣は組織的・機能的な変化として⑤発育，⑥，⑦形成が起こり，⑤からは⑧が，⑦からは⑧と⑨が分泌され，子宮内腔の⑩を変化させる．

[2] 胎児について，以下の文章を完成せよ．

胎児が発育するために必要な胎児以外の組織，器官を①といい，②，③，④，⑤がある．

（解答はp.347〜350）

参考図書

[第Ⅰ章　1　発育期のスポーツ]
- 黒田善雄，井川幸雄，高澤晴夫ほか編：最新スポーツ医学．文光堂，東京，1990
- 小出清一，福林　徹，河野一郎編：スポーツ指導者のためのスポーツ医学．南江堂，東京，2000
- 日本体育協会指導者育成専門委員会スポーツドクター部会監修：スポーツ医学研修ハンドブック　基本科目．文光堂，東京，2004

[第Ⅰ章　2　スポーツと循環器系]
- 黒田善雄，中嶋寛之編：スポーツ医学 Q&A 2．金原出版，東京，1989
- 黒田善雄，小野三嗣監修：スポーツ医学マニュアル．診断と治療社，東京，1995
- 中野昭一編：スポーツ医科学．杏林書院，東京，1999
- 日本体育協会指導者育成専門委員会スポーツドクター部会監修：スポーツ医学研修ハンドブック　基本科目．文光堂，東京，2004
- 佐藤昭夫，佐伯由香編：人体の構造と機能．医歯薬出版，東京，2006

[第Ⅰ章　3　スポーツと呼吸器系]
- 黒田善雄，中嶋寛之編：スポーツ医学 Q&A 2．金原出版，東京，1989
- 黒田善雄，小野三嗣監修：スポーツ医学マニュアル．診断と治療社，東京，1995
- 中野昭一編：スポーツ医科学．杏林書院，東京，1999
- 日本体育協会指導者育成専門委員会スポーツドクター部会監修：スポーツ医学研修ハンドブック　基本科目．文光堂，東京，2004

[第Ⅰ章　4　スポーツと血液系]
- 村山正博編：スポーツのためのメディカルチェック．南江堂，東京，1989
- 黒田善雄，中嶋寛之編：スポーツ医学 Q&A 2．金原出版，東京，1989
- 黒田善雄，井川幸雄，高澤晴夫ほか編：最新スポーツ医学．文光堂，東京，1990
- 目崎　登：女性スポーツの医学．文光堂，東京，1997
- 中野昭一編：スポーツ医科学．杏林書院，東京，1999
- 日本臨床スポーツ医学会学術委員会編：ランニング障害．文光堂，東京，2003
- 臨床スポーツ医学編集委員会編：予防としてのスポーツ医学．文光堂，東京，2008

[第Ⅰ章　5　スポーツと泌尿器系]
- 黒田善雄，中嶋寛之編：スポーツ医学 Q&A 2．金原出版，東京，1989
- 黒田善雄，井川幸雄，高澤晴夫ほか編：最新スポーツ医学．文光堂，東京，1990
- 黒田善雄，小野三嗣監修：スポーツ医学マニュアル．診断と治療社，東京，1995
- 中野昭一編：スポーツ医科学．杏林書院，東京，1999
- 日本体育協会指導者育成専門委員会スポーツドクター部会監修：スポーツ医学研修ハンドブック　応用科目．文光堂，東京，2004

[第Ⅰ章 6 スポーツと特殊環境]
- 黒田善雄, 中嶋寛之編：スポーツ医学 Q&A 2. 金原出版, 東京, 1989
- 黒田善雄, 井川幸雄, 高澤晴夫ほか編：最新スポーツ医学. 文光堂, 東京, 1990
- 目崎 登, 村松成司, 高橋邦郎ほか編：柔道競技における水分補給－競技力向上と水分摂取－. 全日本柔道連盟, 東京, 1997
- 中野昭一編：スポーツ医科学. 杏林書院, 東京, 1999
- 川原 貴, 森本武利編：スポーツ活動中の熱中症予防ガイドブック. 日本体育協会, 東京, 1999
- 日本体育協会指導者育成専門委員会スポーツドクター部会監修：スポーツ医学研修ハンドブック 基本科目. 文光堂, 東京, 2004

[第Ⅰ章 7 オーバートレーニング]
- 黒田善雄, 中嶋寛之編：スポーツ医学 Q&A 2. 金原出版, 東京, 1989
- 中野昭一編：スポーツ医科学. 杏林書院, 東京, 1999
- 小出清一, 福林 徹, 河野一郎編：スポーツ指導者のためのスポーツ医学. 南江堂, 東京, 2000

[第Ⅰ章 8 スポーツと薬物]
- 日本体育協会指導者育成専門委員会スポーツドクター部会監修：スポーツ医学研修ハンドブック 応用科目. 文光堂, 東京, 2004
- (財)日本アンチ・ドーピング機構：世界ドーピング防止規定. 2009
- (財)日本アンチ・ドーピング機構：世界ドーピング防止規定 2009年禁止表国際基準. 2009
- (財)日本アンチ・ドーピング機構：世界ドーピング防止規定 治療目的使用に係る除外措置に関する国際基準. 2009
- (財)日本アンチ・ドーピング機構：世界ドーピング防止規定 検査に関する国際基準. 2009
- (財)日本アンチ・ドーピング機構：日本ドーピング防止規定. 2009
- (財)日本アンチ・ドーピング機構：医師のためのTUE申請ガイドブック. 2009
- スポーツファーマシスト研究会編：公認スポーツファーマシスト認定プログラム. (財)日本アンチ・ドーピング機構, 東京, 2009

[第Ⅰ章 9 海外遠征のスポーツ医学]
- 黒田善雄, 井川幸雄, 高澤晴夫ほか編：最新スポーツ医学. 文光堂, 東京, 1990
- 日本体育協会指導者育成専門委員会スポーツドクター部会監修：スポーツ医学研修ハンドブック 応用科目. 文光堂, 東京, 2004

[第Ⅰ章 11 スポーツと月経現象]
- 目崎 登：女性スポーツの医学. 文光堂, 東京, 1997

[第Ⅰ章 13 妊婦とスポーツ]
- 室岡 一：妊産婦のためのスポーツ医学. 朝倉書店, 1982
- 日本臨床スポーツ医学会学術委員会：妊婦スポーツの安全管理. 文光堂, 2004

[第Ⅰ章 14 運動処方]
- 黒田善雄, 中嶋寛之編：スポーツ医学 Q&A 2. 金原出版, 東京, 1989
- 黒田善雄, 小野三嗣監修：スポーツ医学マニュアル. 診断と治療社, 東京, 1995

- 佐藤祐造編：生活習慣病の予防と運動．南江堂，東京，2003

[第Ⅰ章　15　運動療法]
- 中野昭一編：スポーツ医科学．杏林書院，東京，1999
- 早藤　弘編：身体活動と生活習慣病．日本臨牀社，大阪，2000
- 佐藤祐造編：生活習慣病の予防と運動．南江堂，東京，2003
- 日本体育協会指導者育成専門委員会スポーツドクター部会監修：スポーツ医学研修ハンドブック 基本科目．文光堂，東京，2004
- 佐藤祐造編：運動療法と運動処方．文光堂，東京，2008
- 日本産科婦人科学会，日本更年期医学会編：ホルモン補充療法ガイドライン．日本産科婦人科学会，東京，2009

[第Ⅰ章　16　女性証明検査]
- 目崎　登：女性スポーツの医学．文光堂，東京，1997

[第Ⅱ章　1　循環器系]
- 中野昭一編：スポーツ医科学．杏林書院，東京，1999
- 佐藤昭夫，佐伯由香編：人体の構造と機能．医歯薬出版，東京，2006

[第Ⅱ章　2　呼吸器系]
- 中野昭一編：スポーツ医科学．杏林書院，東京，1999
- 大井元晴，笹田昌孝，中井義勝ほか編：わかりやすい内科学．文光堂，東京，2002
- 佐藤昭夫，佐伯由香編：人体の構造と機能．医歯薬出版，東京，2006

[第Ⅱ章　3　血液系]
- 大井元晴，笹田昌孝，中井義勝ほか編：わかりやすい内科学．文光堂，東京，2002
- 佐藤昭夫，佐伯由香編：人体の構造と機能．医歯薬出版，東京，2006

[第Ⅱ章　4　泌尿器系]
- 佐藤昭夫，佐伯由香編：人体の構造と機能．医歯薬出版，東京，2006

[第Ⅱ章　5　体液・体温の調節機構]
- 中野昭一編：スポーツ医科学．杏林書院，東京，1999
- 佐藤昭夫，佐伯由香編：人体の構造と機能．医歯薬出版，東京，2006

[第Ⅱ章　6　女性のからだ]
- 坂元正一，倉智敬一編：綜合産科婦人科学．医学書院，東京，1979
- 杉山陽一，清水　保：小婦人科書．金芳堂，京都，1980
- 丹波劭昭編：スポーツと生活．朝倉書店，東京，1982
- 馬場一雄，武田佳彦：綜合周産期医学．東京医学社，東京，1983
- 岩崎寛和，玉田太朗，山辺　徹ほか編：現代の産婦人科学．金原出版，東京，1984
- 宮下恭子：女性の健康と体力．三和書房，京都，1987
- Wells CL (ed.)：Women, Sport & Performance– A Physiological Perspective. Human Kinetic Books, Champaign, Illinois, 1991
- 小川重男編：必修産婦人科学 改訂第4版．南江堂，東京，1991

- 坂元正一，水野正彦監修：プリンシプル産科婦人科学 産科編．メジカルビュー社，東京，1991
- 日本産科婦人科学会編：産科婦人科用語集．金原出版，東京，1995
- 日本産科婦人科学会，日本更年期医学会編：ホルモン補充療法ガイドライン．日本産科婦人科学会，東京，2009

Self-Check解答一覧

第Ⅰ章　スポーツ医学各論
1．発育期のスポーツ
1. 発育は連続的であるが，速度は一定でない．
発育期に正常な発達が妨げられると，永続的な機能障害を残すことがある．
発育は頭部から足部へ，中心部から末梢部へといった順序で発育することが多い．
発育が進むほど，個体の特性は発揮される．
2. 成長，発達の促進に役立つ．体力が向上する．精神的発達が促進する．疲労からの回復力が向上する．生活習慣病のリスクを減少させる．危険からの回避能力を向上させる．生涯スポーツの基礎となる．ストレス解消になる．
3. 年齢によって目的が異なり，最適運動やスポーツ種目が異なることを考慮し，最も有効な時期に最も有効な運動やスポーツを指導する．
1種目でなく，数種目の運動やスポーツを行うように指導する．
年齢に応じて楽しく，十分な休養をとりながら，持続性をもたせるように指導する．
スポーツ障害を発生させるような無理な指導や強要をしない．不幸にもスポーツ障害が発生したら，早期に治療し，完治してからスポーツに復帰させる．
食事指導や精神指導も行う．
小学生以上の子どもでは，学校で行われる検査や定期健診の結果を収集し，総合的な健康管理（含むメディカルチェック）を行う．
目先の試合の成績や成果でなく，指導時には子どもの性格を熟知し，十分に時間をかけて優しく指導する．

2　スポーツと循環器系
1. 安静時の徐脈および運動時の相対的徐脈　酸素脈の増加　1回拍出量の増加　心肥大　調節性拡大　運動時の血圧低下　冠状動脈予備能力の増加　心筋収縮速度の増加　血液再配分の迅速化
2. RR間隔の短縮　PQ時間やQT時間の短縮　STの低下　上室性期外収縮　心室性期外収縮

3　スポーツと呼吸器系
1. ①（ ↑ ）　②（ ↓ ）　③（ ↓ ）　④（ ↑ ）　⑤（ → ）

4　スポーツと血液系
1. ①（ ↓ ）　②（ ↑ ）　③（ ↓ ）　④（ ↑ ）　⑤（ ↑ ）

5　スポーツと泌尿器系
1. ①（ ○ ）　②（ × ）　③（ ○ ）　④（ ○ ）　⑤（ × ）

6　スポーツと特殊環境
1. ①知って防ごう熱中症　②暑いとき，無理な運動は事故のもと　③急な暑さに要注意　④失った水と塩分取り戻そう　⑤体重で知ろう健康と汗の量　⑥薄着ルックでさわやかに　⑦体調

不良は事故のもと　⑧あわてるな，されど急ごう救急処置
　② 低体温症は全身的な障害であり，凍傷は局所的な障害で組織の凍結が必須である．

7　オーバートレーニング
① 大きすぎるトレーニング負荷　急激なトレーニング負荷の増大　過密な試合スケジュール　不十分な休養，睡眠不足　栄養不足

8　スポーツと薬物
① 禁止表　治療目的使用に係る除外措置国際基準　検査に関する国際基準　分析機関に関する国際基準　プライバシーおよび個人情報に関する国際基準
② 次に掲げる3つの要件のうちいずれか2つの要件を満たしている場合である．
　　①競技能力を向上させうること
　　②競技者の健康にとって有害となりうること
　　③その使用がスポーツ精神に反すること
　さらに，その物質または方法によって他の禁止物質・禁止方法の使用が隠蔽される可能性があると化学的に証明される場合である．

9　海外遠征のスポーツ医学
① 睡眠障害(寝つきが悪い，目覚めやすいなどの睡眠と覚醒のリズム障害)
　胃腸障害(食欲不振，胃の不快感，悪心，便秘など)
　頭痛，視力・調節機能の低下，耳鳴り，めまいなど
　疲労感，精神機能低下，いらいら，不安感，不快感などの心身症様症状

10　月経周期とスポーツ
① 良い時期(月経後1週間くらい，月経と月経の中間期)
　悪い時期(月経前1週間くらい，月経期間中)

11　スポーツと月経現象
① 激しいスポーツ活動に起因する，初経発来の遅延(原発性無月経など)および月経周期異常(続発性無月経など)を総称する．

12　中・高年女性とスポーツ
① 健康の管理・維持(心臓・血管系機能の改善，成人病予防，全身持久力の獲得)
　筋機能(筋力・筋持久力・柔軟性)を改善し，活動的な身体を保持する．
　ウェイトコントロールにより身体組成を適正に保つ(シェイプアップ)．
　ストレスを解消し，生きがいのある生活をする(精神機能の賦活化)．
　スポーツそのものを楽しむ．

13　妊婦とスポーツ
① 競技性の高いもの　腹部に圧迫が加わるもの　転倒の危険があるもの　相手と接触したりするもの

14　運動処方
① ①血圧上昇が比較的軽度で，循環器系に無理のない負荷(容量負荷)を与えるので，心臓の負担が比較的軽い．

②心機能を強化し，心筋毛細血管の発達を促し，動脈の弾性を回復させ，全身の活動能力を高めるなどの効果が高い．
③虚血性心疾患，肥満，糖尿病，脂質異常症（高脂血症），動脈硬化などに対して，予防的ないし治療的効果が大きい．
④乳酸の蓄積が少ない．
⑤長時間続けられるので，全消費カロリーを大きくすることができる．
⑥脂肪の消費が多い．無酸素運動では脂肪の燃焼はむしろ妨げられるが，有酸素運動では運動を継続するにつれて脂肪の消費量が増大する．
⑦マイペースを守りやすい．
⑧安全性が高い（主に ①，④，⑦ による）．

15 運動療法

1️⃣ 発熱，頭痛，めまい　強い倦怠感　食欲がない（食べていない）　睡眠不足
少し動いただけで息切れがしたり，気分が悪くなる　顔や足にむくみ　腹痛や下痢　筋肉や関節の強い痛み　二日酔い

2️⃣ 運動中に以下の症状が出現したら，直ちに運動を中止する．
胸痛，胸部の圧迫感　動悸　脈の乱れ　呼吸困難　腹痛，嘔気，嘔吐　下肢や腰の痛み
めまい，目の前が暗くなる　意識消失　顔色や唇の色が悪い（顔面蒼白）

16 女性証明検査

1️⃣ 染色体の性　性腺（卵巣あるいは精巣）の性　形態（外性器や第二次性徴）の性　社会的・心理学的性

2️⃣ ターナー症候群（Turner's syndrome）　精巣性女性化症（testicular feminization syndrome）　性腺形成不全（Sweyer 症候群）

第Ⅱ章　からだの構造と機能

1 循環器系

1️⃣ ①右心房　②三尖　③右心室　④肺動脈　⑤肺動脈　⑥肺静脈　⑦左心房　⑧僧帽　⑨左心室　⑩大動脈

2 呼吸器系

1️⃣ ①16　②終末細気管支　③呼吸細気管支　④23　⑤肺胞

2️⃣ 1回換気量　予備吸気量　予備呼気量　残気量　機能的残気量　肺活量　努力性肺活量・強制呼気量　1秒量　1秒率

3 血液系

1️⃣ ①赤血球　②血小板　③白血球　④好酸球　⑤好中球　⑥好塩基球　⑦単球　⑧リンパ球　⑨骨髄　⑩リンパ

4 泌尿器系

1️⃣ 水分の排泄調節　電解質の排泄調節　H^+の排泄調節　不要物質や体外から取り入れた薬物の除去　有用物質の保持　ホルモンの産生・分泌

5 体液・体温の調節機構

1️⃣ ①産熱　②放熱　③放射　④伝導と対流　⑤蒸発

6　女性のからだ

1　①性腺刺激ホルモン放出ホルモン　②下垂体　③卵胞刺激ホルモン　④黄体化ホルモン　⑤卵胞　⑥排卵　⑦黄体　⑧卵胞ホルモン　⑨黄体ホルモン　⑩子宮内膜

2　①胎児附属物　②, ③, ④, ⑤(胎盤　卵膜　臍帯　羊水)

索引

和文

あ

アシドーシス　30, 31
圧受容器反射　239
アナボリックステロイド　93
アルカローシス　35
アルドステロン　50, 127, 278
安産傾向　177
安全管理基準　189
安全限界　198
アンチ・ドーピング　3
アンドロゲン　141, 143
アンドロゲン不応症　225
アンフェタミン　93

い

医学検査　199
医学的サポート　112
異化作用　76
いきみ　337
維持期運動療法　219
1型糖尿病　210
一次性高血圧　209
1秒率　247
1秒量　247
1回換気量　29, 246
1回拍出量　15, 237
遺伝因子　209
遺伝要因　191
陰核　293
インスリン依存型糖尿病　210
インスリン抵抗性　191
インスリン非依存型糖尿病　211
咽頭　243
インヒビン　298
陰毛　309

う

ウロビリノゲン　255
運動　76
運動強度　166, 183, 200
運動効果　162
運動交換表　203
運動時間　203
運動習慣　318
運動種目　200
運動条件　198
運動処方　167, 191
運動性蛋白尿　51
運動性貧血　43
運動生理学　1
運動走化能　260
運動能力　125, 290
運動の効果　13
運動頻度　203
運動負荷試験　200
運動不足　156, 191
運動不足の要因　11
運動プログラム　2
運動遊走能　260
運動誘発性喘息　36
運動療法　2, 187, 204, 316

え

エアロビクス　184
栄養　76
腋窩温　280
液性調節　239
液性免疫　261
液体成分　252
エストロゲン　141, 144, 299
エストロゲン欠乏　314
エストロゲン欠乏性腟炎　318
エネルギー源　193
エネルギー代謝率　157
エリスロポエチン　94, 255

お

遠心性肥大　18
遠征疲労期　122

横隔膜　245
応形機能　334, 337
黄体化ホルモン　142, 298
黄体化ホルモン放出ホルモン　298
黄体期　299
黄体機能不全症　303
黄体ホルモン　127, 144, 281, 299
黄熱　114
オーバートレーニング　76, 87
オーバートレーニング症候群　87
帯下　186
温度受容器　283

か

外陰・会陰　321
外陰部　308
海外遠征　112
外殻温度　280
外呼吸　241
外傷・障害　125
外性器　292
概日リズム　117
外尿道括約筋　275
外胚葉型　287
外部環境　115
回復期リハビリテーション　218
外部要因　191
外肋間筋　245
化学受容器　239
過換気症候群　35
核心温度　280

拡張期血圧　238
下肢　288
過少月経　303
下垂体ホルモン　142
ガス運搬　248
ガス交換　247
ガス分圧　247
家族性高コレステロール血症　213
過多月経　47, 303
過短月経　303
過長月経　303
カテコールアミン　195, 282
顆粒球　255
癌　219
癌危険度　220
換気反応　32
環境因子　209
環境要因　80
幹細胞　253
間質液　277
肝疾患　207
監視プログラム　104
緩衝作用　263
間接ビリルビン　255
漢方療法　316
簡略更年期指数　315
寒冷環境　65

■き
気管　243
気管支　243
基礎体温　281, 301
基礎代謝量　281
気道　242
機能性子宮出血　304
機能的残気量　246
稀発月経　137, 303
逆氷山型　89
求心性肥大　18
急性期リハビリテーション　217
急性減圧症　74
急性腎炎症候群　207
吸息　245

休養　84
共圧陣痛　337
胸郭　244
競技会外検査　106
競技会検査　106
狂犬病　114
胸式呼吸　245
狭心症　216
強制呼気量　247
教養　76
局所性調節　238
虚血性心疾患　156, 216
居住環境　115
筋機能　290
禁止物質　101
禁止方法　103
筋肉受容器　239
筋ポンプ　21

■く
偶発合併症　176, 187
駆出期　235
クラインフェルター症候群　226
グラーフ卵胞　298
クリアランス　270
グリコーゲン　193
グロビン　255

■け
頸管粘液　300
経血量　302
形態的発育　326
血圧　19, 195, 238
血液循環　234
血液量　290
血管運動神経失調症状　314
月経期　300
月経期間中のスポーツ活動　128
月経現象　134, 296
月経困難症　304
月経周期　124, 297, 302
月経周期調節　130
月経前緊張症　304

月経前症候群　304
血色素尿　53
血漿　261
血漿浸透圧　39
血漿タンパク　261
血漿タンパク緩衝系　263
血漿電解質濃度　40
血小板　258, 261
血漿量　39
血清鉄　44
血清フェリチン値　44
血尿　52
血流の再配分　20
減圧症　73
嫌気的解糖閾値　32
原始卵胞　306
原尿　267
原発性肥満　212
原発性無月経　135, 302

■こ
5α還元酵素欠損症　228
高圧環境　72
降圧機序　161
好塩基球　255
高温期（相）　281
交感神経　16
高気圧障害　73
高血圧　171
高血圧症　156, 160, 206, 209
好酸球　255
高山病　71
高脂血症　156, 160, 172, 213
膠質浸透圧　262
甲状腺ホルモン　281
向精神薬療法　316
好中球　255, 256, 260
喉頭　243
更年期　311
更年期障害　156, 161, 172, 313
高分子蛋白　51
抗利尿ホルモン　49, 268, 278
呼吸　241
呼吸運動　245

呼吸器系　241, 242, 323, 339
呼吸・循環器系機能　125, 291
呼吸商　126
呼吸数　125, 247
呼吸代償閾値　32
国際オリンピック委員会　228
国際競技連盟　228
国際パラリンピック委員会　97
呼息　245
骨および関節　324
骨格　288
骨芽細胞　130
骨吸収マーカー　131
骨形成マーカー　131
骨産道　332
骨重積　334
骨髄　253
骨髄系幹細胞　253
骨粗鬆症　151, 156, 163, 172, 316
骨代謝　130, 164
骨盤　288
子どものスポーツ障害　14
鼓膜温　280
コレラ　114
コンディション　124

さ

催奇形性　181
再吸収　265, 267
最高血圧　238
最高心拍数　17
再生期　300
臍帯　329
最大酸素摂取量　17, 31, 33, 43, 251, 291
最大分時換気量　33
最低血圧　238
細胞外液　277
細胞外液量　272
細胞成分　252
細胞性免疫　261
細胞内液　277
細網内皮系細胞　255

サイロキシン　281
殺菌能　260
産科異常　176
残気量　29, 246
酸素運搬効率　43
酸素解離曲線　30, 34, 249
酸素化ヘモグロビン　248, 259
酸素摂取量　31, 126, 250
酸素負債　31
酸素飽和曲線　248
産道　331
産熱　281
産瘤　338

し

自覚的運動強度　167, 202
色素沈着　324
子宮　294, 307, 320
子宮頸管　300
子宮血流量　178
子宮収縮　178
糸球体　266, 266
糸球体嚢　266
糸球体濾過量（値）　49, 270, 278
子宮底長　320
子宮内胎児発育遅延　186
刺激伝導系　237
刺激要因　80
時差　116
時差症候群　122
時差ぼけ　122
時差ぼけ対策　122
脂質異常症　156, 160, 172, 206, 213
思春期スパート　286
思春期早発症　135, 302, 306
思春期遅発症　135, 302
視床下部−下垂体−卵巣系　297
自浄作用　318
持続日数　302
シダ状結晶　300
湿球黒球温度　56
シャペロン　108
集合管　266

収縮期血圧　238
重症化　145
重心位置　288
重炭酸イオン　249
重炭酸緩衝系　263
充満期　236
受精　319
主席卵胞　298
腫瘍壊死因子　195
循環器系　321, 339
循環調節機構　19
小陰唇　293
消化器系　323
蒸散　283
小泉門　334
蒸発　283
消費エネルギー量　157
静脈　234
静脈還流　21
静脈還流量　16
ジョギング　184
食事・栄養指導　318
初経　301
初経発来　134, 141, 310
初経発来遅延　149
処女膜　293
女性アスリートの三主徴　151
女性証明　221
女性証明検査　150, 221
女性性器　292
暑熱環境　56
暑熱指標　56
暑熱障害　57
自律神経　282
心機能　292
心筋梗塞　216
神経系および反射　340
神経性調節　239
腎血漿流量　270
腎血流量　49, 269
人工的移動法　130
心疾患　27, 172
腎疾患　54, 207
心（臓）周期　235
新生児期　305

索引　353

新生児の生理　338
心臓　232
腎臓　264
心臓自律神経　239
心臓自律神経系　22
心臓拍動　237
心臓副交感神経系動脈圧受容器反
　射の感受性　22
身体活動度　157
身体条件　198
身体組成　289
身体的ストレス　139
身体的特性　286
身体発育　136, 308
身体要因　80
身長発育速度曲線　286
陣痛　332
心電図　17
浸透圧　39, 271
心拍出量　15, 237
心拍数　15, 125, 166
心肥大　18
心房収縮期　237
心房性ナトリウム利尿ペプチド
　279
心理・精神療法　316

す

水泳　184
水血症　322
水代謝・腎機能　339
水中座禅　179, 186
垂直跳　290
随伴症状　302
水分摂取　61
水分貯留　127
睡眠深度曲線　117
スポーツ栄養学　1
スポーツ指導の原則　12
スポーツ種目　177, 183
スポーツ心理学　1
スポーツバイオメカニクス　2
スポーツ貧血　43

せ

生活環境情報　112
生活習慣　191
生活習慣要因　191
性感染症　114
性管分化異常　137
性器　341
性器外周期　301
性差　286
制裁措置　109
成熟期　311
成熟児の徴候　338
生殖器系　320
精神・神経系　325
精神的ストレス　138
精神的疲労　79
性腺形成不全　223, 225
性腺刺激ホルモン　142, 297
性腺刺激ホルモン放出ホルモン
　298
性染色質検査　150, 221, 223
精巣性女性化症　137, 223,
　225, 228
成長ホルモン　93
静的運動　19
性の分類　221
性別検査　221
生理学的特徴　312, 339
生理的蛋白尿　50
生理的発育　327
生理用品　128
世界アンチ・ドーピング機構
　96
世界ドーピング防止規定　96,
　99
セックスチェック　221
赤血球　253, 259
赤血球数　254
摂食障害　151
接触性スポーツ　207
切迫流・早産　178
セルフチェック　205
染色体異常　137
染色体検査　150
染色体分析　222

全身性の変化　321
全身耐寒性　65
潜水病　73

そ

造血　253
造血幹細胞　253
走行距離　139, 141
増殖期　299
早発月経　302
続発性無月経　137, 150, 303
組織呼吸　241

た

体育の授業　129
第Ⅰ度無月経　145
大陰唇　292
体液　277
体液 pH　272
体液量　278
体温　280
体温上昇作用　127
体温調節　56
体温調節中枢　283
体温調節反応　284
胎芽　326
大気圧　70
胎児　326
胎児血液　327
胎児循環　327
胎児心拍数　179
胎児の条件　177
胎児の発育　326
胎児発育　182
胎児附属物　328
胎児への影響　179
体脂肪　195
体脂肪率　136, 140
代謝　241
代謝系　325
体重（体脂肪）の減少　139
体循環　234
大泉門　334
第二次性徴　308
第Ⅱ度無月経　145

胎盤　328
対流　283
体力　157
体力・運動能力の発達　7
体力検査　199
体力要素の発育　10
ターナー症候群　223, 224
単核球　255
短期的影響　179
短期的変動　142
単球　255, 257, 260
炭酸　249
単純性肥満　159
炭水化物　194
男性ホルモン　143
蛋白同化ホルモン　77
蛋白尿　50

━ち━

恥丘　292
蓄尿　275
腟　293, 300, 307, 321
腟前庭　293
遅発月経　135, 302
着床　319
注意事項　186, 205
中枢性異常　137
中胚葉型　287
昼夜転倒　118
超回復　85
長期的影響　181
長期的変動　144
聴聞会　109
直接ビリルビン　255
直腸温　280
治療目的使用に係る除外措置　104

━つ━

つわり　323

━て━

低圧環境　69
低温期（相）　281
低酸素環境　69

低酸素状態　178
低体温症　67
低分子蛋白　51
テストステロン　93
鉄　255
鉄欠乏性貧血　47
鉄代謝状態　46
デーデルライン桿菌　321
電解質組成　278
伝導　283

━と━

同化作用　76
同期開始期　122
同期完了期　122
同期進行期　122
凍傷　68
糖代謝　195
動的運動　19
糖尿病　171, 191, 206, 210
糖尿病細小血管障害　211
動脈　234
動脈硬化　193, 196
動脈硬化症　156
等容性弛緩期　235
等容性収縮期　235
特定物質　104
怒責　337
突然死　23
ドーピング　91, 92
ドーピング検査　94, 106
ドーピング・コントロール　105
ドーピング・コントロールオフィサー　98
ドーピングの定義　101
ドーピング防止活動　95, 98
努力性肺活量　247
トレーニング効果　85, 132
貪食能　260

━な━

内呼吸　241
内性器　293
内尿道括約筋　275

内胚葉型　287
内分泌系　325
内分泌失調　314
軟産道　332
難治性　145

━に━

2型糖尿病　192, 210
肉体的疲労　79
二酸化炭素排泄量　126
二次性高血圧　209
二次性肥満　212
日常生活動作　164
日本アンチ・ドーピング機構　98
日本ドーピング防止規定　100
乳酸　32
乳酸閾値　32
乳酸緩衝能　32
乳酸性閾値　202
乳酸値　126
乳児期　306
乳房　301, 309, 321
尿管　273
尿細管　266, 267
尿沈渣　52
尿道　274
尿道括約筋　275
妊娠嘔吐　323
妊娠悪阻　323
妊娠線　324
妊娠中の異常　330
妊娠の生理　319
妊婦スポーツ　175
妊孕性　146

━ね━

熱痙攣　58, 59
熱失神　58, 59
熱射病　58, 59
熱中症　57
熱疲労　58, 59
ネフローゼ症候群　207
ネフロン　266

は

肺　244
肺活量　29, 246
肺気腫　215
肺気量　29, 33, 246
背筋力　290
肺呼吸　241
肺循環　234
排尿　276
肺胞　243, 244
肺胞換気量　247
肺容量　33
排卵期　299
排卵性月経周期　141
排卵性卵巣機能不全症　303
剝脱期　300
破骨細胞　130
破傷風　114
バゾプレッシン　268
発育急進期　286
発育速度曲線　7
発育の一般原則　6
発汗　283
白血球　255, 260
ハプトグロビン　53
バール小体　222
パルス状分泌動態　144
バーンアウト症候群　80

ひ

皮下脂肪　290
鼻腔　242
微症状　178
非接触性スポーツ　207
ビタミンB_{12}　255
非同期化症候群　122
ヒト絨毛性性腺刺激ホルモン　94
日内リズム　117, 280
泌尿器系　264, 323
皮膚　324
皮膚温　280
皮膚血管拡張　283
非ふるえ熱産生　66
肥満　156, 159, 212

肥満児　11
肥満症　172
氷山型　89
病的蛋白尿　50
疲労　78
疲労感　83
疲労骨折　147
疲労症状　83
貧血　41
頻発月経　137, 303

ふ

フィードバック機構　297
フェミニティ・コントロール　221
不感蒸散　283
不感蒸泄　283
腹圧　333
副交感神経　16
腹式呼吸　245
副腎皮質刺激ホルモン　94
不整周期症　137, 302
ブドウ糖　193
ふるえ　282
ふるえ熱産生　66
プロゲステロン　127, 144, 281, 299
プロラクチン　143
分時酸素摂取量　250
分析結果の管理　109
分泌　265, 267
分泌期　299
分娩所要時間　335
分娩の経過　334
分娩の3要素　331
分娩の生理　331
分娩の前兆　334

へ

平均血圧　238
閉経　302
ベインブリッジ反射　16
ヘマトクリット　254
ヘモグロビン　254
ヘモグロビン酸素飽和度　250

ヘモグロビン尿　53
娩出物　334
娩出力　332
ヘンレループ　266

ほ

膀胱　274
膀胱括約筋　275
放射　282
放熱　282
母児管理　330
母体心拍数　179
母体の条件　176
母体の変化　319
母体への影響　178
ボーマン嚢　266
ポルフィリン　255
ホルモン補充療法　161, 316
本態性高血圧　209
本態性高血圧症　195

ま

毎分心拍出量　237
マクロファージ　257, 260
麻酔作用　127
マタニティーブルース　178
マラリア　114
慢性気管支炎　215
慢性減圧症　74
慢性呼吸器疾患　206
慢性腎炎症候群　207
慢性疲労症候群　82
慢性閉塞性肺疾患　214

み

ミオグロビン　47
ミオグロビン尿　53
水（飲料水）　115

む

無月経　151
無酸素性閾値　34, 202
無排卵周期症　303

め

メディカルコンディショニング　3
メディカルチェック　2, 167, 186
免疫機能　340
免疫能　198

も

燃え尽き症候群　80
モントゴメリー腺　321
文部科学省　98

や

薬物　91
薬物使用　3
薬物療法　316, 318

ゆ

有効限界　198
有酸素運動　200
遊離脂肪酸　193
ユネスコ国際規約　97

よ

葉酸　255
幼小児期　306
羊水　330
予備吸気量　29, 246
予備呼気量　29, 246
予防接種　113

ら

卵黄嚢　253
卵管　295, 307
卵巣　295, 306
卵巣性異常　137
卵胞期　298
卵胞機能不全症　303
卵胞刺激ホルモン　142, 298
卵胞ホルモン　144, 299
卵膜　328

り

リズム乱れ期　122
リハビリテーション　2
リビド着色　321
留意事項　182, 204
良性蛋白尿　50
リン酸緩衝系　263
臨床検査　199
リンパ球　255, 257, 260
リンパ球幼若化反応　198
リンパ系幹細胞　253, 257

れ

レニン　272
レニン-アンギオテンシン系　49, 272
練習時間　139, 141

ろ

老人性腟炎　318
老年期　316
濾過　265, 266

欧文

A

AAS　93
ACTH　94
activities of daily living　164
ADAMS　107
ADH　49, 268
ADL　164
adrenocorticotrophic hormone　94
AIDS　114
aldosterone　50, 127
anaerobic threshold　32
androgenic anabolic steroid　93
antidiuretic hormone　49, 268
AT　32, 202
athletic pseudonephritis　52
A型肝炎　113

B

BAP　164
basal body temperature　301
basal metabolic rate　281
BBT　301
β-endorphin　143
β_2アゴニスト　94
BMI　212
BMR　281
body mass index　212
B型肝炎　113
B細胞　257, 258

C

cardiovagal BRS　22
chronic obstructive pulmonary disease　214
circadian rhythm　117
clearance　270
COPD　214

D

DCO　98

dopamine *143*
doping control officer *98*

――― E ―――
EAT-26 *153*
eating attitudes test-26 *153*
EIA *36*
embryo *326*
EPO *94*
erythropoietin *94*
estradiol *299*
estradiol-17β *141*
exercise-induced asthma *36*

――― F ―――
familial hypercholesterolemia *213*
femineity control *221*
femininity control *221*
fetus *326*
FFA *193*
FH *213*
follicle-stimulating hormone *142, 298*
free fatty acid *193*
Friedman 頸管開大曲線 *337*
FSH *142, 298*

――― G ―――
gender verification *150, 221*
GFR *49, 270*
glomerular filtration rate *49, 270*
GnRH *298*
gonadotropin releasing hormone *298*

――― H ―――
Hb *254*
Hb O$_2$ *259*
Hb 緩衝系 *263*
hCG *94*
hemoglobin *254*
hGH *94*
HIV *114*

hormone replacement therapy *161, 316*
hot flush *314*
HRT *161, 316*
Hugh-Jones 呼吸困難度 *207*
Hugh-Jones 呼吸困難分類 *216*
human chorionic gonadotropin *94*
human growth hormone *93*
hyperventilation syndrome *35*

――― I ―――
IBN *32*
ICT *106*
ICTP *164*
IF *96, 228*
in competition test *106*
International Paralympic Committee *97*
IOC *95, 228*
IPC *97*
isocapnic buffering *32*
IUGR *186*

――― J ―――
JADA *98*
JADA code *100*
Japan Anti-Doping Agency *98*

――― K ―――
Klinefelter syndrome *226*
Kupperman 更年期指数 *161, 314*

――― L ―――
lactate threshold *32*
LCAT *214*
lecithin-cholesterol acyltransferase *214*
LH *142, 298*
LH-RH *298*
LH-RH 負荷試験 *144*

LH サージ *298, 299*
lipoprotein lipase *214*
LPL *214*
LT *32, 202*
luteinizing hormone *142, 298*

――― M ―――
Mb *47*
menopausal index *314*
minor disturbance *178*
morning sickness *323*

――― N ―――
NADO *96*
NK 細胞 *198, 257, 258*
NOC *97*
non-shivering thermogenesis *66*
NST *66*

――― O ―――
OOCT *106*
osmotic pressure *271*
out of competition test *106*

――― P ―――
PBM *317*
PCR 法 *223*
peak bone mass *317*
pH *277*
polymerase chain reaction *223*
POMS *84, 88*
PRL *143*
profile of mood state *84, 88*
progesterone *127, 144, 299*
prolactin *143*

――― Q ―――
Q アングル *288*

――― R ―――
rate of perceived exercise *167*

RBF *49, 269*
RC *32*
relative metabolic rate *157*
renal blood flow *49, 269*
renal plasma flow *270*
respiratory compensation *32*
RMR *157*
RPE *167, 202*
RPF *270*

S

Scammonの発育曲線 *6*
sex-determining region Y *223*
shivering *282*
shivering thermogenesis *66*
simplified menopausal index *315*
SMI *315*
SRY *223, 227*
Sweyer症候群 *137, 223*

T

T_{30} *23*
testicular feminization syndrome *223*
therapeutic use exemptions *104*
TNF-α *195*
TUE *104*
tumor necrosis factor-α *195*
Turner's syndrome *223*
Turner症候群 *137*
T細胞 *257, 258*

V

$\dot{V}_E$ *32*
very low density lipoprotein *214*
vitality曲線 *117*
VLDL *214*
$\dot{V}_{O_2}$ *31*
$\dot{V}_{O_2}max$ *31, 201*

W

WADA *96*
WADA code *96, 99*
WBGT *56*
wet-bulb globe temperature *56*
World Anti-Doping Agency *96*
World Anti-Doping Agency Code *96*
World Anti-Doping Program *99*

X

XX男性症候群 *226*
X染色質 *222*

Y

Y染色質 *222*

目崎 登　筑波大学名誉教授
　　　　　帝京平成大学教授

[略歴]
1944年東京生まれ
東京大学産科婦人科助手，筑波大学産科婦人科講師・助教授，スポーツ医学教授，筑波大学大学院人間総合科学研究科副研究科長・スポーツ医学専攻長を経て，2007年より帝京平成大学教授．

[主な役職]
学会関係：日本臨床スポーツ医学会理事・学術委員会委員長，日本体力医学会評議員，日本運動生理学会評議員，女性スポーツ医学研究会会長，日本思春期学会監事，日本産科婦人科学会功労会員，日本内分泌学会功労評議員，日本周産期・新生児医学会功労会員，ほか

スポーツ関係：日本体育協会公認スポーツドクター，日本オリンピック委員会医学サポート部会，全日本柔道連盟医科学委員会副委員長，日本陸上競技連盟医科学委員会，他を歴任．

[主な著書]
女性スポーツの医学（文光堂），女性のためのスポーツ医学（金原出版），妊婦スポーツの安全管理（文光堂），他多数．

検印省略

スポーツ医学入門

定価（本体3,500円＋税）

2009年11月13日　第1版　第1刷発行
2020年9月16日　　同　　第6刷発行

著　者　目崎　登（めさき のぼる）
発行者　浅井　麻紀
発行所　株式会社 文光堂
　　　　〒113-0033　東京都文京区本郷7-2-7
　　　　TEL（03）3813-5478（営業）
　　　　　（03）3813-5411（編集）

©目崎 登，2009　　　　　印刷・製本：公和図書

ISBN978-4-8306-5153-3　　Printed in Japan

・本書の複製権，翻訳権・翻案権，上映権，譲渡権，公衆送信権（送信可能化権を含む），二次的著作物の利用に関する原著作者の権利は，株式会社文光堂が保有します．
・本書を無断で複製する行為（コピー，スキャン，デジタルデータ化など）は，私的使用のための複製など著作権法上の限られた例外を除き禁じられています．大学，病院，企業などにおいて，業務上使用する目的で上記の行為を行うことは，使用範囲が内部に限られるものであっても私的使用には該当せず，違法です．また私的使用に該当する場合であっても，代行業者等の第三者に依頼して上記の行為を行うことは違法となります．

JCOPY〈出版者著作権管理機構 委託出版物〉
本書を複製される場合は，そのつど事前に出版者著作権管理機構（電話 03-5244-5088，FAX 03-5244-5089，e-mail: info@jcopy.or.jp）の許諾を得てください．